A
PSIQUE
E O
SAGRADO

Dados Internacionais de Catalogação na Publicação (CIP)
(Câmara Brasileira do Livro, SP, Brasil)

Corbett, Lionel
  A psique e o sagrado : espiritualidade para além da religião / Lionel Corbett ; tradução de Gentil Avelino Titton. – Petrópolis, RJ : Vozes, 2024.

  Título original: Psyche and the sacred.
  ISBN 978-85-326-6797-7

  1. Espiritualidade 2. Experiência religiosa 3. Psicologia e religião 4. Psicologia junguiana – Aspectos religiosos I. Título.

23-187228
CDD-200.19

Índices para catálogo sistemático:
1. Psicologia e religião   200.19
Tábata Alves da Silva – Bibliotecária – CRB-8/9253

LIONEL CORBETT

A PSIQUE E O SAGRADO

ESPIRITUALIDADE PARA ALÉM DA RELIGIÃO

Tradução de Gentil Avelino Titton

EDITORA VOZES

Petrópolis

© 2020, Lionel Corbett
Tradução autorizada da edição em língua inglesa, publicada pela Routledge, membro do Grupo Taylor & Francis.

Tradução do original em inglês intitulado *Psyche and the Sacred – Spirituality beyond Religion*.

Direitos de publicação em língua portuguesa – Brasil:
2024, Editora Vozes Ltda.
Rua Frei Luís, 100
25689-900 Petrópolis, RJ
www.vozes.com.br
Brasil

Todos os direitos reservados. Nenhuma parte desta obra poderá ser reproduzida ou transmitida por qualquer forma e/ou quaisquer meios (eletrônico ou mecânico, incluindo fotocópia e gravação) ou arquivada em qualquer sistema ou banco de dados sem permissão escrita da editora.

CONSELHO EDITORIAL

Diretor
Volney J. Berkenbrock

Editores
Aline dos Santos Carneiro
Edrian Josué Pasini
Marilac Loraine Oleniki
Welder Lancieri Marchini

Conselheiros
Elói Dionísio Piva
Francisco Morás
Gilberto Gonçalves Garcia
Ludovico Garmus
Teobaldo Heidemann

Secretário executivo
Leonardo A.R.T. dos Santos

PRODUÇÃO EDITORIAL

Aline L.R. de Barros
Marcelo Telles
Mirela de Oliveira
Otaviano M. Cunha
Rafael de Oliveira
Samuel Rezende
Vanessa Luz
Verônica M. Guedes

Conselho de projetos editoriais
Isabelle Theodora R.S. Martins
Luísa Ramos M. Lorenzi
Natália França
Priscilla A.F. Alves

Editoração: Andrea Bassoto Gatto
Indexação: Natalia Machado
Diagramação: Sheilandre Desenv. gráfico
Revisão gráfica: Nilton Braz da Rocha
Capa: Érico Lebedenco

ISBN 978-85-326-6797-7 (Brasil)
ISBN 978-0-367-82051-0 (Reino Unido)

Este livro foi composto e impresso pela Editora Vozes Ltda.

Sumário

Agradecimentos, 9

Prefácio, 11

Introdução, 15

Parte I
Encontrando o mistério – Desenvolver uma espiritualidade pessoal, 23

1 O *numinosum* – Experiência direta do sagrado, 25
  Introdução: O que é experiência sagrada?, 25
  O *numinosum* nos sonhos, 28
  O efeito curativo do *numinosum*, 32
  O *numinosum* experimentado na natureza, 34
  O *numinosum* no corpo, 39
  O *numinosum* nas relações, 40
  Experiências de unidade, 43
  O *numinosum* e a criatividade, 44
  Receptividade ao numinoso, 44
  O numinoso disfarçado, 47
  Algumas diferenças entre abordagens tradicionais e experienciais do sagrado, 50
  O problema de compreender a experiência numinosa, 53
  Armadilhas da abordagem experiencial, 54

2 A realidade da psique – O arquétipo como um princípio espiritual, 58
    A realidade da psique, 58
    Os componentes da psique, 60
    Os arquétipos, 64
    Os arquétipos como princípios espirituais, 68
    O arquétipo em sua manifestação cultural, 69
    Masculinidade e feminilidade arquetípicas, 73
    O processo ritual e o arquétipo da iniciação, 75
    Ritos de passagem, 85
    Ritual e psicoterapia, 92
    Iniciação espontânea na adolescência, 95
    É Deus sinônimo de psique? A "nova dispensação", 99

3 Personalidade, psicopatologia e espiritualidade pessoal, 101
    Introdução, 101
    Arquétipos e complexos, 104
    Complexos em nossas relações, 107
    Os complexos e nossa imagem preferida de Deus, 109
    Arquétipos, complexos e nossa vida espiritual, 111
    Espiritualidade e personalidade em São Francisco de Assis e São Paulo, 113
    Doutrina e complexo – Uma rigorosa conexão, 118
    Imagens oníricas, padrões arquetípicos e mitologia, 122
    Diferentes temperamentos, diferentes espiritualidades, 128
    Sobre saúde espiritual e transtorno espiritual, 135

Parte II
Pela lente da psique – Uma abordagem de questões espirituais a partir da psicologia profunda, 139

4 Uma visão de algumas ideias religiosas a partir da psicologia profunda, 141
    Introdução, 141
    A salvação como uma necessidade psicológica, 141
    A necessidade psicológica de redenção, 147
    Espírito e alma no pensamento religioso tradicional, 150
    O espírito como arquétipo, 152
    A alma no pensamento tradicional e na psicologia profunda, 154

5 Uma psicologia profunda do mal, 158
    Introdução, 158
    Conhecemos a natureza essencial do bem e do mal?, 159
    A abordagem do mal de acordo com o monoteísmo ocidental, 163
    Teodiceia: a justificação de Deus, 164
    A abordagem de textos sagrados, 168
    Abordagens psicológicas do mal, 178
    O problema da projeção, 184
    Os alicerces inconscientes do mau comportamento, 185
    Compreensão empática do mau comportamento, 190
    As origens desenvolvimentais do mau comportamento, 190
    Moralidade e consciência, 195
    A questão da responsabilidade, 200
    A sombra, 203
    O lado sombrio do Si-mesmo, 207

6 O lado sombrio do si-mesmo e as provações de Jó – Transformação da imagem de Deus, 218
    Introdução, 218
    O Livro de Jó, 220
    Reação de Jó às suas perdas, 221
    O diálogo de Jó com seus amigos, 222
    A resposta de Deus do meio do turbilhão, 229
    A projeção de Jó em sua imagem de Deus, 232
    Satanás como um setor da personalidade de Jó: Complexo paterno de Jó, 233
    Abordagens tradicionais e psicológicas comparadas, 240
    Uma réplica à *Resposta a Jó* de Jung, 242
    Jó como um modelo dos efeitos transformadores do sofrimento, 252

7 Um sentido do sagrado – Espiritualidade além da religião, 254
    Espiritualidade e instituições religiosas, 254
    O que dizer dos textos sagrados?, 255
    As práticas tradicionais são necessárias?, 256
    Sobre os mestres espirituais, 260
    O que é espiritualidade autêntica?, 261
    Dualismo e monismo: duas abordagens da espiritualidade, 265
    Ser espiritual sem qualquer religião, 270
    Sobre a psicologia de algumas virtudes espirituais tradicionais, 285

Uma nota de advertência acerca da jornada espiritual, 295
A questão dos estágios, 296
Exercícios de discernimento, 299
Como será o futuro?, 300

Referências, 301

Índice, 307

Agradecimentos

Desejo agradecer às muitas pessoas que me permitiram analisar as experiências descritas neste livro. Eu gostaria também de agradecer à minha esposa, Cathy M. Rives, M.D., por sua paciência enquanto o livro estava sendo escrito, especialmente por ela compreender minha necessidade de passar longos períodos escrevendo e lendo. Sem seu apoio este projeto não poderia ter sido concluído.

Tenho uma dívida particular para com Michael Mendis, cuja leitura e edição atenta do texto corrigiu erros, permitiu-me esclarecer meu pensamento e melhorou a escrita. Seus comentários tornaram o livro muito melhor do que teria sido sem eles. Quaisquer imprecisões que permanecem são evidentemente de minha inteira responsabilidade.

Agradeço a Erin Barta e a outros bibliotecários de referência no Pacifica Graduate Institute pela ajuda com buscas de literatura.

Finalmente, eu gostaria de agradecer a Nancy Cater do *Spring Journal Books*, que foi paciente e estimuladora durante este longo processo.

Prefácio

Como podemos compreender o aumento do fundamentalismo que vemos hoje em todo o mundo? De acordo com Jung, penso que devemos reconhecer isso como uma verdadeira resposta humana à modernidade e à ausência de símbolos manifestos e consciência mítica que predomina em nosso tempo, pelo menos nas culturas ocidentais.

As forças que vemos operando tão vigorosamente no mundo neste tempo – a globalização, a hegemonia do complexo do dinheiro sobre os valores religiosos e culturais de todo tipo, o desaparecimento das ideologias seculares que antes podiam captar o idealismo dos jovens e dar-lhes direção e expressão comunitária, a marginalização social e econômica de tantas pessoas que já não vivem num lugar que possam chamar de lar – estão entre as condições que intensificam o apelo dos fundamentalismos.

Jung falou muitas vezes sobre "o homem moderno em busca de uma alma", e o surgimento dos fundamentalismos pode ser lido como uma nítida resposta à ausência de alma na moderna *Weltanschauung* racionalista e mecanicista, para não dizer grosseiramente comercialista.

Os fundamentalismos oferecem às pessoas acesso às imagens arquetípicas da psique. Nessas comunidades existem símbolos numinosos e espaços sagrados, e isso provoca um forte apelo ao anseio religioso nos humanos. Da mesma forma, muitas vezes seus líderes são os receptores de poderosas transferências arquetípicas vindas de seus seguidores. Penso que Jung consideraria o refúgio no fundamentalismo algo regressivo, no sentido de que encarna uma estratégia para evitar as exigências emocionais e espirituais que a modernidade impõe-nos.

O fundamentalismo não é um caminho que leva a uma maior consciência humana. Representa um recuar da modernidade para um tipo anterior de consciência religiosa. Jung o denominaria restauração regressiva do si-mesmo. Por outro lado, poderia tornar-se em longo prazo um regresso a serviço do si-mesmo, porque chama a atenção para a fome espiritual da humanidade, que não está sendo satisfeita pelas ofertas da modernidade.

Sendo um analista junguiano, Lionel Corbett apresenta nesta obra, utilizando sua compreensão da relação entre psicologia e religião, outra opção para a pessoa que está sem saber o que fazer para viver responsavelmente no contexto da modernidade e ainda levar uma vida de profunda espiritualidade. Isso implica uma abordagem individual da espiritualidade.

A psicologia junguiana estuda e trata o indivíduo, embora também em relação com os outros e com o coletivo. As tradições religiosas, por outro lado, dirigem-se a grupos (a Igreja ou a congregação) e estimulam as pessoas neles presentes a ajustar e conformar seus pensamentos, crenças, atitudes e sentimentos às doutrinas transmitidas por suas tradições de ensino específicas. As tradições impulsionam a conformidade; a psicologia junguiana sugere a individuação como alternativa.

Dito isso, precisamos também reconhecer que a psicologia junguiana pode dar uma contribuição positiva, embora às vezes crítica, às pessoas que ainda aderem a uma religião tradicional intelectualmente e na prática. Ela pode ajudá-las a encontrar conexões mais profundas com os elementos simbólicos em suas tradições religiosas. Para as pessoas que não pertencem a uma religião ou que se afastaram da religião de sua infância, a abordagem junguiana oferece um caminho alternativo para se viver a vida espiritual (a "vida simbólica", como a chama Jung). É a essas pessoas principalmente que este livro se dirige.

Os grandes pioneiros da psicologia profunda, Freud e Jung, estabeleceram importantes pontos de vista modernos para compreender e praticar a relação entre psicologia e religião. Os escritos de Freud sobre religião – *Totem e tabu*, *O mal-estar na civilização*, *Moisés e o monoteísmo* – são desafiadores e tendem a purificar a pessoa dos resquícios de ingenuidade infantil acerca da Bíblia, das práticas religiosas e da crença em Deus e na vida após a morte. Freud, portanto, prepara uma pessoa para ser "moderna".

A partir da perspectiva de Freud, o pensamento religioso, a crença e a prática são considerados jogos elaborados de satisfação de desejos; e a coisa adulta (e moderna) a fazer era superar essas necessidades e encarar as realidades da existência com uma espécie de determinação firme e estoica.

Alguns livros de Jung, por outro lado, como *Psicologia e religião*, e a compilação tardia de reminiscências autobiográficas intitulada *Memórias*, *sonhos, reflexões*, trazem toda uma nova e diferente abordagem da compreensão psicológica da religião e de seu possível lugar na consciência moderna. O que Jung fez foi reinterpretar inteiramente o "religioso" na experiência humana. Assim, ele pôde escrever, em *Memórias*, que, ao encontrar-se com Freud em sua casa em Viena em 1907, percebeu que o homem estava sob o domínio de uma força numinosa, um *daimon*, na realidade um Deus, ou seja, a sexualidade. Essa força numinosa constituía a base da religião de Freud e, além disso, seu Deus era um Deus ciumento, que não tolerava nenhum outro. Por isso essa realocação da experiência religiosa nos entusiasmos da pessoa, em suas convicções mantidas apaixonadamente, experimentadas justamente no meio de sua vida emocional e intelectual e totalmente fora de estruturas e tradições religiosas institucionais, é uma intuição-chave para entender como o religioso pode entrar na consciência moderna sob o disfarce de algo completamente diferente, de algo semelhante a uma teoria acerca do comportamento humano. Jung queria tornar isso consciente. Era capaz também de fugir da camisa de força intelectual construída pela modernidade e refutar sua fácil rejeição do religioso como simples superstição. Ao fazê-lo, ele realocou o fundamento da experiência religiosa e da espiritualidade na vida cotidiana.

Poderíamos dizer que Jung foi, ao mesmo tempo, pré-moderno e pós-moderno. Ele queria encontrar uma saída da armadilha do racionalismo e dos preconceitos científicos dos nossos dias. Do ponto de vista prático e terapêutico, Jung sentia que a alma humana precisa do religioso a fim de desenvolver-se adequadamente e viver uma vida psicologicamente profunda e significativa. Viver sem o espiritual, como recomendava Freud, é viver uma existência parcial e dividida, negando e excluindo o contato com aquilo que o teólogo Paul Tillich denominou tão acertadamente de "o fundamento do ser". Essa vida não é completa. Jung procurou investigar esse fundamento em seus escritos científicos e empenhou-se de forma ativa em cultivá-la conscientemente em seus esforços terapêuticos. Ele pensava ser sadio viver uma "vida simbólica", além de uma bem-ajustada e correta vida da razão.

Tanto para Jung quanto para Freud, os deuses da doutrina e da imagem tradicional estavam mortos. Deus saiu de seus templos para não retornar e transformou-se numa Presença interior, o Si-mesmo.

Numa conversa após o jantar, no Natal de 1957, Jung, em seu rude dialeto de Basileia, falou da seguinte maneira sobre essa sublimação de Deus:

Numa festa como a que celebramos hoje, o senhor da casa ofereceu uma libação no altar doméstico aos deuses superiores e aos deuses inferiores. Infelizmente, toda essa riqueza de praxe perdeu-se, exceto pequenos vestígios. A ideia da *offrande*, a oferta sacrificial pela qual os deuses são convidados a participar da festa, persiste apenas na Eucaristia: na Missa para os católicos e na Comunhão para os protestantes. Na Missa, um alimento natural é transubstanciado num alimento celestial, enquanto na Comunhão ele permanece aquilo que ele é. Já não é mais um símbolo; o mistério tornou-se apenas uma festa de comemoração. E assim chegamos finalmente ao nosso racionalismo e nosso materialismo modernos, nos quais todos os *numina* desapareceram do grande reino da Natureza e o próprio homem não é senão o *homo terrenus*, homem terrestre e Adam. Mas, bastante estranhamente, desde o século XVII difundiu-se gradualmente por toda a cristandade esse novo símbolo que envolve verdadeira prática cúltica: a árvore de Natal. É um símbolo arquetípico que já havia aparecido em cultos pagãos às árvores. É um símbolo alquímico que significa a gênese do homem interior, maior e mais nobre, ou seja, homem que vem a ser quando uma pessoa arrancou todos os *numina* do mundo e introduziu-os em si mesma. Então ela observa que contém em si mesma um microcosmo, um "tesouro escondido num campo". O homem e sua alma tornam-se miraculosos. A isso brindemos como um *memento vivorum et mortuorum* (Jaffé, 1977, p. 143).

A vigorosa obra de Lionel Corbett é aqui uma contribuição significativa, oferecida a partir do grande movimento junguiano mundial de hoje, a fim de ajudar as pessoas modernas a encontrarem essa alma e descobrirem a presença numinosa do divino em si mesmas enquanto vivem uma vida atarefada, completamente cheia de atividades seculares.

Murray Stein
Goldiwil (Thun), Suíça
Março de 2006

Introdução

Este livro tem dois objetivos. O primeiro consiste em sugerir maneiras de vivermos uma vida espiritualmente significativa sem a necessidade de adotar uma determinada teologia ou tradição religiosa. O segundo consiste em mostrar que a psicologia profunda amadureceu a ponto de podermos agora examinar proveitosamente problemas como a existência do sofrimento e do mal, que antes eram competências da religião, através de uma lente psicológica.

O livro surgiu porque me defrontei com um dilema compartilhado por muitas pessoas. Embora eu tenha um sentimento pessoal do sagrado, não posso aceitar os ensinamentos, as doutrinas e as histórias da tradição religiosa de minha infância. Sinto profundamente que existe uma Realidade que é a fonte de nosso ser, mas não posso conectar-me com essa Realidade mediante os rituais e a liturgia nos quais fui criado.

Assim como muitas pessoas, experimento o sagrado à minha própria maneira, que não corresponde à maneira como a tradição judeu-cristã me diz que o divino manifesta-se. Aqueles dentre nós que estamos nessa posição descobrimos que nossa experiência pessoal do sagrado exige muito mais do que se sentar num lugar de culto e ler um livro que contém doutrinas nas quais somos obrigados a crer, ou histórias a respeito da experiência de Deus que outras pessoas tiveram. Para muitos de nós hoje, grande parte da religião tradicional parece vazia e não conseguimos estabelecer nenhuma conexão com ela. Se não encontrarmos nossa própria alternativa, essa falta de conexão nos priva de uma importante fonte de sentido em nossa vida.

Aqueles de nós que pertencemos a esta categoria podemos, mesmo assim, entrar numa igreja ou numa sinagoga em tempos especiais do ano, como os Dias Santos dos judeus, o Natal ou a Páscoa. Num nível profundo, porém, sabemos que estamos ali apenas por nostalgia, ou porque nossa família espera nossa presença, ou porque sentimos que nossos filhos precisam de uma identidade religiosa. Podemos estar presentes por culpa e, se percebemos isso, podemos sentir-nos, ao mesmo tempo, ressentidos. Talvez sejamos movidos pelas melodias familiares, pelos odores, pelo espetáculo, pelos sons que nos levam de volta à nossa infância e evocam importantes memórias da família e da pertença.

Num exame mais minucioso, podemos descobrir que são essas mesmas memórias, e as emoções por elas despertadas, que são realmente sagradas para nós, e não as imagens do divino e a correspondente bagagem doutrinal que estão associadas às memórias.

Como se expressa o grande psicólogo suíço C.G. Jung, uma vez que deixaram o templo, os deuses nunca retornam. Com efeito, depois que o dia especial passou e a refeição com a família terminou, a instituição religiosa de nossa infância – que há muito tempo deixamos de levar a sério – recua para o plano de fundo e nós voltamos à realidade prática cotidiana, em que a religião institucional parece não ter nenhum papel a desempenhar.

Para muitos de nós, a perda de uma conexão expressiva com nossa tradição religiosa é uma tragédia. Isso vale especialmente para aqueles de nós que sentimos uma Presença maior no mundo e queremos que ela faça parte de nossa vida. Como podemos fazê-lo se a religião tradicional não é mais um portal para o sagrado?

Sabemos que a vida é mais do que aquilo que vemos na superfície, porque sentimos uma conexão com um amor mais profundo, com uma força mais profunda, e sentimos um chamado a uma Vida mais ampla. Para alguns de nós, perder o contato com essa Realidade é como estarmos separados de alguém que amamos. Sem uma conexão sensível com um sentido mais amplo na vida, estamos entregues a um doloroso anseio que nada parece satisfazer.

Ocasionalmente, temos vislumbres dessa Realidade; mas, então, imperceptivelmente, sob a pressão dos nossos outros compromissos, num momento de inconsciência, somos levados de volta à realidade mundana e ao desespero que ela inspira. Quase tudo à nossa volta inspira desespero; enquanto a cultura popular apoia da boca para fora os valores religiosos tradicionais, parece que seus deuses reais são o dinheiro, a celebridade, o sexo, as aparências exteriores, a força, a juventude, o poder ou o *status*.

Esses são os valores mais altos em nossa sociedade; sobre seus altares sacrificamos nossa energia, nossa saúde, nossa felicidade, nossos filhos e, às vezes, nossa vida. A serviço desses valores, milhões de seres humanos são rotineiramente desfavorecidos, explorados ou simplesmente ignorados. Esse estado de coisas é um triste testamento da ineficácia das religiões tradicionais em fazer alguma diferença significativa ao tratar do problema do sofrimento humano.

Muitos renunciaram à religião tradicional porque sentem que suas doutrinas e imagens já não são mais relevantes. Tragicamente, na ausência de qualquer alternativa viável, alguns abandonaram completamente a busca espiritual e voltaram suas energias para buscas seculares e para as distrações temporárias que elas oferecem. Tornamo-nos sempre mais céticos acerca da religião quando lemos, com frequência sempre maior, sobre escândalos sexuais e financeiros entre o clero e outros líderes religiosos e nos damos conta de que os ensinamentos religiosos não foram capazes de ajudar esses indivíduos a lidar eficazmente com seus problemas pessoais.

A religião institucional está começando a ter cada vez menos significado para muitos de nós, porque sentimos que sua resposta às necessidades do nosso tempo é inadequada. Diante da crescente complexidade e dificuldade da vida moderna não podemos mais acreditar que haverá sempre um final feliz ou que a tecnologia resolverá todos os nossos problemas. As histórias do céu parecem contos de fadas – meros tranquilizantes mentais ou subornos – e as histórias do inferno são entendidas como ameaças; ambas jogam com nossa vulnerabilidade emocional.

Hoje as pessoas renunciam muitas vezes à religião tradicional porque ela parece não oferecer nenhuma ajuda numa séria crise da vida. Nos últimos 30 anos de minha prática como psiquiatra e psicoterapeuta, trabalhei com muitas pessoas que passavam por períodos de intenso sofrimento. Algumas delas tinham muito pouco interesse consciente pela espiritualidade até começarem a sofrer. Quando se voltaram para a religião de sua infância em busca de ajuda, muitas dessas pessoas angustiadas foram incapazes de encontrar conforto nela. Seus ministros, sacerdotes e rabinos tinham pouco a oferecer, a não ser trivialidades que em nada ajudavam. Quando a pessoa sofredora perguntava por que lhe aconteciam coisas terríveis, a resposta típica era uma exortação à fé, um breve sermão sobre os mistérios inescrutáveis de Deus, uma afirmação de que o sofrimento é uma ajuda para o desenvolvimento espiritual, ou um silêncio perplexo.

Muitos dos meus pacientes estavam profundamente frustrados com essas abordagens estereotipadas – "o Pai sabe o que é melhor", ou "apenas reze", ou "é bom para você", ou "tudo é mistério" – ao seu sofrimento. Muitos rezavam pedindo conforto, mas muitas vezes não havia nenhum conforto disponível.

De vez em quando, o ministro sugeria que o sofredor não tinha fé suficiente. Esta é uma tática clássica para alguém lidar com seu sentimento de insuficiência: a pessoa censura os outros por aquilo que, na verdade, é uma deficiência de sua parte. Em vez de admitir que a tradição que ele representa tem um repertório muito limitado de respostas ao problema do sofrimento e do mal – ou mesmo aos problemas práticos comuns de cada dia –, o ministro critica severamente o indivíduo e exorta-o a ter mais fé. Mas isso não fazia o sofrimento abandonar os meus pacientes.

Em alguns casos, observei que o sofrimento alienava as pessoas da religião tradicional porque elas se sentiam fraudadas por promessas que sua religião havia feito, mas não havia cumprido. Foi-lhes dito que Deus é amoroso, bom e benévolo e as ajudaria em tempos de dificuldade. Haviam frequentado o culto regularmente e haviam se convencido de que acreditavam no que ouviram – mas, quando explodiu o sofrimento, nenhuma das suas observâncias religiosas tinha utilidade. O que elas pensavam ser uma fé autêntica era apenas um sistema de crenças que lhes foi ensinado na infância e que simplesmente desmoronou sob o assalto da aflição e da dor.

A fé pode surgir espontaneamente como um ato da graça; mas, para a maioria de nós, a fé se baseia mais cabalmente na experiência direta do sagrado, que leva ao *conhecimento* de que existe uma realidade transcendente, ao invés de uma mera *crença* nessa realidade. Nenhuma quantidade de pregação, leitura da Escritura ou serviços de culto terá qualquer efeito na ausência de sintonia emocional real com os ensinamentos da tradição. Podemos desejar crer e tentar crer e esperar que a fé aconteça. Mas muitas vezes ela não acontece. Se alguém não experimenta o sagrado da maneira como determinada tradição religiosa lhe diz que deveria, ele não pode pertencer àquela tradição. Como dizem os sufis, não existe Deus, mas a experiência de Deus.

Embora um apelo à fé tradicional no meio do desespero fosse muitas vezes inútil para essas pessoas sofredoras, o que ajudava algumas delas eram experiências sagradas que falavam diretamente à sua dor e à sua perda. Essas experiências geralmente não assumiam uma forma religiosa reconhecível. No entanto a força da experiência era tal que o indivíduo sentia-se com bastante segurança em contato com a esfera transcendente – e assim me sentia eu ao ouvir os relatos dos meus pacientes. O simples fato de ouvir esses indivíduos contarem suas experiências dava-me um sentimento vicário de temor reverencial e o efeito curativo tanto neles como em mim era, às vezes, muito profundo. No entanto, a experiência era muitas vezes radicalmente diferente dos relatos bíblicos tradicionais de contato com o divino.

Ocasionalmente, alguns dos meus pacientes falavam a seu ministro acerca de sua experiência, apenas para vê-la tachada de "demoníaca", "histérica" ou "insana", por não se encaixar no molde tradicional dos encontros com o divino. O pensamento do ministro parecia limitado a uma imagem rígida do divino, que não permitia uma espiritualidade que se manifesta de maneiras novas, mesmo quando era evidente que as maneiras tradicionais já não funcionavam mais.

Se os ministros estão certos, somos então condenados a uma escolha entre um conjunto de crenças dessecadas e um vácuo espiritual? Neste livro, apresento outra alternativa. Se desenvolvemos uma espiritualidade baseada em nossa própria experiência pessoal do sagrado e encontramos uma maneira viável de falar acerca do Inefável, não há necessidade de recorrer a antigas tradições e às experiências de pessoas do passado longínquo. Suas experiências foram influenciadas pelos pressupostos da época em que ocorreram e o passar do tempo consolidou-as numa tradição, que as prescreveu como padrão pelo qual deve ser julgada toda experiência do sagrado. Entretanto cada geração precisa articular sua própria maneira de falar do sagrado, porque os tempos mudam, e com eles a forma como percebemos a realidade última.

Os profetas abordaram as questões de seu tempo com a consciência de seu tempo, mas só nos últimos cem anos a dimensão interior e a dimensão exterior de nossa vida abriu-se para panoramas que vão radicalmente além de tudo o que os autores bíblicos podiam sequer ter imaginado. Temos uma perspectiva diferente sobre a realidade, para não mencionar um conjunto inteiramente novo de problemas mundiais. Evidentemente, mesmo que aceitemos que algumas verdades são eternas, nossa maneira de pensar sobre o divino precisa levar em consideração esses desenvolvimentos. Se não estamos mais satisfeitos com as antigas "explicações" da origem e da natureza do universo, por que deveríamos estar satisfeitos com as visões tradicionais sobre a natureza do divino?

Como mostra este livro, o sagrado não só nos aparece de maneiras inesperadas, mas faz parte da estrutura mais profunda de nossa personalidade. O grande místico cristão Mestre Eckhart disse: "Deus está mais próximo de mim do que eu o estou de mim mesmo", mas estas afirmações esotéricas precisam tornar-se práticas e aplicáveis à vida cotidiana.

Uma abordagem eficaz para fazer isso e compreender as manifestações do sagrado em nossa vida surgiu no campo da psicologia profunda, especialmente na obra de C.G. Jung. Uma abordagem inovadora e provocativa da espiritualidade deu-nos uma nova maneira de articular a experiência sagrada. Essa abordagem é de grande importância para o nosso tempo porque proporciona um novo vocabulário, que torna possível dizer coisas que antes eram difíceis de articular. Jung mostrou que nossa espiritualidade e a psicologia interpenetram-se e podem até ser consideradas dois aspectos da mesma coisa. Isso significa que agora podemos falar de nossas experiências espirituais em termos psicológicos e vice-versa.

De acordo com a tradição judeu-cristã, Jung entendeu que nossa relação com a dimensão transpessoal é dualista, ou seja, para ele o humano e o divino são, de certa maneira, fundamentalmente diferentes. No entanto sua compreensão de que o Si-mesmo é também a Totalidade da consciência leva inevitavelmente à conclusão de que nesse nível não existe separação radical entre o humano e o divino, e de que os dois pertencem a um todo unitário. Embora essa visão unitária tenha lentamente ganhado terreno, em sua maioria os ocidentais ainda experimentam o divino como um Outro. Isso vale especialmente para pessoas com um temperamento devocional. Acredito que ambas as abordagens são igualmente válidas, dependendo da personalidade individual, e que não existe necessidade de preferir uma à outra ou opor uma à outra.

A pesquisa recente (Larson, 1994) revela que quando funciona para um indivíduo, a fé religiosa pode trazer importantes benefícios para a saúde. Pessoas autenticamente religiosas são menos deprimidas e angustiadas, têm menos probabilidade de cometer suicídio e de entregar-se ao abuso de drogas. A fé religiosa pode intensificar um sentimento geral de bem-estar e felicidade do indivíduo.

Alguns estudos[1] mostram que pessoas mais velhas que participam regularmente de alguma forma de prática espiritual vivem mais e têm uma

---

1. Harold G. Koenig e seus colegas na Duke University conduziram um estudo que acompanhou quase 4.000 pessoas entre 64 e 101 anos de idade, por um período de seis anos, a fim de deter-

saúde geral melhor do que seus pares. Não é claro até que ponto isso resulta de sua prática espiritual, de sua personalidade ou do apoio que recebem por fazerem parte de uma comunidade solidária. O que está claro é que, se queremos ter uma vida espiritual e pertencer a uma comunidade de pessoas com as mesmas ideias e os mesmos interesses, a dificuldade que temos de aceitar os ensinamentos das religiões tradicionais pode privar-nos dos benefícios a serem ganhos com a prática espiritual regular. Daí a necessidade premente de uma alternativa viável.

A espiritualidade humana se ocupa em avançar a grandes passos. Assim como evoluímos biológica e socialmente, também nossa consciência e nossa espiritualidade evoluíram. O próximo estágio em nossa evolução espiritual está surgindo agora. A nova espiritualidade requer o desenvolvimento de uma conexão pessoal com o sagrado, livre de doutrinas, dogmas ou ideias preconcebidas acerca do divino. Implica também abordar problemas como a existência do mal e do sofrimento com todas as novas compreensões que os desenvolvimentos da psicologia profunda podem trazer sobre essa e outras condições humanas.

Este livro se divide em duas partes. A parte I – "Encontrando o mistério: Desenvolver uma espiritualidade pessoal" – descreve uma abordagem da espiritualidade pessoal a partir da psicologia profunda. O capítulo 1 – talvez o cerne do livro – descreve uma variedade de experiências espirituais, das quais algumas são tudo, menos tradicionais. Nele descrevo a qualidade particular que as torna reconhecíveis e analiso as maneiras como elas se relacionam com a psicologia do indivíduo.

O capítulo 2 descreve a realidade irredutível da psique e a controversa noção que Jung tem do arquétipo, aqui considerado um princípio organizador espiritual presente na consciência. O capítulo 3 explica algumas das conexões entre o tipo de espiritualidade que escolhemos e as nossas dificuldades emocionais.

A parte II – "Pela lente da psique: uma abordagem de questões espirituais a partir da psicologia profunda" – aplica os princípios da psicologia profunda para compreender noções religiosas tradicionais. O capítulo 4

---

minar se a frequência à Igreja tinha algum efeito sobre a longevidade. Eles descobriram que o risco de morrer (durante a duração do estudo) entre os que frequentavam um culto pelo menos uma vez por semana era 46% menor do que entre os que o frequentavam menos vezes ou nunca. Mesmo depois de uma adaptação para outros fatores que poderiam influenciar a longevidade, o número ainda era relativamente alto: 28% (Larson, D. B, Larson, S. S. & Koenig, 2000).

considera as ideias de salvação, redenção, alma e espírito, que de uma forma ou de outra se encontram na maioria das tradições religiosas. Indico as maneiras como essas ideias podem ser despidas de sua bagagem metafísica, revelando importantes necessidades humanas que podem ser abordadas psicologicamente e não doutrinalmente.

O capítulo 5 descreve uma abordagem do problema do mal com base na psicologia profunda e o capítulo 6 analisa uma abordagem psicológica do aparentemente insolúvel problema do sofrimento. Nele contrasto a abordagem psicológica desses problemas com os ensinamentos tradicionais. Utilizando a história bíblica de Jó como exemplo, analiso a relação entre personalidade, imagem que alguém tem do divino e as maneiras como ambas podem ser transformadas pelo sofrimento. No capítulo 7, analiso algumas abordagens da espiritualidade e da prática espiritual pessoal que não se baseiam nas imagens de Deus ou na teologia de alguma tradição religiosa determinada.

Espero que este livro ajude a satisfazer as necessidades daquelas pessoas cujas necessidades não estão sendo satisfeitas pelas tradições religiosas estabelecidas. Bem-vindos à espiritualidade para além da religião institucional.

Parte I

Encontrando o mistério
Desenvolver uma espiritualidade pessoal

I
O *numinosum*
Experiência direta do sagrado

Introdução: O que é experiência sagrada?

Este capítulo descreve uma variedade de maneiras de podermos experimentar o sagrado, das quais muitas não se conformam com as expectativas judeu-cristãs tradicionais. Todos nós temos momentos na vida em que sabemos que somos tocados por uma força que é maior do que nós, algo muito real que transcende nossa experiência do mundo ordinário. Esses encontros são muito mais comuns do que fomos levados a crer. Consideremos a experiência de uma mulher que estava colhendo flores quando, de repente:

> Olhei para os grandes feixes que havíamos colhido com crescente estupefação por causa de seu brilho. [...] Uma luz maravilhosa saía de cada pequena pétala e flor e o conjunto era um espetáculo de esplendor. Tremi em êxtase – era uma "sarça ardente". Não pode ser descrito. As flores pareciam pedras preciosas ou estrelas [...] tão claras e transparentes, tão serenas e intensas, um sutil fulgor vivo. [...] que momento foi esse! Fico muito emocionada ao pensar nele (Buke, 1961, p. 214).

Essa mulher teve uma experiência do sagrado bastante diferente das imagens tradicionais do divino nas quais foi educada. Ela se sentia desconfortável em sua Igreja durante toda a sua vida, porque o Deus bíblico ali adorado parecia não ter nenhuma conexão com seus profundos sentimentos para com a natureza. Quando criança, ela se sentia uma terrível cética, escondendo de sua família todo o tempo um profundo veio de tristeza. Ela sabia que faltava algo em sua vida, porque não conseguia alcançar as profundezas de sua própria natureza. Ansiava por algo mais, como uma criatura que saíra de seu casulo, mas não podia fugir dele. Finalmente, exausta por sua busca, durante um período de capitulação, ela se confrontou com experiências do sagrado que irrompiam como uma Presença sagrada impregnando a natureza. Estava extasiada com a fragrância das flores e descreve a experiência da seguinte maneira:

> O prazer que eu sentia aprofundou-se em êxtase; fiquei completamente emocionada; e estava apenas começando a maravilhar-me com isso quando, no fundo de mim mesma, abriu-se, de repente, um véu ou uma cortina, e tomei consciência de que as flores eram vivas e conscientes. [...] O sentimento que se apoderou de mim com a visão foi indescritível (Buke, 1961, p. 272).

Essa experiência encheu-a de "indizível temor reverencial". Ela nunca estivera satisfeita com as imagens tradicionais de Deus com as quais crescera, mas aqui estava a coisa real. O Cristo crucificado e o Pai do céu da Bíblia hebraica não refletiam sua experiência pessoal do sagrado. No entanto suas experiências da natureza deram-lhe a sensação de um fundamento espiritual autêntico. O poder de uma experiência como essa é avassalador e convincente.

A maioria de nós não espera encontrar o sagrado em nossos jardins. Como alternativa, as religiões tradicionais querem que o experimentemos por meio de rituais prescritos e orações. Porém essa mulher sabia que esta era uma experiência do sagrado por causa dos sentimentos especiais que essa experiência produziu.

Em seu livro de 1917, *O sagrado*[2], Rudolf Otto (2007) usou o termo "numinoso"[3] para descrever essa qualidade única do encontro com

---

2. Alguns pensadores fazem uma distinção entre o santo e o sagrado: santidade é uma propriedade intrínseca de acontecimentos, lugares ou experiências, ao passo que sacralidade é uma qualidade com que as pessoas *revestem* o acontecimento, o lugar ou a experiência. Assim ocorre que certos lugares ou acontecimentos podem ser sagrados para uma pessoa ou uma tradição, mas não ter nenhum significado especial para outras. Neste livro, no entanto, uso os termos "sagrado" e "santo" como expressões aproximadamente sinônimas para uma experiência da realidade transcendente. Ou seja, presumo que cada coisa tem a propriedade intrínseca de santidade por causa da interconexão de todas as coisas e da conexão de todas as coisas com o divino. Portanto, qualquer coisa entendida como sendo um aspecto do divino é sagrada.
3. Da palavra latina *numen*, que significa uma divindade, e do verbo *nuere*, que significa inclinar a cabeça ou acenar. Portanto, a palavra "numinoso" significa um aceno divino ou uma aprovação divina. Neste livro, presumo que a experiência numinosa espontânea é de origem transpessoal, ou pelo menos que aquilo que descrevemos como numinoso pode ser nossa res-

o sagrado. Otto sentia que a palavra "sagrado" perdera seu sentido original e chegara a indicar apenas um sentimento de hipocrisia moral. Ele mostrou que o contato direto com o sagrado produz um tipo particular de experiência que constitui a base de toda religião. Ele descreveu essa experiência utilizando a expressão latina *mysterium tremendum et fascinans*, um mistério que é, ao mesmo tempo, tremendo e fascinante, e que produz o sentimento de que nós fomos abordados pelo que ele denominou de o "totalmente Outro"[4].

Sentimo-nos atordoados, pasmos e cheios de admiração porque fomos abordados por algo misterioso, que não pertence ao nosso mundo ordinário, algo muito difícil de expressar em palavras. Podemos ficar intimidados pela experiência porque sua simples força nos subjuga, fazendo com que nos sintamos muito pequenos. Ou podemos sentir-nos fascinados, cativados e arrebatados.

O contato com o *numinosum* (seja o que for que produz a experiência numinosa) pode também produzir um profundo sentimento de união ou unidade com o mundo e com as outras pessoas. Nesses momentos, podemos sentir-nos indignos, ou talvez bem-aventurados. Outra reação possível é a percepção de que muitas das coisas com que nos preocupávamos são realmente triviais.

Somos fascinados por nosso contato com o *numinosum* porque ele estimula em nós uma espécie de desejo espiritual, um anseio do sagrado e da promessa de amor e paz que ele apresenta. Se não estivermos

---

posta a uma experiência da esfera transcendente. Essa qualificação é necessária porque às vezes podemos revestir uma experiência com numinosidade por razões puramente pessoais e certos acontecimentos podem parecer misteriosos ou sobrenaturais simplesmente porque não os entendemos. Apesar dessas objeções parece haver ocasiões em que a realidade transcendente irrompe em nossa experiência.

4. Muitos teólogos cristãos desaprovam a ideia do numinoso como totalmente outro porque parece tornar a religião algo menos racional e, por isso, pré-cristão. No entanto as forças que vivem na psique são claramente não racionais, se julgadas pelos padrões da personalidade consciente, e não se sentem como fazendo parte dela. Nos tempos pré-cristãos pensava-se que essas forças, que hoje denominamos processos arquetípicos, eram deuses pagãos. Elas ainda estão vivas e passam bem, mesmo não sendo reconhecidas como divindades pelos teólogos. Talvez uma objeção mais séria à noção do numinoso como Alteridade é o fato de que essa é uma perspectiva dualista que separa radicalmente as esferas humana e transcendente. De um ponto de vista unitário, o divino não é diferente de nós. Para uma análise da obra de Otto, cf. Almond (1984) e Davidson (1947). Para uma análise de Jung e Otto, cf. Schlamm (1994). Para uma análise geral da abordagem da experiência numinosa feita pela psicologia profunda, cf. Corbett (1996). Para uma análise da experiência numinosa na psicoterapia, cf. Corbett (2006).

demasiadamente aterrorizados por ele, almejamos experimentá-lo novamente. O ponto crucial é que experiências do sagrado podem ocorrer de maneiras novas, que não correspondem às expectativas das religiões tradicionais.

Nossas tradições religiosas utilizaram histórias como as de Moisés e de São Paulo para ilustrar como o divino pode ser experimentado diretamente de uma maneira que muda permanentemente a pessoa que tem a experiência. Enquanto cuidava das ovelhas, Moisés é atraído pela visão de uma sarça que arde, mas não é consumida pelas chamas (Ex 3,2-6). Então ele ouve a voz de Deus falando-lhe a partir da sarça. No caminho para Damasco, Paulo vê uma luz ofuscante e ouve Jesus dizer: "Por que me persegues?" (At 9,1-9). Essa experiência numinosa produz uma mudança radical em Paulo – ele deixa de perseguir os cristãos e se torna um apóstolo de Cristo. No entanto, experiências numinosas não se limitam a pessoas especiais. Podem acontecer a qualquer pessoa, em qualquer momento, e são mais comuns do que geralmente se reconhece[5]. Existem vários veículos ou portais pelos quais elas podem se expressar.

O *numinosum* nos sonhos

A experiência pessoal do sagrado não depende de doutrina, dogma ou textos sagrados, e pode até *contradizer* a autoridade da religião institucional. Por exemplo, Padre Tom foi um sacerdote tradicional por muitos anos, embora nunca totalmente satisfeito com a Igreja. Durante um período em que estava questionando sua vocação, teve o seguinte sonho numinoso:

> Eu sou Melquisedec. Uma radiante imagem azul da Vênus de Willendorf se agiganta sobre mim. A Deusa é cinco vezes maior do que eu. Estou levantando um cálice até a altura do seu seio esquerdo e está escoando leite no cálice. Tenho profunda consciência de que estou na presença de algo intensamente sagrado.

Esse sonho numinoso teve um efeito eletrizante em Padre Tom. Desde quando era um estudioso da Bíblia, ele sabia que Melquisedec era o sumo sacerdote que abençoou Abraão (Gn 14,18-20; Sl 110,4). De acordo

---

5. Cf., p. ex., Greely (1977) e Hardy (1979), que contém muitos exemplos de experiências numinosas.

com a tradição, Melquisedec se tornou um sacerdote por nomeação divina, muito antes de Aarão, irmão de Moisés, ser nomeado sumo sacerdote para os israelitas que perambulavam no deserto; suas origens exatas são desconhecidas, mas seu nome significa "Rei da Justiça".

No sonho, o sonhador recebe esse nome como um título, como que para assegurá-lo de que não precisa preocupar-se acerca de sua vocação, porque o sacerdócio a que ele pertence é de uma linhagem realmente antiga – poderíamos dizer que sua vocação sacerdotal veio da alma, não da Igreja.

Um sonho como esse traz consigo sua própria autoridade por causa de sua força emocional. Padre Tom deu-se conta de que ele não estava satisfeito na Igreja porque ela não reconhecia suficientemente o aspecto feminino do divino. O sonho lhe diz que o leite da Deusa – o alimento dela – é sacramental para ele. Ele compreendeu que não estivera tentando encaixar forçadamente sua espiritualidade no recipiente oficial da Igreja, mas, de fato, o que era realmente sagrado para ele era altamente pessoal.

O sonho diz a Padre Tom que o divino lhe aparece numa forma feminina que é muito mais antiga do que as imagens de Deus da Bíblia. A Vênus de Willendof é uma das mais antigas imagens religiosas conhecidas, que remonta a 20.000 a.C. aproximadamente, quando a Deusa era entendida como a fonte da vida. Evidentemente, esse sonho não se encaixa na doutrina tradicional da Igreja. Mas é típico das experiências numinosas desconsiderar as normas tradicionais, especialmente quando a experiência é relevante apenas para os interesses de um indivíduo determinado. A experiência numinosa nos permite descobrir nossa espiritualidade autêntica dando-nos um símbolo *pessoal* do sagrado, em contraste com os símbolos coletivos como a cruz.

Nesse caso, o *numinosum* apareceu por meio de um sonho. De acordo com Jung, um sonho desses não surge dos níveis pessoais da mente. A psique pode ser considerada análoga a um *iceberg*. A ponta visível do *iceberg* representa o campo pessoal da consciência, que chamamos de ego, ou o sentido do "eu". Abaixo dele está o inconsciente pessoal, que consiste em experiências que são exclusivas do indivíduo, como acontecimentos da infância que são dolorosos ou traumáticos demais para serem recordados. Mais profundamente ainda, um nível transpessoal ou arquetípico de consciência nos une a todos. A esse nível Jung deu o nome de inconsciente coletivo ou psique autônoma. No entanto é importante observar imediatamente que o aspecto pessoal e o aspecto transpessoal da psique não existem em camadas distintas, estão íntima e inextricavelmente entrelaçados. (Cf. capítulo 2 para uma análise mais completa da estrutura da psique.)

Jung teorizou que sonhos numinosos, como o de Padre Tom, surgem da psique autônoma. O sonho de Padre Tom é, portanto, o equivalente moderno dos sonhos dos autores bíblicos que se acreditava terem sido enviados por Deus. Exemplos são o sonho de José de que Maria havia concebido do Espírito Santo (Mt 1,20) e o sonho que mandou José fugir para o Egito porque o Rei Herodes estava empenhado em exterminar o menino Jesus (Mt 2,13). A noção do sonho como divinamente criado para o sonhador desapareceu na tradição judeu-cristã (cf. Sanford, 1989), mas sonhos numinosos ainda ocorrem com surpreendente regularidade. Eles nos dão a impressão de uma Inteligência maior que tem sua própria mensagem para o sonhador.

Espero que esteja claro, tanto nesse sonho como nos exemplos que seguem, que a experiência numinosa muitas vezes é especificamente relevante para a psicologia do indivíduo que a experimenta. Essa especificidade, embora impressionante, não é necessariamente uma *prova* de que a experiência surge de uma dimensão transpessoal da psique, já que se pode argumentar que a psique pessoal pode produzir as imagens necessárias numa tentativa de autocura.

Um compromisso espiritual anterior pode levar-nos a interpretar um acontecimento numinoso sob o aspecto de contato com o transcendente, enquanto pessoas que não têm uma perspectiva religiosa acerca da vida podem considerar que tal acontecimento é apenas sua própria voz interior, uma manifestação do inconsciente pessoal[6]. Entretanto cada aspecto da

---

6. Uma crítica freudiana tradicional da noção que Jung tem do nível arquetípico ou transpessoal da psique é dada em: Fodor (1971). Ele afirma que todo o material inconsciente pode ser justificado em termos da história pessoal do indivíduo, sem a necessidade de nenhuma coisa transpessoal e insiste que o elemento aparentemente espiritual nos sonhos é "uma bela fantasia inconsciente. A contribuição junguiana é apenas verbal – mas é estimulante e apela à imaginação" (p. 177). A escola kleiniana entende os fenômenos numinosos como originários de objetos parciais introjetados, como os seios da mãe, ao passo que a compreensão psicanalítica moderna os reduz à ativação de imagens infantis do si-mesmo e dos outros. De acordo com Atwood e Stolorow (1999, p. 74), suas aparências são "expoentes de regressão narcisista e descompensação". A resposta junguiana a essas críticas consiste em mostrar os traços coletivos das experiências arquetípicas que não podem ser explicados apenas em termos do desenvolvimento individual, que não justifica adequadamente sua fenomenologia. Talvez esses argumentos se reduzam a

psique contém elementos tanto pessoais quanto transpessoais, e é impossível uma rígida separação entre eles. Por isso não causa surpresa que uma experiência numinosa contenha traços de ambos.

Sustentar que a experiência numinosa surge simplesmente do interior da psique da pessoa estabelece uma distinção artificial que ignora a insistência de Jung de que um elemento do divino está situado profundamente em nossa subjetividade. Para Jung, ao contrário de Rudolf Otto, o divino não é totalmente Outro, porque não existe nenhuma distinção nítida entre uma divindade transcendente e o que Jung denomina Si-mesmo, uma imagem inata do divino. Esse nível, que é o cerne do nosso ser, é a fonte última da experiência numinosa.

Já que existe um debate sobre até que ponto uma experiência numinosa proporciona uma razão adequada para acreditar numa esfera transcendente, parece que a opção de aceitar uma compreensão espiritual ou uma compreensão não espiritual da experiência numinosa depende de qual dessas explicações está mais de acordo com a psicologia de alguém.

Meu compromisso pessoal consiste em concordar com Otto e com Jung (1980) de que a experiência numinosa espontânea é um verdadeiro alicerce da fé. Parece que essa experiência surge do inconsciente transpessoal, e por isso Jung afirma que a psique tem uma "autêntica função religiosa" (OC 11/1, § 3). Aqui não devemos nos esquecer de que nós não conhecemos a natureza do inconsciente; essa palavra apenas significa aquele aspecto da psique que nos é desconhecido.

---

diferentes suposições acerca da natureza da condição humana, já que, afinal, é impossível provar que existe uma dimensão espiritual na experiência. Eu acrescentaria aqui que alguns teólogos também estão insatisfeitos com a teoria de Jung, que eles consideram uma redução ilegítima dos interesses transcendentes da religião à mera psicologia. Como se expressa Goldbrunner (1964, p. 172): "Esse pensamento de Jung pode ser denominado psicologismo, a redução de realidades suprapsíquicas ao nível da realidade meramente psíquica". Esses teólogos se opõem ao uso da teoria dos arquétipos por Jung a fim de compreender a experiência religiosa de maneira psicológica, embora essa teoria seja metafisicamente neutra em relação a questões como a existência de uma divindade transcendente para além da psique. Jung diria que sua teoria está baseada empiricamente, enquanto a asserção de que existe um Deus transcendente continua sendo uma questão de fé. Uma importante fonte desse desacordo parece ser que, se a teoria de Jung sobre a origem arquetípica da experiência numinosa é correta, então as afirmações religiosas tradicionais seriam apenas um exemplo limitado dessa experiência e não a verdade suprema. Talvez toda experiência religiosa, por ser fundamentalmente psicológica, poderia, então, ser incluída em sua teoria, o que seria, de fato, uma aplicação excessiva. Finalmente, eu mencionaria que é possível considerar que os arquétipos não são processos puramente psicológicos, mas processos metafísicos transcendentes por direito próprio e, nesse caso, a psique é apenas um lugar onde eles se manifestam. Para uma análise dessa opinião, cf. Hillman (1970).

O efeito curativo do *numinosum*

Muitas vezes, as experiências numinosas têm um efeito curativo[7]. A experiência seguinte aconteceu com Rebecca, uma mulher que teve uma infância extremamente triste e abusiva, na qual várias vezes foi abandonada e passou fome. Em consequência, foi tentada a perder a fé e a desistir da vida – em suas palavras, "ser pequena e dura e furiosa". Num período em que questionava o sentido do que lhe acontecera, irrompeu em sua vida a seguinte visão numinosa:

> Certa noite, quando a Lua se pusera e minha cama estava na completa escuridão, senti uma presença no canto do quarto. Fiquei com medo. Eu tinha consciência de que não estava sonhando. A presença foi crescendo e crescendo até que, palpitando, encheu todo o quarto, vibrando com as paredes contíguas. Todo o quarto parecia balançar, como se estivesse se acomodando a uma outra dimensão. Fiquei aterrorizada, com os olhos hermeticamente fechados. Uma voz, profunda e suave, disse: "Amor; tudo é amor". Lentamente a energia refluiu do quarto, deixando-me paralisada de terror na escuridão.

Embora a experiência sentida por Rebecca fosse uma experiência de terror, ela relatou que o acontecimento "me chamou de volta à vida" e ao desafio de descobrir o que significa o "amor". Esse é um bom exemplo da maneira como uma experiência numinosa pode afetar o comportamento de alguém na vida cotidiana. Evidentemente, não há nada de novo em acentuar a importância do amor. No entanto, quando um ensinamento sobre o amor é transmitido diretamente a alguém a partir de um pano de fundo destituído de emoção na forma de um encontro numinoso, seu impacto é enorme. É mediante esse tipo de experiência que desenvolvemos uma espiritualidade autêntica.

Na sociedade contemporânea, encontros numinosos como o de Rebecca e de Padre Tom são muitas vezes considerados histéricos, produtos de uma imaginação superaquecida ou francamente insana[8]. Por causa desse

---

7. Jung mostrou isso e o tornou crucial para sua teoria da psicoterapia (cf. Jung, 2018, p. 381).
8. Posso atestar a sanidade mental dessa mulher com base em muitos anos de trabalho com pacientes psiquiátricos muito perturbados. Para o cético eu indicaria também: Greeley (1975), que revela que experiências paranormais são muito frequentes. As pessoas que as têm, em vez de perturbadas, são muitas vezes emocionalmente sadias. Na pesquisa de Greeley, 35% dos res-

preconceito social as pessoas geralmente relutam em falar deles, de modo que não sabemos realmente até que ponto esses encontros são comuns. Muitas pessoas me disseram que se passaram anos até poderem compartilhar sua experiência numinosa com outra pessoa, porque tinham medo de serem desacreditadas ou ridicularizadas por agarrarem-se a algo que para elas era precioso e sagrado.

Embora as experiências numinosas possam chegar a nós sem nenhuma preparação, podem também ser convidadas conscientemente por práticas ascéticas intensas. Na Bíblia, longos períodos de isolamento e jejum precedem tipicamente o aparecimento do *numinosum*. Pensemos em Moisés no Monte Sinai, que jejua por 40 dias antes de receber os Dez Mandamentos (Ex 34,28), e em Jesus, que jejua por 40 dias no deserto antes de seu encontro com Satanás (Mt 4,1-11). Parece que privação severa ou exaustão podem proporcionar uma abertura que permite ao *numinosum* desarmar nossa consciência cotidiana e irromper em nossa percepção.

Experiências numinosas podem ocorrer também durante uma doença – o sagrado não aparece apenas a pessoas saudáveis. Inanição ou febre alta podem produzir experiências visionárias, que o pensamento materialista descartaria como mero resultado de um cérebro doentio. No entanto, é igualmente possível que uma doença grave e um estresse massacrante tornem o cérebro incapaz de manter a consciência ordinária, resultando que a dimensão transpessoal tenha uma melhor oportunidade de nos penetrar.

Os sentimentos de temor reverencial, terror e assombro que acompanham uma experiência numinosa são importantes não simplesmente porque nos ajudam a identificar a experiência como sagrada. Essas emoções nos dizem que a experiência foi encarnada.

As emoções são sentidas no corpo como um resultado da ação do sistema nervoso autônomo. Elas fazem o coração pulsar mais depressa, nos tornam pálidos e produzem tensão muscular e suor. Ficamos com o cabelo em pé e uma variedade de hormônios pode ser secretada. Uma vigorosa reação emocional provoca a resposta de todo o organismo.

William James, o grande estudioso da experiência religiosa, enfatiza também o sentimento em vez dos conceitos ao analisar a essência da

---

pondentes relataram pelo menos uma experiência mística e 5% responderam que isso ocorreu "muitas vezes". Seja como for, não existe razão para afirmar que pessoas mentalmente doentes não têm experiências numinosas autênticas.

experiência religiosa. James pensava que as fórmulas teológicas são secundárias em relação à primazia dos sentimentos (James, 1985, pp. 340-341) e percebeu que os sentimentos "são percepções genuínas da verdade" (James, 1985, p. 66). É exatamente por isso que nós acentuamos a qualidade emocional da experiência do sagrado. Sabemos que uma experiência é numinosa não só por seu conteúdo, mas também pela maneira como nosso corpo responde a ela.

Às vezes, a experiência numinosa assume uma forma especificamente cristã. Nesse caso, a tradição cristã ainda está viva para esse indivíduo. Um homem estava descendo por uma passagem escura quando, de repente,

> [...] uma luz brilhou na parede da passagem mostrando claramente uma cruz, como se uma intensa luz solar estivesse entrando por uma janela com a cruz projetando uma intensa sombra. Com efeito, não havia nenhuma janela ou fonte de luz para explicar o que eu via. O elemento curioso para mim era que, embora nesses dias estivesse nervoso por causa da escuridão e muito impressionável, eu tive uma curiosa sensação de conforto e um profundo sentimento de intensa emoção (Hardy, 1979).

Essa visão apresenta uma mensagem cristã, confirmando a validade dessa tradição para o homem que a experimentou, porque contém o símbolo exclusivamente cristão da cruz e a imagem tipicamente cristã da luz e das trevas.

O *numinosum* experimentado na natureza

O que apresentamos a seguir é uma experiência tipicamente numinosa do mundo natural:

> No sopé do nosso jardim havia uma grande pereira muito velha, que na ocasião estava abarrotada de flores brancas e no topo um melro estava cantando, enquanto atrás da árvore uma campina elevada deixava aparecer um maravilhoso nascer do sol. Quando contemplei isso, alguém ou alguma coisa me disse: "Isto é belo", e imediatamente toda a cena se iluminou como se alguém tivesse aceso uma luz brilhante, iluminando tudo. A campina era de um verde mais vivo, a pereira brilhava e o canto do melro era mais forte e mais encantador. Um curioso calafrio percorreu minha espinha dorsal (Hardy, 1979, p. 39).

Como só conseguem captar um raio limitado de sinais, nossos órgãos sensoriais atuam normalmente como um véu que filtra boa parte da realidade. Nessa experiência visionária, no entanto, por um momento precioso, é como se o véu tivesse sido levantado, revelando uma dimensão mais vasta da Realidade. Infelizmente, hoje raramente experimentamos a realidade nesse nível.

Especialmente desde a revolução científica, em contraste com as culturas pré-industriais, perdemos o sentimento de que o mundo natural é sagrado e isso tornou mais fácil para nós explorá-lo. Por isso, na sociedade ocidental contemporânea uma pessoa pode hesitar em expressar sentimentos intensos para com a natureza por medo de ser ridicularizada, embora esses sentimentos possam realmente servir como uma forma privada de espiritualidade[9].

Adeptos conscienciosos da fé judaica ou da fé cristã podem também concluir que essa experiência numinosa da natureza é uma forma de panteísmo, que afirma que Deus e a natureza são idênticos. Os tradicionalistas religiosos no Ocidente acreditam que esse tipo de experiência não pode ser uma experiência real do divino, já que a Realidade Última está de alguma forma acima e além da natureza. Mas uma experiência do divino ocorre muitas vezes mediante algum tipo de instrumento. Por isso William Blake (1988) foi capaz de "ver um Mundo num grão de areia / e o Céu numa flor selvagem" e Walt Whitman declarou (1983): "Alguém estava pedindo para ver a alma? Vê, tua própria forma e semblante, pessoas, substâncias, feras, as árvores, os rios correntes, as rochas e areias".

Já que a Bíblia apresenta Deus como o criador do universo, os crentes que se baseiam na Bíblia consideraram o universo algo separado de Deus. Nós estimulamos essa divisão quando vemos Deus como uma força fora do universo que faz surgir a natureza. Logicamente, o criador e a criação devem ser entidades diferentes. A partir dessa perspectiva, Deus permanece longe do mundo, mesmo que intervenha ocasionalmente em seus negócios. No entanto, essa visão impõe uma projeção antropológica ao divino, na qual Deus é visto como uma espécie de engenheiro celestial no plano de fundo que opera o mecanismo do universo. Mesmo assim, a tradição cristã contém um forte elemento de misticismo da natureza, que reconhece o poder e a presença do divino no mundo natural.

---

9. Talvez porque nossa sociedade não permite que pensamentos profundos acerca da natureza sejam expressos em termos espirituais, eles surgem politicamente como o movimento secular chamado ambientalismo, ou como ecologia profunda, ecofeminismo ou a Hipótese Gaia.

Mestre Eckhart, o famoso místico dominicano do século XIV, enfatiza a presença de Deus na criação (cf. Fox, 1981), e Jakob Boehme, um místico protestante do século XVII, escreveu: "Sob esta luz meu espírito detectou todas as coisas, e examinou todas as criaturas, e reconheceu Deus na relva e nas plantas" (apud Brinton [1977]).

Por causa de sua sensibilidade pelos animais e pelo meio ambiente, São Francisco de Assis é considerado muitas vezes o santo patrono dos ambientalistas e dos ecologistas. Uma linha semelhante de pensamento na tradição mística judaica é expressa pelo Rabino Abraham Isaac Kook, que acreditava que toda a natureza é uma manifestação de Deus em muitas formas individuais, cuja pluralidade é unificada em Deus. Hoje, porém, essas vozes são provavelmente associadas mais ao movimento ecológico do que ao pensamento judeu-cristão.

A visão da pereira iluminada revela o divino manifestado na natureza. Nessa experiência numinosa, a natureza é vista como impregnada de luz, uma das expressões simbólicas mais antigas do divino. A natureza se torna assim, para a mulher que teve a visão, o meio específico pelo qual ela pode ter uma experiência autêntica de espiritualidade. Isso não significa que ela deveria venerar a natureza literalmente. Sua experiência nos diz simplesmente que uma forma de espiritualidade baseada no culto litúrgico oficial do divino não é a soma total de sua experiência espiritual; ela pode estar em contato com o *numinosum* com a mesma facilidade enquanto caminha no deserto como quando se encontra na igreja.

O místico da natureza tem seus sentimentos espirituais desencadeados pelo mundo natural, não principalmente por serviços religiosos num lugar de culto. Alguns místicos da natureza são poetas, como William Wordsworth, para quem existe "um movimento e um espírito que impele [...] todos os objetos de todo pensamento, / e chega a todas as coisas. Por isso ainda sou / um amante das campinas e dos bosques" (Wordsworth, 2005). De maneira semelhante, consideremos as palavras de Walt Whitman: "Também eu tenho consciência, identidade, / e todas as rochas e montanhas têm, e toda a terra" (Whitman, 1983). Ou as de Thomas Traherne (1992): "As árvores verdes, quando as vi, [...] me transportaram e me arrebataram; sua doçura e beleza incomum fizeram meu coração pular e quase enlouquecer de êxtase; eram coisas tão estranhas e maravilhosas". Poetas como esses encontram-se em todas as tradições.

Alguns místicos da natureza são cristãos praticantes que exaltam o mundo natural como criação de Deus; outros se consideram ateus; outros, ainda, consideram-se panteístas que veneram um Deus impessoal.

Sigurd Olson, o naturalista e advogado do deserto do século XX, pretendia tornar-se um missionário até que se deu conta de que estava mais interessado em salvar os lugares desérticos do mundo do que em salvar almas. Após um longo período de angústia e desorientação, resultante de sua perda de fé nos ensinamentos de sua Igreja, Olson descobriu um sentimento de missão como advogado do valor espiritual do deserto. Essa descoberta resultou de experiências como a seguinte, descrita em seu livro *The singing wilderness*, que ocorreu enquanto observava um pôr do sol:

> O sol estava tremendo agora na orla da cumeeira. Ele estava vivo, quase fluido e latejante; e, enquanto eu observava o sol se pondo, pensei que podia sentir a terra afastando-se dele, sentir realmente sua rotação. Sobre tudo reinava o silêncio do deserto, esse sentimento de unidade que só vem quando não existem visões ou sons que distraem, quando escutamos com os ouvidos interiores e vemos com os olhos interiores, quando sentimos que estamos atentos com todo o nosso ser e não com nossos sentidos. Enquanto estava sentado ali, pensei na antiga admoestação "Tranquilizai-vos e reconhecei que eu sou Deus", e reconheci que sem tranquilidade não pode haver conhecimento e sem separar-se das influências exteriores o homem não pode reconhecer o que significa o espírito.

A experiência numinosa é do tipo que produz gnose, ou consciência intuitiva direta da esfera transcendente. Porque o mundo natural estimulou nele esse tipo de experiência, Olson tornou-se um apóstolo da ideia de que existe um poder transpessoal a ser experimentado na natureza.

O naturalista inglês Richard Jefferies (1848-1887) também percebeu que o nível transcendente da realidade pode irromper como uma experiência do mundo natural. Para suas devoções, ele usava cada pétala e cada folha de grama, cada pena de pássaro, o zumbido dos insetos e a cor das borboletas, o suave ar quente e manchas de nuvens. No entanto ele não acreditava em desígnio ou providência – pensava que a ideia de um Deus criador era um "ídolo invisível" (Jefferies, 2003, p. 71), apenas uma pedra de tropeço para a Totalidade do Além. Para ele, a oração era o anseio de seu ser por essa Totalidade, não uma conversa com uma Personalidade celeste.

Para muitas pessoas a experiência pessoal[10] (Hood, 1995) do sagrado é muito mais importante do que qualquer doutrina ou dogma. Esses são simples conceitos abstratos que, para sua validade, dependem da autoridade de uma hierarquia eclesiástica. Compare-se o efeito de meramente *afirmar* que existe uma força vital divina na natureza com o poder da seguinte experiência concreta, relatada por um jovem estudante de pós-graduação:

> Enquanto andava pela grama, eu pude sentir que cada folha de grama tinha um força vital, que o chão tem uma força vital, que tudo estava ligado nessa dança maravilhosa e horrível. Eu podia sentir meus pés esmagando as folhas de grama, podia ouvir o rangido, podia sentir a dor que a grama sentia. […] A partir dessa experiência de consciência ampliada – que surgiu totalmente espontânea e inesperada naquele momento – percebi que eu era algo mais do que este receptáculo de carne e mente que perambula e procura. […] Era isso que eu estivera procurando. […] Compreendi que havia realmente um poder e uma presença que incluía tudo, e que me incluía também a mim.

Essa foi uma experiência direta da dimensão espiritual da vida e de sua energia que percorre o mundo inteiro. De acordo com Jung, seguindo a compreensão de Cícero da origem da palavra, "religião" é uma prática de prestar "cuidadosa consideração (*relegere*!)" a essas experiências[11]. Uma experiência é muito mais convincente do que uma declaração teológica. O

---

10. Existe um grande corpo de literatura sobre a questão do que constitui a experiência religiosa. Algumas pessoas acreditam que ela é uma percepção real da esfera transpessoal. Outra teoria diz que essa experiência é simplesmente uma forte emoção que é interpretada espiritualmente. Existem distinções entre experiências proféticas, experiências devocionais, experiências litúrgicas e experiências de união mística, que podem estar todas entremisturadas. Tudo isso é complicado pelo fato de não existir acordo sobre o que exatamente constitui a "religião". A própria palavra "experiência" tem também vários sentidos; pode significar a percepção de algo que se origina no interior ou a percepção de algo existente no mundo exterior. Para uma análise completa da experiência religiosa nas várias tradições (cf. Hood, 1995).

11. Cícero pensava que a palavra "religião" derivava do latim *relegere*, que sugere aquilo que alguém examina cuidadosamente outra vez na leitura ou no pensamento. Jung adotou esse uso porque se encaixava em sua visão daquilo que a religião deveria ser (cf. Jung, 2018, p. 439; e OC 8/2, § 427). Poucos estudiosos latinos subsequentes concordaram com Cícero. A *Enciclopédia Católica* mostra que a prática da religião remonta a muito antes de os humanos poderem ler, de modo que é improvável que a palavra tenha derivado de algo que tem a ver com a leitura. A derivação de Cícero foi influenciada pela religião como era praticada ritualmente pelos romanos do século I a.C. Ela recorda a leitura das entranhas e a execução cuidadosa dos rituais. Outra possibilidade é que "religião" derive do latim *religare*, que significa amarrar, uma

conceito cristão da Trindade, por exemplo, não se baseia em experiência pessoal e não existe nenhum conceito bíblico de um Deus trinitário. A Igreja simplesmente espera que as pessoas acreditem nele. Hoje questionamos qualquer tipo de autoridade arbitrária, mas uma experiência como a que foi descrita acima é convincente, embora devamos não esquecer as potenciais armadilhas inerentes a relatos subjetivos.

O *numinosum* no corpo

Uma das mais incompreendidas e negligenciadas manifestações do *numinosum* ocorre quando ele se expressa mediante o corpo, de que é exemplo a seguinte experiência relatada pela Dr.ª Bonnie Greenwell (1995, p. 2) em seu livro *Energies of transformation*:

> Enquanto eu meditava, senti, de repente, como se tivesse transposto uma camada de gelo, e podia sentir-me dançando sobre um oceano de bem-aventurança, sentindo meus dedos dos pés tocando-o, sentindo intensas vibrações quentes emanando dos meus dedos dos pés para meu corpo, fluindo por toda parte. Então mergulhei nesse oceano e perdi a consciência do que estava acontecendo. Foi indescritível...

Na tradição cristã, o corpo foi muitas vezes desvalorizado em favor do espírito desencarnado. No melhor dos casos, a tradição considerava o corpo um templo do Espírito Santo, enquanto no pior dos casos o corpo foi considerado um instrumento do diabo. No entanto, uma abordagem mais realista seria considerar a mente-corpo uma unidade indivisível que expressa a mesma Consciência de duas maneiras diferentes. Essa Consciência, que na experiência descrita acima é sentida como "um oceano de bem-aventurança" no corpo, expressava-se como a luz em torno da pereira citada em exemplo anterior. Ela também produz as imagens oníricas e visões, as intensas emoções produzidas no corpo por encontros numinosos, e o corpo vital ou cheio de energia que sentimos no corpo físico. Essa energia somática, conhecida no Oriente como *chi* ou *prana*, é uma manifestação da nossa fonte espiritual tanto quanto qualquer outra manifestação numinosa.

---

derivação que lembra a palavra sânscrita ioga, que significa unir ou juntar – portanto, o que nos conecta com o divino.

As tradições religiosas ocidentais negaram o que muitas outras culturas têm entendido – que a sexualidade é um importante veículo para a expressão de nossa espiritualidade. Graças a dois milênios de influência cristã, a sexualidade chegou a ser considerada vergonhosa. Perdemos o senso de que, como se expressou Jung (1978, p. 105), a sexualidade é "uma genuína e incontestável experiência do divino, cuja força transcendente apaga e consome tudo o que é individual".

A sexualidade pode proporcionar uma oportunidade de uma união extática com o divino, uma experiência durante a qual nosso sentimento de separação desaparece. Após uma noite de intensas relações sexuais, uma jovem mulher descreveu da seguinte maneira sua experiência numinosa de consciência espiritual intensificada:

> [...] Saí do tempo. Era como se o tempo fluísse normalmente num plano horizontal e eu, de certa forma, saí desse fluxo horizontal para entrar num estado intemporal. Não havia absolutamente nenhuma sensação da passagem do tempo. Dizer que não havia nenhum início ou fim do tempo parece irrelevante. Simplesmente não existia tempo... (Feuerstein, 1992, p. 29).

Sentir-se fora do tempo é dar um passo além da personalidade cotidiana ou da sensação ordinária do si-mesmo. Muitas práticas espirituais se destinam a atingir exatamente esse estado da mente; por isso sociedades pré-cristãs reverenciavam a sexualidade e a tornavam sacramental, reencenando ritualmente a união da Deusa com seu consorte. Nos templos pré-cristãos da Deusa, entendia-se que a sexualidade pode ser um portal para a comunhão com o divino.

O *numinosum* nas relações

Para a maioria das pessoas o *numinosum* é encontrado nas relações. O mistério da conexão com os outros é vital e fascinante, às vezes ao ponto de parecer que a paz da mente só pode ser alcançada mediante as relações. Nada é mais importante.

Algumas pessoas não medirão esforços para manter sua conexão com os outros, não importando quanto sacrifício seja necessário para isso. Essa urgência não pode ser explicada satisfatoriamente dizendo apenas que ela resulta do fato de essas pessoas terem sido privadas de relações adequadas na infância. Esta privação pode explicar a intensidade desta necessidade, mas não a própria necessidade, que é universal.

As relações são importantes para todos nós, por muitas razões. No nível biológico, somos animais sociais que precisam uns dos outros para a sobrevivência física. Psicologicamente, também precisamos de outras pessoas para manter-nos unidos, para reconfortar-nos, para validar a maneira como nos sentimos e para sustentar nosso sentimento do si-mesmo. As relações atuam como um espelho no qual podemos desenvolver mais autopercepção.

Revestimos também certas relações com um profundo significado. Isso não surpreende: sentimo-nos como se fôssemos seres separados, mas isso vale só no nível da experiência convencional cotidiana. Num nível mais profundo, estamos todos inseridos numa esfera transpessoal de Consciência que Jung chama de Si-mesmo, o elemento do divino presente na personalidade. Aqui estamos profundamente conectados. Experimentamo-nos como separados uns dos outros no nível físico porque temos nossos próprios corpos, nossas histórias pessoais de vida e memórias, mas o próprio Si-mesmo é expressado por meio de todos nós. Sentimos essa esfera numinosa em momentos de profunda conexão com os outros e a experiência é intensamente estimulante e afirmadora da vida.

Infelizmente, à medida que crescemos não nos ensinam a reconhecer o divino nos outros. Se nos ensinam a competir com os outros ou a tratá-los benevolamente, existe sempre a implicação de que eles estão separados de nós. Mas às vezes a experiência do Si-mesmo manifesta-se espontaneamente quando estamos com os outros, produzindo uma inconfundível sensação de unidade sagrada. Muitas vezes é a essa sensação que as pessoas se referem quando falam de amor.

A tecnologia moderna das comunicações, como os celulares e a Internet, revelou-se uma espada de dois gumes. Ela nos permite expressar nossa intensa necessidade de conexão uns com os outros e podemos rapidamente saber o que está acontecendo em todo o mundo, permitindo uma solidariedade sem precedentes entre pessoas que se preocupam com as mesmas questões. No entanto, essa tecnologia tende a interpretar literalmente a dimensão espiritual da relação e a capacidade de conexão instantânea perpétua pode desestimular a experiência do silêncio e da autorreflexão, que é espiritualmente importante.

Em momentos de contemplação tranquila, sentimos nossa profunda conexão com os outros, mas é muito fácil utilizar a tecnologia das comunicações para abafar a "voz ainda fraca" que surge durante esses momentos.

Podemos utilizar a tecnologia para distrair-nos dessa voz, em parte porque ela pode sussurrar verdades desconfortáveis acerca de nós mesmos e às vezes porque o silêncio, ou a experiência de estar só, produz demasiada angústia. Muitas pessoas precisam de períodos de desconexão para adquirir consciência dessa voz.

Embora tenhamos preocupações individuais, nossos interesses mais fundamentais são universais. Todos os seres humanos se preocupam com a experiência do sofrimento, da solidão, da confusão, da dor, do medo e da alegria. Nesse nível de experiência não estamos absolutamente separados uns dos outros. As diferenças na cor da pele, na linguagem, na história pessoal e na cultura empalidecem em comparação com a descomunal semelhança que existe na maneira como nos relacionamos com esses e outros sentimentos. É por isso que Krishnamurti (1972, p. 37) diz: "Você é o mundo" ou "O mundo não é diferente de nós". Infelizmente, em nossa sociedade, nossa igualdade essencial no nível espiritual é obscurecida por uma mitologia de "rude individualismo", que só é benigno se pudermos afirmar nossa individualidade permanecendo conscientes também de nossa conexão com os outros. Se for levada ao extremo, essa atitude pode tornar-se antitética à nossa natureza mais recôndita.

Nosso nível profundo de conexão é desestimulado quando nossa sociedade urbana industrializada nos predispõe a sentir-nos separados, evocando sentimentos de competitividade, de ganância e de agressividade, que também fazem parte da nossa natureza. Superficialmente, esses potenciais parecem militar contra a conexão como os outros, mas são, de fato, uma forma perversa de permanecer conectados sem reconhecer a necessidade de conexão. Ao mesmo tempo em que necessitamos uns dos outros, evoluímos com uma profunda desconfiança dos estranhos, por medo de que eles possam nos prejudicar. Embora essa tensão entre necessidade e desconfiança torne difícil para nós estarmos constantemente atentos à nossa conexão espiritual com os outros, ela nos proporciona também uma permanente oportunidade de uma prática espiritual vitalícia – o esforço para tornar-nos conscientes do sagrado existente nos outros, mesmo quando nos tornamos conscientes de sua existência em nós mesmos[12].

---

12. Nossa igualdade espiritual tem implicações importantes; quando as pessoas se comportam de maneira má para conosco ou dizem algo que nos ofende, a resposta mais simples é lembrar que essa pessoa não é diferente de mim. Essa perspectiva nos ajuda a ver na situação algo que precisa de atenção. Julgamento ou condenação não são necessários e só surgem para mitigar o nosso sentimento ferido do si-mesmo. Dessa consciência pode surgir a compaixão.

Experiências de unidade

Uma importante razão para não sentirmos nossa conexão com todas as coisas nos níveis mais profundos da Consciência é que nossa confiança nos ensinamentos da ciência ocidental clássica falseou a maneira como percebemos a realidade. No entanto a própria importância da ciência enfatiza o hiato entre nossa percepção da realidade e sua estrutura real. Até agora, no entanto, as intuições da física quântica não causaram muito efeito sobre nossas atitudes sociais, especialmente no tocante à importância da consciência e da subjacente simetria e interconexão da realidade num nível profundo[13]. Desde a infância somos formados para imaginarmo-nos separados, uma formação que é reforçada por um conjunto de memórias pessoais que constituem a base de nossa "identidade". O resultado é uma sensação de limites pessoais.

Mas inúmeras pessoas conseguiram transcender esses limites e assim têm experiências numinosas de união com a psique mais ampla. Nesses momentos, o mundo e o si-mesmo pessoal parecem desaguar um no outro, fazendo ambos parte de uma unidade maior, sem qualquer sensação de separação ou identidade pessoal. Isso pode acontecer como resultado de práticas espirituais, como a meditação, ou pode ocorrer espontaneamente, sem nenhuma razão aparente. Nessa experiência, o si-mesmo pessoal se perde na Consciência mais ampla do Si-mesmo, revelando nossa continuidade essencial com ele.

Essas descrições se encontram na literatura mística de todas as religiões mundiais. Esse acontecimento é uma experiência numinosa normal que não deve ser confundida com uma psicose. Existem muitas diferenças entre uma experiência normal do *numinosum* e um estado psicótico. Uma experiência numinosa é temporária e a pessoa logo retorna ao mundo consensual da realidade cotidiana. Não ocorre nenhuma anormalidade de percepção, pensamento ou julgamento e o indivíduo pode funcionar normalmente no mundo ordinário.

Com efeito, enquanto a psicose causa disrupção ou distorção da personalidade, a experiência numinosa é realmente benéfica. Ela não só alivia as angústias, mas intensifica o crescimento espiritual e torna a pessoa consciente de que existe um mundo invisível do qual ela faz parte, embora

---

13. Cf., p. ex., Gribbin (1995).

algumas experiências numinosas sejam difíceis de integrar em sua vida ordinária e possa ser difícil viver de acordo com o que ela experimentou.

Em personalidades instáveis, um encontro numinoso pode ser emocionalmente opressivo, às vezes desencadeando até uma psicose. Mas geralmente, ao invés de considerar a experiência numinosa uma *distorção* da realidade, podemos concebê-la como uma experiência da realidade exterior aos limites impostos por nossos órgãos sensoriais[14].

O *numinosum* e a criatividade

Conta-se que o artista Marc Chagall disse à sua neta: "Quando pinto, eu rezo" (Coleman, 2004, p. 131), entendendo presumivelmente que, para ele, pintar era uma prática espiritual.

Nossa criatividade é um importante portal de acesso ao sagrado. Não é por acaso que os antigos gregos entendiam que a inspiração criativa provém de figuras divinas personificadas, como as Musas. A inspiração criativa não se origina no si-mesmo pessoal; as ideias surgem muitas vezes como uma surpresa porque parecem não provir de lugar nenhum. Consequentemente, produtos criativos chegam geralmente como uma revelação, até para o artista. Precisamos, evidentemente, aprender as técnicas necessárias para pintar, escrever, dançar ou compor música, porque só o domínio técnico nos permite expressar com um alto grau de habilidade a Inteligência que está por trás do produto criativo. Já que o processo criativo costuma implicar uma luta dolorosa e prolongada, quando ele finalmente chega, a inspiração para o trabalho criativo parece ser recebida de uma fonte totalmente desconectada da técnica. Quando se sente em contato com essa fonte, o artista criativo sente fluir dentro de si uma corrente profunda que não se origina de sua personalidade cotidiana.

Receptividade ao numinoso

Acredito que todos nós temos uma capacidade inerente de reconhecer uma experiência da dimensão transcendente, embora o ceticismo – ou o

---

14. O conhecimento comunicado durante uma experiência numinosa ou mística – como a convicção de que o universo está impregnado de amor – não pode ser verificado ou refutado por meio de empirismo positivista. Cabe ao indivíduo levar a sério essas afirmações ou ignorá-las.

fato de que a experiência não se conforma com a nossa ideia preconcebida acerca da maneira como o transcendente deveria aparecer – possa impedir-nos de reconhecê-la.

As crianças são particularmente receptivas à experiência numinosa porque sua sensibilidade ainda não foi embotada pela exposição às expectativas sociais. Elas não têm os preconceitos das pessoas adultas e ainda são permeáveis à experiência transpessoal. Portanto elas não se surpreendem se encontram uma fada no fundo do jardim ou se são visitadas por anjos.

Uma criança pode sentir emoção ou temor respeitoso quando está na natureza, com animais, ou envolvida em arte, música ou dança. Quaisquer atividades que são uma fonte de interesse apaixonado na vida da criança podem ser numinosas, sejam elas amizades, esportes, a natureza, uma leitura ou aprender determinado assunto. Mas esse potencial de experiência numinosa pode ser suprimido.

Se os cuidadores ignoram ou menosprezam algo que é naturalmente sagrado para a criança, ela encontrará dificuldade de expressar sua importância ou pode sentir vergonha de fazê-lo. Por exemplo, diz-se ao potencial dançarino, artista, poeta ou músico que ele deve ser prático, que deve aprender a viver, que deve frequentar uma faculdade de Direito ou de Medicina. Assim, o que é sentido por natureza como sagrado é varrido para debaixo do tapete e a criança precisa virar-se com o que a família, a Igreja ou a sinagoga lhe *dizem* que é sagrado.

É uma tragédia forçar o potencial espiritual de uma criança a ater-se a tudo o que a família e a cultura insistem que é sagrado quando isso não é sua inclinação natural. É uma tragédia ulterior inculcar nas crianças imagens do divino que enfatizam a culpa, o castigo e a condenação, baseadas na projeção de sentimentos humanos na imagem de Deus.

Infelizmente, se nossos meios naturais de contato com o transcendente foram suprimidos ou desprezados na infância, nós podemos simplesmente concordar com a religião praticada em nossa família por um sentimento de culpa ou de lealdade, ou por um desejo de evitar magoá-la. Tornamo-nos, então, cristãos ou judeus nominais, mas com uma espiritualidade profundamente desconfortável ou insatisfeita.

Se não nos submetemos à supressão ou à distorção do nosso potencial espiritual, podemos rejeitar a religião da nossa infância e tentar descobrir à nossa própria maneira o que para nós é sagrado. Então podemos iniciar uma busca vitalícia para satisfazer a necessidade de contato com o transcendente, talvez encontrando um lar espiritual no interior de outra tradição.

Na verdade, existem múltiplas maneiras de experimentar o sagrado sem recorrer aos sacramentos ou rituais de qualquer tradição estabelecida. Aqueles dentre nós que preferimos a espiritualidade que brota da experiência direta estamos mais interessados na maneira como o sagrado nos aparece realmente do que em imagens de Deus ditadas por decreto, por costume ou por boatos. Estes tendem a refletir experiências e fantasias do divino de outras pessoas e não as nossas próprias experiências. A abordagem baseada na experiência pessoal não cria uma nova tradição religiosa, na qual se diz que o divino aparece numa única forma determinada. Ao invés disso, honramos as muitas maneiras singulares como o divino nos aparece individualmente e enfatizamos que o mesmo mistério subjaz a todas.

Não procuramos definir a essência desse mistério. Sua natureza permanece incognoscível. Durante a meditação, às vezes ele aparece como pura Consciência ou Percepção sem nenhum conteúdo[15], mas às vezes ele produz poderosas imagens e emoções do tipo descrito anteriormente. Nossos condicionamentos pessoal e cultural e as limitações da nossa linguagem afetarão inevitavelmente nossa compreensão das manifestações numinosas. O melhor que podemos fazer é permitir que a experiência fale em seus próprios termos, na medida do possível sem impor ao seu sentido suposições preconcebidas. Esperamos que seu sentido surja à medida que estamos presentes a ele, à medida que o testemunhamos e lhe prestamos cuidadosa e detalhada atenção.

Em suma, sugiro que nossas reações às experiências numinosas são reações a acontecimentos que são normais, espontâneos e reais por si mesmos. Não acredito que elas possam ser descartadas como meramente imaginárias ou patológicas, ou que possam ser reduzidas a fatores psicológicos, como a necessidade de proteção quando nos sentimos vulneráveis, ou que possamos descartá-las como resultado de alguma aberração cerebral peculiar[16]. Afirmo isso por várias razões, não só como um ato de fé de que as experiências numinosas emergem da dimensão transcendente.

---

15. Evidentemente, essa não é uma visão materialista da consciência. A consciência é considerada aqui um princípio irredutível, não algo criado pelo cérebro.
16. Existem presumivelmente acontecimentos cerebrais que se correlacionam com a experiência numinosa, pois existem acontecimentos cerebrais que se correlacionam com nossa experiência, mas isso não significa que o cérebro é o autor primário da experiência. Quando o cérebro está francamente em desordem – por exemplo, por causa de uma febre alta ou de uma perturbação

Experiências numinosas podem impedir que uma pessoa cometa suicídio[17], produzir uma conversão religiosa, afetar radicalmente nossos sentimentos acerca de nós mesmos e o nosso comportamento para com os outros e às vezes mudar o curso de nossa vida. Elas podem ter um impressionante efeito curativo, invariavelmente dão a impressão de que surgem de uma Inteligência mais ampla do que a inteligência do sujeito, e sua forma e seu conteúdo são sempre uma surpresa total para a personalidade empírica, às vezes fornecendo informações que eram desconhecidas ao sujeito.

Essas experiências não podem ser aprendidas ou ensinadas e não podem ser induzidas deliberadamente, não importando o quanto desejemos ter uma experiência dessas. Falar sobre elas pode não transmitir o pleno impacto de seu efeito para os que não as experimentaram.

O numinoso disfarçado

Uma abordagem da espiritualidade baseada na experiência direta amplia nossa compreensão das maneiras como a dimensão transcendente pode nos afetar. O *numinosum* pode expressar-se numa forma disfarçada como, por exemplo, quando nos sentimos dominados por algo como uma paixão por um trabalho criativo que nos absorve totalmente. Essa atividade nos leva a perder o contato com o tempo ordinário e nos mergulha no tempo sagrado[18]. Invade-nos uma espécie de energia que parece provir de algum outro lugar. Nesse momento esquecemos nosso sentimento de separação, de modo que não existe distinção entre nós e o trabalho em que estamos absortos. Como essas atividades geralmente são consideradas atividades seculares e não buscas espirituais, o trabalho criativo se tornou uma forma inconsciente – ou pelo menos privada – de espiritualidade em nossa cultura.

---

metabólica –, pode resultar uma experiência numinosa porque o cérebro é incapaz de manter seu nível usual de ordem e sustentar as funções do ego, de modo que outras dimensões da realidade são mais acessíveis.
17. Na literatura psiquiátrica, a experiência numinosa que previne o suicídio é geralmente reduzida, por exemplo, a um "narcisismo primário residual", ou a um retorno ao sentimento original de fusão bem-aventurada com a mãe no nascimento (cf., p. ex., Horton, 1973, p. 294-296).
18. Acredito que esse fenômeno é idêntico àquilo que Mihaly Csikszentmihalyi denomina de um "fluxo" de experiência, que proporciona uma sensação de descoberta, um sentimento criativo de ser transportado para uma nova realidade, que pode levar a estados de consciência antes não sonhados.

Podemos também experimentar o *numinosum* de uma forma mais sombria. Ele pode aparecer-nos como um vício, como angústia, depressão ou baixa autoestima, problemas que podem causar muito sofrimento. Na psicologia de Jung, essas dificuldades emocionais são consideradas algo causado por "complexos". Quando um complexo é ativado, encontramo-nos inundados por sentimentos como raiva ou pânico, ou nosso comportamento se torna incontrolável, de modo que agimos de maneiras que não fazem sentido nem para nós nem para os outros.

Esses tipos de problemas emocionais têm dois aspectos. Em parte, podem ser o resultado de experiências da infância e podem conter um cerne numinoso que aumenta seu poder de domínio. (A ideia de Jung do cerne arquetípico ou transpessoal do complexo é analisada mais adiante no capítulo 2.) Para muitas pessoas, a necessidade impulsora de poder, dinheiro, sexo, fama, *status*, substâncias inebriantes ou alguma outra preocupação intensa adquire o valor supremo na personalidade. Essas coisas se tornam deuses desconhecidos, no sentido de que podem chegar a dominar nossa vida e nós estamos dispostos a sacrificar outras partes de nossa vida – e até os nossos entes queridos – por eles.

Em nossa cultura, esses aspectos de nossa vida são rotulados como meramente seculares. Na verdade, o pensamento mais tradicional considera escandaloso até mesmo sugerir que o sagrado pode ser encontrado em algo compulsivo, como um vício. Entretanto, sem minimizar os problemas do vício, é possível considerar o viciado alguém em busca de relação extática com o divino por meio de substâncias inebriantes[19]. Uma implicação dessa abordagem é que o desenvolvimento de uma intensa vida espiritual pode ser terapêutico para essa pessoa. Esse é o motivo para o notável sucesso de programas em 12 passos, que enfatizam geralmente a necessidade de uma relação com um "poder superior" para prevenir a reincidência.

Pode parecer estranho entender dificuldades emocionais como problemas espirituais ou considerá-las manifestações do *numinosum*. Não estamos acostumados a pensar nelas nesses termos. Mas observemos suas semelhanças com manifestações mais tradicionais do *numinosum*. O comportamento impulsivo, o vício ou a compulsão são como uma misteriosa Presença Maior que tem seu próprio poder sobre nós, com seu próprio

---

19. Muitos alcoólatras concordam com a receita de Jung para tratar o alcoolismo: *spiritus contra spiritum*, que significa que uma espiritualidade autêntica ou sadia pode substituir a compulsão de encontrar o espírito na forma concreta do álcool.

fascínio e seu próprio encantamento. Quando estamos sob seu domínio, sentimos como se algo exterior a nós estivesse no controle das nossas ações. Posteriormente, perguntamo-nos o que nos acometeu e resolvemos controlar o problema da próxima vez; mas da próxima vez descobrimos novamente que a força é grande demais para resistir. De maneira semelhante, quando aparece o numinoso, nós não temos escolha a respeito; ele nos escolhe. Não causa surpresa que as sociedades pré-tecnológicas considerem esses estados da mente uma possessão por um demônio ou por um deus.

Na psicologia e na psiquiatria predominantes e aos olhos da cultura, o comportamento problemático é considerado *apenas* um sinal de transtorno emocional. Visto como uma manifestação do lado sombrio do *numinosum*, o mesmo comportamento assume *também* um significado espiritual não reconhecido antes. Portanto um período de depressão pode ser considerado também uma crise espiritual, uma "noite escura da alma". No entanto, ministros de algumas tradições podem ficar consternados com a ideia de que o sagrado pode manifestar-se mediante uma anormalidade ou uma doença mental porque definem o sagrado como associado *apenas* ao que é bom e amoroso. Eles protestam: como podem essas emoções transtornadas conter um elemento do sagrado? Por que sujar as águas espirituais com a ideia de que um problema emocional pode ser considerado uma manifestação do *numinosum*?

Sem dúvida, essa área é a esfera de ação da psiquiatria ou da psicoterapia e não da espiritualidade. Mas não vejo nenhum motivo para presumir que o divino só pode aparecer de maneiras que nós acreditamos serem benéficas e sadias. A menos que insistamos na postura metafísica tradicional de que o divino é somente bom, podemos vê-lo também em nossas patologias e doenças, o que é uma atitude igualmente válida e, sem dúvida, igualmente uma atitude que não pode ser provada.

O divino não fala somente aos que somos emocional e fisicamente sadios. Consideremos a conexão entre piedade, masoquismo e experiência mística. Por exemplo, o beato Henrique Suso, um místico do século XIV, vestia uma camiseta guarnecida de pregos afiados que furavam sua pele e trazia luvas que continham tachinhas. Dormia sobre uma cruz com pregos, que se projetavam em seu corpo. No inverno dormia no frio glacial do chão nu de sua cela, ressecado de sede. Ele dizia que suportava esses e outros tormentos por causa de seu amor a Deus. Sua piedade parece autêntica, mas pode ser que ele sofresse também de uma estrutura de caráter masoquista, que pode tê-lo ajudado a acessar o *numinosum*.

De maneira semelhante, Santa Teresa de Ávila, uma figura importante na Contrarreforma e uma das únicas três Doutoras da Igreja, costumava flagelar-se como parte de sua prática espiritual. Muitas vezes, o limite entre patologia e sanidade é determinado culturalmente. Na Europa medieval, pensava-se que as mulheres religiosas que recusavam o alimento sofriam de "santa anorexia", uma condição que hoje seria considerada uma doença.

Até agora vimos que o *numinosum* pode manifestar-se de muitas formas. Com o tempo, nossas experiências numinosas se acumulam, embora nem sempre possamos descrevê-las como sagradas; talvez as consideremos simplesmente momentos especiais ou fascinantes, ou utilizemos expressões como experiências "de pico"[20] ou momentos de extrema clareza de consciência. Gradualmente esses acontecimentos poderosos revelam certos temas que se tornam profundamente importantes para nós.

Algumas diferenças entre abordagens tradicionais e experienciais do sagrado

Uma abordagem da espiritualidade baseada na experiência numinosa direta é diferente de muitas das maneiras tradicionais de falar de "Deus". A abordagem experiencial não trata Deus como uma personalidade celeste ou como um tipo de entidade. Essa abordagem não depende de uma lista de descrições de Deus, ou de uma lista de atributos de Deus ou de simpatias e antipatias de Deus. Não sugere que determinados rituais são a maneira "correta" de contactar Deus. Não diz que Deus tem intenções para a humanidade. (Embora devamos admitir que encontros numinosos podem dar-nos a *impressão* de uma intenção, estamos provavelmente projetando o que imaginamos ser uma intenção.) A abordagem experiencial não diz que Deus é amor, ou que Deus é um, ou que Deus é uma trindade, ou onipotente, ou pessoal, ou espírito invisível eterno, ou presente de maneira especialmente forte em certo edifício em Jerusalém. Esses tipos de afirmações sobre o que o

---

20. O psicólogo Abraham Maslow cunhou a expressão "experiência de pico" para descrever sentimentos como intensa felicidade e bem-estar, às vezes acompanhados por um sentimento da verdade última e da unidade de todas as coisas. Ele as considerava experiências normais, mas transcendentes, que têm um efeito benéfico. Ele realçou que elas podem não ocorrer no contexto da religião institucional. Maslow estava descrevendo claramente um tipo de experiência numinosa, utilizando um termo diferente. Ele entendia que a espiritualidade nesse sentido é realmente um estado da mente que pode surgir em qualquer passo da vida (cf. Maslow, 1970).

divino é ou onde deve ser encontrado são simplesmente abstrações, rumores, falatório, a não ser que surjam da experiência pessoal. Podemos acreditar nessas afirmações porque estamos acostumados a ouvi-las, mas para muitos de nós hoje são apenas asserções emocionalmente vazias.

A espiritualidade baseada na experiência pessoal do numinoso também não conta com um esquema pré-formado de salvação. Ela não diz: "Siga a receita para a vida e você será salvo e irá para o céu". Perguntamos ao invés: "Qual é a experiência direta que você tem do sagrado? Que forma ele assume em sua vida? Como ele afeta seu comportamento e como influencia a maneira como você encara a vida e as outras pessoas?" Essa abordagem não nos estimula a simplesmente acreditar numa mitologia prescrita; ela nos pede que descubramos nossa própria história viva. Assim como não podemos escolher arbitrariamente entre as verdades propostas pelos seguidores de Javé, Cristo, Alá, Shiva, Vishnu, Kali, Kuan Yin ou, aliás, Quetzalcoatl, também não podemos ditar a mitologia que mais atrai o indivíduo.

Muitas vezes a experiência numinosa está revestida de colorido cultural ou doutrinal, mas isso não é particularmente importante para a abordagem experiencial. Não importa se o *numinosum* é experimentado como um Deus pessoal, como o Vazio dos budistas ou como a Consciência absoluta de Brahman.

A experiência numinosa das pessoas de diferentes contextos culturais e psicológicos tem diferentes nomes e conteúdos, embora os efeitos da experiência sobre a personalidade e sua qualidade emocional possam ser muito semelhantes. Seja qual for a forma que assumam, as experiências do *numinosum* são uma realidade e não podemos descartá-las por não se encaixarem em nossas expectativas ou em nossas teorias metafísicas.

Todas as religiões tradicionais se fundamentam na experiência direta de alguém. As grandes tradições monoteístas do mundo se baseiam nas experiências de suas figuras principais – Jesus, São Paulo, Moisés, Abraão, Muhammad e outros grandes nomes de nossa história religiosa. O problema é que, com o passar do tempo, as experiências desses poucos indivíduos especiais foram codificadas e transmitidas como se fossem aplicáveis a todos. No entanto diferentes constituições psicológicas precisam de diferentes formas de espiritualidade, já que a experiência numinosa de uma pessoa pode deixar outra pessoa indiferente. Ter sua própria experiência do *numinosum* é muitas vezes mais importante do que ler a respeito da experiência de outros.

Relatos de segunda mão, como as experiências descritas na Bíblia, são valiosos porque nos proporcionam a história de nossa espiritualidade coletiva e nos dão uma ideia do que *podemos* esperar. Mas não têm o poder do contato *direto* com o *numinosum*. Podemos duvidar que acontecimentos narrados na Bíblia aconteceram da maneira como são descritos; mas, em geral, não há como negar nossa própria realidade, mesmo que outros se recusem a acreditar em nós[21]. Também não deveríamos deixar qualquer pessoa dizer-nos o que é e o que não é numinoso; a imagem do Cristo crucificado não satisfaz os anseios espirituais de todos.

Para muitos de nós, os ensinamentos da tradição judaica e da tradição cristã não estão em sintonia com as camadas mais profundas da nossa personalidade. Em nossa vida exterior só nos envolvemos profundamente com o que é interiormente importante, com o que corresponde a quem realmente somos. Quando não falam à psicologia da pessoa, as ideias religiosas não são levadas a sério. Nós as apoiamos da boca para fora, mas no fundo está faltando algo.

Encontramos muitos exemplos atuais e históricos deste fenômeno em países cuja religião oficial é o cristianismo, mas cujo comportamento é tudo, menos cristão. Em contraposição, quando a história cristã corresponde à dinâmica da personalidade de um indivíduo, ocorre uma sintonia emocional com os ensinamentos de Jesus e então a pessoa pertence realmente a essa tradição.

Sabemos que o cristianismo é um caminho autêntico para essa pessoa, porque seu comportamento e seus sentimentos são alterados radicalmente, e não apenas sua retórica. Essa pessoa não cometerá atrocidades ou crimes de guerra e o Sermão da Montanha não será ignorado quando seria politicamente conveniente fazê-lo. Os ensinamentos de Jesus se encaixam de maneira natural e instintiva em seu comportamento – eles não precisam ser reforçados com ameaça de condenação e não requerem nenhuma hierarquia.

---

21. O problema da psicose é um caso especial. Não se acredita no psicótico porque seu comportamento, sua fala e seu pensamento são demasiado desorganizados para serem levados a sério.

O problema de compreender a experiência numinosa

Nossa compreensão da experiência numinosa de uma pessoa deve estar de acordo com sua personalidade e seu ambiente. Às vezes, o sentido da experiência é claro, como vimos no caso da mulher que ouviu uma voz dizendo: "Tudo é amor". Sua experiência não precisava de interpretação. Porém, às vezes, o sentido de uma experiência numinosa é extremamente obscuro, como vemos no seguinte sonho:

> Eu estava num laboratório de química. Senti um minúsculo movimento em minha orelha esquerda e com o dedo retirei uma minúscula serpente com asas de pássaro. Coloquei a serpente num frasco e imediatamente apareceu no frasco uma floresta bela e viçosa. O mesmo aconteceu novamente com um segundo frasco. De repente, uma serpente alada muito maior saiu de minha orelha esquerda, seguida de perto por uma segunda igual a ela. Da minha orelha saiu sangue. Então minha pele começou a mudar e uma enorme serpente alada subiu pela minha garganta e saiu da minha boca enquanto meu rosto caía para trás, e começou a deslizar pelo corpo da serpente que ia surgindo. Imaginei que eu fosse morrer, porque essa serpente era muito maior do que meu corpo. Acordei com medo, antes do meu corpo decompor-se completamente.

Visto que uma experiência numinosa como essa não pode ser enfiada num baú doutrinal, existe o perigo de o acontecimento ser descartado como se tivesse origem demoníaca[22]. Não há necessidade de sobrecarregar-se com essas ideias preconcebidas. O sonho é tão numinoso que aceitamos sua autenticidade sem julgar se é bom ou mau. Inicialmente procuramos compreender essas imagens numinosas em termos da história de vida da pessoa, levando em consideração seu desenvolvimento, sua personalidade e seu contexto cultural. No entanto esse sonho da serpente não pode ser entendido em termos puramente pessoais ou em termos de nossa cultura contemporânea. Ele requer uma excursão pela história mítica da humanidade para captar seu pleno significado.

---

22. Essa interpretação foi dada a uma paciente minha quando ela contou ao seu ministro que sonhara com Jesus como uma mulher.

Não há razão para impor ao sonho uma interpretação especificamente cristã, seja negativamente, vendo na serpente o Tentador do Jardim do Éden, ou positivamente, pensando que a serpente representaria a sabedoria de Cristo. Na Antiguidade pré-cristã a serpente representava cura, renovação, sabedoria e, muitas vezes, a Grande Mãe, ou a Deusa. O sonho pode ser entendido em termos dessas energias, que se apoderaram do sonhador. Já que a serpente do sonho tem asas, como combinação de serpente e pássaro, a imagem onírica sugere que o espiritual e o terreno estão unidos – experimentamos isso como um sonho pedagógico.

Confrontado com esse tipo de imagens, o indivíduo toma consciência do problema de como escolher entre as muitas abordagens diferentes da interpretação dos sonhos e da psique em geral. Nenhuma teoria da psique é completa por conta própria. A psicologia nunca pode ter uma teoria de tudo, já que a psique não pode ser contida na rede do pensamento conceitual. Consequentemente, a pessoa lança mão inevitavelmente de preferências pessoais.

Minha própria prática consiste em utilizar uma combinação de vários tipos de psicologia profunda. Considero que a teoria junguiana é extremamente eficiente em compreender a experiência numinosa, enquanto várias abordagens psicanalíticas são importantes para compreender o material mais pessoal.

Armadilhas da abordagem experiencial

Seja qual for o sistema psicológico que utilizamos para abordar a experiência espiritual, precisamos ser cautelosos com certas armadilhas. Não devemos explicar a experiência do sagrado como se ela fosse meramente um produto dos níveis pessoais da mente. Nem deveríamos utilizar a experiência numinosa para construir um novo sistema de teologia aplicável universalmente. Já que as estruturas da personalidade variam, as pessoas necessitarão sempre de uma abordagem individual do sagrado e não de uma abordagem uniformizada.

Outra armadilha potencial é que podemos identificar-nos com a experiência, utilizando-a para propósitos narcisistas a fim de aumentar a autoestima ou o prestígio. Existe também um perigo de procurar experiências incomuns em vez de concentrar-nos na espiritualidade cotidiana, expressa em nosso comportamento no mundo. Existe um risco de podermos utilizar a experiência numinosa como uma espécie de narcótico, como parte de uma busca de certeza ou segurança, e apegar-nos a ela como se pudesse dar-nos alguma Verdade permanente. Tampouco se pode afirmar que qualquer experiência particular é mais válida do que outra. Quando muito, uma experiência numinosa é um indicador e expressa o sagrado como uma imagem ou símbolo. Por isso é importante liberarmos a experiência, dando-nos conta de que tudo o que ela pode ser é uma pedra de tropeço. Nenhuma experiência pode ser uma experiência completa da Realidade e todas as experiências acontecem a uma personalidade que é limitada. Por esse motivo, as tradições orientais apontam que "eu" não posso experimentar a iluminação, porque no nível da Totalidade não existe nenhuma entidade distinta, nenhum "eu" separado. Mesmo assim, as experiências numinosas são de valor relativo para a pessoa, especialmente se nos lembrarmos que no nível mais profundo de nosso ser não estamos separados da experiência – nós *somos* a experiência.

As experiências numinosas revelam aspectos de nossa verdadeira natureza dos quais não tínhamos nenhuma ideia anterior. Elas sempre produzem algo novo; não são necessariamente um produto daquilo que aprendemos ou daquilo que nos disseram ser verdadeiro. No modelo de espiritualidade proposto neste livro, materiais simbólicos como a Vênus de Willendorf e a serpente alada surgem espontaneamente das profundezas da alma. Nós não escolhemos estas manifestações; elas são como visitantes que aparecem do Desconhecido.

Nossa linguagem e nossas teorias tendem a determinar o que podemos observar. Não podemos sequer ver conscientemente aquilo do qual não podemos falar ou podemos descartar como irrelevante o que nossa teoria não explica. Hoje, reconhecemos muito bem que todas as línguas e todas as teorias, inclusive as da religião, revelam algum aspecto da realidade e ocultam outros aspectos. Consequentemente, devemos suspeitar daqueles que afirmam ter uma autoridade espiritual absoluta. A autoridade é muitas vezes divisora e uma fonte de conflito, mas a Realidade é indivisa. Não há lugar aqui para noções conflitantes acerca de quais ideias tradicionais de Deus são as mais corretas.

Várias advertências são oportunas neste ponto. Quando consideramos que um acontecimento é numinoso, existe sempre a possibilidade de autoilusão. O que parece ser contato direto com a Realidade transcendente pode de fato representar a projeção de nossos preconceitos ou vieses e por isso é oportuno um ceticismo razoável.

Outra objeção à abordagem experiencial da espiritualidade é que ela corre o risco de validar qualquer forma de espiritualidade, mesmo aquelas, como o nazismo, que são manifestamente más. É essa uma espiritualidade em que tudo é válido desde que possamos afirmar que ela é numinosa para o indivíduo? Sem dúvida, podemos supervalorizar nossa experiência pessoal a ponto de excluir a sabedoria coletiva da humanidade.

Em seus aspectos positivos, a mitologia cultural compartilhada encontrada em nossa herança religiosa facilitou a estabilidade social e conferiu sentido a muitas vidas. No entanto, para muitos de nós já não é mais possível acreditar num mito oniabrangente que se aplica a todos. Por conseguinte, como aponta Jung, os que perdemos a fé na religião tradicional precisamos agora descobrir um mito pessoalmente significativo para viver de acordo.

A maneira de Jung abordar a religião é uma espécie de contramito que John Dourley afirma estar atualmente "no processo de suplantar, embora aprecie, o cristianismo e outras mitologias monoteístas" (Dourley, 1992, p. 75). O mito de Jung realoca nosso sentimento do divino profundamente na psique e não num Além transcendente. Portanto, nossa forma de acesso ao transpessoal mudou; agora o experimentamos por meio da imediatez da psique e não por intermédio do recipiente religioso tradicional. Essa situação produz certa angústia porque nos impõe uma tremenda exigência moral; é axiomático que mesmo o sonho mais numinoso não nos diz o que fazer. Temos uma responsabilidade ética de responder à experiência, mas continuamos responsáveis por nosso comportamento, de modo que o conselho "examinai tudo e ficai com o que é bom" (1Ts 5,21) continua sendo muito importante.

De acordo com Jung, a psique contém o potencial tanto para o bem quanto para o mal; precisamos suportar a tensão entre eles e compete a nós decidir qual deles encarnamos. A psique critica ou desafia nossas atitudes conscientes mediante os sonhos, levando à exigência ética de se enfrentar o lado sombrio da personalidade – uma coisa muito diferente de um vale-tudo moral. Não importando quão numinosa a consideremos, é crucial para essa abordagem que nos tornemos conscientes dela e procuremos assimilá-la.

A insistência de Jung nas manifestações simbólicas do inconsciente foi duramente criticada como sendo uma abordagem baseada na revelação e não no método científico. Nas palavras de Philip Rieff (1964, p. 47), por não haver nenhum desentendimento com a revelação, a abordagem de Jung está "fora do perigo de ser invalidada por argumentos ou por uma experiência contrária [...]. Contra a democracia do intelecto científico, ele [Jung] representa a aristocracia da profundeza emocional". Em outro lugar, Rieff (1966, p. 114) escreve: "Como não apresenta nenhum critério de realidade além da experiência terapêutica da convicção, a teoria junguiana equivale, ao mesmo tempo, a uma religião privada e a uma anticiência".

A abordagem de Jung foi muitas vezes acusada de ser demasiadamente mística, de "repudiar a racionalidade" (Burchard, 1906, p. 306) e de estar "em forte contraste com o racionalismo e o determinismo característicos do pensamento ocidental em geral e da ciência moderna em particular" (Fifedman & Goldstein, 1964, p. 196)[23]. É verdade que Jung diz que o numinoso ou as experiências místicas (os dois não são necessariamente idênticos) são encontros com o inconsciente. No entanto as experiências são, em minha opinião, uma realidade empírica e certamente têm considerável valor para a expansão da nossa consciência.

É importante ter equilíbrio e é necessário manter a tensão entre uma perspectiva espiritual da vida e uma abordagem rigorosamente científica. Se elas são incomensuráveis é atualmente uma questão de opinião. A minha convicção é de que ainda não temos uma abordagem científica adequada da experiência numinosa e talvez nunca a tenhamos. Entretanto a experiência numinosa é psicologicamente verdadeira para quem a experimenta, quer possa ou não ser validada cientificamente.

Por fim, é importante lembrar que enquanto as experiências numinosas são impressionantes, o sagrado se revela no ambiente ordinário se temos olhos para vê-lo. Não há necessidade de "procurar um sinal" (Mc 8,12) ou buscar experiências extáticas. Se tais experiências acontecem somos gratos, mas uma pessoa pode viver uma vida profundamente espiritual e realizar sua unidade essencial com todos os seres sem essas experiências.

---

23. A questão da validade científica da abordagem de Jung é analisada por Shelburne (1988).

2
A realidade da psique
O arquétipo como um princípio espiritual

A realidade da psique

Nossa experiência do mundo é fundamentalmente psicológica. A psique, que para mim é sinônimo de consciência e seus conteúdos, é o meio indispensável pelo qual ocorrem todas as nossas experiências, inclusive as sagradas[24]. Sem consciência não saberíamos que existimos e não poderíamos refletir acerca de nós mesmos. Por conseguinte, ignorar o que se sabe sobre a psique quando se analisa a experiência espiritual seria como tentar compreender a astrofísica sem levar em consideração a teoria da relatividade de Einstein. Consequentemente, é essencial analisar a estrutura e a dinâmica da psique antes de tentarmos uma abordagem psicológica da espiritualidade.

Mas eu diria, de início, que não penso que possamos entender plenamente a consciência. Acredito que a consciência é um mistério que não pode ser explicado simplesmente em termos dos funcionamentos do cérebro. Contudo podemos estudar seus efeitos mesmo que não compreendamos sua natureza exata, assim como os físicos podem estudar os efeitos da gravidade sem entender a natureza exata da força gravitacional.

---

[24]. Existe um movimento contemporâneo de afastar-se da própria experiência para enfatizar a primazia da linguagem. Precisamos reconhecer que a experiência está impregnada de linguagem, e que nós refletimos sobre a experiência por meio da linguagem. No entanto não acredito que a experiência humana só é possível *porque* temos a linguagem. Existem estados de consciência que são anteriores à linguagem e estados de consciência que não podem absolutamente ser articulados, e denominá-los linguagem em si mesmos seria sem sentido. Eu considero a linguagem um produto da consciência.

Jung acreditava na existência de uma realidade *psíquica*, ao passo que nossa cultura moderna baseada na ciência sustenta a opinião de que apenas a realidade *física* é real. Para demonstrar a existência de uma realidade psíquica que inclui experiências tanto mentais como físicas, Jung mostrou que, em termos psíquicos, o medo de fantasmas é tão real como o medo do fogo, quer existam ou não fantasmas no sentido objetivo como existe o fogo (Jung, 2022, pp. 202s.; OC 8/2, § 681)[25]. As imagens e as figuras que aparecem nos nossos sonhos são irresistivelmente reais nesse sentido, porque emocionalmente causam esse poderoso impacto sobre nós.

Nessa perspectiva, quando dizemos que as experiências psíquicas são tão "reais" quanto as físicas, não queremos dizer que podemos provar que toda experiência que temos é "verdadeira" da maneira como a ciência pode provar a existência de objetos e de suas propriedades no mundo físico. A não ser que alguém seja um materialista convicto, o "real" não precisa significar "comprovável pela observação dos cinco sentidos". Muitas experiências que a ciência não pode explicar – como o apaixonar-se – são emocionalmente importantes e seria absurdo descartá-las como não reais apenas por não poderem ser demonstradas rigorosamente pelo método científico.

A partir de uma perspectiva psicológica, não importa se uma experiência ocorre no mundo físico ou num sonho. Sabemos que uma experiência é real porque sentimos seus efeitos em nosso corpo e em nosso comportamento. Por isso é um erro descartar os sonhos como "meramente psicológicos", entendendo que eles não são reais por não serem algo que podemos examinar com os cinco sentidos. Os sonhos podem parecer privados ou "interiores", mas não é incomum algumas pessoas sonharem com um acontecimento, como um choque de aviões ou uma morte, antes de acontecerem realmente no mundo exterior[26]. A separação entre "interior" e "exterior" é muito mais míope do que a separação entre psique e matéria. Ambas são aspectos da mesma realidade unitária; representam maneiras diferentes de experimentá-la (OC 8/2, § 418).

---

25. Aqui surge a questão da ilusão e da autoilusão. No entanto até o delírio ou alucinação de um doente mental é perfeitamente real para ele, mesmo que não corresponda à realidade que nós outros experimentamos.

26. A existência de sonhos proféticos ou prospectivos sugere que existem esferas da consciência que se encontram fora do tempo e do espaço.

Como a psique é o órgão da percepção de todas as nossas experiências, nunca podemos estudar a psique a partir do exterior, com o desapego e a objetividade de um cientista. Não temos alternativa senão utilizar a psique para estudar a psique; disto não podemos fugir, mais ou menos como se estivéssemos numa sala de espelhos na qual, para onde quer que nos voltemos, vemos a psique refletindo-se a si mesma. Consequentemente, a verdade psíquica não é idêntica à verdade científica, porque não existem padrões extrapsíquicos pelos quais a verdade psíquica possa ser julgada.

Tudo quanto é experimentado é verdadeiro, no sentido de que a verdade se relaciona com o fato da própria experiência. Assim, para Jung, a experiência de óvnis é verdadeira, mesmo que o fato dos óvnis não possa ser provado. Essas experiências são imagens psíquicas que, de acordo com Jung, medeiam ou constroem uma ponte entre sujeito e objeto (ou entre ideias e coisas) para criar nosso sentimento de realidade psíquica. Como se expressa Paul Kugler: "As imagens psíquicas significam algo que a consciência e seu narcisismo não podem captar inteiramente, as profundezas ainda desconhecidas, transcendentes à subjetividade. […] O que a imagem significa não pode ser determinado com precisão…" (Kugler, 1997, p. 84).

Dessa maneira, as imagens psíquicas "proporcionam uma ponte para o sublime, apontando para algo desconhecido, para além da subjetividade". Por isso, quando procuramos descrever experiências numinosas ou quando fazemos afirmações metafísicas, de acordo com Jung, não podemos saber em que elas se baseiam.

> Só sabemos que existe alguma coisa. […] Satisfaço-me com a verificação de que vi uma imagem divina, mas da qual não posso afirmar se foi o próprio Deus. Fora dessa imagem e de suas qualidades dinâmicas, é impossível para mim dizer qualquer coisa sobre a natureza de Deus (Jung, 2018, pp. 89s.).

Os componentes da psique

O ego

Embora a consciência seja indivisível, nós experimentamos a psique como se tivesse diferentes partes, às quais damos diferentes nomes. Ego é o nome dado ao aspecto da psique associado ao nosso sentimento de um "eu", à sensação de que eu sou uma pessoa separada com uma esfera de consciência privada.

A partir do nascimento, o ego começa a desenvolver-se gradualmente, conforme nossos dotes naturais genéticos interagem com nosso ambiente. Aos poucos acumulamos conhecimento, experiências e memórias em nosso corpo individual e, por fim, formamos uma imagem mental de nós mesmos. A personalidade resultante tem uma série de conhecimentos que é necessariamente incompleta e sumamente condicionada pela família e pela cultura.

Com o passar do tempo, ocorre uma mudança em nosso sentimento de quem pensamos ser – o ego não é nossa identidade essencial. Nosso corpo envelhece, novas memórias e atitudes se acumulam e algumas das antigas desaparecem. Valores, ideais e metas mudam. Por fim, nossa imagem de quem éramos trinta ou quarenta anos antes aparece inteiramente diferente da imagem atual que temos de nós mesmos, embora reconheçamos que não houve nenhuma interrupção na continuidade de nossa existência e que nosso núcleo essencial permanece inalterado.

É como se o ego fosse uma pintura numa tela, na qual o artista trabalha permanentemente, às vezes raspando tinta antiga e outras vezes apenas acrescentando mais tinta em cima da que já está ali. Cada mudança produz um quadro diferente daquilo que chamo de "eu". A tela sobre a qual o ego é pintado, o Fundamento real da consciência que contém toda esta informação, é um dos grandes mistérios naturais.

O inconsciente pessoal e a psique objetiva

Sob o nível da nossa percepção consciente ordinária está uma vasta área da psique que não podemos acessar à vontade – uma área conhecida como o inconsciente. Essa compreensão da estrutura da psique deu origem à expressão "psicologia profunda", que implica que a psique tem profundezas ocultas, à semelhança de um *iceberg*, cuja maior parte está oculta sob a superfície da água.

Na compreensão junguiana da psique, o inconsciente tem dois níveis. O primeiro nível, o inconsciente pessoal, consiste em material expulso de nossa percepção consciente porque era doloroso demais ou traumático demais para ser mantido na memória consciente. É pessoal porque consiste em coisas que foram experimentadas pelo indivíduo. É o nível com que se ocupa a psicanálise tradicional. Jung, no entanto, mostrou que, além do inconsciente pessoal, existe uma esfera de consciência mais profunda, transpessoal, da qual todos participamos.

Se a consciência fosse como um oceano, o nível pessoal da mente, que podemos denominar ego ou sentimento individual do si-mesmo, seria como a crista de cada uma das suas ondas (Fig. 1). Acima da superfície da água, as ondas aparecem como formações separadas, mas em sua base elas mergulham no oceano mais vasto. De maneira semelhante, em sua totalidade, a psique abrange muito mais do que apenas as experiências de cada indivíduo.

Embora tenhamos geralmente a sensação de sermos indivíduos separados, estamos, no entanto, todos conectados uns com os outros no nível transpessoal da psique – embora não tenhamos consciência disso. A consciência como um todo é inconsútil; a consciência de cada indivíduo utiliza a totalidade subjacente da consciência e é uma continuação dela, assim como cada indivíduo respira ar em seus pulmões e está, ao mesmo tempo, circundado pelo ar na atmosfera, que tudo penetra.

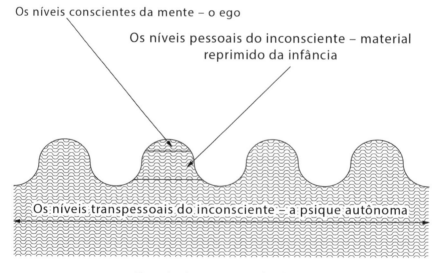

Figura 1 – Os componentes da psique

Na tradição hindu, o nível transpessoal da consciência é conhecido como Brahman; no Ocidente podemos denominá-lo Mente de Deus[27]. Na psicologia junguiana, esse campo mais vasto da consciência é denominado "psique objetiva" ou "psique autônoma". (Jung denominou-o originalmente "inconsciente coletivo", mas essa expressão não é usada comumente hoje.)

A psique mais ampla é denominada "autônoma" porque age independentemente da consciência humana. Podemos experimentá-la, mas não podemos controlá-la. Para Jung, ou a psique autônoma (objetiva) é o *meio* para a transmissão de experiências numinosas a partir da divindade transcendente que está além da psique, ou a experiência numinosa pode ser um encontro direto com a própria psique autônoma (objetiva) – não podemos ter certeza de qual dessas possibilidades é correta.

Na prática, a distinção não é importante. Quando temos uma experiência numinosa sentimo-nos como se abordados por uma consciência diferente da nossa própria consciência. Num nível mais profundo, porém, assim como a onda faz parte do oceano, o ego que experimenta não está realmente separado da Consciência mais vasta.

A noção de uma dimensão transpessoal ou espiritual da psique é uma das maiores contribuições de Jung à psicologia ocidental. Nós participamos dessa dimensão mais ou menos como o peixe vive no oceano. Estamos imersos na psique, mas não sabemos até onde ela se estende. Quanto eu saiba, a psique transpessoal pode permear todo o mundo da natureza, e até o cosmos inteiro. Muitas vezes referimo-nos a ela como "mais profunda" do que a psique pessoal ou como representando um nível "superior" de consciência, mas palavras como "mais profundo" e "superior" são enganadoras, pois a consciência não é espacial no sentido ordinário. As "profundezas" não estão realmente ocultas; elas estão na superfície, no sentido de que estão imediatamente presentes – nós simplesmente não as experimentamos regularmente. Mesmo dizer que o elemento pessoal e o elemento transpessoal da psique se entrelaçam é sugerir uma separação que não existe entre os dois.

Existe considerável resistência à ideia de que nossa consciência pessoal é realmente uma continuidade, ou um aspecto, de uma consciência mais

---

27. Provavelmente é apenas um antropomorfismo pensar que o divino tem uma "mente", a não ser num sentido metafísico.

ampla. Muitas escolas de psicoterapia lidam somente com o nível pessoal da mente. Muitos psicólogos ainda se recusam a aceitar a ideia de Freud de que nós não somos os senhores de nossa própria casa psicológica, porque o inconsciente influencia nossos pensamentos e sentimentos. Não causa surpresa que para eles é impossível aceitar a existência de outro nível da psique que transcende completamente o indivíduo. Isso soa como demasiadamente religioso para muitos psicólogos da corrente predominante que lutam para serem "científicos". É difícil para eles aceitar que a relativa importância do ego humano seja ainda mais reduzida, uma vez que ele está situado numa perspectiva mais ampla.

Os arquétipos

Nós nascemos num mundo no qual a psique opera de acordo com certas leis naturais, assim como o mundo material opera de acordo com as leis da física. Jung denomina "arquétipos" esses princípios reguladores transpessoais presentes na psique. Para Jung os arquétipos são simplesmente um dado: são constantes naturais, forças preexistentes e auto-organizadoras no interior da psique, cuja origem é desconhecida.

Assim como as leis que governam nosso universo físico, os processos arquetípicos não são específicos de algum lugar ou tempo determinado. Vemos a operação dos arquétipos em situações humanas típicas, quando a psique responde com padrões inerentes de imagens e emoção.

Durante um período de confusão, um homem sonhou:

> Sigo uma jovem até uma antiga casa de adobe num povoado próximo. Quando entramos na casa, o quarto de frente estava suavemente iluminado e suas paredes estavam nuas. De repente, a jovem é suspensa na parede como um crucifixo. Fiquei perturbado. Então seu corpo começa a desmontar-se e seus membros separados, o torso e a cabeça rodam na parede. Seus membros parecem muito antigos por um momento. Então, de repente ela se recompõe e está atrás de mim. Sou dominado por um temor respeitoso e saio correndo para contar às pessoas do povoado sobre o que aconteceu. Eles se enchem de alegria e dizem como é auspicioso para mim e para eles o fato de eu ter visto esse milagre.

O tema do desmembramento é arquetípico (OC 13, § 91, nota 37), estreitamente ligado ao tema do sacrifício. Imagens de desmembramento se encontram nas experiências iniciáticas do xamanismo, nas quais apontam para um processo de morte-renascimento em que a antiga identidade do iniciado precisa morrer antes de renascer num estado de ser totalmente novo.

O desmembramento era também um tema favorito dos alquimistas quando procuravam representar a experiência da personalidade desintegrada em suas partes componentes a fim de ser reconstituída de maneira mais completa.

Em outras palavras, esse sonho mostra que está ocorrendo no sonhador um processo radical de reorganização e transformação e uma parte do sonhador pode sentir-se crucificada pela experiência. Vendo sua situação nesses termos arquetípicos, o sonhador adquire uma perspectiva mais ampla de sua situação. O sonho lhe permite ver que ele está participando de um processo humano universal, um processo que tem mais do que aspectos puramente pessoais. As imagens arquetípicas sempre têm esse tipo de qualidade estranha, impessoal e mesmo fantástica e, muitas vezes, contêm motivos mitológicos ou religiosos (OC 7/2, § 250).

Nesse sonho vemos os efeitos do arquétipo, mas não o próprio arquétipo, que Jung acreditava não ser observável. O arquétipo-como-tal é uma predisposição presente no inconsciente para certos tipos de ideias e imagens surgirem na consciência em determinadas situações da vida, assim como os instintos são predisposições para o surgimento de certos tipos de comportamento sob certas condições do ambiente. Cada pessoa expressa uma predisposição arquetípica à sua própria maneira, quando determinadas circunstâncias da vida estimulam seu surgimento.

Jung acreditava que a própria forma arquetípica subjacente é vazia, mas a consciência a preenche com material de modo que possa ser reconhecida. Em suas palavras, "as representações arquetípicas são sempre condicionadas individualmente, segundo lugar e tempo" (OC 13, § 476). Ou seja, o arquétipo determina a forma de um sonho como esse, mas o cenário e o contexto do sonho são preenchidos pela própria vida do sonhador e pela cultura em que ele vive.

É importante notar que, de acordo com Jung, nós não herdamos as próprias ideias arquetípicas; nós herdamos a "predisposição funcional para produzir ideias iguais ou semelhantes" (OC 5, § 154). Os arquétipos são "hereditários como a estrutura do cérebro. Na verdade, são o aspecto psíquico do cérebro" (OC 10/3, § 53). No entanto não está claro de que maneira os arquétipos são herdados ou transmitidos.

Em sua obra anterior, Jung (OC 7/1, § 109) pensava que os arquétipos resultavam do fato de haver na psique um depósito de experiências da humanidade constantemente repetidas, como se uma repetição constante deixasse na psique impressões ou "engramas" que produziriam imagens análogas em gerações posteriores. Havia dois problemas com essa ideia. Um era a questão galinha-ovo: como podem os arquétipos resultar de experiências anteriores e, ao mesmo tempo, condicionar essas experiências? A outra dificuldade era que essa ideia sugeria que características adquiridas podem ser herdadas, uma teoria que fora desacreditada.

Em sua obra posterior, portanto, Jung abandonou essa ideia em favor da noção de que os arquétipos são simplesmente parte da natureza inerente da psique, cuja origem é desconhecida. A questão se a psique e seus constituintes arquetípicos tiveram de algum modo uma "origem" é um problema metafísico (OC 9/1, § 141) que não pode ser respondido diretamente, já que o arquétipo "aparece ao mesmo tempo que a vida" (OC 11/2, § 222, nota 2).

Não existe nenhum ponto arquimediano a partir do qual se possa observá-lo. Jung, portanto, abandonou o mecanismo da transmissão não especificada. Felizmente, questões sobre a natureza e a origem dos arquétipos não são relevantes na prática, já que podemos observar seus efeitos sem ter consciência de sua fonte.

Nas palavras de Jung, os arquétipos "não são simples nomes ou conceitos filosóficos. São porções da própria vida – imagens integralmente ligadas ao indivíduo mediante uma verdadeira ponte de emoções" (Jung, 2016). Ou seja, são processos reais, não apenas mapas da realidade ou maneiras convenientes de falar sobre padrões de observações. Os arquétipos inspiram nossos desenvolvimentos psicológico e espiritual assim como outros genes nossos determinam nossa forma física.

Se alguém consegue identificar uma atividade humana verdadeiramente universal, encontrada em todas as culturas em qualquer momento na história, ele descobriu um processo arquetípico. No corpo, esse tipo de comportamento é denominado instintual[28], e na psique os arquétipos produzem imagens e material simbólico que correspondem aos instintos. Por exemplo, todas as mulheres normais podem tornar-se mães e todas as culturas têm sua forma preferida de comportamento maternal. O arquétipo materno corresponde a uma estrutura profunda existente na psique[29], enquanto o estilo maternal da mulher individual ou da sociedade proporciona sua manifestação consciente.

A estrutura profunda ou arquetípica tem o potencial de ser expressa de muitas maneiras diferentes por determinadas pessoas e sociedades. Uma mãe humana não é, portanto, o próprio arquétipo materno; ela encarna em si o processo arquetípico da maternidade no tempo e no espaço. Ela dá um rosto humano à qualidade transpessoal da maternidade. Isso "humaniza" o arquétipo, ou seja, o traz à terra.

Os arquétipos possibilitam que apareçam universalmente certos tipos de ideias, como a noção de divindade; mas a forma local e o nome que um dado ser divino assume são determinados pela cultura na qual o arquétipo é expresso. Dessa maneira, a cultura amplia a estrutura profunda do arquétipo transformando-o em imagens específicas.

Em algumas tradições as imagens de Deus são masculinas, em outras elas são femininas ou andróginas. No caso das imagens femininas de Deus, o folclore local dá à deusa vestes diferentes e nomes diferentes – Ísis, no antigo Egito; Oxum, na Nigéria; Pele, na Polinésia; Deméter, na antiga Grécia; Kali ou Kuan Yin, no Oriente, e assim por diante. Todos esses nomes apontam para o mesmo princípio arquetípico subjacente.

---

28. Nos animais vemos claramente exemplos de comportamento instintual como o de construir ninhos. Até que ponto o comportamento humano é realmente instintual nesse sentido é uma questão controversa, porque o comportamento humano geralmente não é tão automático e estereotipado como os padrões fixos de ação dos animais. É difícil separar um comportamento que pode ser inato de um comportamento que é adquirido. Mas mesmo empiristas como Edward O. Wilson acreditam que a mente humana tem "instintos morais", embora pense que eles surgem da interação entre biologia e cultura – cf.: Wilson (1998, pp. 53-70). No entanto, o arquétipo não está localizado totalmente nos genes; se o fosse, o espírito se reduziria à biologia. De preferência, os genes são uma expressão da organização arquetípica no corpo. Ou algo organizou os genes, ou todo o sistema simplesmente evoluiu dessa maneira e não existe um princípio espiritual superordenado.

29. Por exemplo, os bebês são orientados a procurar o rosto de sua mãe – o bebê espera um rosto e tem uma preferência inata por olhar para rostos. Para uma análise completa dessa questão, cf. Mcdowell (2001).

Os arquétipos como princípios espirituais

Além de sua importância psicológica, os arquétipos constituem também um princípio *espiritual* na psique[30]. Na Antiguidade, os processos arquetípicos eram muitas vezes personificados como deuses e deusas. Geralmente, os sistemas mitológicos têm um deus trapaceiro, um deus da guerra, um deus do amor e da beleza, uma criança divina, uma figura redentora, e assim por diante.

Padrões arquetípicos são também representados em histórias mitológicas na forma de motivos recorrentes, como morte-renascimento, descida ao submundo, busca heroica ou confronto entre deus e o mal. Esses temas ainda são representados em nosso tempo no teatro contemporâneo e em filmes como *Guerra nas estrelas*, e isso atesta sua qualidade arquetípica.

O arquétipo da Grande Mãe é expresso como a Rainha do céu ou a Deusa em tradições religiosas e na mitologia. Nós experimentamos esse arquétipo pessoalmente, humanizado em nossa própria mãe, e também espiritualmente, em imagens míticas ou religiosas dos aspectos femininos do divino.

No catolicismo, o arquétipo materno assume a forma da Bem-aventurada Virgem Maria. Como muitos símbolos religiosos e muitos princípios arquetípicos, Maria, como um objeto da fé católica, reúne em si uma série de opostos ou contradições aparentes. Na tradição católica, ela é, ao mesmo tempo, virgem perpétua e mãe, serva e "Rainha do céu", mulher de um simples carpinteiro e até, para alguns católicos, a mulher "vestida com o sol" no Livro do Apocalipse[31]. No catolicismo, Maria é representada classicamente como inocente, sem vida sexual, pura e humilde diante de Deus. Ela é também a mãe aflita, resignada com a morte de seu filho e com a vontade de um Pai celestial amoroso, mas após a Ressurreição é gloriosa e triunfante, a mãe do próprio Deus. O catolicismo a considera capaz de mediar entre os humanos e Deus e de interceder junto a Deus em favor deles, e ela atua como protetora dos fiéis.

Em vista da permanente devoção a Maria entre os católicos e do fato de ela ainda aparecer periodicamente aos fiéis, pode-se concluir que essa

---

30. Os arquétipos como um princípio ordenador espiritual talvez correspondam à ideia de Deus como a Ordem Eterna das Coisas ou como a Ordem Criativa do universo.
31. Para a maioria dos teólogos protestantes, a mulher descrita em Ap 12,1-6 representa a Igreja.

versão particular da imagem arquetípica da Rainha do céu deve satisfazer importantes necessidades emocionais para muitas pessoas. Isso *não* quer dizer que Maria é apenas uma ilusão, mas, de preferência, que o arquétipo sempre assume formas que as pessoas podem reconhecer.

O arquétipo em sua manifestação cultural

As culturas mudam gradualmente e expressam processos arquetípicos de novas formas ao longo do tempo. Assim, para muitos católicos contemporâneos, a imagem da Bem-aventurada Virgem Maria já não é tão satisfatória como era antes, de modo que a imagem de Maria começou a mudar.

Em nossos dias, as pessoas utilizam o poder do arquétipo da Grande Mãe quando projetam força e determinação na imagem de Maria a fim de torná-la mais relevante para os interesses de hoje. Por exemplo, a doutrina de sua virgindade pessoal é reinterpretada por alguns em termos da independência da mulher libertada. Ela foi considerada também uma defensora dos oprimidos e marginalizados.

Na Guatemala dos anos 1980, Maria tornou-se um símbolo tão vigoroso do movimento de justiça social da teologia da libertação que o governo baniu a recitação pública do *Magnificat* (Lc 1,46-55) – um canto em que Maria proclama que Deus rebaixará os poderosos, exaltará os humildes e alimentará os famintos – sob a justificativa de que essa ideia (quintessencialmente cristã) era politicamente subversiva. No entanto, fiel à sua natureza, o símbolo da Virgem Maria continuou a encarnar opostos e a Igreja Católica oficial apropriou-se também de Maria como uma maneira de defender seus próprios valores tradicionais.

A imagem pela qual um arquétipo se manifesta é muito afetada tanto pelos fatores culturais quanto pela personalidade do indivíduo, que muitas vezes estão inextricavelmente interligados. Na Europa medieval, a sociedade em geral não podia absorver a ideia de uma mulher ser ao mesmo tempo maternal e sexual, talvez porque a mistura dessas duas qualidades produziria laivos de incesto. Por isso surgiu a representação de Maria como assexuada e virgem perpétua ao mesmo tempo[32]. O fato de os católicos utilizarem a palavra "mãe" ao falar da Igreja como "Mãe Igreja" só aprofundou a

---

32. Muitas mitologias pagãs pré-cristãs tinham deusas virgens e o catolicismo se baseia sem dúvida nessa tradição.

separação entre maternidade e sexualidade, e deslocou ainda mais a ideia de "mãe" para a esfera espiritual. A dicotomia Madonna-Prostituta implica que uma mulher pode ser uma ou outra, não ambas ao mesmo tempo.

Algumas mulheres modernas consideram o dogma católico da virgindade perpétua de Maria uma difamação da feminilidade e uma desvalorização do corpo feminino; para elas, se Maria deve ser um modelo da feminilidade, ela deve ser uma mulher *completa*. Elas questionam a ideia de que uma mulher deva negar sua sexualidade para ser pura e santa. No entanto deve-se pelo menos dar crédito à Igreja Católica romana por restaurar o papel do feminino divino na espiritualidade ao elevar Maria ao *status* de Mãe de Deus e promulgar o dogma da Assunção, ou seja, a doutrina de que depois de morrer Maria foi levada em corpo e alma ao céu. Em contrapartida, o protestantismo tradicional não tem nenhum meio de reconhecer as qualidades femininas do divino, já que na teologia protestante Maria não tem outra importância senão a de ser a mãe terrena de Jesus.

A partir de uma perspectiva psicológica (em vez de teológica), a Virgem Maria desempenha no cristianismo um papel semelhante ao das deusas do mundo pré-cristão, já que elas satisfazem necessidades semelhantes, embora expressem aspectos diferentes do arquétipo. Hoje vemos o poder do feminino arquetípico expresso de muitas maneiras – mais especificamente no ressurgimento da espiritualidade da deusa, ou espiritualidade de base terrena, e nos sonhos de indivíduos devotos seus.

Qualquer manifestação do feminino divino é uma expressão do mesmo arquétipo subjacente. No Egito, a Grande Mãe era chamada Ísis; na Índia recebia nomes como Durga, Kali e muitos outros. No panteão grego, a representação desse arquétipo vai desde a Deméter doadora de vida, passando pela deusa do amor Afrodite, até a caçadora virginal Ártemis. Na tradição judaica, a Sabedoria é considerada um poder feminino que irradia de Deus e possibilita aos humanos compreender e conhecer o divino.

Embora os aspectos femininos do divino permaneçam em grande parte não reconhecidos no judaísmo predominante de hoje, na Cabala – uma forma mística de judaísmo surgida no fim do século XII d.C. – o divino tem um componente feminino preciso, especialmente no texto cabalístico clássico *Zohar*. Aqui a *Shekinah* é uma essência ou radiância feminina que representa a essência ou imanência de Deus no mundo. Ela parece corresponder a uma profunda necessidade psicológica de um elemento feminino na Divindade.

O arquétipo não pode ser contido nos limites de qualquer manifestação única ou de qualquer doutrina religiosa. Ele se expressa de maneira diferente em diferentes culturas. Por isso não podemos confiar apenas na tradição judaica ou na tradição cristã ao procurar compreender a manifestação do feminino arquetípico. É necessária a mitologia do mundo em sua totalidade para representar a Deusa na plenitude de seu papel arquetípico e qualquer combinação de suas manifestações pode ser encontrada na psique do homem ou da mulher modernos.

O feminino divino tem inúmeros nomes e imagens, porque cada tradição religiosa o reveste com seu próprio folclore e lhe sobrepõe sua própria teologia. Todas essas manifestações culturais são simplesmente imagens que apontam para uma realidade espiritual presente na psique. Exatamente como as mulheres humanas, em seu aspecto positivo o feminino divino é cuidador e protetor; mas em seu aspecto negativo a deusa rejeita, devora e assassina, como a bruxa malvada ou a madrasta ciumenta dos contos de fadas.

De maneira semelhante, o arquétipo paterno é representado na mitologia como um deus do céu masculino, como por exemplo o Zeus grego, o Thor nórdico ou o Javé hebraico. Assim como todas as forças arquetípicas, os deuses-pais podem ser positivos, como guias e guardiões da lei e da ordem, ou negativos, como tiranos e senhores da guerra. Assim como os pais/mães humanos podem ter uma mistura de qualidades positivas e negativas, também os deuses e deusas podem ser benévolos e afáveis ou arbitrários e punitivos para com os seres humanos. Embora tenham dado origem a uma multidão de deuses e deusas com diferentes nomes em várias culturas e tradições, essas qualidades sempre se relacionam com algum tipo de processo ou ideia arquetípicos (ou seja, espirituais), como nascimento e morte, lei, beleza, amor, guerra, cura ou fertilidade. As tradições monoteístas acabaram reunindo todos esses processos e ideias e os atribuíram a um único Deus.

Os deuses e deusas da mitologia representam processos arquetípicos presentes na psique. Já que o nível arquetípico da psique é comum a todos os seres humanos, histórias com os mesmos temas aparecem nos mitos e contos de fadas de diferentes culturas[33]. Por exemplo, a história de

---

33. As mitologias de muitas tradições religiosas contêm os mesmos temas arquetípicos. Muitas vezes existe o tema da Era Dourada, como a desfrutada por Adão e Eva no Jardim do Éden, onde as coisas na terra eram perfeitas. A noção de um eixo do mundo que conecta este mundo ao mundo dos deuses é também comum. Na Bíblia hebraica temos, num dos sonhos de Jacó,

Cinderela focaliza a experiência de uma criança que primeiro foi abusada, abandonada e desvalorizada, mas que, finalmente, recebeu o devido reconhecimento. Existem várias centenas de variações dessa história, encontradas em culturas de todo o mundo; a história é tão comum porque trata de uma situação humana arquetípica: muitas crianças são tratadas na infância como Cinderela foi tratada[34]. Ficamos comovidos com essa história porque ela causa uma viva impressão em nós e suscita sentimentos latentes – reconhecemos instintivamente sua veracidade para a vida. Embora os acontecimentos da história talvez nunca tenham ocorrido literalmente, a história em si é sempre verdadeira – ela é eternamente relevante porque continua acontecendo psicologicamente na vida das pessoas em todos os lugares. Quando lemos um mito ou uma história de fadas que ressoa dentro de nós, perguntamo-nos: "Como essa história se parece com a minha experiência?"

Os padrões arquetípicos presentes na psique fazem parte da condição humana; em situações típicas, as pessoas reagem de maneiras típicas porque, do ponto de vista psicológico, somos formados da mesma maneira. Assim como todos os corpos têm estruturas anatômicas e fisiológicas comuns, também a psique tem temas e imagens recorrentes que são comuns a todos.

O nível arquetípico da psique revela seus funcionamentos interiores representando seus motivos recorrentes na forma de histórias que são semelhantes em todas as culturas. Os detalhes do que parece ser a "minha" história podem ser encontrados em histórias que refletem a experiência mais ampla da humanidade – nossa herança da mitologia e do folclore –, porque a minha psique pessoal não pode ser divorciada da psique da raça humana como um todo. Por exemplo, hoje muitas pessoas sacrificam seus filhos a serviço da ambição ou no caminho para o sucesso. A mitologia de muitas culturas inclui o tema do sacrifício de crianças; não é só a Bíblia que contém histórias como a de Abraão, que quase matou seu filho Isaac como uma oferta a Deus, ou a de Deus, que sacrifica seu filho Jesus na cruz.

---

uma imagem de uma escada que chega até o céu; na mitologia nórdica uma grande árvore preenche a mesma função. Todas as tradições têm edifícios sagrados como igrejas e templos, que representam simbolicamente a noção de um centro espiritual que une céu e terra. Seus domos e pináculos representam a aspiração espiritual ou um elevar-se a fim de estabelecer uma conexão celestial. Cada cultura tem árvores sagradas, como a Árvore da Vida no Jardim do Éden, a Árvore da Sabedoria do budismo e os bosques sagrados da deusa. Poderíamos multiplicar extensamente esses exemplos (Eliade, 1992).

34. Para uma revisão detalhada de muitas histórias da Cinderela, cf. Baring (1991).

Homero nos conta que, quando a frota grega estava se preparando para zarpar para Troia, o vento de repente deu uma guinada na direção errada, como se os deuses estivessem trabalhando contra os gregos. Um adivinho revelou que a deusa Ártemis fora ofendida e estava exigindo um sacrifício humano – a filha do Rei Agamemnon, chamada Ifigênia.

Outra história de sacrifício de crianças envolveu Idomeneu, um general grego e um dos conselheiros mais confiáveis de Agamemnon. Em seu retorno após a vitória na guerra de Troia, seu navio foi surpreendido por uma violenta tempestade. Idomeneu jurou que, se retornasse à sua casa são e salvo, sacrificaria a Poseidon, o deus do mar, o primeiro ser vivo que encontrasse na sua chegada. Aconteceu que esse foi seu filho, que foi encontrá-lo na praia para dar-lhe as boas-vindas. (Uma versão da história diz que ele sacrificou o filho; outra diz que ele se recusou a fazê-lo, e o resultado foi que os deuses enviaram uma peste para atormentar a Ilha de Creta.) Assim como o tema do sacrifício de crianças, o motivo do herói pode ser encontrado nos mitos de todas as culturas, mas cada herói se comporta de acordo com os padrões e expectativas de sua própria cultura. Sir Galahad é de preferência formal e inglês em comparação com o autêntico grego Ulisses.

Os arquétipos são análogos ao arcabouço ao redor do qual é erigido um edifício. Dois edifícios podem ter fachadas diferentes e diferentes conteúdos e, no entanto, se baseiam no mesmo projeto estrutural básico. Da mesma maneira, o folclore e os costumes locais podem variar bastante e, no entanto, ser variações do mesmo padrão arquetípico profundo.

O desenvolvimento dos sistemas religiosos é, por conseguinte, uma forma de atividade humana arquetípica, que resulta de processos arquetípicos como a urgência de conectar-se com o divino no culto e no ritual, da contação de histórias míticas e da leitura de textos sagrados, do impulso para visitar lugares sagrados em peregrinação, ou da necessidade de desenvolver um código de comportamento ético. A cultura e as tradições locais determinam as maneiras como essas atividades são executadas.

Masculinidade e feminilidade arquetípicas

Em lugar nenhum o colorido cultural de um processo arquetípico é mais evidente do que na maneira como uma sociedade cria suas imagens de masculinidade e feminilidade ideais. Nessa área controversa, é particularmente importante distinguir entre o *potencial* arquetípico de um padrão de comportamento e os *conteúdos* culturais específicos que atualizam esse potencial. Se não fizermos essa distinção, provavelmente compreenderemos mal a natureza da masculinidade e da feminilidade e acabaremos retratando-as como estereótipos e não como um conjunto de potenciais.

Até recentemente, nossas imagens culturais de masculinidade e feminilidade definiam em termos rígidos os papéis e o comportamento dos homens e das mulheres. De acordo com essa definição, a masculinidade implicava ser assertivo, autoritário, perspicaz, ter pensamento claro e ser lógico, enquanto a feminilidade era descrita exclusivamente como passiva, receptiva, relacional, educadora, nutridora e intuitiva.

Nos primeiros anos da psicologia junguiana, alguns autores supunham que essas qualidades eram expressões da essência da masculinidade e da feminilidade. Na verdade, enquanto a diferença entre masculino e feminino é arquetípica e uma determinada combinação de qualidades e traços é associada a cada um, não existe uma necessidade particular de rotular qualquer qualidade humana específica em termos de gênero. Tanto os homens quanto as mulheres têm o potencial de experimentar a feminilidade arquetípica e também a masculinidade arquetípica. Temos figuras do sexo oposto nos sonhos e é importante procurar tornar-se consciente desses aspectos da personalidade, como sugeriu Jung em seu conceito de *animus* e *anima*.

Nós associamos a maternidade às mulheres e a paternidade aos homens por causa das diferenças biológicas entre homens e mulheres. Mas aqui está presente um preconceito cultural quando se trata de definir exatamente o que a maternidade e a paternidade implicam. Tanto os homens quanto as mulheres têm o potencial de encarnar o arquétipo materno ou o arquétipo paterno e esse potencial pode estar muito bem efetivado em alguns homens e mulheres, mas não em outros.

As diferenças psicológicas entre homens e mulheres mostram-se mais sutis do que antigamente se pensava. A masculinidade e a feminilidade arquetípicas, portanto, não são necessariamente o que nos ensinaram que são. Em algumas personalidades, a questão do gênero não é de modo algum proeminente. Potenciais arquetípicos importantes como cura, amor, sabedoria, compaixão, violência, inveja e ódio podem ter pouco a ver com o gênero da personalidade na qual se manifestam. Filhos de ambos os gêneros procuram desenvolver autoestima, um sentimento coeso do si-mesmo, e muitos outros aspectos de ser pessoa que nos tornam mais semelhantes do que diferentes.

O processo ritual e o arquétipo da iniciação

O fato de todas as tradições religiosas terem rituais sugere que os seres humanos estão arquetipicamente predispostos a empenhar-se num comportamento ritual. Em poucas palavras, um ritual é qualquer ação simbólica que revestimos com um sentido sagrado e que tem significado emocional para nós.

O ritual enfatiza o mundo físico como um meio de conexão com o divino. O ritual é um fenômeno complexo e os estudiosos discordam acerca de seu papel no comportamento humano. Muitas vezes, os participantes de um ritual se veem incapazes de explicar por que estão participando do ritual, apenas sentem-se fortemente movidos a participar.

Sentimos a necessidade do ritual especialmente quando estamos às voltas com uma crise da vida ou uma importante transição na vida. Nesses momentos o ritual nos proporciona os meios para expressar sentimentos e ideias que não podem ser facilmente expressos em palavras. O ritual, portanto, proporciona uma estrutura em situações confusas ou intimidantes.

Quando uma doença ou um desastre natural nos golpeiam, temos a impressão de ter sido assaltados. Na Antiguidade, as pessoas se perguntavam qual deus ou deusa eles haviam ofendido ou a qual divindade dirigir-se para ajudá-los na situação. Em linguagem psicológica, essa pergunta pode ser reformulada da seguinte maneira: qual processo arquetípico está atuando e como podemos envolver-nos nele. Um ritual adequado seria uma resposta.

O ritual liga simbolicamente o inconsciente com a consciência, utilizando o corpo como meio de conexão. O próprio corpo se torna um símbolo. Incluir o corpo dessa forma neutraliza qualquer tendência a separar a mente do corpo, proporciona ao arquétipo um grau de expressão consciente e nos abre para a possibilidade de descobrir sentido na situação. Portanto o ritual tem um efeito curativo.

Por expressar não verbalmente sentimentos profundos, o ritual está intimamente relacionado com todos os tipos de arte, especialmente o teatro. Utilizamos o ritual não apenas quando estamos procurando expressar um sentimento ou uma experiência comuns, mas muitas vezes também quando estamos procurando trazer à vida algo novo, ou articular o que ainda não foi expresso.

O instrumento principal do ritual é o corpo, já que ele pode expressar por movimentos o que muitas vezes é difícil expressar em palavras. Não é por acaso que tanto a oração islâmica quanto as práticas budistas tibetanas implicam prostração. A dança é espiritualmente poderosa para muitas pessoas, como os povos americanos nativos e os sufis. Alguns dos mais belos versos de Rumi, místico sufi, lhe ocorreram quando rodopiava numa dança extática.

O estímulo para empenhar-se no ritual pode começar com nosso impulso para expressar-nos na linguagem da ação quando nos faltam as palavras por serem inadequadas. *Executamos* o ritual, em vez de falá-lo. No ritual o movimento físico é a coisa mais importante, como ocorre com a dança, na qual o corpo todo é utilizado para expressar simbolicamente um sentimento ou uma história.

O ritual não só empenha o corpo na ação; em alguns casos, ele utiliza o próprio corpo como objeto ritual, como se vê, por exemplo, no rito do *body piercing* ou na circuncisão, em que uma parte do corpo é sacrificada num ato simbólico de certa forma conectado com a história mítica da tribo[35]. Esse tipo de ação ritual não só é um substituto para as palavras, sequer precisamos ter consciência do mito que está sendo encenado para que um ritual cause efeito sobre nós. Como os rituais são pré-verbais, as

---

35. O exemplo mítico óbvio é a circuncisão ritual entre os antigos israelitas e os judeus contemporâneos, estipulada em Gn 17,10-14. As origens desse ritual não são claras. Na mitologia israelita, a circuncisão era especificamente uma marca da aliança, que tinha a ver com a "semente" de Abraão, que foi escolhida por Deus. Só se pode entrar na aliança com Deus por meio do nascimento; para qualificar-se, o indivíduo precisava ser da semente de Abraão. O falo como órgão da geração e da reprodução era, portanto, de importância primária para ser membro da aliança e a circuncisão dedicava o pênis à perpetuação da aliança. Uma parte importante da aliança implicava produzir a prole que herdaria as promessas dela. A circuncisão era, portanto, a santificação do pênis, que era o lócus de todas as futuras gerações. A aliança era uma aliança perpétua e implicava todas as futuras gerações na perpetuidade, e a única maneira de assegurar a perpetuidade da aliança era dedicar o pênis à sua perpetuação. Todas as vezes que olhava seu pênis, um israelita lembrava seu compromisso com a aliança e seu dever de perpetuá-la por meio de sua semente. Todas as vezes que fazia sexo, ele lembrava-se de que estava executando um ato em favor da aliança, ou seja, proporcionando a descendência que iria herdar as bem-aventuranças da aliança. Na Bíblia, o lócus da reprodução e da geração era denominado de os "rins", e dizia-se que os filhos (1Rs 8,19; 2Cr 6,9), os reis (Gn 35,11) e os descendentes (Gn 46,26; Ex 1,5; At 2,30; Hb 7,5.10) provinham dos rins dos pais. Os rins eram também o lócus da força (Jó 40,16; Pr 31,17; Na 2,2). Visto que a aliança implicava bem-aventuranças às futuras gerações e visto que se imaginava que as futuras gerações estavam nos rins do homem, a aliança precisava ser associada a eles e a marca da aliança estaria, então, localizada ali, no órgão que assegurava a produção da prole.

emoções despertadas por eles parecem penetrar-nos diretamente, de modo que podem ter um poderoso efeito mesmo quando seu sentido não pode ser expresso em palavras.

Como qualquer símbolo, um rito mobiliza a energia e expressa o que de outra maneira é inexpressável. Por exemplo, colocar flores num túmulo ou simplesmente ajoelhar-se numa igreja são atos simbólicos carregados de energia emocional. Situações como essas podem dar a impressão de terem uma dimensão sagrada própria, ao passo que em outras ocasiões nossa intenção de ritualizar a ação impregna-a de sagrado.

Muitas vezes, os rituais religiosos encenam uma história mítica, como os acontecimentos da Última Ceia, que constituem uma base para a Eucaristia cristã. O ritual não se ocupa simplesmente com a história do acontecimento, mas com sua qualidade sagrada, e faz o acontecimento tornar-se vivo novamente no aqui e agora, possibilitando aos celebrantes participar da realidade transcendente. Quando é utilizado para expressar um mito, pode ter muitos níveis de sentido, mesmo que as origens da prática não sejam claras. Por exemplo, não se sabe exatamente onde e como começou a prática do batismo, mas os primeiros seguidores de Cristo a adotaram como um rito de admissão à Igreja cristã.

Embora tenha associações míticas com a história de Jesus sendo batizado por João Batista no rio Jordão antes de iniciar sua missão, a prática cristã do batismo se origina especificamente da ordem dada por Jesus a seus discípulos de "ensinar a todas as nações, batizando-as em nome do Pai e do Filho e do Espírito Santo" (Mt 28,19). O próprio Jesus utilizou o batismo como uma metáfora para o intenso sofrimento que penetra até o fundo da alma (Mc 10,38).

São Paulo acrescentou ao ritual outros níveis de sentido, sugerindo que o batismo simboliza morrer para o pecado e nascer novamente para uma vida nova (Rm 6,3-4; Cl 2,12). Para Paulo, o batismo significa também a eliminação de todas as diferenças entre as pessoas: o batismo afirmava a igualdade de todos os humanos diante de Deus; em sua teologia, todos os que são batizados em Cristo participam do mesmo espírito (1Cor 12,13; Gl 3,27-29). Para São Paulo, o batismo simbolizava igualmente a admissão como membro da Nova Aliança, na qual a circuncisão é desnecessária – assim, ele considerava o ritual do batismo uma substituição do ritual da circuncisão (Cl 2,11-12). A esse complexo de sentidos, a tradição católica romana acrescentou a doutrina de que o batismo removia a culpa original. Hoje, os pais desejam ter seus filhos batizados simplesmente porque querem tornar o filho formalmente um membro da Igreja.

O sentido de um ritual pode mudar ao longo do tempo. O Hallowe'en, por exemplo, é hoje um ritual secular, embora tenha raízes religiosas que remontam aos tempos pagãos. Hallowe'en era originalmente a véspera (*evening*, *e'en* ou *eve*) do Dia de Todos os Santos (All Hallows' Day – daí o nome "Hallowe'en"), celebrado no dia 1º de novembro.

O Dia de Todos os Santos foi instituído pela Igreja Católica como um contrapeso à crença pagã de que num dia do ano todos os diabos e demônios e outras forças do mal eram soltos sobre a terra por uma única noite. Com o passar do tempo, o Hallowe'en foi secularizado e comercializado e a ortografia da palavra mudou (a apóstrofe – que era essencial para o sentido da palavra – foi eliminada, resultando "Halloween"), obscurecendo ainda mais as origens da celebração. Hoje o antigo significado religioso da celebração se perdeu, embora tenham sido mantidos os fantasmas e duendes – uma sanção social para a experiência de horror em vez do confronto pagão original com o mal.

Outros exemplos de rituais cujo sentido mudou radicalmente ao longo do tempo são os associados ao Natal e à Páscoa. A árvore de Natal e os rituais que a cercam têm origem nas celebrações pagãs do solstício do inverno, enquanto o ovo da Páscoa deriva de celebrações pagãs do equinócio da primavera. Esses rituais foram incorporados na tradição cristã e revestidos de sentido cristão a fim de tornar o cristianismo mais atraente aos pagãos, que nunca abandonavam totalmente seus velhos rituais quando se convertiam ao cristianismo.

Em nosso passado distante, quando estavam relacionados com os ciclos da natureza e ligados às estações e à atividade humana sazonal, os rituais faziam muito sentido. Hoje, nossa vida não é controlada pelas estações e os rituais sazonais não fazem muito sentido no nível coletivo, mas persistem sob um disfarce diferente.

Em seu aspecto positivo, o ritual nos torna conscientes da dimensão sagrada de nossa vida no meio da rotina monótona da atividade cotidiana. Tem o efeito adicional de ligar-nos à tradição religiosa na qual é realizado e, ao mesmo tempo, reforçar nossos laços com os outros membros dessa tradição. No entanto, quando é repetido constantemente, um ritual pode perder todo o sentido. Se executados mecanicamente, certos rituais como rezar a bênção antes das refeições, a missa, o rosário, a recitação da Torá e acender a Menorá podem transformar-se em algo que simplesmente precisa ser feito, sem muita devoção ou sentimento de presença do numinoso. A repetição constante torna o ritual demasiadamente familiar e assim priva-o de sua numinosidade, reduzindo-o ao nível do ordinário, embora pretenda celebrar o sagrado. O ritual pode tornar-se claramente ossificado e institucionalizado a ponto de tornar-se emocionalmente inexpressivo, e pode até transformar-se num hábito/vício. Uma institucionalização desse tipo tem um efeito mortal na espiritualidade, privando-a de seu sentido de novidade e forçando todos a experimentar o sagrado da mesma maneira. O ritual se torna então uma atividade coletiva às custas da experiência individual.

Historicamente, a instituição do ritual foi o primeiro passo na mudança da espiritualidade para a religião institucional. Cada movimento espiritual se torna uma religião quando estabelece rituais fixos. Porque, com a instituição do ritual, vêm prescrições sobre como ele deve ser executado e, assim, a atenção passa a concentrar-se em seguir as prescrições ou assegurar que ele seja executado da maneira correta, enquanto a experiência espiritual recua cada vez mais para o plano de fundo. A prática espiritual se torna sempre mais rígida justamente porque o ritual precisa ser executado cada vez da mesma maneira por cada executante a fim de ser um ritual e não apenas uma experiência espiritual antiga isolada. Então o ritual torna a *forma* mais importante do que o *conteúdo* – e isso é a sentença de morte da espiritualidade.

Martinho Lutero reorganizou isso e procurou livrar-se da inutilidade do ritual católico quando estabeleceu sua própria denominação. Para ele, o conteúdo era mais importante do que a forma e procurou reduzir o ritual ao mínimo. Em algumas tradições o ritual persiste precisamente por causa de seu efeito narcótico: o ritual pode entorpecer a mente, embotar os sentidos e situar o devoto num leve transe. Esse não é um fenômeno observável apenas no catolicismo, é também uma característica da ortodoxia russa e grega, e especialmente do judaísmo ortodoxo, como atesta o movimento de embalo que acompanha a oração.

Os estados de transe *podem* levar a experiências numinosas, mas isso raramente acontece durante a missa católica ou a oração da sinagoga, porque o estado de transe desce sobre os devotos como um mecanismo de relógio, no momento exato, ao passo que as experiências místicas não.

Enquanto estados genuínos de transe e meditação podem expandir a consciência, o ritual executado mecanicamente faz exatamente o oposto. Quando é repetitivo e invariável na execução, embora possa expressar devoção, o ritual pode também produzir inconsciência. Como tal, o ritual é a própria antítese da *espiritualidade*, embora seja a essência da *religião*.

É importante notar que qualquer ação (ritual ou outra) repetida com bastante frequência se torna ritualizada (ou "estilizada"). Quando se exige que as ações sejam repetidas frequentemente, elas podem ser feitas com segurança pelo piloto automático do cérebro; mas, se o piloto automático está no controle da ação, é preciso haver uma fórmula fixa, uma maneira padrão de praticar a ação, já que o piloto automático não tem nenhuma vontade própria. Por conseguinte, em matérias de espiritualidade, é preciso tornar consciente o processo pelo qual as ações se tornam ritualizadas a fim de evitar um deslize para o comportamento automático.

Dirigir um carro no piloto automático é bom, mas fazer contato com o divino no piloto automático não é verdadeira espiritualidade. A maneira de prevenir que a prática espiritual se torne automática consiste em evitar excessiva repetição e estilização e resistir à tendência natural da mente de padronizar. Do contrário, o ritual pode facilmente tornar-se um fóssil vivo e correr o risco de tornar-se fundamentalmente inimigo da espiritualidade.

Por fim, uma prática ritual desprovida de sentido leva à rejeição do ritual, como vemos nos ensinamentos dos profetas hebreus, de Jesus, de Buda e do judaísmo reformista. Os reformadores sempre insistem que não tem sentido um ritual como um fim em si.

Quando o ritual cumpre sua função própria, por causa da numinosidade do arquétipo que é ativado durante a execução ritual, o local onde ocorre o ritual é sentido como espaço sagrado e o tempo durante o qual ele é executado se torna um tempo sagrado. O professor romeno de religião Mircea Eliade definiu a diferença entre espaço sagrado e profano e tempo sagrado e profano, na mais conhecida de suas obras: *O sagrado e o profano* (Eliade, 1992). O espaço ordinário, ou profano, é homogêneo – não tem um centro orientador, como o tem o espaço sagrado. Por conseguinte, o espaço sagrado, o espaço onde o numinoso se manifesta, dá a impressão de ser qualitativamente diferente do espaço profano – uma das razões por que Moisés, por exemplo, tirou as sandálias ao aproximar-se da sarça ardente, que o encheu de um sentimento de temor respeitoso. Parecia-lhe que esse espaço – sob outros aspectos completamente ordinário – estava então cheio de poder espiritual.

Enquanto os israelitas perambularam pelo deserto por quarenta anos, o lugar onde montavam o Tabernáculo se tornou um espaço sagrado durante o tempo em que ele esteve ali. O lugar mais santo esteve em diferentes localidades durante esses quarenta anos. Em cada uma dessas localidades, o local era ordinário antes de se montar o tabernáculo, e se tornava novamente ordinário depois de o Tabernáculo ser desmontado e removido para outra localidade. A presença do Tabernáculo lhe conferia sacralidade. Por fim, o lugar mais sagrado (o Santo dos Santos) foi fixado em Jerusalém quando foi construído o Templo no tempo de Salomão. Novamente um determinado lugar em Jerusalém se tornou sagrado quando o Templo foi dedicado. Antes disso era um solo ordinário.

Cristo espiritualizou completamente o espaço sagrado e o separou do espaço físico. Quando a mulher samaritana junto ao poço lhe perguntou qual o lugar certo para o culto – o monte da Samaria ou Jerusalém – Jesus replicou: "Acredita-me, mulher, vem a hora em que nem neste monte nem em Jerusalém adorareis o Pai. […] Mas vem a hora – e é agora – em que os verdadeiros adoradores adorarão o Pai em espírito e verdade" (Jo 4,21-24). Com essa declaração Cristo propôs que o espaço sagrado não está situado em nenhum local físico da terra, mas dentro do indivíduo.

O local físico de alguém não era importante; Jerusalém não era um lugar mais sagrado do que o monte da Samaria. Os primeiros cristãos não tinham lugares sagrados e não aprovavam essa noção. Por conseguinte, a reinstituição de lugares sagrados, a construção de santuários, de grutas e de igrejas, e o estabelecimento de lugares de peregrinação, são uma volta ao paganismo.

A negação da importância do espaço sagrado, por Cristo, está bem de acordo com a ideia do transpessoal. Assim como transcende o gênero, o transpessoal transcende também o espaço e o tempo e, portanto, não existem na terra locais que são particularmente sagrados em si mesmos e por si mesmos. Os lugares sagrados derivam sua sacralidade do valor de "ser postos de lado", que lhes é atribuído pelos seres humanos, e não de alguma coisa inerente a eles.

A sacralidade de um local pode não ter nada a ver com o divino no sentido tradicional da palavra. Um local puramente secular pode adquirir sacralidade e não ter quaisquer sentimentos religiosos ligados a ele. Assim a visão judia e a visão cristã de lugares sagrados não têm nada em comum com a compreensão de lugares sagrados na espiritualidade da Nova Era, com sua ideia de vórtices de energia, e também não têm nada a ver com a geomancia em geral. Nesses casos, existe num lugar supostamente sagrado uma qualidade ou propriedade especial inerente à topografia do próprio solo. Mesmo assim, a sacralidade do local não deriva das propriedades do solo, mas da resposta humana a essas propriedades. As propriedades especiais do solo são percebidas como possuidoras de uma qualidade numinosa e por isso o local é revestido de sacralidade.

Do ponto de vista do ritual, o espaço sagrado tem um centro, que nos orienta para a realidade absoluta; lugares como Jerusalém ou Meca, por exemplo, são considerados centros que orientam, lugares de poder espiritual. O espaço sagrado possibilita aos seres humanos a comunicação com a esfera divina, como ilustra o sonho de Jacó na Bíblia, no qual Jacó vê uma escada conectando o céu e a terra, representando a escada o centro que orienta.

No interior do espaço e do tempo sagrados sentimos que passamos do nosso modo profano de ser a um modo sagrado. Ao contrário do tempo na esfera profana, o tempo sagrado se move em círculos e, por isso, é realmente intemporal; assim, os judeus que participam do Seder pascal conseguem pensar que estão sendo libertados da escravidão no Egito junto aos seus ancestrais, e na Páscoa o fiel cristão canta: "Cristo, o Senhor, ressuscitou hoje". O tempo sagrado, portanto, suspende o tempo e o espaço físicos literais.

O termo "ritual" é restrito geralmente a práticas religiosas, nas quais o foco recai principalmente no sagrado. No entanto podemos entender como um ritual qualquer comportamento levado a cabo de maneira mais ou menos fixa e prescrita. Assim, temos rituais *sociais*, como dar um aperto de mão ou encontrar-se com alguém. Rituais desse tipo são considerados naturalmente questões de convenção e cortesia – eles controlam o comportamento social.

Todas as convenções são ritualizadas, todas as culturas têm prescrições sobre como agir em certas situações. Os ritos sociais impregnam nossa cultura, como se vê nas cerimônias e convenções que constituem uma parte essencial de instituições como o governo, os militares e o direito.

Os rituais sociais desempenham uma importante função psicológica individual e coletiva pelo fato de preservarem crenças e valores comuns e promoverem a solidariedade de grupo e a coesão. Os rituais sociais reduzem nossa angústia acerca da maneira como comportar-nos e reforçam nosso sentimento do si-mesmo, reafirmando que pertencemos a um grupo de pessoas semelhantes a nós. Por prescreverem um comportamento que é oficialmente aprovado e ao mesmo tempo estereotipado, os rituais sociais reforçam um sentimento de comunidade, a estrutura da sociedade e a ordem social.

Assim parece necessário ritualizar até certo ponto o comportamento social. Se não houvesse conversas, brindes e apertos de mão numa ocasião importante, o acontecimento perderia uma parte de seu sentido de importância. Embora esse comportamento seja estereotipado, sua simples existência sugere que existe uma necessidade arquetípica de tais encenações para marcar a passagem de um estado a outro. Sentimos que esses comportamentos são necessários, embora, em muitos casos, os rituais sociais não passem de hábitos sem sentido que sacrificam a individualidade.

Para algumas pessoas os rituais sociais são tão importantes que parecem assumir um significado espiritual. Com efeito, o limite entre rituais religiosos e rituais sociais não é um limite bem definido, porque muitos dos nossos rituais sociais exaltam inconscientemente os deuses de nossa cultura. Temos rituais que exaltam o deus dinheiro, por exemplo, como tocar o sino na abertura da Bolsa de Valores cada manhã dos dias de semana. Milhões de pessoas têm uma devoção que beira a reverência pelo Super Bowl, pelo acender a tocha olímpica e pelas premiações do Oscar. O congresso dos Estados Unidos tem um conjunto bem definido de rituais e alguns americanos chegam até a falar da Constituição como se fosse um texto sagrado. A profissão médica tem seus próprios rituais acerca da morte nos hospitais, como o monitoramento dos sinais vitais, a fim de mostrar a devida reverência ao deus da ciência.

Quando ocorre naturalmente um nascimento ou uma morte, a experiência é intensamente numinosa para cada um dos presentes, mas nossos rituais médicos higienizam e padronizam essas transições da vida e assim as privam de sua força arquetípica.

Os rituais religiosos invocam a presença de um arquétipo ou representam simbolicamente forças invisíveis. Em ambos os casos, se não estiver presente o espírito, o ritual é vazio; degenera em mera cerimônia e pode-se sentir a diferença muito facilmente num nível emocional.

A pompa civil, por exemplo, é cerimonial; ocupa-se com o protocolo e não com a conexão com o sagrado. Uma parada militar por ocasião da visita de um chefe de Estado é uma cerimônia que sugere respeito e boas relações com outro país.

As cerimônias são feitas principalmente para salvar as aparências e a tradição – ninguém está procurando invocar poderes espirituais. Quando o rei da Inglaterra executa a cerimônia de abertura do Parlamento, por exemplo, não ocorre nenhuma transformação; não se chega a nenhum novo discernimento. Como todas as cerimônias, a abertura oficial do Parlamento serve para manter a ordem social existente.

O ritual religioso pode degenerar em mera cerimônia; podemos, por exemplo, participar de um Seder pascal ou assistir um casamento na igreja sem sentir que estamos na presença do sagrado. Estamos simplesmente relacionando-nos com o acontecimento num nível social ou prático.

Os rituais são espiritualmente vazios quando participamos deles sem qualquer conexão significativa com os valores que eles expressam ou quando nos aproximamos deles sem recorrer às energias inconscientes ou arquetípicas envolvidas. Por exemplo, durante o tempo de paz, podemos ver a bandeira sendo hasteada e arriada cerimonialmente e não sentir emoção especial; mas durante a guerra, com todas as suas conotações arquetípicas, a visão da bandeira pode afetar-nos profundamente.

A tendência humana de criar rituais reflete nosso instinto de revestir acontecimentos e objetos com significado sagrado. Não causa surpresa, portanto, que, embora tenha sido quase eliminado na cultura protestante e secular ocidental, o ritual religioso ainda se encontra no catolicismo, no judaísmo e nas tradições ortodoxas gregas e russas, como também em todas as sociedades pré-tecnológicas.

Alguns psicólogos acreditam que os rituais das sociedades pré-industriais resultam da proximidade dessas sociedades com a natureza. Longe de menosprezar essas sociedades como "primitivas", precisamos ser gratos a elas por preservarem práticas rituais que só agora estão começando a ser apreciadas pela cultura ocidental[36].

---

36. Não é por acaso que muitos rituais americanos nativos, como buscas de visões e cabanas de purificação, estão se tornando cada vez mais populares entre a população geral.

O Ocidente perdeu sua conexão com o ritual quando a Reforma Protestante – e, mais tarde, o pensamento iluminista em geral – reduziram a importância do ritual sob a justificativa de que ele era pagão e não estava de acordo com as crenças cristãs ou com a razão. De acordo com essa perspectiva, o ritual é antiquado e provém apenas de superstições – afinal, argumentaria o racionalista, não podemos provar conclusivamente que o ritual tem qualquer efeito real em nossa vida cotidiana. O racionalista não acredita, por exemplo, que a dança da chuva faça realmente chover. Essa interpretação literalista do ritual, no entanto, não leva em consideração os efeitos psicológicos e espirituais que o rito causa nos participantes.

Nas culturas tradicionais só uma pessoa iniciada pode atuar como ministro que executa um ritual, pois só após nossa própria iniciação adquirimos consciência de nossa natureza transpessoal, de nossa conexão com o Si-mesmo. É necessário um ministro do ritual para localizar e consagrar um lugar sagrado e estabelecer os limites essenciais para que seja preservado. Só os que compreendem os poderes envolvidos são capazes de guiar o grupo na execução do ritual. Eles são os curandeiros, pajés, sacerdotes ou xamãs da cultura. O lado sombrio desse sistema é que ele estabelece uma divisão entre sacerdócio e laicato, entre os peritos (os que têm conhecimento especial) e as pessoas ordinárias (os que não o têm). Existe um constante perigo de que, num esforço para manter seu domínio sobre o poder religioso, os que têm conhecimento explorem a ignorância dos que não o têm.

Existem muitos tipos de rituais, cada um com seu objetivo: realizar curas, saudar ou despedir-se, ou marcar transições importantes, como a mudança das estações. Rituais de perda, por exemplo, como um velório ou o luto ritual judaico de sete dias, pretendem proporcionar um meio de expressão da aflição.

As sociedades pré-industriais utilizam rituais de iniciação sempre que está para ocorrer uma transição de um *status* social a outro, por exemplo, um rapaz está para atingir o *status* de homem ou uma moça o *status* de mulher. Nessas sociedades uma pessoa não se torna simplesmente um homem ou uma mulher à revelia. É necessário um ritual para ativar esse processo.

Ritos de passagem

Os ritos de passagem, como os que marcam o nascimento, a morte ou o casamento, facilitam uma transição segura de um estado a outro. O antropólogo flamengo Arnold van Gennep (2011) identificou os elementos comuns, ou seja, a forma arquetípica que subjaz a muitos tipos de ritos de passagem, não só em culturas tribais, mas também em rituais romanos, gregos, médio-orientais, hebraicos e islâmicos. Todos esses ritos ocorrem em três estágios.

Primeiramente, o iniciado é separado de sua vida normal na sociedade. Depois, a pessoa entra numa fase "liminar" ou inicial, que a situa num estado marginal, no qual ela não tem nem o *status* novo, nem o antigo. O jejum de quarenta dias de Jesus no deserto representa esse estado liminar. Finalmente, o iniciado é reincorporado à sociedade numa nova posição social e a vida normal começa novamente. Essa sequência em três fases se encontra em todo rito de passagem, quer diga respeito a introduzir uma pessoa no sacerdócio, a conduzir um funeral ou a iniciar uma pessoa jovem na vida adulta.

Durante o processo ritual, o período transicional ou liminar do ritual é particularmente importante. Nesse tempo as hierarquias e papéis sociais usuais são dissolvidos, de modo que as relações humanas assumem uma determinada qualidade de igualdade social, que o antropólogo Victor Turner denominou *communitas* (1969). É um estado da mente no qual há uma sensação de uma humanidade comum, um profundo sentimento de unidade que une todos os participantes da iniciação, sem as diferenças hierárquicas geralmente encontradas entre as pessoas.

Em nossa cultura, encontra-se *communitas* sobretudo entre pessoas cronicamente marginalizadas, que estabelecem contato com outras semelhantes a elas fora dos limites das estruturas sociais normais. Pode irromper *communitas* durante uma crise comunitária, como um terremoto, ou por toda a duração de eventos como os Jogos Olímpicos ou o Super Bowl, que têm a característica de ritual de massa.

Os rituais das sociedades tribais são brutais de acordo com os nossos padrões[37]. Às vezes, os neófitos morrem durante o processo. Os ritos de iniciação dos rapazes costumam incluir ordálios, como circuncisão, surras, sujeição ao terror por parte de pessoas mais velhas vestidas como demônios, privação do sono, morte e renascimento simbólicos e restrições alimentares.

---

37. Grande parte desse material se encontra em Eliade (1980). Para uma revisão das práticas de iniciação na cultura contemporânea, cf. também: Mahdi, Foster e Little (1987).

Uma tribo sul-africana realiza a iniciação dos rapazes na idade adulta com a circuncisão após um rito inicial de separação de suas mães, no qual eles precisam pular sobre um fogo. Após a operação, eles são marginalizados, sendo segregados numa cabana especial até as feridas cicatrizarem. Durante esse tempo liminar eles aprendem cantos tribais e trajam roupas especiais. Essa transmissão é uma parte importante do rito, porque transmite tipicamente o conhecimento sagrado, que é o fundamento da cultura. Por fim, os rapazes são devolvidos ao povoado em estágios. Em seu retorno não se permite às mães tocá-los antes de aparecerem em seu novo *status* social e assumirem seu pleno papel social como adultos do sexo masculino. Durante esse processo, o rapaz aprende segredos da mitologia tribal.

Em seus aspectos positivos, a partir do ordálio surge um homem que tem conhecimento da coragem e da abnegação em face do perigo, mas que também dominou essas forças e pode agora aplicá-las para o bem maior da comunidade, um homem que sabe como relacionar-se com as outras pessoas e como trabalhar em harmonia como parte de um grupo.

Os primeiros antropólogos e estudiosos da religião comparada supunham que o objetivo desses rituais consistia em produzir um renascimento espiritual. Os estudiosos contemporâneos são céticos acerca dessa interpretação (Allen, 1988) e sugerem, ao invés, que o ritual simboliza uma transformação social que já ocorreu.

No exemplo que acabamos de citar, os rapazes estiveram se preparando para a idade adulta ao longo de sua infância e o ritual é apenas o passo final para assegurar que a transmissão se completou. Nesse modo de ver, o ritual se ocupa principalmente em conectar com a sociedade e não com o divino. O ritual é realmente uma encenação social de um processo de maturação que ocorreu naturalmente. Seu objetivo é assegurar que os membros da sociedade se conformem com as expectativas sociais. Os aspectos assustadores do ritual são uma forma de doutrinação que intimida o iniciado para que se conforme com as normas sociais. O ritual simula artificialmente um contato com o *numinosum* como uma maneira de manter a coesão social, e é por isso que culturas tribais puderam permanecer imutáveis por milhares de anos.

O problema com esses ritos de iniciação é que eles definem estritamente o que significa ser um homem. Não levam em consideração pessoas com temperamento diferente ou com demasiada deficiência física para participar ou sobreviver aos rigores do ritual. Esses indivíduos são marginalizados e o *status quo* nunca é questionado.

Os ritos para mulheres também podem ser dolorosos e perigosos. Entre o povo tradicional Nootka, da Ilha de Vancouver, na Colúmbia Britânica, o rito de passagem das moças para o *status* de mulher incluía serem levadas mar adentro e largadas ali para nadarem de volta até a praia. Oração, canto e apoio dos anciãos da tribo cercavam o acontecimento. Dizia-se que esse ato de coragem transformava a moça numa mulher mediante um renascer simbolicamente da água. Após completar com sucesso o teste, ela estava qualificada para se casar e ter filhos com pleno conhecimento de quem ela era (Cameron, 1981, pp. 101-103).

Outros ritos de iniciação para moças implicam escarificação do corpo, um processo no qual símbolos da mitologia da tribo eram cinzelados na carne da moça (Lincoln, 1991). Já que o corpo foi alterado de forma permanente, a iniciada se dá conta de que não é mais uma criança.

Os Dyaks, de Bornéu, isolam as jovens moças por um ano em cabanas brancas, vestidas só de branco e comendo só alimentos brancos. Em alguns grupos, como os Apaches, a passagem para o *status* de mulher adulta é celebrada com um longo período de festejos, cantos, toques de tambor e danças. Durante essas iniciações a jovem mulher é instruída nas crenças tribais acerca de menstruação, sexualidade, gravidez e parto. Para as moças, essas crenças estavam envoltas em mistério até a iniciação. Portanto, rituais como os ritos de passagem mediam entre as exigências de estabilidade por parte da sociedade e as exigências de ritmo biológico e mudança por parte da natureza.

A pessoa jovem precisa provar sua capacidade de resistir ao medo e à dor e essa demonstração vincula a pessoa aos seus pares e facilita a formação de uma identidade adulta. Em geral, esse ritual é utilizado para conectar as pessoas umas às outras e ao cosmos, para expressar a mitologia da tribo e para propagar o conhecimento de que a tribo necessita para sua continuação. Naquelas culturas nas quais se pensa que a chegada à idade adulta coincide com a entrada na maturidade espiritual, os rituais podem também iniciar as pessoas jovens nos mistérios do contato seguro com as forças invisíveis. A pessoa tem, então, uma posição claramente definida na sociedade e isso serve para aglutinar o indivíduo e o grupo numa unidade coesiva. Em algumas culturas, esses rituais também dão ao iniciado acesso aos símbolos sagrados da cultura, porque a iniciação na idade adulta habilita a pessoa a ser instruída nas histórias sagradas e nos segredos da tribo, como os nomes dos deuses secretos.

Os ritos possibilitam ao indivíduo entrar num novo *status*, apoiado e reconhecido por sua sociedade. O iniciado se torna radicalmente consciente de seu novo *status* e recebe um lugar num cosmos ordenado, junto a todas as responsabilidades concomitantes. As cerimônias de iniciação são, portanto, os guardiões das maneiras tradicionais de fazer as coisas. As pessoas sentem que esses rituais são divinamente sancionados, mas uma visão cética desses ritos de passagem sugere que esse sentimento, induzido nos jovens pelos anciãos da tribo para assegurar a conformidade, é uma apropriação indébita do divino para objetivos sociais. Os ritos de passagem também sofrem o inconveniente de impedir a busca individual de identidade à sua própria maneira. Mantendo o *status quo*, eles impedem a renovação social.

Por causa de sua capacidade de despertar emoções extremamente fortes, o contato com o *numinosum* pode ser perigoso e as ações rituais precisam, portanto, ser empreendidas com uma adequada atenção à sua natureza sagrada. Seguir um procedimento ritual assegura que o arquétipo entre na consciência de maneira moderada, sem sobrecarregá-la. Então o ritual atua como uma espécie de válvula que regula a maneira como se permite ao inconsciente entrar na consciência. Essa regulação é necessária para a proteção do ego, que, senão, poderia sentir-se varrido pelo poder do inconsciente.

Erich Neumann (1976, pp. 5-34), aluno e colega de Jung, sugeriu que o ritual atua como um sistema de irrigação que permite ao inconsciente desaguar na personalidade de maneira controlada. O ritual irriga e ao mesmo tempo previne a inundação. Quando o inconsciente entra na consciência em quantidades corretas, experimentamos um jato de criatividade, mas quando o inconsciente inunda a consciência resulta uma patologia.

O perigo de inundação é visto na neurose obsessivo-compulsiva. O sofredor sente uma pressão interna avassaladora de executar certo comportamento ritual, como lavagem repetida das mãos ou contagem repetitiva, ou se sente compelido a ruminar constantemente um pensamento doloroso. O sofredor sabe que seu ritual é irracional e desnecessário de um ponto de vista do bom-senso, mas não consegue parar de executá-lo. As ações que a pessoa obsessivo-compulsiva se sente compelida a executar são como rituais privados que precisam ser levados a cabo apropriadamente, caso contrário resulta uma tremenda angústia.

No pensamento psicanalítico tradicional, considera-se que o transtorno obsessivo-compulsivo é causado por uma combinação de problemas inconscientes, como conflito e culpa acerca de agressão e sexualidade, a tensão entre conformidade e rebelião contra a autoridade e uma crítica interna muito dura. O ritual obsessivo impede que esse material inunde a consciência e contina a angústia que de outro modo seria produzida.

Freud observou que os rituais dessa doença incapacitante representam uma caricatura de uma religião privada e que, inversamente, se exige que os rituais religiosos sejam executados com atenção obsessiva à exatidão. Consequentemente, a neurose é uma forma de religiosidade individual e "a religião é uma neurose obsessiva universal" (Freud, 1959, p. 119; Lewis, 1994, p. 189)[38].

Sem equiparar realmente neurose e religião, Freud mostrou que a neurose obsessiva é "a contrapartida patológica da formação da religião" (1959, p. 126). No entanto, embora tenha apontado as semelhanças entre os dois tipos de ritual, Freud não insistiu em suas diferenças. A pessoa sob o domínio de uma obsessão poderosa não tem nenhum controle sobre seu comportamento ritualista – é uma compulsão a que a pessoa deve obedecer ou, então, enfrentar uma angústia insuportável; por outro lado, os que se empenham no ritual religioso o fazem por opção, numa tentativa consciente de entrar em contato com o nível numinoso do inconsciente.

A visão junguiana compreende o ritual obsessivo ou patológico em termos da presença de um forte complexo na psique, na qual domina determinada imagem arquetípica inconsciente. Esse elemento arquetípico determina o conteúdo do comportamento compulsivo. Por exemplo, o psicanalista Karl Abraham (1948 [1912], pp. 157-163), colega de Freud, descreveu duas mulheres que tinham medo de que iriam morrer durante a noite.

As duas tinham rituais na hora de ir para a cama e nesses rituais precisavam arrumar o cabelo de maneira especial e cuidar que a roupa de cama e a camisola de dormir estivessem arrumadas o mais perfeitamente possível.

---

38. Esse estudo utilizou medidas objetivas de religiosidade e comportamento obsessivo entre adolescentes e concluiu que "as diferenças entre práticas religiosas e ações obsessivas são maiores do que suas semelhanças".

Uma das mulheres acordava repetidamente após dormir por algum tempo e rearrumava tudo. Fazia tudo isso para o caso de morrer durante o sono; não queria ser encontrada num estado desleixado.

A outra paciente também observava uma cerimônia obsessiva estrita durante a noite, que incluía tomar grande cuidado com sua aparência a fim de parecer atraente. Ela se sentia compelida a deitar-se com as mãos cruzadas sobre o peito e obrigava-se a ficar deitada o mais imóvel possível. Já que as pacientes de Abraham associavam esses comportamentos com sexualidade, castidade e casamento[39], Freud e Abraham, em sua correspondência, chamavam esse ritual de "cerimonial da noiva da morte".

O elemento arquetípico nesses rituais obsessivos é sugerido pelo fato de que em muitas culturas a morte é equiparada a um casamento. Os rituais privados das pacientes de Abraham lembram um ritual que era executado na Grécia antiga para mulheres jovens que morriam sem ter casado (Rehm, 1994). Uma mulher assim era considerada noiva da morte e era identificada ritualmente com Perséfone, a donzela mitológica que foi raptada e levada à força para o submundo por seu soberano, Hades. Pensava-se que uma jovem solteira que morria havia sido sequestrada e obrigada a casar com Hades, ao passo que um homem solteiro que morria havia tomado a terra como sua noiva.

Em algumas comunidades gregas rurais, os mesmos cantos são cantados, ainda hoje, tanto nos casamentos quanto nos funerais. Na Romênia, quando morre uma jovem solteira, ainda é realizado um funeral de "noiva da morte", na convicção de que uma alma incompleta pode causar perturbação aos vivos. A jovem, vestida com todos os trajes de casamento, recebe um casamento simbólico em seu funeral a fim de satisfazer sua alma.

Não há como saber se as duas pacientes de Abraham conheciam os costumes funerários da Grécia antiga; talvez a partir do estudo da tragédia grega, em que o casamento com a morte era um tema frequente. Mas a natureza compulsiva de seu comportamento sugere que estavam possuídas por exigências vindas do inconsciente – a exigência, por exemplo, de morrer para sua vida atual e conectar-se com a esfera da alma. Em vez de experimentar conscientemente a necessidade de transformação radical em sua vida, elas encenavam concreta e compulsivamente a morte literal.

---

39. Nunca podemos ter total certeza sobre até que ponto as associações desses pacientes foram influenciadas por seu conhecimento do compromisso teórico do analista.

Ritual e psicoterapia

Durante séculos, xamãs e curandeiros de todos os tipos utilizaram rituais para provocar inteireza, de modo que não causa surpresa a existência de paralelos entre práticas rituais tradicionais e as técnicas da psicoterapia moderna. Em ambos os casos, a sólida crença na mitologia subjacente (leia-se: orientação teórica) e a fé no praticante e no processo ajudam a aumentar a eficácia do ritual.

Já que, por sua própria natureza, invoca forças arquetípicas que podem precisar ser refreadas, a psicoterapia inclui elementos sutis do ritual. A liberação dessas forças resulta da estimulação da transferência e de vários complexos presentes na relação terapêutica. A presença de uma intenção curativa e o cenário terapêutico da relação também estimulam energias arquetípicas.

O analista junguiano Robert Moore (2001) descreveu algumas das semelhanças entre psicoterapia e processo ritual, embora os participantes não pensem nesses termos acerca do que estão fazendo. Ao mesmo tempo, ritual e psicoterapia têm importantes diferenças: o ritual em geral procura controlar a mudança em benefício da sociedade, de maneiras predeterminadas, enquanto a psicoterapia procura facilitar a mudança em benefício do indivíduo de maneiras que são sumamente pessoais.

Um dos traços comuns de todos os rituais de cura é o despertar de intensa emoção enquanto estão sendo introduzidas novas ideias. Essa combinação de fatores está presente muitas vezes durante a psicoterapia. Durante um processo ritual, a emoção intensa é induzida artificialmente pela cerimônia e, por fim, acaba aquietando-se naturalmente. No entanto, na psicoterapia muitas vezes as pessoas sofrem fortes sentimentos que surgem espontaneamente e precisam de contenção terapêutica porque, do contrário, podem nunca se aquietar.

O psicoterapeuta procura explicar e compreender esses sentimentos, que são resolvidos terapeuticamente de modo gradual. Dessa maneira, o psicoterapeuta pode proporcionar às pessoas que estão passando por importantes transições na vida o tipo de orientação ritual que está faltando em nossa cultura. Essas transições podem ser difíceis de negociar sem ajuda e, por isso, a psicoterapia pode ser útil, já que nossa cultura ocidental geralmente espera que os indivíduos façam essas transições sem ajuda de meios socialmente instituídos.

Muitas vezes, uma crise psicológica é, ao mesmo tempo, uma crise espiritual, e a psicoterapia proporciona um espaço e um tempo que podem ser sagrados se forem abordados com a atitude de espírito correta. Mediante a regularidade e a estrutura do trabalho – sua "moldura" –, o terapeuta proporciona as condições-limite necessárias, ou um recipiente seguro, para a transformação ou iniciação num novo *status*.

A psicoterapia proporciona a experiência de *communitas* num cenário onde as hierarquias usuais não se aplicam, onde os participantes podem comportar-se de maneiras que não são permitidas no mundo cotidiano da sociedade normal. É provável que a *communitas* seja experimentada especialmente no cenário de terapia de grupo, em que se desenvolve, num grupo de pessoas que estão passando pelo mesmo tipo de experiência, um estado emocional compartilhado.

Facilitando a eliminação de antigos comportamentos e o desenvolvimento de um sentimento radicalmente novo do si-mesmo, a psicoterapia proporciona uma oportunidade segura de encenação, controle e compreensão. Assim, a psicoterapia preenche algumas das mesmas funções psicológicas preenchidas antigamente pelo ritual, mas o faz no nível do individual e não no nível do coletivo.

Embora a psicoterapia tenha seus próprios perigos, seu foco no indivíduo evita alguns dos perigos do ritual tradicional. Em contraposição ao ritual tradicional, a psicoterapia não procura manter o *status quo*; ela facilita a tentativa do cliente de mudar à sua própria maneira, no contexto de nossa consciência humana em expansão.

O terapeuta pode facilitar a adoção de rituais privados caso surja espontaneamente essa necessidade. O ritual precisa ser compatível com a cosmovisão e o sistema de crenças do cliente e pode ser tão criativo quanto o cliente desejar. Por exemplo, uma mulher está tendo dificuldade de aceitar a ausência de seu marido recém-falecido. Está irritada com ele e muitas coisas ficaram sem ser ditas. Escreve-lhe uma carta que diz tudo o que ela sente. A carta é então queimada ritual e devotamente, e as cinzas são espalhadas num rio como uma despedida simbólica. O valor curativo desse ritual terapêutico construído pessoalmente pode ser realçado por um terapeuta que compreende a natureza básica do ritual e é capaz de situar o ritual pessoal em seu contexto espiritual e psicológico mais amplo para o cliente.

O ritual psicoterapêutico, ou encenação simbólica, precisa ser executado com um alto grau de consciência e atenção aos detalhes e precisa incluir algum tipo de comportamento exterior à rotina normal. Vários elementos da prática tradicional podem ser considerados necessários. Às vezes, é usada uma cerimônia de "purificação" ritual, que pode incluir simplesmente lavar as mãos ou banhar-se antes de executar o ritual, ou pode ser ampliada, incluindo trajar vestes especiais ou jejuar. Às vezes é feita também uma declaração de intenção a fim de focalizar a atenção no objetivo do ritual.

O ritual pode utilizar imagens oníricas, um altar pessoal, uma obra de arte, movimentos ou diálogo com figuras interiores. Um objeto que tem um sentido especial, como um anel ou uma fotografia, pode constituir o ponto central do ritual. A pessoa que executa o ritual pode invocar algum tipo de figura norteadora, um poder invisível, uma figura onírica numinosa, ou simplesmente o Si-mesmo. Para encerrar a cerimônia é necessário um ritual de conclusão; este pode incluir gestos simbólicos específicos, expressões de agradecimento e um retorno à realidade cotidiana.

Por fim, é importante lembrar que o ritual nem sempre é utilizado para o bem e que os efeitos psicológicos do ritual não são necessariamente todos benéficos, já que o ritual pode estimular um comportamento regressivo. O ritual tradicional pode impedir que as pessoas lidem com as forças arquetípicas de maneira individual e desestimular novas formas de espiritualidade. O ritual pode também ser utilizado com a intenção de prejudicar os outros, como na magia maléfica.

Os nazistas utilizaram elementos ritualistas para maior proveito em suas grandes manifestações, em que as cenas e os sons têm um efeito hipnótico sobre as multidões. Outro perigo é que, embora possa contribuir para a estabilidade social, o ritual pode também levar à desintegração social e outros efeitos prejudiciais, como ocorreu com os rituais de sacrifícios humanos entre os astecas e os maias.

Durante a Idade Média, os rituais de ligação afetiva, homenagem e lealdade, com os quais um vassalo jurava compromisso de fidelidade ao senhor feudal e se tornava um membro de sua família, sustentaram o feudalismo por quase mil anos. Esses rituais mantiveram a Europa em relativa estagnação até que apareceu o Renascimento que, com as novas ideias de humanismo e dignidade de todos os indivíduos, rompeu a barreira que bloqueava o avanço. Analogamente, nasceram novas formas de espiritualidade de luta e mudança, não simplesmente de preservação do passado.

As religiões institucionais procuram manter a estabilidade e tentam impô-la preservando um sistema fechado de rituais, ao passo que a verdadeira espiritualidade prospera na instabilidade, reconhecendo que o universo está num estado de constante fluxo. Por conseguinte, a espiritualidade está em harmonia com a natureza, enquanto a religião institucional tende a trabalhar contra ela. Quando impõe uniformidade e resistência à mudança, o ritual serve aos interesses da religião institucional e não à espiritualidade individual.

Iniciação espontânea na adolescência

Alguns processos arquetípicos dificilmente têm escoadouros culturais aceitáveis, mesmo que persistam na psique. O arquétipo da iniciação é um desses padrões que é negligenciado em nossa cultura, resultando que ele precisa operar inconscientemente e isto muitas vezes causa problemas.

Vimos que os ritos de passagem são necessários sempre que, em nossa vida, atingimos um ponto em que precisamos avançar para um novo estágio ou, então, permanecer encalhados ou até regredir a um estágio anterior. Aqui é importante não confundir o conteúdo do ritual (que varia de acordo com a cultura) com o potencial arquetípico subjacente de iniciação num novo *status* (que pode ser alcançado de muitas maneiras diferentes).

Como ocorre com todos os outros processos arquetípicos, cada tradição colore e à sua própria maneira dá conteúdo a esse potencial, de modo que um Bar Mitzvah tem um teor diferente de uma primeira comunhão, embora ambos sejam expressões arquetípicas de iniciação num novo *status* religioso.

Independentemente das iniciações formalizadas na idade adulta existentes em religiões tradicionais – como a confirmação e o Bar Mitzvah ou Bat Mitzvah –, existem diversas experiências iniciáticas sociais informais que marcam a passagem de uma pessoa jovem à idade adulta na sociedade ocidental: ter a primeira experiência sexual ("perder a virgindade"), obter uma carteira de motorista, sair de casa para viver por conta própria, "estrear" num baile de debutantes, passar por um trote de calouros e votar pela primeira vez. Mas, em geral, essas experiências são relativamente superficiais e não necessariamente transformadoras, e em sua maioria, não têm a intensidade espiritual dos ritos de passagem das culturas tribais – não são numinosas.

Nossa cultura assegura a conformidade social mediante meios que não são a introdução de cerimônias de iniciação emocionalmente eficazes. Nós socializamos as crianças durante um longo período de educação e dispomos de muitas recompensas sociais, castigos e restrições legais para manter a coesão social. Já que nosso mundo é construído de maneira muito diferente do mundo dos povos tribais, estariam fora de lugar em nossa sociedade iniciações sumamente ritualizadas de estilo tribal. Para muitos de nós, as transições para diferentes fases da vida são feitas com elegância e acontecem naturalmente, embora se saiba muito bem que passar para um novo período de desenvolvimento, como a adolescência, pode predispor a pessoa à instabilidade emocional.

Na ausência de formas socialmente sancionadas para sua expressão, a necessidade arquetípica de iniciação não desaparece simplesmente; ao contrário, encontra seu próprio escoadouro, às vezes sem ritual. O comportamento incomum ou não convencional que podemos ver entre os adolescentes no Ocidente pode representar o surgimento espontâneo desse processo arquetípico numa forma inconsciente. A puberdade – a passagem da infância ao início da idade adulta – é um tempo em que a iniciação é útil, porque essa mudança é particularmente dramática. Já que a psique tem padrões arquetípicos inatos incorporados, o comportamento dos adolescentes nas culturas ocidentais, que não têm ritos de passagem formais, pode servir ao mesmo objetivo das práticas iniciáticas das culturas tribais. Os adolescentes nas sociedades industrializadas se comportam de maneiras que podem parecer inexplicáveis até nos darmos conta de que esses jovens estão tentando inconscientemente iniciar-se na vida adulta. Na ausência de uma forma pré-embalada e socialmente organizada de iniciação, o arquétipo se expressa espontaneamente, mas em nossa sociedade o faz de forma individual sem qualquer cerimônia formal.

Alguma forma de morte simbólica, ou o perigo de morte real, ocorre em muitos ritos de passagem tradicionais. Entre os rapazes adolescentes de hoje, a busca de uma experiência iniciática é vista na procura de atividades que requerem algum tipo de ordálio físico, muitas vezes para comprovar mérito junto a seus pares ou aos adultos que os cercam.

Essas atividades requerem geralmente no rapaz uma combinação de bravura, força e agilidade, e implicam um elemento de perigo. Para esse fim, o adolescente assume uma provocação ou um desafio que pode ser perigoso e, se o processo der errado, pode ocorrer a morte real.

Pode não ser por acaso que alguns adolescentes procurem o *body piercing* ou outras modificações corporais, inspirados pelo fato de esses serem traços comuns de rituais tribais tradicionais de iniciação à idade adulta. No entanto, enquanto os adolescentes nas culturas tribais têm pouca oportunidade de rebelar-se contra as maneiras estabelecidas de fazer as coisas, nossos adolescentes estão constantemente tentando conseguir mais liberdade. Eles se opõem tanto à imposição de maneiras tradicionais de fazer as coisas quanto a valores que consideram inaceitáveis. Ou seja, buscando a iniciação à sua própria maneira, nossos adolescentes rejeitam o tipo de pressões que nas culturas tribais os obrigaria à conformidade. Isso leva a uma abordagem da iniciação do tipo "ensaio e erro" que pode ser diferente para cada adolescente, mas que parece funcionar na maioria das vezes em nossa cultura.

É interessante que existe hoje uma Igreja da Modificação Corporal[40], que ensina que a espiritualidade pode ser expressa "mediante aquilo que fazemos ao nosso corpo". Ou seja, em vez de fazer parte de um rito iniciático que acontece uma vez na vida, a própria modificação corporal se tornou uma religião, assumindo, assim, um significado inteiramente novo. Os praticantes continuam a modificar seu corpo em estágios ao longo da vida. Os que se tatuam continuam a fazê-lo por muitos anos, até o corpo ficar totalmente coberto – a tatuagem se tornou um modo de vida. Ao contrário da maneira como era utilizado em culturas tribais, o ritual se tornou, então, a própria religião – um uso idólatra do ritual.

Esse comportamento ilustra algumas das maneiras de a religião poder atuar como um receptáculo de dificuldades emocionais. Os clínicos julgam que a modificação corporal constante tem uma variedade de suportes psicológicos. Algumas pessoas que se perfuram frequentemente estão desagregadas quando o fazem – estão num estado alterado de consciência, um estado de transe autoinduzido, e não têm plena consciência de seu corpo. Algumas estão tão desconectadas de seu corpo que consideram o corpo meramente uma obra de arte. Outros que modificam frequentemente o corpo são masoquistas e desenvolvem uma intensa relação com a pessoa que executa a tatuagem ou o *piercing*. Alguns perfuram ou tatuam a si mesmos a fim de pertencer, como parte de uma transferência "gemelar", a seus pares – a necessidade de sentir-se iguais aos outros, ou sentir-se aceitos por eles.

---

40. Cf. http://www.uscobm.com

Alguns adolescentes agem dessa maneira para defender-se contra a depressão, enquanto outros o fazem para enfrentar sentimentos dolorosos de entorpecimento ou vazio. Uma jovem mulher que se queimava frequentemente com cigarros pedia para tatuar flores ao redor da queimadura a fim de "transformar a dor em beleza".

Em outras palavras, mesmo quando é descrita em termos espirituais, a modificação corporal atende também a várias finalidades psicológicas inconscientes, e por isso as pessoas que executam constante modificação corporal não conseguem dar uma explicação consciente para seu comportamento.

Está bem comprovado que uma busca espiritual vitalícia começa muitas vezes na adolescência (Berk, 2004) e às vezes resulta em atração dos adolescentes por cultos que muitas vezes são destrutivos (Singer, 1995). Foram sugeridas muitas razões para esse fenômeno, como a necessidade de rebeldia do adolescente, a necessidade de encontrar um bando com o qual viajar, devotar-se a uma causa, encontrar uma identidade, encontrar uma família substituta e encontrar uma direção e um objetivo. Uma possibilidade adicional é que a busca arquetípica de iniciação se torna ativa nesse período de desenvolvimento[41].

Qualquer experiência numinosa, qualquer contato com o sagrado, tem potencialmente a capacidade suficiente para desempenhar a função de iniciar o indivíduo num novo nível de consciência e encaminhá-lo a um novo *status*. Em certo sentido, portanto, todo contato com o *numinosum* produz uma iniciação. Na ausência de iniciação pela cultura, o Si-mesmo assume o comando de iniciar a pessoa mediante uma experiência numinosa, seja positiva ou negativa. Por exemplo, um jovem, que se encontrava num dilema doloroso sobre qual direção tomar na vida, teve o seguinte sonho, que ele descreveu como "incrivelmente claro":

> Estou sentado na encosta de uma colina, sob uma grande árvore, olhando do alto o oceano. É noite; olho para cima e as estrelas movem-se para formar uma mensagem numa caligrafia

---

41. Até agora foram levadas a cabo pesquisas insuficientes sobre espiritualidade e religião entre os adolescentes. O que foi feito sugere que a espiritualidade e a religião são importantes para muitos adolescentes e que os maiores níveis de envolvimento com a espiritualidade e a religião estão associados com saúde melhor e menos envolvimento em comportamento de alto risco – p. ex.: Smith (2003, pp. 17-30).

e numa linguagem que não entendo. À medida que se movem, uma voz, que parece vir de todas as direções, diz: "Você é bem-aventurado por ter essa escolha. Você tem a oportunidade de estar a serviço de outras pessoas". A voz fala também numa língua desconhecida, mas o estranho é que eu a compreendo sem nenhuma dificuldade. A sensação é que as estrelas e a voz dizem a mesma coisa: que eu tenho a oportunidade de fazer muito bem se escolher uma carreira que permite servir aos outros.

Essa experiência o deixou com uma sensação de clareza acerca de sua vida. Fez treinamento numa profissão de ajuda, na qual agora é muito bem-sucedido.

O sonho é um exemplo de uma experiência iniciática que provém do Si-mesmo, do nível da psique autônoma. Já que esse jovem estava num estado de confusão acerca da transição que devia fazer, sem nenhuma orientação vinda do exterior, esse arquétipo foi ativado. Vemos novamente o tema da experiência numinosa proporcionando ajuda específica com um problema emocional. Qualquer forma de sofrimento, quer devida a uma situação difícil da vida, a uma doença mental ou física, ou produzida no cadinho das relações, tende a facilitar a experiência de iniciação e pode produzir a necessária mudança radical da consciência.

É Deus sinônimo de psique? A "nova dispensação"

Devido a esse tipo de experiência, que agora abordamos do ponto de vista psicológico e não teológico, Edward Edinger (1984) sugeriu que estamos entrando num período histórico caracterizado por uma nova dispensação religiosa. Agora experimentamos a graça divina entrando no mundo de uma maneira nova.

Em contraposição à dispensação inaugurada no Monte Sinai, na qual a lei foi transmitida gravada na pedra, ou à dispensação cristã, que requer um redentor, a sensação que sentimos hoje é que existe um diálogo surgindo entre a consciência humana e uma Consciência mais ampla. As experiências numinosas parecem surgir de um nível transpessoal de consciência, embora seja possível que essas experiências surjam de um nível da divindade que se encontra *além* da psique; nesse caso, a psique é simplesmente o agente de transmissão.

Mas esses problemas conceituais não são relevantes para nosso foco na experiência. A ideia de algo que está "além" da psique pode não ser significativa para nós, já que estamos encerrados numa realidade psicológica e é impossível para nós imaginar o que pode haver além da psique. Nossas distinções espaciais e temporais orientadas para o ego não se aplicam nessa esfera. É impossível, portanto, saber até que ponto "Deus" e a psique transpessoal são, de fato, sinônimos. O que importa é a nossa sensação vivida de que estamos lidando com uma Inteligência maior do que a nossa, que se manifesta a nós na forma de experiências numinosas. O resto é especulação ou uma questão de fé.

O que é importante para a abordagem psicológica é que a maneira como experimentamos o *numinosum* e o conteúdo da experiência estão firmemente relacionados com nossa personalidade e com nossas dificuldades emocionais. É para essas questões que nos voltamos agora.

3
Personalidade, psicopatologia e espiritualidade pessoal

Introdução

O tipo de espiritualidade ao qual tendemos não é uma questão de acaso, visto que nascemos com uma constituição espiritual determinada que afeta radicalmente nossa orientação espiritual. Embora todos nós tenhamos certos interesses espirituais em comum, outros aspectos de nossa espiritualidade são tão individuais como nossa personalidade.

Nossa constituição espiritual, que é igual à nossa constituição arquetípica, é tão singular como a nossa biologia e sua composição genética. Com efeito, os arquétipos e os genes cumprem funções análogas. A maneira como somos constituídos nos predispõe a responder ao mundo de determinadas maneiras[42].

Fisicamente, respondemos de acordo com nossa composição genética, psicologicamente, organizamos e respondemos ao que nos acontece mediante processos arquetípicos. É como se o corpo e a psique agissem como lentes refratárias à luz que vem de nossa Fonte espiritual, que entra no mundo do tempo e do espaço mediante padrões arquetípicos e comportamento corporal, alguns dos quais consideramos patológicos. Em consequência, embora a Realidade Última seja uma unidade, cada ser humano expressa essa Realidade de uma maneira única e não da maneira como todos os flocos de neve são feitos de gotinhas de água congelada, mas cada um aparece em sua própria forma única.

---

42. A psicologia predominante contemporânea dá a essas categorias de experiência o nome de "invariantes cognitivas", que são aspectos dos arquétipos com outro nome.

Muitos manuais-padrão de psicologia nos dizem que nossa personalidade é formada gradualmente ao longo da infância, à medida que nossa constituição genética interage com o ambiente[43]. No entanto acredito que esse modelo é incompleto. Muitos adeptos da psicologia profunda de orientação junguiana acreditam que um projeto espiritual – um plano de fundo arquetípico – também contribui para a formação de nosso sentimento do si-mesmo. O conjunto de talentos, capacidades e responsabilidades com que nascemos é influenciado tanto por componentes genéticos quanto por componentes arquetípicos.

Um bom exemplo é o dom de Mozart para a música, que foi um potencial arquetípico que se manifestou bem cedo em sua vida. O pai de Mozart exerceu uma tremenda pressão sobre seu filho Wolfgang (Schenk, 1959), mas, na ausência de um talento arquetípico para a música, essa contribuição do ambiente para sua capacidade musical não teria tido o mesmo efeito.

Existem muitas dessas qualidades arquetípicas na personalidade. Nós podemos ser mais ou menos estudiosos, religiosos, comunicativos, amorosos, agressivos, esteticamente orientados, e assim por diante. Essas capacidades são determinadas pela genética e também pelos arquétipos: ou seja, elas têm uma base em nossa biologia e são também expressões de nossa vida espiritual[44]. O nível arquetípico do nosso ser é uma dimensão de nossa Fonte espiritual e, por isso, está "fora" do tempo e do espaço no sentido ordinário dessas palavras. Não faz parte, portanto, do modelo de desenvolvimento do crescimento humano e, contudo, participa paradoxalmente dele.

---

43. A palavra "personalidade" vem do latim *persona* ou máscara usada no teatro. Personalidade refere-se à maneira como nos apresentamos no ambiente social, a pele exterior do si-mesmo que nos faz pensar, sentir e comportar-nos de maneiras típicas. Enquanto "personalidade" é um termo que se refere principalmente à adaptação social e às aparências, a palavra "caráter" tende a referir-se à organização psicológica permanente e profundamente arraigada da pessoa, como a tendência a ser excessivamente meticuloso. A palavra "caráter" vem do grego *charassô*, que significa gravar ou cavar trincheiras. A palavra caráter é usada muitas vezes para referir-se a qualidades morais, mas não precisa ter uma conotação moral. "Temperamento" refere-se geralmente a fatores inatos que são constitucionais ou genéticos. Vemos o temperamento no nascimento quando dizemos que alguns bebês nascem mais irritadiços ou serenos do que outros.

44. Sem entrar numa longa discussão sobre o problema mente-cérebro, basta dizer que não acredito que a espiritualidade ou qualquer outro aspecto da consciência possam ser reduzidos aos funcionamentos do cérebro. Subscrevo também a opinião de que mente e corpo são dois aspectos de uma realidade unitária.

Assim como o corpo tem órgãos que desempenham várias funções, assim os processos arquetípicos da psique se comportam como "órgãos" na consciência. Assim como nosso corpo reflete infinitas variações no mesmo plano geral de um indivíduo ao próximo, também nossos potenciais arquetípicos individuais se expressam com diferentes intensidades e combinações e em determinadas direções.

Por exemplo, todos nós temos a capacidade de comunicar-nos e podemos todos ser agressivos. Se esses dois potenciais arquetípicos estão ligados, uma pessoa falará de maneira vigorosa e assertiva; mas se esses potenciais têm pouca conexão entre si, a fala do indivíduo tende a ser maçante e insípida. Se a paixão de alguém está ligada à criatividade e a um apreço pela beleza, ele pode, dado o talento necessário e a ambição, tornar-se um artista; mas se sua paixão está ao invés ligada a um forte desejo de justiça, ele pode empregar sua paixão na luta por seus ideais[45].

Durante todo o ciclo da vida, nossas combinações únicas de potenciais arquetípicos se expressam sempre mais em nosso comportamento. À medida que se tornam parte de nossa atividade no mundo, deixam de ser potenciais puramente espirituais e passam a realizar-se concretamente no tempo e no espaço. Isso significa que durante todo o ciclo de nossa vida, nós continuamente encarnamos o espírito. Por isso é correto dizer que nossa personalidade está organizada espiritualmente, já que os arquétipos são tão importantes para a maneira como estamos organizados. À medida que nossos potenciais arquetípicos se encarnam, tornamo-nos sempre mais conscientes dos níveis mais profundos de nossa identidade.

Não nos esqueçamos de que o nível mais profundo de nossa natureza não tem forma ou conteúdo e se dissolve gradualmente no Absoluto, fazendo parte dele. Por conseguinte, nossa natureza não pode ser explicada plenamente em termos de desenvolvimento, já que o desenvolvimento implica tempo e espaço e o Absoluto não pode estar limitado a essas categorias. Embora nosso ego e os conteúdos pessoais do inconsciente se desenvolvam no tempo e no espaço, em resposta à família e à cultura, alguns aspectos da personalidade parecem simplesmente surgir ou desaparecer sem nenhuma razão óbvia.

---

45. O problema consiste em explicar as maneiras como são estabelecidos os elos entre essas qualidades. Diferentemente da contribuição genética, isso não está claro, a não ser que recorramos a explicações baseadas no carma ou em vidas passadas.

Arquétipos e complexos

Começando com Freud, todas as teorias da psicologia profunda procuraram descrever as maneiras como nossas primeiras experiências com os cuidadores afetam nosso desenvolvimento e nosso sentimento de quem somos.

A maneira como pensamos sobre nós mesmos é moldada em grande parte por nossas primeiras relações e pelo que as pessoas diziam a nosso respeito na infância. Nós armazenamos histórias de nossas interações com o pai, a mãe, os irmãos e os parentes não só em nossa mente, mas também em nosso corpo, como padrões de tensão em nossos músculos. Nossa experiência dessas interações na infância pode ter sido positiva ou negativa, de modo que as memórias que delas temos são sempre emocionalmente distorcidas, seja de maneira agradável ou dolorosa.

Memórias, pensamentos e imagens da infância, e as emoções concomitantes, estão agrupadas no que Jung denominou complexos. Por exemplo, falamos familiarmente de um "complexo de inferioridade", entendendo o sentimento de inadequação que sentimos em comparação com os outros, ou falamos do complexo de Édipo, entendendo a atração que uma criança pode ter pelo genitor do sexo oposto. Na verdade, existem muitos complexos possíveis, que podem ser conscientes ou inconscientes em graus variados.

Nossos complexos são moldados na infância, mas influenciam fortemente nossas relações adultas, porque tendemos a ver a vida pela lente dos nossos complexos. Se o pai era negativo ou abusivo, por exemplo, alguém pode experimentar todos os homens mais velhos ou figuras de autoridade como difíceis e exigentes. Se uma criança é depreciada, envergonhada, não amada ou rebaixada por seus pais, ela desenvolve complexos negativos, que, então, produzem dificuldades emocionais, como baixa autoestima, autoaversão ou depressão.

Por serem experiências humanas universais, encontramos esses temas representados universalmente na literatura mundial. Por exemplo, todas as culturas têm contos de fadas sobre encantamento por uma bruxa ou feiticeira má, que transforma um príncipe num sapo; o "encantamento" resulta realmente de um complexo materno ou paterno negativo. Essas histórias de "príncipe-transformado-em-sapo" são maneiras tradicionais de descrever os efeitos de uma grave depreciação na infância; a pessoa sente-se inútil, independentemente de seu valor real, por razões que ela pode ser incapaz de compreender ou articular.

Na verdade, o "feitiço maligno" está no inconsciente. É como se o progenitor acusador continuasse vivendo na mente da criança, criticando e aviltando a criança a partir de dentro, na forma de um complexo materno ou paterno que diz: "Você não vale nada". Por conseguinte, como se expressa Jung (OC 11/2, § 222, nota 2), torna-se impossível afirmar "a totalidade da natureza humana".

Esses e outros fatores do desenvolvimento, muito bem descritos pela teoria psicanalítica, constituem, no entanto, apenas uma parte da história. Eles nos ajudam a compreender o nível humano do complexo, que é determinado por experiências dolorosas ou traumáticas com os pais e com a cultura em geral. Além disso, o nível humano de desenvolvimento está reunido em torno de um núcleo arquetípico (Fig. 1).

O arquétipo atua como uma espécie de pasta de arquivos magnética, na qual estão reunidas todas as experiências relacionadas com ele. Por exemplo, todos os seres humanos têm a experiência de serem protegidos pela mãe e tudo o que entra nos cuidados maternais constitui o arquétipo materno. Assim, desde o momento em que nascemos, todas as nossas experiências de sermos cuidados e alimentados, seja por nossa mãe real ou por uma mãe substituta, gravitam em torno do arquétipo materno.

Com o tempo, a criança tem sempre mais experiências com figuras maternais e isso leva a acumular na mente imagens, ideias, memórias, fantasias e, o que é mais importante, emoções que têm a ver com a "mãe". Todas essas experiências estão inextricavelmente entrelaçadas com esse núcleo arquetípico. Em taquigrafia psicológica, o resultado é denominado "complexo materno".

O tom emocional de um complexo é considerado positivo quando tivemos bons cuidados paternais e maternais ou é considerado dolorosamente negativo se fomos abusados ou rejeitados pelo pai ou pela mãe, ou se o pai ou a mãe foram excessivamente importunos ou invadiram demais o mundo da criança. É importante notar que o sofrimento produzido por esse complexo contém em seu centro um elemento numinoso e transpessoal, que não é o resultado de fatores do desenvolvimento. (Não penso que a origem desse nível possa ser explicada; aqui podemos apenas invocar noções de "destino" ou o que James Hillman (1996) denomina "o código da alma".)

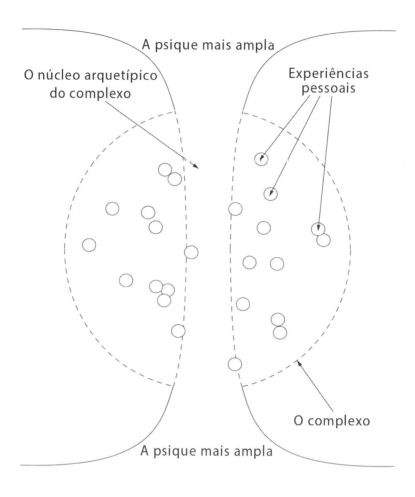

Figura 1 – A estrutura do complexo

O arquétipo no centro do complexo proporciona o *potencial* para experimentar os cuidados maternos ou paternos; a família e a cultura local determinam como esses papéis são desempenhados. Assim, o *conteúdo* do arquétipo – a maneira como ele se expressa – pode variar extraordinariamente.

Em qualquer sociedade, espera-se que as mães e os pais desempenhem um papel determinado, de modo que o condicionamento cultural de alguém determina a maneira como o arquétipo é experimentado realmente. Consequentemente, nas sociedades tradicionais, um complexo materno positivo nos possibilita dar aos outros e a nós mesmos aquilo de que precisamos para crescer, sentir-nos seguros e cuidar.

De maneira semelhante forma-se um complexo em torno do Pai arquetípico, que pode também ter um tom emocional positivo ou negativo. Por exemplo, o papel do pai era tradicionalmente o de arrimo de família, transmissor da voz da autoridade cultural, mantenedor da disciplina, e assim por diante. Ter um complexo paterno positivo torna alguém competente para ser um mentor e guia para os outros. Felizmente esses papéis estereotípicos estão mudando, de modo que hoje não existe razão para homens e mulheres não poderem desempenhar os papéis tradicionais uns dos outros.

Visto que o arquétipo tem uma carga emocional numinosa, quando somos crianças nossos progenitores parecem ser figuras que inspiram um temor reverencial especial. Para a criança pequena, os progenitores evocam realmente a mãe ou o pai arquetípicos, e é em parte por isso que ser progenitor é uma carga muito pesada. À medida que amadurecemos, vemos nossos progenitores sob uma luz muito mais humana e somos menos propensos a confundir suas atitudes com nossa maneira de pensar sobre o divino. No entanto, como analisarei mais adiante, em algumas personalidades a influência das projeções parentais sobre uma imagem de Deus ainda é ouvida. Assim, os fundamentalistas religiosos, que não pensam o divino de maneira metafórica ou simbólica, insistem ocasionalmente que os desastres naturais são o resultado de um castigo divino, porque Deus está literalmente "irritado" da mesma forma que um pai ou uma mãe estariam irritados quando uma criança é desobediente[46].

Complexos em nossas relações

Como o complexo tem um núcleo arquetípico – ou seja, é, em parte, determinado espiritualmente –, o trabalho sobre nossos complexos deve ter uma dimensão espiritual. Esse trabalho é necessário porque complexos negativos não só nos levam a sentir-nos maus, mas também afetam radicalmente nossas relações.

---

46. Por exemplo, depois do furacão Katrina, um letreiro na frente de uma igreja batista de New England declarava: "New Orleans: Desastre natural? Ou irritação de Deus com o pecado?" Aparentemente, uma organização conhecida como Repent America (Arrepende-te, América) assumiu o ponto de vista de que o Katrina foi o resultado de uma atitude permissiva de Nova Orleans para com a homossexualidade. Os cristãos fundamentalistas culparam pelos ataques de 11 de setembro o aborto, os "pagãos", as feministas e a homossexualidade (cf., p. ex., http//:-www.religioustolerance.org/tsunami04m.htm, e http://cadenhead.org/workbench/news/2733/pastor-god-destroied-new-orleans).

Um complexo atua como um molde inconsciente na mente, imprimindo em nossas relações atuais o padrão de relações anteriores. Consequentemente, repetimos muitas vezes padrões estabelecidos na infância, como, por exemplo, quando nos casamos com alguém que tem uma personalidade semelhante à de um progenitor com quem tivemos uma relação difícil enquanto nos tornávamos adultos.

Um complexo está em ação, por exemplo, quando uma pessoa que em sua fase de crescimento tinha um progenitor alcoólatra se casa sucessivamente com uma série de alcoólatras, não registrando conscientemente em cada caso que o futuro esposo/a tem um problema com a bebida. Sob o poder inconsciente do complexo, um indivíduo pode sentir atração apenas por certo tipo de pessoa, considerando apenas que esse tipo é interessante e sexualmente atraente. Na verdade, o complexo nos leva a procurar alguém que nos permitirá comportar-nos de maneiras determinadas e automáticas. Passamos, então, de uma relação conturbada a outra.

Uma pessoa que teve um progenitor abusivo pode ser atraída por um parceiro que é abusivo de maneira semelhante, produzindo inconscientemente uma réplica da situação da infância. Podemos induzir nosso parceiro a comportar-se como nosso progenitor difícil, ou podemos simplesmente experimentar o parceiro dessa maneira, seja ou não justificada essa percepção. Por exemplo, um homem cuja mãe era dominadora e controladora pode casar-se com uma mulher que tem essas tendências, ou pode comportar-se de uma maneira que induz as mulheres a controlá-lo. Ele pode considerar todas as mulheres dominadoras, não importando se elas o são realmente, porque as vê pelos olhos do complexo. De maneira semelhante, uma mulher com um pai violento pode casar-se com um homem que a maltrata. Sob o domínio do complexo paterno, ela pode trazer à tona o que há de pior em seu marido, de modo que ele a maltrata, ou pode experimentá-lo como abusivo quando ele não pretende sê-lo.

Em outras ocasiões, já que buscamos o todo, procuramos inconscientemente um parceiro que supra aqueles aspectos sombrios de nós mesmos com os quais de outra forma não estaríamos em contato, de modo que uma pessoa rigorosamente controlada, obsessiva e austera é atraída para uma relação com um parceiro relaxado, brincalhão ou até histérico. Por serem inconscientes, algumas porções de nós mesmos só podem ser acessíveis na forma de uma relação. De maneira inconsciente, mas inevitável, nosso mundo exterior reflete nosso mundo interior e vice-versa.

De acordo com Jung, nós experimentamos o inconsciente não só como acontecimentos interiores como sonhos, mas também como acontecimentos exteriores e pessoas com as quais nos envolvemos; quem nós somos influencia o que nos acontece, porque somos movidos por nossos complexos.

Os complexos e nossa imagem preferida de Deus

Existe uma estreita conexão entre nossa personalidade, nossos complexos e nossa forma preferida de espiritualidade. Nascemos com o potencial arquetípico de desenvolver uma imagem de Deus e a pesquisa mostrou que a imagem de Deus que finalmente se desenvolve é afetada consideravelmente por experiências iniciais em nossa família de origem (Rizzuto, 1979; Clair, 1994; McDargh, 1983).

A criança desenvolve uma noção subjetiva ou representação mental do divino que depende grandemente do tipo de progenitores que ela experimenta, das práticas religiosas da família e da maneira como ela vê seus progenitores se relacionarem um com o outro. Se os progenitores são amorosos e protetores, a imagem que a criança tem de Deus terá provavelmente essas qualidades. Deus é imaginado, então, como alguém que proporciona conforto e aquieta, uma imagem de Deus que não precisa mudar a não ser que uma crise na vida exija que essa imagem idealizada seja reavaliada.

O desenvolvimento de uma confiança básica nos progenitores permite o desenvolvimento da confiança num Deus amoroso, enquanto progenitores que inspiram medo com ameaças de castigo contribuem para uma imagem de um Deus temível. Tudo isso se desenvolve nos primeiros anos de vida, de modo que a criança já tem uma imagem particular de Deus antes de ser exposta à educação religiosa formal. Quando é apresentada à imagem oficial de Deus de uma instituição religiosa, a criança precisa matizar ou reconciliar essa imagem com sua imagem particular de Deus. Por exemplo, uma pessoa que tem um complexo paterno muito negativo pode ser atraída para – ou reagir contra – doutrinas religiosas que acentuam aspectos austeros, distantes, punitivos e coléricos da divindade. Esse tipo de teologia imagina o divino como um Deus do céu poderoso e masculino, que tem normas e preceitos rígidos e é vingativo, a não ser que sejamos bem-comportados.

Por diversas razões, uma pessoa que inicialmente é atraída para essa teologia pode acabar revoltando-se contra seu complexo paterno e buscar uma imagem de Deus completamente diferente (Meissner, 1984) ou uma tradição religiosa diferente. Isso pode acontecer quando alguém deixa de projetar as características de seu pai pessoal em sua imagem de Deus.

Às vezes acontece, no decurso da psicoterapia, que uma exploração prolongada da relação de alguém com seu pai leva a uma concomitante mudança na sua imagem de Deus. À medida que a aspereza de um complexo paterno se atenua, o mundo interior muda de acordo, o que permite a alguém estar no mundo de uma maneira diferente, com uma atitude diferente, e sua imagem de Deus muda de acordo. Por exemplo, bem no início de seu trabalho pessoal, uma mulher com um pai muito problemático teve o seguinte sonho:

> Eu fora gravemente ferida e estava deitada numa cama de hospital quase sem vida. Em vez de cuidarem de mim, alguém me levou a uma grande praça aberta, toda de pedra e cercada por edifícios colunares. Colocaram um grande gancho em minhas costas e fui içada a uma grande altura na praça. Gritei a Deus por socorro. No fim de uma longa rua na minha frente estava Deus – um homem enorme, grande como uma montanha, com cabelos brancos e barba. Em vez de me ajudar, ele começou a disparar contra mim, de um canhão, objetos como bolas de *softball*. Eu não podia acreditar em sua crueldade; fiquei estilhaçada.

Alguns anos mais tarde, após muito trabalho pessoal sobre seu problema paterno, ela sonhou:

> Entrei numa casa nova numa área encantadora, confortável e linda em todos os aspectos. Na casa existe uma sala com centenas de esculturas de imagens de Deus de todas as tradições religiosas conhecidas, de todo o mundo. A imagem que mais se destacou para mim e que conquistou meu coração foi uma grande estátua dourada do Buda sorridente sentado no centro da sala.

A associação da sonhadora com essa figura foi que Buda representa uma espiritualidade de abundância, de felicidade e de generosidade, em contraposição à austeridade da tradição em que ela foi criada. Em outras palavras, nossa imagem de Deus pode não só refletir as maneiras como nossos progenitores se comportaram realmente, mas às vezes somos atraídos por determinadas imagens de Deus porque estamos buscando traços que *não* estavam presentes em nossos progenitores.

Teoricamente, à medida que amadurecemos, nossa imagem de Deus evolui, tornando-se menos influenciada por projeções parentais e mais universal. No entanto, como aponta John McDargh, mesmo um teólogo sofisticado "que pensava que suas noções de Deus haviam sido desmitologizadas de maneira adequada e crítica fica surpreso ao descobrir, num momento de crise pessoal, que ele estava evocando espontaneamente o Deus de sua oração rezada na hora de dormir na infância" (McDargh, 1991, p. 3).

A demanda emocional de nossa primeira imagem de Deus pode aparentemente permanecer adormecida, apesar da sobreposição de um posterior pensamento conceitual e de um desenvolvimento intelectual. Nossa relação com essa imagem permanece bem real e viva, embora qualquer crise da vida proporcione a oportunidade de uma revisão de nossa imagem de Deus.

Arquétipos, complexos e nossa vida espiritual

Já que os arquétipos desempenham duas funções simultâneas, nossa espiritualidade está intimamente ligada ao nosso desenvolvimento psicológico. Em primeiro lugar, por estar no centro dos nossos complexos, o arquétipo é importante em toda a estrutura da psique e afeta nossa saúde emocional. Ao mesmo tempo, por causa de sua numinosidade, o arquétipo afeta também nossa vida espiritual. Consequentemente, nossa psicologia e nossa espiritualidade, o pessoal e o transpessoal, se interpenetram no complexo – aqui, psicologia e espiritualidade se tornam sinônimos.

Já que o arquétipo está no núcleo dos nossos complexos e ao mesmo tempo de nossas experiências numinosas, o mesmo arquétipo pode estar na raiz de nosso sofrimento emocional e também gerar uma autêntica experiência espiritual. Por conseguinte, nossa espiritualidade não é um processo isolado que pode ser relegado ao culto do fim de semana. Também não pode estar contida plenamente num sistema dogmático de pensamento. Nossa espiritualidade se desenvolve organicamente à medida que amadurecemos. Teoricamente isso significa que ela contém cada vez menos resíduos da infância.

Muitas vezes, existe uma conexão direta entre experiências da infância, nossos complexos e nossa experiência do *numinosum*. Por exemplo, muitas das crianças que, segundo se relata, viram aparições da Virgem Maria (a Grande Mãe da tradição ocidental) parecem ter tido um complexo materno fortemente desenvolvido.

Santa Bernardete, que viu a Virgem em Lourdes, na França, em 1848, aos 14 anos de idade, foi separada temporariamente de sua mãe antes de completar 1 ano de idade, um acontecimento gravemente traumático para qualquer criança. Retornando à família aos 2 anos de idade, passou sua infância posterior cuidando de seus irmãos menores. Por causa da extrema pobreza de seus pais, foi obrigada a trabalhar, apesar de sua asma infantil, juntando lenha (Trochu, 1985). Por ter sido forçada prematuramente a trabalhar e cuidar das outras crianças, é muito provável que ela própria não experimentou muitos cuidados maternos.

Assim como Bernardete, as duas crianças que viram a Virgem em La Salette, em 1846, também tiveram extremas dificuldades em sua relação com suas mães (Windeart, 1951). Em 1917, com a idade de 10 anos, Lúcia dos Santos viu a Virgem em Fátima. (No seu caso, podemos deduzir o complexo materno negativo do relato retrospectivo que a própria Lúcia apresenta em sua autobiografia, publicada quando era muito mais velha; de acordo com esse relato, sua mãe insistia que Lúcia era falsa e mentia sobre as visões, e abusava frequentemente da criança.) Alguns dos seus contemporâneos pensavam que as visões de Lúcia eram obra do diabo, embora a natureza da visão fosse clara (Allegro, R. & Allegro, R., 2002).

Isso ilustra o fato de que pessoas que experimentam o *numinosum* são às vezes invejadas e atacadas, e por isso às vezes silenciam sobre sua experiência. (Em outras ocasiões, obviamente, esses indivíduos se tornaram celebridades. Embora a Igreja Católica fosse de início cautelosamente cética acerca das visões de Bernardete, o público estava ávido por saber a seu respeito.)

No entanto o ponto crucial aqui é que, embora o arquétipo materno tenha desempenhado um papel importante na vida dessas crianças, suas experiências visionárias não podem ser explicadas satisfatoriamente como "apenas psicológicas", insinuando que não foram reais. Uma explicação materialista ou redutiva pode sugerir que as aparições da Virgem foram simplesmente alucinações, baseadas numa intensa necessidade de uma figura materna positiva[47]. Na verdade, essa manifestação particular do divino se correlaciona com a importância do arquétipo materno na psicologia dessas crianças, embora a mensagem que Maria anunciou às crianças não tenha sido particularmente confortante ou maternal[48].

Nossos complexos influenciam a maneira como o *numinosum* aparece, mas a presença de um poderoso complexo não significa necessariamente que uma experiência numinosa é puramente psicogênica e não uma experiência do sagrado. Para as crianças de Lourdes, La Salette e Fátima compreenderem o que estavam vendo, as visões precisavam ser reconhecíveis, e por isso, para elas, o arquétipo materno precisava aparecer na forma da Virgem Maria. Se tivesse assumido uma forma mais abstrata, ou uma imagem de uma tradição religiosa diferente – algo totalmente possível[49] –, o arquétipo poderia ter sido experimentado como sem sentido.

Espiritualidade e personalidade em São Francisco de Assis e São Paulo[50]

A confluência do psicológico e do espiritual ajuda a explicar por que as experiências numinosas, e nosso caminho espiritual preferido, estão muitas vezes relacionados com fatores da personalidade e conflito emocional.

Em sua mocidade, São Francisco de Assis era bastante mimado e ensimesmado. Era o filho extravagante, vaidoso e esbanjador de um rico comerciante que alimentava grandes ambições para ele. Os pais de Francisco o tratavam como se ele fosse muito especial e destinado à grandeza e isso provocou indubitavelmente um sentimento básico de sua própria importância.

---

47. Outras pessoas que estavam com essas crianças no tempo das aparições não viram a Virgem.
48. Maria exortou-as a rezar o Rosário, a fazer penitência e a rezar pela conversão da Rússia. Afirmou-se também que várias profecias e vários segredos foram revelados: uma visão do inferno, uma profecia de que a Primeira Guerra Mundial ia terminar, mas ocorreria outra guerra se as pessoas continuassem ofendendo a Deus, e que a Rússia finalmente se tornaria católica. Uma controvérsia cerca um desses segredos e algumas pessoas acreditam que ele foi censurado pelo Vaticano.
49. A prática clínica confirma a ideia de Jung de que um indivíduo pode ter uma experiência arquetípica que contém imagens de qualquer tradição religiosa ou mitológica, e não só daquela em que foi criado. As imagens arquetípicas não são simplesmente herdadas no sentido genético ordinário da palavra. A teoria junguiana sugere que, visto que a psique pessoal está em continuidade com a psique objetiva, as manifestações do arquétipo nem sempre respeitam as fronteiras culturais.
50. Eu gostaria de reconhecer a ajuda inestimável que recebi de Michael Mendis na preparação desta seção.

Ao chegar aos 20 anos, Francisco passou por um período doloroso de reorganização de seus valores. Caiu prisioneiro quando lutava num conflito local com uma cidade rival, no qual experimentou um sofrimento que nunca havia experimentado antes. Foi mantido encarcerado num calabouço e solto um ano mais tarde, quando seu pai finalmente conseguiu arrecadar dinheiro suficiente para o resgate.

Dois anos mais tarde, Francisco decidiu seguir a carreira militar a sério. No entanto viu-se incapaz de continuar, sobretudo por causa de um sonho numinoso no qual uma voz lhe disse que era "melhor escolher o senhor do que o servo", dando a entender que ele deveria optar por servir a Deus e não a um comandante militar. Deu meia-volta e voltou para casa menos de um dia depois de ter partido.

Quando voltou para casa Francisco sentiu que havia falhado no teste socialmente aceito de virilidade do seu tempo. Gravemente desiludido e humilhado, sentiu que era uma decepção para seus pais e para a comunidade. Durante um subsequente período de depressão, teve uma experiência visionária numinosa na qual a figura de Cristo num crucifixo lhe disse: "Francisco, vai e restaura a minha Igreja, que, como você pode ver, está caindo em ruínas".

Começou, então, uma mudança radical. Enquanto anteriormente tinha sido um almofadinha opulento, agora Francisco tornou-se indiferente à sua aparência e distribuía dinheiro (em grande parte de seu pai) aos pobres. Por isso as pessoas da cidade o ridicularizavam e seu pai ficou indignado.

O conflito entre eles foi tão grave que em determinado momento o pai resolveu prendê-lo num quarto escuro em sua casa. Finalmente Francisco repudiou seu pai em público com as seguintes palavras: "Até agora te chamei meu pai na terra; doravante desejo dizer apenas: 'Pai nosso que estás no céu'", renunciando, assim, à sua herança e adotando uma vida que era o polo oposto dos seus primeiros 24 anos.

Nos anos seguintes pregou e viveu uma vida de total pobreza e ascetismo, sem nenhuma posse terrena a não ser uma túnica grosseira. Pedia esmolas para alimentar-se e cuidava dos leprosos, pelos quais antes sentia repulsa. Enfim fundou uma nova ordem religiosa, conquistando uma fama que seu pai nunca conseguiu conquistar, mesmo com sua riqueza. Portanto Francisco não precisava de glória militar ou *status* social.

Ao mesmo tempo, em virtude de sua capacidade de adotar um estilo de vida extremamente exigente, ele demonstrava grande força moral. Em sua infância, os pais de Francisco o haviam tratado de maneira carinhosa, de modo que ele tinha uma reserva de amor e de autoestima em que podia se apoiar. Uma parte importante de sua espiritualidade assumiu a forma de amor a Cristo e às pessoas sofredoras, aos animais e à natureza em geral. No entanto, ao insistir num estilo de vida extremamente ascético, que incluía pouco alimento, exposição ao frio e abrigo mínimo, Francisco expressou esse amor de uma maneira que pode parecer áspera e dolorosa para nós hoje.

Francisco precisou utilizar sua espiritualidade para lidar com diversos aspectos de sua vida emocional. Alguns aspectos de sua espiritualidade parecem ter-se desenvolvido como reação a seu pai, enquanto outros parecem fazer parte de sua constituição inata ou arquetípica.

A biografia de Francisco escrita por Sophie Jewett, intitulada *God's troubadour* (Jewett, 2005), registra que quando criança ele gostava de ouvir histórias do Rei Artur e seus cavaleiros e sonhava em ser um cavaleiro como Lancelot. Ele gostava de cantar cantos de amor e de guerra e durante toda a vida compôs e cantou cantos e poemas.

Seu pai queria que Francisco fosse elevado à nobreza e a carreira militar oferecia essa possibilidade. Mas esse caminho de vida não se encaixava em seu temperamento[51] e, por fim, Francisco o rejeitou. Ele lidou com o problema de precisar enfrentar as expectativas de seu pai renunciando radicalmente aos valores materialistas do pai. Na verdade, sua ênfase na pobreza e na abnegação parecem ser uma reação contra o excessivo materialismo de seu pai – talvez mesmo uma supercompensação. Francisco resistiu às tentativas de seu pai de dominá-lo e, ao invés, submeteu-se a um pai celestial.

Numa exibição pública de sua ruptura com o pai, Francisco dirigiu-se à praça da cidade e despojou-se das vestes caras que trajava (pagas pelo pai) – um ato simbólico pelo qual renunciou a todos os direitos à herança da família. Tornou-se também indiferente à opinião das pessoas a seu respeito, porque se deu conta de que a riqueza e os feitos militares eram inúteis do ponto de vista de sua espiritualidade. Demonstrou um alto grau de força moral, mas talvez também um grau de insegurança, visto que se pergunta-

---

51. O temperamento (ou tipo psicológico) de São Francisco de Assis será identificado e analisado numa seção posterior deste capítulo.

va se era suficientemente puro para seu pai celestial mesmo diante de sua completa abnegação e estilo de vida ascético.

É impressionante que ele foi capaz de cuidar dos animais e das pessoas sofredoras com grande compaixão, mas pareceu incapaz de ter compaixão de si mesmo, especialmente de seu corpo excessivamente maltratado.

No entanto, levando tudo isso em consideração, nenhuma quantidade de informações sobre as *origens* dessa forma particular de espiritualidade a *invalida*. Minha intenção é simplesmente mostrar como seus potenciais arquetípicos, seus traços de personalidade, seu desenvolvimento e sua vida emocional interagem entre si.

Enquanto São Francisco lutava com a abordagem materialista da vida mostrada por seu pai e reagia contra ela, São Paulo lutava com sua natureza "inferior", "carnal" ou pecadora – o que ele denominava "a carne"[52]. Em seus extensos escritos podemos encontrar claras indicações de sua psicologia e de sua imagem pessoal de Deus. Parece que Paulo escolheu o celibato como um caminho espiritual pessoal, e essa preferência estava entrelaçada com sua teologia e sua espiritualidade de uma maneira que influenciou profundamente o desenvolvimento do cristianismo. Na verdade, o tratamento sistemático do pecado na teologia cristã começa com São Paulo.

De suas cartas e do Livro dos Atos deduzimos que Paulo era uma personalidade sincera, zelosa e apaixonada. Antes de sua conversão, Paulo (então conhecido como Saulo) era um rigoroso observante da lei judaica e, conforme ele próprio diz, "superava seus pares" na fé judaica (Gl 1,14). Seu zelo religioso pela "tradição dos seus antepassados" expressava-se como intolerância com os seguidores de Cristo, que ele perseguia "louco de furor" (At 26,11), chegando a arrastá-los para a prisão (At 8,3).

Para nossos ouvidos modernos, sua observância excessivamente escrupulosa da letra da lei parece um tanto compulsiva. Sabemos hoje que o

---

52. Paulo usou a palavra *sarx* (traduzida literalmente como "carne") em todos os seus escritos para falar acerca da parte dele próprio que tinha uma tendência natural a fazer coisas que outra parte dele próprio considerava erradas. Essa outra parte ele denominou "espírito" (sua natureza "superior"). Paulo escreveu: "Pois a carne tem tendências contrárias aos desejos do espírito e o espírito tem desejos contrários às tendências da carne. Eles se opõem reciprocamente, de modo que podeis fazer coisas que não quereis" (Gl 5,17). Acerca de sua própria luta pessoal com a "carne" ele escreveu: "Sabemos que a Lei é espiritual; mas eu sou carnal, vendido como escravo ao pecado. Não consigo entender o que faço; pois não faço aquilo que quero, mas faço aquilo que detesto. [...] Eu sei que em mim, isto é, em minha carne, não mora o bem. Pois o querer o bem está em mim, mas não sou capaz de praticá-lo. Com efeito, não faço o bem que eu quero, mas pratico o mal que não quero" (Rm 7,14-19).

comportamento compulsivo brota da angústia incontrolável, que os rituais religiosos podem às vezes servir para refrear. No entanto o zelo de Paulo pela Lei pode ter surgido de outra fonte. Em suas cartas[53] existem indicações de que ele pode ter abrigado dúvidas acerca da fé judaica desde o início por causa de seu temperamento e tipo de personalidade[54], dúvidas que ele não tinha a liberdade de expressar e, por isso, foi forçado a reprimir.

Sua observância escrupulosa pode muito bem ter sido uma compensação pelos sentimentos inconscientes de culpa que ele pode ter experimentado por questionar a tradição de seus antepassados. Isso explicaria também sua perseguição aos primeiros cristãos; ao atacá-los, ele estava atacando a porção desconhecida de si mesmo (sua sombra positiva) que eles representavam, a porção de si mesmo que se identificava com eles, a porção que se rebelava secretamente contra a tradição oficial. Sua conversão, em consequência de sua espetacular experiência na estrada para Damasco, foi uma tremenda libertação, porque ele podia agora deixar de pretender acreditar nos rituais sem sentido que anteriormente havia executado fielmente (Rm 7,6). Finalmente, Paulo foi capaz de ser ele mesmo e viver seu destino.

O relato evangélico da vida de Jesus pode inspirar diferentes pessoas de maneiras diferentes. Todas as histórias míticas têm múltiplos sentidos. Quando um indivíduo lê determinado mito, o sentido que o domina é o sentido que repercute as estruturas de sua personalidade. Por conseguinte, quando lemos hoje a vida de Jesus, nós a revestimos com o sentido que melhor convém à nossa personalidade individual. Se seus ensinamentos são importantes para nós, nós os ouvimos; caso contrário, atribuímos à história o sentido que queremos que ela tenha, baseando-nos naquilo que nossos complexos nos permitem ouvir.

---

53. Na mesma passagem em que fala de seu zelo pela fé judaica e de sua perseguição aos cristãos, Paulo diz: "[Deus] me separou desde o seio materno e me chamou por sua graça…" (Gl 1,15). Essa pode muito bem ser a maneira de Paulo dizer que nasceu como um "cristão" *por temperamento*, embora tenha nascido *na* fé judaica. O verso continua indicando que Paulo foi "separado" e "chamado" a pregar aos gentios (ou seja, aos não judeus, que, pelos padrões judaicos, eram párias e indignos de participar dos rituais judaicos). É uma ironia que alguém que fora tão zeloso acerca do judaísmo fosse chamado para ser o Apóstolo junto aos gentios, mas Paulo pode ter sido um gentio de coração desde o início. Com efeito, ele se tornou o mais feroz oponente da ideia de manter práticas judaicas no cristianismo entre os primeiros cristãos e esforçou-se para encontrar um equivalente cristão para práticas religiosas judaicas como a circuncisão e os sacrifícios de animais, espiritualizando-as e desliteralizando-as.

54. O tipo de personalidade de Paulo será identificado e analisado numa seção posterior deste capítulo.

Doutrina e complexo – Uma rigorosa conexão

Assim como a espiritualidade de um indivíduo tem uma base arquetípica que é em parte uma função de sua personalidade, também as próprias tradições religiosas podem ser dominadas por um conjunto de complexos ou de atitudes baseadas na emoção. A estratégia da Igreja de erigir-se em autoridade para definir o "pecado" dá-lhe o poder de estabelecer os limites do problema para o qual ela pretende ter a solução – ou seja, a Igreja cria as próprias condições que Deus lhe prescreveu curar; ela faz as pessoas se sentirem culpadas ou pecadoras e então se oferece para eliminar sua culpa ou pecado.

O cristianismo baseia sua visão da pecaminosidade do homem na história da "queda" de Adão e Eva como está contada no Livro do Gênesis. Esse mito reflete alguns dos aspectos punitivos da imagem que o Ocidente tem de Deus. De acordo com o Gênesis, Adão e Eva desobedeceram a Deus no Jardim do Éden ao comer o fruto proibido. Acredita-se que esse ato foi a causa da "queda" da humanidade, que abandona sua inocência.

Desde que Santo Agostinho formulou sua teoria do pecado original no século V d.C., a Igreja Católica tem ensinado que toda a raça humana compartilha a culpa de Adão e Eva (num sentido legal) e, portanto, merece ser punida. (Pode-se ouvir nessa ideia a fantasia antropomórfica do divino como juiz rigoroso.) De acordo com Santo Agostinho, toda a humanidade compartilha a identidade de Adão e, por isso, precisamos compartilhar também sua punição. Para Agostinho a punição de Adão foi a luxúria, ou seja, o desejo dos prazeres do sexo. Antes da queda, Adão olhava para Eva nua sem desejá-la ardentemente, porque sua união era uma união espiritual; mas depois da queda, ele não conseguia olhá-la sem desejá-la fisicamente.

Mediante a ideia do pecado original – ou culpa legal herdada – e o castigo herdado, Agostinho conseguiu explicar como todos os seres humanos experimentam desejos sexuais "ilícitos": se a punição de Adão foi a luxúria e todos os humanos compartilham a punição de Adão, então todos os humanos devem sentir-se como Adão se sentiu. Para Agostinho, foi por isso que a luxúria chegou a ser herdada, como culpa no sentido legal. Mas Agostinho foi além: afirmou que, pelo fato de a luxúria ser uma *punição* pelo pecado de Adão e ser herdada de Adão, os humanos foram totalmente incapazes de controlar suas paixões sexuais e só podiam contar com a graça irresistível de Deus para ajudá-los a fazê-lo.

Em suas *Confissões*, Agostinho (2022) conta-nos que sua mãe, Mônica (uma cristã devota), o advertia repetidamente, na adolescência, a ser cauteloso com as mulheres, especialmente as casadas, e a manter distância delas. No entanto, com a idade de 16 anos, ele descobriu que não podia mais controlar seus desejos sexuais e entregou-se a eles contra as advertências de sua mãe.

O conflito interior resultante sem dúvida contribuiu para a formação de um poderoso complexo, que desempenhou um papel significativo em sua atitude de adulto para com a sexualidade após sua conversão, e também influenciou sua compreensão da história de Adão e Eva e sua visão da natureza humana. Por conseguinte, o complexo de Agostinho em relação à sexualidade levou indiretamente à formulação da doutrina do pecado original e à ideia da "depravação total" da natureza humana. Isso, por sua vez, levou à instituição da prática do batismo de crianças.

Agostinho argumentou que, se todo ser humano compartilhava a culpa de Adão, as crianças nasciam em estado de pecado (tendo herdado a culpa de Adão) e precisavam ser batizadas o quanto antes após o nascimento para que suas almas pudessem ser salvas no caso de morrerem na infância[55]. Seguindo o raciocínio de Agostinho, a Igreja Católica ainda pratica o batismo de crianças hoje.

Outra crença religiosa que surgiu da formulação do pecado original por Agostinho foi o dogma católico da Imaculada Conceição, a doutrina de que Maria, a mãe de Jesus, foi concebida sem pecado original[56]. Essa doutrina era a próxima etapa lógica derivada do pecado original: se Jesus estava definitivamente livre do pecado original e o pecado original é herdado, então também sua mãe devia estar livre do pecado original.

Temos aqui, portanto, um impressionante exemplo da estreita relação que pode existir entre doutrinas religiosas e complexos pessoais. Como resultado dos conflitos sexuais de um homem, resultou um complexo que foi ampliado por meio da autoridade da Igreja Católica a ponto de tornar-se finalmente o complexo de toda uma tradição religiosa.

---

55. Houve considerável controvérsia sobre a doutrina do pecado original. Um monge britânico chamado Pelágio questionou a visão que Agostinho tinha da natureza fundamentalmente pecadora dos seres humanos e sua ideia de culpa herdada. Pelágio ensinava que os indivíduos nasciam fundamentalmente bons e podiam chegar à perfeição moral nesta vida sem a graça de Deus ou o sacrifício de Cristo. A questão foi resolvida no ano 529 d.C., quando o Concílio de Orange rejeitou o pelagianismo e aceitou a doutrina de Agostinho de que o pecado de Adão corrompeu o corpo e a alma de toda a raça humana e que o pecado e a morte são o resultado da desobediência de Adão.

56. Foi introduzida por Pio IX em 1854.

O pensamento de Agostinho está muito de acordo com a tradição de São Paulo, que escreveu acerca do potencial da sexualidade de afastar uma pessoa da espiritualidade[57]. Paulo interpretou a história de Adão e Eva dessa maneira para sugerir indiretamente que Eva tem maior responsabilidade pela queda, já que pecou por primeiro e seduziu Adão também ao pecado; mas prosseguiu dizendo que, enquanto descendentes de Eva, as mulheres podem redimi-la e redimir-se desse lapso gerando filhos (1Tm 2,11-15). Isso se assemelha um tanto a Agostinho em sua aprovação do sexo somente para fins de procriação.

Mais um exemplo da maneira como um complexo pode levar a uma doutrina que orienta toda uma tradição encontramo-lo no tema da aliança presente na Bíblia hebraica. Essa doutrina surgiu como uma reação a séculos de perseguição dos israelitas, que foram escravizados e subjugados ao longo de sua história.

Eles foram escravos no Egito e depois, tendo entrado na Terra Prometida, foram atormentados pelos filisteus. Após uma breve "idade de ouro" durante os reinados dos reis Davi e Salomão, o reino se dividiu em duas partes. O povo do reino do Norte foi conquistado e exilado pelos assírios e acabou disperso, e nunca retornou. Pouco depois, o povo do reino do Sul foi conquistado e levado para o cativeiro pelos babilônios. Setenta anos mais tarde, retornaram à Terra Prometida, apenas para serem invadidos por Alexandre o Grande. A isso seguiu-se a intensa perseguição de Antíoco Epífanes no século II a.C., cujo tratamento impiedoso dos judeus levou a uma sangrenta revolta promovida pelos Macabeus. Por volta do século I a.C., os romanos haviam ocupado a Palestina e novamente os judeus foram subjugados. Seguiram-se perseguições ulteriores, culminando no Holocausto nazista; mas, muito antes desse acontecimento, séculos de perseguição haviam produzido cicatrizes permanentes na psique judaica.

Perseguições constantes ao longo dos séculos levaram ao desenvolvimento de um complexo coletivo de vítima, que clamava por algum tipo de explicação. O antídoto veio na forma da doutrina da aliança que, conforme se dizia, Deus havia feito com Abraão. Hoje se pensa que essa doutrina foi

---

57. "Eu quisera que estivésseis isentos de preocupações. Quem não é casado cuida das coisas do Senhor e do modo de agradar ao Senhor. Quem é casado cuida das coisas do mundo, de como agradar a esposa, e assim está dividido. Da mesma forma, a mulher não casada e a virgem cuidam das coisas do Senhor a fim de serem santas de corpo e de espírito. Mas a mulher casada cuida das coisas do mundo e de como agradar ao marido" (1Cor 7,32-34).

uma invenção de escribas e sacerdotes piedosos em tempos pós-exílicos, que escreveram uma história "sagrada" dos israelitas e a atribuíram a Moisés.

Por volta dos séculos IV ou III a.C., os escribas pós-exílicos descreveram um passado glorioso para os israelitas. Inventaram a ideia de que os judeus eram o povo escolhido de Deus e que Deus fizera uma aliança com Abraão para abençoar a semente de Abraão para sempre e dar-lhe a terra de Canaã, contanto que lhe permanecesse fiel.

Essa doutrina confortante ajudou os judeus ao longo de tempos difíceis sob Antíoco Epífanes, os romanos e perseguições subsequentes. Deu também origem à ideia do Messias, um grande líder que viria no futuro e levaria a aliança ao cumprimento. A tradição diz que Ele derrotará os inimigos de Israel e, assim, assegurará que os judeus vivam na terra a eles prometida. Ele reconstruirá o Templo, reinstituirá os sacrifícios e levará a história a um clímax em que será estabelecido um reino terrestre.

Desse modo, dava-se ao sofrimento do povo um valor salvífico, encarnado na ideia do Servo Sofredor de Isaías (Is 53,3-5), um homem que é desprezado e rejeitado, "traspassado por causa de nossas transgressões" e "esmagado por causa de nossas iniquidades", mas "por suas feridas somos curados" (v. 5). Finalmente, ele será recompensado com prosperidade (v. 12).

Isaías oferece aos israelitas uma maneira de aceitar seu contínuo sofrimento, considerando-o algo que eles estavam carregando vicariamente pelos pecados das nações pagãs – "ele [o Servo Sofredor] carregava o pecado de muitos e intercedia em favor dos transgressores" (v. 12). Assim, o complexo deu origem à noção de sofrimento vicário, posteriormente assumido pelo cristianismo, para o qual essas passagens se referiam a Cristo.

A natureza defensiva dessa fantasia coletiva é óbvia – ela racionaliza o sofrimento das pessoas. De acordo com os judeus ortodoxos, a doutrina da aliança explica por que a nação foi perseguida – eles tinham deixado de seguir as leis da Torá. A única solução parecia consistir em seguir a lei de maneira cada vez mais zelosa, de modo que a tradição se tornou sempre mais legalista.

Ficamos maravilhados com a sincronicidade com que uma fantasia inconsciente de vítima, combinada com a noção de ser escolhido por Deus, continuou a atrair a perseguição ao longo da história. Sabemos muito bem que crianças que foram perseguidas na infância podem, ao crescer, abusar dos outros, um processo conhecido como identificação com o agressor. Muitos psicólogos veem esse processo em andamento em alguns comportamentos atuais de Israel.

O cristianismo continuou o tema do sofrimento vicário, mas Cristo modificou o arquétipo do Servo Sofredor dizendo: "Meu reino não é deste mundo". Então os cristãos foram capazes de adotar a perseguição como conquistadores e não como vítimas. Mesmo quando eram perseguidos, permaneciam psicologicamente livres, porque haviam sido libertados pelo sofrimento e pela morte de Cristo, que inaugurou uma Nova Aliança, cujos termos tinham mais a ver com o bem-estar espiritual do que com a prosperidade material e com o ser escolhidos de preferência a outras nações. Uma das razões por que o cristianismo se difundiu foi que a noção de eleição não se baseava mais em ser um descendente de Abraão: qualquer um podia tornar-se um membro, contanto que aceitasse Jesus e seu evangelho.

Imagens oníricas, padrões arquetípicos e mitologia

Já que cada complexo contém um arquétipo em seu núcleo, existe sempre um pano de fundo espiritual em nossa vida emocional. Se não considerarmos nossa psicologia algo separado de nossa espiritualidade, seremos capazes de abordar nossas dificuldades emocionais com uma sensibilidade espiritual. Por exemplo, um jovem que tem um pai colérico e amedrontador e uma mãe ausente julga que estar em ambientes naturais traz a cura. Desde a infância ele encontrou refúgio na natureza, já que ela é o único lugar onde se sente seguro. É como se tivesse sido criado pela Mãe Natureza e recebido poucos cuidados maternos humanos.

Para esse homem, o deserto é sumamente numinoso. O simples ato de caminhar em ambientes naturais tem um significado espiritual que excede em muito as exigências de sua lealdade à tradição em que foi criado. Seus sonhos estão cheios de imagens relacionadas com paisagens e animais, como o sonho seguinte:

> Eu estava andando num deserto espetacular. Encontro acidentalmente uma lagoa com água, da qual pesco um peixe prateado incomum, de dois pés de comprimento, com uma cabeça enorme e dentes afiados. Pretendo comer o peixe, mas um velho sábio aborígene me diz que o peixe é sagrado e não deve ser comido.

A paisagem do deserto corresponde a um estado psicológico de secura emocional e espiritual, uma aridez da alma. No meio disso ele encontra água, uma fonte de vida, e isso sugere que sua situação não é desesperadora. Ele associou os dentes do peixe a seu medo de agressão – sua própria agressão e a de se pai –, mas não pôde dizer outra coisa acerca do peixe a não ser que ele tinha uma qualidade numinosa. Nesse tipo de situação, o sentido do sonho não é claro e isso nos coloca diante de uma espécie de dilema. No entanto queremos alguma compreensão do sonho, porque queremos participar da vida mais ampla da Consciência da qual o sonho se origina.

É útil lembrar que a psique individual está em continuidade inconsútil com a psique transpessoal, que utiliza a linguagem do símbolo e da imagem para expressar-se. Um dos grandes reservatórios dessas imagens encontra-se nas mitologias e nas religiões do mundo. Às vezes podemos encontrar um paralelo dessa experiência pessoal nesse armazém, já que aquilo que acontece ao indivíduo muitas vezes é a representação de um padrão arquetípico recorrente que se manifestou antes e foi registrado nas histórias do mundo.

O método de Jung consistia em procurar paralelos de uma misteriosa imagem onírica pessoal nesses grandes sistemas simbólicos, a fim de permitir que a imagem fale mais claramente. Então é como se perguntássemos à alma do mundo como ela utilizou essa imagem antes, na esperança de que ela tenha sido utilizada de uma maneira que seja relevante para nós. Esse processo de amplificação possibilita ao sonhador entrar mais plenamente na experiência onírica e sentir-se participante de um drama mais amplo, e não isolado ou desconectado do resto do mundo. Para esse fim, só aquelas imagens míticas que têm sintonia emocional no sonhador são importantes. Não basta apenas encontrar alguma semelhança entre um mito e uma imagem onírica.

A linguagem natural da psique parece ser metáfora e símbolo. Num sonho, um peixe muitas vezes aponta para algo na psique que pode viver nas profundezas inacessíveis aos seres humanos. Nossa herança mítica nos ajuda a discernir para onde o peixe está apontando. Em vários contos de fadas e lendas, o peixe representa algo mais profundo do que o mundo das aparências, ou uma força vital que, de repente, emerge dessas profundezas.

O peixe também é numinoso e isso nos leva a procurar suas implicações espirituais. Em algumas religiões e mitologias da Antiguidade pré-cristã, o peixe era associado à Grande Mãe. A forma do peixe lembrava às pessoas primitivas a lua crescente – uma associação reforçada pela cor prateada do peixe – e a lua era sagrada para a deusa. Às vezes, o peixe era sagrado para a deusa do amor, talvez porque a forma ou o odor do peixe lembrava aos antigos a genitália feminina. Como o peixe põe muitos ovos e alguns peixes têm uma forma fálica, em algumas culturas ele era também um símbolo da fertilidade.

O peixe era um símbolo sagrado para os babilônios, os egípcios, os fenícios e os assírios. Por essa razão, algumas culturas antigas proibiam comer peixe, como faz o homem aborígene no sonho. Inversamente, em muitas das religiões de mistério da Antiguidade, o peixe era utilizado em refeições sacramentais. Vários séculos mais tarde, os primeiros cristãos adotaram o peixe como um símbolo de Cristo. Para este sonhador os aspectos com maior sintonia emocional desta matriz de associações com o peixe foram a forma fálica do peixe e sua associação com a deusa. Em combinação, estes traços indicam a união das energias sagradas masculina e feminina no inconsciente.

O fato de esse homem sonhar com um animal e não com uma pessoa sugere que algumas das suas dificuldades estão em sua psique numa forma instintual, ainda-não-humanizada. Evidentemente, ele ainda não está preparado para assimilar essa situação, já que lhe é dito para não comer o peixe, ou seja, incorporá-lo e torná-lo parte de si mesmo. Esse conselho é dado por um ancião aborígene, que o sonhador associa intimamente ao espírito do mundo natural.

A cultura aborígine é sábia acerca da terra e está em sintonia com suas energias e, por isso, tem uma conexão com a Mãe Terra. O aborígine representa a antiga sabedoria masculina, que o sonhador nunca experimentou em sua infância.

Esse sonho numinoso nos dá uma indicação da presença de um importante complexo no sonhador, mas também faz parte de um processo de cura, por possibilitar ao sonhador experimentar sua situação de maneira metafórica e imaginal e, assim, aprofundar sua consciência da situação.

Antes do sonho, o sonhador não tinha nenhuma ideia sobre por que estivera tão preocupado com o mundo natural ou por que esse é tão numinoso para ele. É típico o fato de uma orientação arquetípica proeminente como essa atuar como uma força impulsora na personalidade.

Em qualquer indivíduo determinado, alguns arquétipos – e os complexos que se formam ao seu redor – são mais dominantes do que outros. Consequentemente, a maneira como experimentamos o *numinosum* está muitas vezes relacionada com nossos complexos. Os complexos se revelam muitas vezes em sonhos, cujas imagens numinosas podem retratar a configuração específica do arquétipo no centro do complexo. Se o complexo materno negativo é dominante, podemos ver as imagens oníricas da seguinte maneira:

> Estou remando rio abaixo, de noite, numa pequena canoa. Está muito escuro, mas vejo na frente uma mancha de luz na água. Quando chego até a luz, vejo que ela emana de uma figura feminina gigantesca, escarranchada sobre o rio com um pé em cada margem. Ela tem muitos seios. Quando meu bote chega até a luz, não consigo permanecer consciente. Caio do bote e me afogo.

O sonho é numinoso porque a figura materna arquetípica é muito maior do que a vida. Seus muitos seios indicam sua enorme capacidade de alimentar, uma capacidade que a mãe dessa mulher tinha em abundância. No entanto essa mãe era avassaladoramente dominante na vida da sonhadora, de modo que, sempre que estava sob a luz de sua mãe, ela perdia a consciência de próprio sentimento do si-mesmo – ela se afogava psicologicamente.

Esse sonho representa os aspectos femininos do divino numa forma pré-cristã.[58] A fim de expressar os funcionamentos desse arquétipo em sua própria psicologia, muitas pessoas precisam de determinada imagem da Mãe Divina, que a psique pode expressar de muitas formas. Como vem retratada em todas as mitologias do mundo, a deusa pode ser tanto implacável e sedenta de sangue quanto amorosa e protetora. Ela pode ser sexual (e até promíscua) e pode ser também casta. De maneira semelhante, na psique do indivíduo, a deusa pode manifestar-se numa grande variedade de maneiras, algumas das quais muito inesperadas.

Uma médica que estava para entrar numa residência médica em psiquiatria sonhou:

---

58. Essa figura sugere mais a Diana etrusca, posteriormente identificada com Ártemis. Havia um grande templo dedicado a Diana em Éfeso, na Turquia moderna. Sua estátua tinha muitos seios, indicando sua capacidade de alimentar todas as criaturas. Aqui a devoção a ela era tão grande que os primeiros cristãos a consideravam uma grande rival. Era conhecida por muitos nomes, entre os quais: Rainha dos Céus; Grande Deusa; Virgem Lunar; Mãe dos Animais; Senhora das Criaturas Selvagens; Caçadora; Padroeira do Parto, do Aleitamento e da Cura; e Rainha das Bruxas. Diana era a deusa da lua, uma protetora das mulheres e nos primeiros tempos a grande deusa-mãe da natureza. Não sei se a sonhadora tinha imagens dessa deusa.

> Entro na sala de uma paciente e a encontro deitada no chão perto de sua cama em posição fetal. Ela estava fraca e macilenta e dois terços do corpo estavam cobertos de contusões onde havia sido espancada. Dou-me conta de que ela passara toda a vida na prisão e fora gravemente abusada. Tem também fama de ser perigosa, combativa e fora de si. Tomo seu frágil corpo em meus braços e viro-a de costas de modo que possa ouvir seu coração. Deito-a delicadamente. Posso ver o terror em seu rosto e tenho a sensação de que ela é como um animal perigoso e pode atacar-me a qualquer momento. Peço-lhe permissão para auscultar seu coração e, então, levanto delicadamente seu vestido, revelando nada mais do que o necessário para colocar o estetoscópio, de modo que ela não se sinta invadida ou pense que não respeito sua privacidade. Seu rosto e todo o corpo amolecem de alívio e ela permite o exame. Parto com a consciência de que ela está muito doente e será minha primeira paciente psiquiátrica – alguém que preciso ajudar até o fim. Seu nome é Maria e dou-me conta de que ela é, de fato, a Bem-aventurada Virgem Maria.

Obviamente, essa não é uma manifestação tradicional da Virgem Maria. No entanto o sonho retrata a maneira como ela é configurada na psique dessa mulher. A paciente foi abusada e espancada e isso tornou-a perigosamente violenta. O sonho retrata a maneira como um aspecto arquetípico da alma da sonhadora foi abusado, apresentando uma imagem do núcleo arquetípico do complexo resultante, indicando como o nível humano e o nível transpessoal estão intimamente conectados. O sonho sugere que o feminino arquetípico pode ser redimido pelo cuidado e pelo amor da sonhadora e, na opinião da sonhadora, retrata também a maneira como a deusa foi tratada pela cultura, de modo que a sonhadora carrega um fardo maior do que suas próprias dificuldades. Seu trabalho sobre seu próprio problema ajudará na redenção da cultura mais ampla.

Para não pensarmos que as representações tradicionais ou míticas do feminino arquetípico pertencem a outra era e a outra terra, consideremos o seguinte sonho de um jovem que, como resultado de uma relação difícil com sua mãe, tinha dificuldade de manter relações com mulheres:

> Estou amarrado a um poste na base de um alto trono dourado, no qual está sentada uma mulher enorme, com grandes dentes e cabelos longos ondulantes. Escorre sangue como um rio pelos degraus diante dela. É uma cena nebulosa e sangrenta. Não consigo nem falar à medida que minha energia é drenada – outra mulher

está sugando sangue do meu pescoço e do meu braço. Estou aterrorizado, mas fraco demais e incapaz de fazer qualquer coisa.

Aqui, a Deusa aparece de uma maneira que lembra a feroz e terrível Kali, do panteão hindu, que exige sacrifícios sangrentos[59]. Tradicionalmente, Kali é representada com pele negra, seu semblante terrível gotejando sangue, cercada de serpentes e com crânios e cabeças humanas a tiracolo – muito distante da dócil Virgem Maria, mas, mesmo assim, uma autêntica imagem da Terrível Mãe em seu aspecto destrutivo.

Essa mitologia expressa a verdade espiritual de que os aspectos femininos do divino podem dar vida ou tirá-la, por fome ou doença, ao mesmo tempo em que é a fonte de amor e de bênção. Ela não é simplesmente uma mãe. O sonhador está sendo drenado por uma figura semelhante a um vampiro e é escravo de uma figura feminina que exige sacrifícios sangrentos.

Essa imagem de Kali na psique de um homem moderno representa a configuração arquetípica de seu complexo materno. Foi esse tipo de imagens gráficas que levou Jung a dizer que a experiência do arquétipo atinge o núcleo do ser de uma pessoa. Um homem ligado emocionalmente à deusa provavelmente não venerará um deus celestial masculino. Ele precisa de uma mitologia diferente da mitologia da tradição judeu-cristã, uma mitologia que ressoe a estrutura de sua personalidade.

Precisamos lembrar-nos de que uma imagem específica como essa só é válida *temporariamente*, surgindo em resposta ao estado de sua psicologia na época de seu sonho. Em outro período de sua vida é preciso evocar uma imagem ou um símbolo diferentes da divindade.

Evidentemente, o arquétipo paterno – e os complexos dele resultantes – também podem ter uma influência importante sobre a espiritualidade de uma pessoa e tem seus equivalentes míticos. Nas antigas histórias gregas encontramos diversas versões do divino como pai negativo.

Urano procurou impedir o nascimento de seus filhos empurrando-os de volta para o seio de sua mãe e aprisionando-os ali. Cronos castrou seu pai (Urano) e libertou seus irmãos, mas acabou revelando-se tão tirano

---

59. Para entender plenamente as conotações míticas e nuances do sonho é preciso considerar a mitologia de Kali. Ela recria a vida destruindo primeiro o que precisa ser eliminado. Ela assume esse terrível papel de aniquilar o mal, mas em sua raiva ela devora toda a existência. Ela simboliza o poder do feminino divino (*Shakti* em sânscrito) para ação e mudança. Ela é intransigente e direta e exige total rendição do ego e desapego do materialismo. Ela não pode tolerar a complacência e a arrogância e exige honestidade. Mas ela é também a Mãe Divina, a protetora e provedora.

como seu pai – devorava seus filhos quando nasciam. Seu filho Zeus, o grande Deus-Pai dos gregos, punia severamente os mortais caso lhe desobedecessem e muitas vezes recusava as coisas necessárias para a vida.

Aqui devemos lembrar que o que denominamos mitologia são, na verdade, as histórias sagradas de outras culturas, análogas à nossa Bíblia. Portanto uma imagem mítica é uma imagem religiosa de outra tradição cultural, assim como pessoas não pertencentes à nossa tradição podem considerar que nossa Bíblia contém nossa mitologia. A partir dessas histórias míticas vemos por que Freud e Jung encontraram na mitologia paralelos para o estudo da psicopatologia.

Diferentes temperamentos, diferentes espiritualidades

Muitas tradições religiosas reconheceram que pessoas com temperamentos diferentes precisam de práticas espirituais diferentes[60]. A tradição hindu reconheceu há muito tempo que alguém pode abordar o divino de várias maneiras: pode-se utilizar o caminho do intelecto, o caminho da devoção a Deus, o caminho do serviço altruísta aos outros ou o caminho baseado na meditação, em posturas físicas e controle da mente.

No Ocidente, os monges cristãos medievais também reconheciam que alguém podia utilizar suas forças e fraquezas naturais para crescer na vida espiritual. Apropriaram-se da ideia clássica grega dos quatro temperamentos baseados nos quatro elementos[61].

Até o início da medicina científica nos anos 1700 essa teoria era um pilar na compreensão tanto da doença quanto da personalidade. Desde então surgiram muitas outras maneiras de classificar os tipos de pessoas.

---

60. Concentrando-se nos dois pares típicos das duas primeiras funções descritas por Jung, Peter Richardson descreve quatro caminhos espirituais que combinam com pessoas de tipos diferentes. Todos são igualmente válidos e se sobrepõem. Correspondem parcialmente ao antigo sistema hindu das quatro principais iogas, ou maneiras de juntar-se ao divino. No entanto o caminho da *raja yoga* não se presta facilmente a essa correspondência (Richardson, 1966).

61. Hipócrates acreditava que o estado de saúde ou de doença do indivíduo depende do equilíbrio dos "humores" (ou fluidos) no corpo. Em seu modo de pensar, cada um dos quatro humores – sangue, bílis negra, bílis amarela e fleuma – estava conectado com um dos quatro elementos – ar, terra, fogo e água. A esse esquema Galeno acrescentou mais tarde os quatro temperamentos – sanguíneo, melancólico, colérico e fleumático – que acompanhavam esses humores. Excesso de bílis negra (terra) tornava alguém melancólico ou deprimido. Uma predominância de sangue (ar) provocava o caráter sanguíneo, confiante, otimista. A bílis amarela (fogo) produzia o indivíduo colérico impulsivo, enquanto uma abundância de fleuma (água) produzia o caráter fleumático, imperturbável ou plácido.

Um dos sistemas tipológicos mais úteis é o que foi criado por Jung[62] e a estreitamente relacionada Tipologia de Myers-Briggs[63].

Para Jung, uma distinção fundamental se encontra nas diferenças entre extrovertidos (E) e introvertidos (I). Os extrovertidos são atraídos para o mundo exterior e são bons em lidar com ele. Para os introvertidos, as impressões subjetivas do mundo, ou os efeitos internos do mundo, são mais importantes do que o próprio mundo exterior. Enquanto os extrovertidos dão as boas-vindas ao mundo, os introvertidos tendem a ser um tanto defensivos acerca dele e consideram o mundo intrusivo. Oração privada ou meditação ocorrem mais facilmente ao introvertido, que gosta de fazer as coisas sossegadamente e sozinho. O extrovertido, por outro lado, considera essas atividades mais desafiadoras, porque prefere a estimulação externa. A oração comum ou outras atividades grupais combinam muito melhor com o extrovertido; é muito mais provável que essa pessoa expresse sua espiritualidade mediante o serviço ao mundo de uma maneira que pode ser impossível ao introvertido. Muitas pessoas se encaixam em algum lugar num espectro entre esses extemos.

Figura 2 – As quatro funções da consciência

---

62. Para uma revisão básica da tipologia de Jung, cf. Sharp (1987). Para uma revisão da abordagem do tipo feita por Myers-Briggs cf. Myers (1995).
63. Também o Eneagrama deve ser mencionado aqui como um instrumento valioso para compreender a relação entre personalidade e espiritualidade.

Jung descreveu também quatro funções da consciência envolvidas em perceber e avaliar o mundo que nos cerca (Fig. 2). Existem duas maneiras principais de perceber o mundo. Uma é a função sensação (Sens); ela utiliza os cinco sentidos, que nos asseguram acerca da realidade do que está fisicamente presente. A outra utiliza nossa intuição (I), que é uma forma de percepção que penetra no inconsciente.

A intuição nos diz o que é possível numa determinada situação mediante um pressentimento do que pode estar logo ali ao virar a esquina e não mediante o que é perceptível diretamente. Quando a intuição é dominante, nós sabemos algo, mas não sabemos como ou por que o sabemos – a ideia simplesmente surge. Tendo percebido um objeto e suas possibilidades, então emitimos um juízo sobre ele.

Existem duas maneiras fundamentais de fazê-lo quando avaliamos nossas percepções. Uma é a função sentimento (Sent), que nos diz se apreciamos algo ou não, se gostamos dele ou não, se ele nos é agradável ou desagradável. O sentimento tem sua própria lógica, a lógica do coração. O sentimento promove harmonia entre as pessoas e apreço mútuo. A outra é a função pensamento (P), que é analítica e valoriza a clareza. O pensamento nos capacita a ser lógicos acerca de um objeto, nomeá-lo, classificá-lo, julgar se é verdadeiro ou falso e determinar como ele se relaciona com outros objetos semelhantes.

É importante mencionar que, na sociedade ocidental contemporânea, a extroversão, a sensação e o pensamento são muito mais valorizados do que a introversão, a intuição e o sentimento. Esse fato afetou profundamente a forma que a espiritualidade assume no Ocidente hoje. Em consequência, muitos ocidentais que são introvertidos sentem que sua espiritualidade está fora de lugar na sociedade ocidental porque encontram dificuldade em lidar eficazmente com as exigências sociais de ser extrovertido. Seu modo de ser no mundo é desvalorizado, de modo que podem ter a impressão de que existe algo errado neles. Em contrapartida, o Oriente tem valorizado a introversão e a intuição, o que em parte explica o tipo de espiritualidade que lá encontramos.

Embora cada um de nós tenha todas as quatro funções, uma delas é mais forte do que as outras três em cada personalidade individual e essa é conhecida como a função primeira, ou *dominante*. A segunda função que o ego utiliza está sempre no eixo *oposto* à função dominante e é conhecida como função *auxiliar*. A terceira função, ou função *terciária*, o polo oposto da função auxiliar, é menos acessível a nós do que a função dominante ou a função auxiliar, enquanto a quarta função, ou função *inferior*, é o polo oposto da função dominante e é mais inconsciente e menos acessível (cf. Fig. 3). Geralmente exercemos as funções dominantes e negligenciamos as menos acessíveis. No entanto, no início da metade da vida, geralmente começamos a prestar mais atenção às funções negligenciadas, num esforço de tornar-nos mais completos, e as funções menos desenvolvidas começam a se fortalecer.

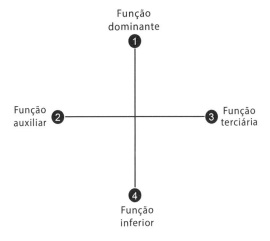

Figura 3 – A relação entre as quatro funções

Os tipos sensação são realistas e práticos; preferem fatos e detalhes à especulação. Quando são extrovertidos, tendem a interessar-se pelos fatos e detalhes dos rituais, pelos tijolos e pela argamassa, e pelas finanças de uma organização religiosa. Eles gostam de símbolos religiosos sensoriais, como contas do rosário, os sacramentos, incenso, estátuas, ícones e outras coisas tangíveis. Tendem a envolver o corpo físico na oração mediante o uso de práticas como genuflexão e gestos manuais.

O tipo sensação introvertido valoriza símbolos religiosos apenas como dicas e se preocupa principalmente com seus efeitos subjetivos, como estimular a imaginação a pensar sobre o que os símbolos significam para ele pessoalmente.

Os tipos pensamento se preocupam com a filosofia que está por trás de sua tradição religiosa. Se for extrovertido, o pensador religioso procura relacionar sua fé com o que está acontecendo no mundo, ver como ela se harmoniza com a ciência atual e as questões sociais. O pensador extrovertido também pode interessar-se pelo planejamento e pela administração das instituições religiosas. Se for introvertido, o pensador se preocupa com suas reações pessoais às doutrinas e verdades da tradição, e busca compreender a tradição racionalmente. Bons exemplos desse tipo de pensador religioso são o teólogo medieval Santo Anselmo de Cantuária, que disse: "Acredito que posso compreender", e definiu a teologia como "fé em busca de compreensão", e Santo Tomás de Aquino, que acreditava que a razão é a pedra fundamental da moralidade e que todo comportamento humano precisa cumprir esse padrão.

Os intuitivos introvertidos procuram e encontram o divino internamente, como uma Presença discernível, embora sutil. Os mestres espirituais que acentuam a importância da Presença na espiritualidade tendem a ser intuitivos introvertidos e muitas vezes não se dão conta de que as pessoas com outros tipos de personalidade podem relacionar-se com o transcendente de outras maneiras. Sentem-se confortáveis no mundo espiritual, que pode parecer mais real e mais importante do que o mundo exterior. Um intuitivo introvertido é muitas vezes um contemplativo ou um visionário de algum tipo, chegando muitas vezes às ideias sem nenhuma evidência direta. Os místicos eram em geral intuitivos introvertidos. O místico espanhol São João da Cruz do século XVI e Santa Teresa de Ávila são bons exemplos. Ralph Waldo Emerson, o "santo patrono" do moderno movimento de volta à natureza, foi um intuitivo introvertido. Henry David Thoreau foi muito provavelmente também um membro desse tipo (embora alguns afirmem que ele era extrovertido). T. S. Eliot, que era profundamente espiritual e foi muito influenciado por São João da Cruz, era quase com certeza um intuitivo introvertido. C. S. Lewis é mais uma figura proeminente do século XX que é muitas vezes classificada nessa categoria.

Os intuitivos extrovertidos veem a possibilidade de transformação espiritual do mundo exterior. Eles servem a Deus no mundo e orientam os outros ou procuram orientação espiritual nesse empenho. São Francisco de Assis é um bom exemplo de um homem que procurou comunhão com o divino mediante a negação dos sentidos, mas que era perito em questões sociais e colhia grande alegria servindo aos outros e orientando-os espiritualmente. Uma figura dos dias de hoje que se enquadra nesse perfil seria Mahatma Gandhi, o Pai espiritual da Índia moderna.

Os tipos sentimento são muito conscientes de sua vida emocional e cuidam seriamente dos interesses, valores e lealdades humanos. Os tipos sentimento extrovertidos expressam facilmente seus interesses espirituais.

Preferem a harmonia ao seu redor e tendem a adaptar sua espiritualidade às normas de seu grupo social. Os tipos sentimento introvertidos são mais difíceis de entender, porque guardam seus sentimentos escondidos e têm dificuldade de expressá-los em palavras. Podem manter sua espiritualidade (que pode ser idiossincrática) em completo segredo ou expressá-la na base de profunda lealdade e convicção interior. Os tipos sentimento são em geral atraídos particularmente para a oração que enfoca o amor de Deus e para expressões de arrependimento e gratidão.

A primeira e segunda funções operam juntas como um par arquetípico de percepção e julgamento que molda nossa experiência do mundo. As pessoas que funcionam com uma combinação de pensamento e intuição (PI ou IP) são boas em pensamento conceitual, troca de ideias, descoberta de princípios organizativos e teorias, como a teoria da evolução. Ainda, gostam de sistemas de pensamento, pesquisa, análise, clareza, justiça, legalidade e maneiras de sintetizar o grande quadro. Na tradição hindu seriam seguidores da *jnana yoga*, o caminho do conhecimento, um caminho para o divino que implica o intelecto. Parece que Buda seguiu esse caminho.

Quando são extrovertidos, os PIs se tornam bons porta-vozes, professores e construtores de sistemas religiosos. São geralmente atraídos para sistemas como o Zen, preferindo muitas vezes ambientes austeros e práticas rituais muito simples. Muitas vezes eles têm uma imagem impessoal de Deus, uma perspectiva unitária na qual o divino é considerado uma Totalidade indivisa ou pura Consciência.

Os que funcionam com uma combinação primária de sentimento e sensação (SentSens ou SensSent) são por temperamento pessoas ponderadas e úteis, que combinam aspectos práticos com afabilidade e compaixão. Preocupam-se em conservar a cordialidade entre as pessoas e sua espiritualidade prospera em belos ambientes e práticas rituais. Sua abordagem do divino é intensamente reverente; Deus é um amante, amigo ou pai/mãe com o qual se relacionam com amor. Na tradição hindu eles seriam seguidores da *bhakti yoga*. Para eles, Deus não é buscado como uma ideia abstrata.

Esse tipo de espiritualidade é exemplificado por Ramakrishna, um dos grandes santos indianos do século XIX. No cristianismo, Martinho Lutero exemplifica a ênfase no sentimento. Lutero era conhecido por sua hospitalidade e bondade prática e toda a sua teologia (a partir da doutrina da justificação pela fé) se baseava na noção de que Deus é um Deus pessoal e amoroso, que oferece salvação à humanidade como um dom livre que brota de seu amor pela raça humana.

A combinação de sensação e pensamento (SensP ou PSens) produz um realista orientado para o resultado que pode ser cuidadoso, eficiente e detalhado. Já que esses indivíduos são pessoas extremamente responsáveis e bem-organizadas e não se deixam governar por sentimentos, sua jornada espiritual implica ação direcionada aos outros, um caminho comparável ao caminho da *karma yoga* no hinduísmo. Como cidadãos sensatos que se preocupam com o dever e a justiça, eles escolhem muitas vezes um caminho de serviço aos outros ou a organizações, sobretudo como administradores, despenseiros da fé ou técnicos, porque tendem a ser serenos e desapegados. Gostam de autoridade, normas e estruturas que sejam claras, com conceitos de certo e errado de acordo com os quais possam viver; sua abordagem do divino é muitas vezes legalista.

O exemplo mais óbvio da Bíblia é São Paulo, cuja autoridade foi amplamente aceita por seus contemporâneos e que hoje é geralmente considerado o arquiteto da Igreja cristã. Outro exemplo bíblico é o Rei Salomão, que escolheu a sabedoria (2Cr 1,10) em vez de riquezas ou fama ou amigos. Uma personalidade moderna que se encaixa nessa tipologia seria Martin Luther King Jr., com seu senso de dever cívico, seu compromisso com a dessegregação e suas qualidades de administração e de liderança.

A combinação de intuição e sentimento (ISent ou SentI) produz pessoas humanitárias e visionárias, perspicazes acerca da natureza humana, empáticas, preocupadas com as relações, entusiastas, calorosas e inspiradoras. São indivíduos idealistas, cuja espiritualidade implica trazer sentido e valor à sua própria vida, tornando a vida melhor para os outros porque se preocupam com eles, muitas vezes apaixonadamente. Madre Teresa é um exemplo de alguém que transformou em virtude a ação abnegada em favor dos outros, executada por amor ao divino.

Esses tipos são uma minoria em nossa sociedade e muitas vezes sofrem porque seus valores e sua benévola maneira de encarar a vida vão contra a atitude da cultura dominante mais pragmática e orientada para a realidade. Os ISents ou SentIs são melhores em imaginar possibilidades futuras do que em lidar com detalhes concretos do presente. Talvez o exemplo mais eminente desse tipo seja Jesus.

Embora sempre haja o perigo de a tipologia ser utilizada para rotular as pessoas, se for utilizada cuidadosamente ela pode levar a uma compreensão das diferenças e, assim, a uma maior tolerância e maior perdão dos outros. Uma análise tipológica também pode ajudar alguém a entender-se a si mesmo, a saber que suas forças e fraquezas são em grande parte inatas e que ele as compartilha com outros indivíduos semelhantes. O sistema tipológico demonstra, ainda, que não existe uma forma única de prática espiritual aplicável a todos universalmente, por isso a função da comunidade consiste em ajudar o indivíduo em sua busca da prática ou práticas que melhor convêm ao seu tipo de personalidade.

Como mostrou Jesus, a realidade espiritual (em sua linguagem: o "Reino de Deus") está presente em todos os lugares, mesmo que não a vejamos. O problema é como passar daqui para lá – como transpor o hiato entre o que parece ser apenas a rotina diária (nosso estado mental ordinário, dominado pelo ego) e nossa percepção da Presença do Si-mesmo.

Um estudo da tipologia deixa claro que essa Presença se expressa de diferentes maneiras em diferentes personalidades. Dependendo de nosso temperamento, podemos experimentá-la como Percepção, como o campo de energia do corpo, ou através de relações, sonhos, sincronicidade ou outros tipos de encontros numinosos, mas ela está sempre presente. Essa é uma compreensão espiritual transformadora da vida, capaz de produzir iluminação repentina e radical, ou pode atuar como semente e força motriz de uma compreensão espiritual contínua que leva à convicção de certo conhecimento. Então o problema consiste em encontrar uma maneira de situar o ego em sua perspectiva própria e estabilizar nossa percepção da realidade do Si-mesmo. (Esse tema será analisado adiante, no capítulo 7.)

Sobre saúde espiritual e transtorno espiritual

Do ponto de vista da abordagem espiritual da psique, a saúde mental e o transtorno mental parecem muito diferentes da maneira como são retratados no *Manual diagnóstico e estatístico de transtornos mentais (DSM)* da Associação Psiquiátrica Americana.

Essa última abordagem presta pouca atenção à saúde e ao transtorno *espirituais*[64]. A fim de sermos espiritualmente sadios, precisamos primeiramente reconhecer que nós (e o planeta) não somos entidades inde-

---

64. O *DSM* tem uma categoria chamada "Problema religioso ou espiritual", mas a descrição a aplica a situações em que o paciente teve experiências que produziram uma perda da fé, problemas de converter-se a uma nova fé ou o questionamento de seus valores espirituais. Essa categoria poderia ser utilizada para situações como uma experiência de quase-morte ou outra experiência numinosa, que são reconhecidas como não patológicas. A categoria foi introduzida em resposta à pressão vinda do movimento da psicologia transpessoal.

pendentes e concorrentes. Dependendo de sermos atraídos para o caminho da unidade ou para o caminho da devoção, nós nos veremos ou conectados inconsutilmente com a consciência do Si-mesmo ou relacionados com um Outro que é consciente de nós.

Quando começamos a ver-nos dessa maneira, nossa nova percepção tem um profundo efeito sobre o desenvolvimento da nossa personalidade. Chegamos a perceber que, se não somos separados como nos ensinaram a acreditar que somos, se a consciência é indivisível, nada do que fazemos deixa de ter efeitos sobre os outros. Na verdade, não existem outros no nível do Si-mesmo – é o mesmo Si-mesmo em todos nós.

Em princípio, essa percepção poderia permitir às pessoas desejosas de evitar uma competitividade agressiva ou implacável que a evitem. Se soubéssemos que fazemos parte de uma totalidade, não infligiríamos crueldade gratuita uns aos outros. Compreenderíamos que cuidar de cada indivíduo singular é cuidar do mundo inteiro. Nossa atitude para com a natureza mudaria se nos déssemos conta de que a raça humana e o mundo natural são inseparáveis.

Na prática, no entanto, essa percepção está confinada a um número relativamente pequeno de pessoas. Recomendar um comportamento compassivo *sem* a consciência de nossa unidade com todas as coisas é apenas sugerir uma abstração; *com* essa consciência esse comportamento se torna uma realidade viva.

Devido à nossa unidade essencial, nossas atitudes culturais ocidentais contemporâneas devem ser consideradas espiritualmente doentias na medida em que valorizam o progresso individual às custas do coletivo. Se não somos entidades separadas, se não existe nenhum si-mesmo sem o outro, então o comportamento agressivamente egocêntrico é um artefato do tipo de si-mesmo que é estimulado por nossa cultura. O fato de esse comportamento ter persistido sugere não só que ele reflete determinados aspectos da natureza humana, mas também que teve alguma importância evolutiva para o desenvolvimento da cultura ocidental.

Não podemos encontrar uma causa última desse desenvolvimento, já que tantos fatores – históricos, geográficos, linguísticos, religiosos e pressões populacionais – devem ter contribuído para ele. Podemos encontrar suas origens em nossas práticas de educação dos filhos, que são consideradas muito mais abusivas do que as práticas encontradas em muitas culturas tribais (Miller, 1990). Conseguimos apontar nosso sistema econômico implacável, que justifica a exploração das pessoas e do meio ambiente a serviço de uma economia em expansão.

Nossas abordagens da educação formal tendem a nos alienar do corpo e de seu ambiente, a suprimir algumas das nossas necessidades inatas e a minar a autoestima. Sejam quais forem as origens de nosso sentimento contemporâneo do si-mesmo, sua espiritualidade inclui um esforço materialista por sucesso, *status*, bens e celebridade, seja ou não reconhecido conscientemente.

Felizmente, parece haver um movimento inerente para o equilíbrio espiritual na natureza humana, uma espécie de pressão instintual para superar nossas preocupações mundanas e realizar nossa conexão com a Realidade mais ampla da qual fazemos parte.

Às vezes, somos impulsionados para essa realização movidos por simples exaustão do ciclo sem sentido da rotina diária. Podemos, então, assumir uma prática espiritual, mas a última coisa que precisamos é outra meta para sentir-nos culpados por não sermos capazes de cumprir suas exigências. No entanto, certo grau de compreensão conceitual de nossa situação é um ponto de partida útil, porque semeia uma semente que pode crescer até tornar-se uma realização espiritual pessoal. Mas esse deve ser um processo orgânico: enquanto não estivermos preparados para uma doutrina espiritual corremos o risco de adotá-la prematuramente.

Não faz sentido, por exemplo, alguém nos mandar oferecer a outra face se estamos cheios de medo e raiva ou se fomos ensinados a acreditar que precisamos ser implacavelmente competitivos a fim de sobreviver. A docilidade pode nos convir ou não, mas não pode ser adotada artificialmente por aqueles cujo temperamento é naturalmente assertivo. Em nossa sociedade, os dóceis precisam de uma espiritualidade que os capacite a lidar eficazmente com as pressões de um mundo agressivo sem sentir-se de alguma forma inferiores e sem pretender ser assertivos.

Precisamos ter consciência dos complexos – tanto culturais quanto pessoais – que causam nossos distúrbios antes de podermos mitigar seus efeitos perturbadores. Então podemos perceber que nossos complexos contribuem para a história que pensamos que somos.

Por fim, percebemos que podemos renunciar à nossa história, já que ela é apenas um ponto de vista condicionado. Assim como o nível humano de nossos complexos contribui para esse condicionamento, também o núcleo arquetípico de cada complexo contribui. Isso significa que nossas ilusões e histórias são arquetípicas e pessoais em sua origem, de modo que, no fim, precisamos procurar entender os arquétipos que nos influenciam. No próximo capítulo analisarei algumas dessas influências.

Parte II

Pela lente da psique
Uma abordagem de questões espirituais a partir da psicologia profunda

4
Uma visão de algumas ideias religiosas a partir da psicologia profunda

Introdução

Todas as tradições religiosas podem exercer um poderoso controle sobre seus adeptos quando abordam necessidades psicológicas importantes. Essas necessidades expressam padrões arquetípicos fundamentais presentes na psique.

Este capítulo considera as noções religiosas correntes de salvação e redenção, seguidas por uma análise do espírito e da alma a partir de um ponto de vista psicológico. Embora a maioria das tradições religiosas expresse de uma forma ou de outra essas ideias arquetípicas, suas semelhanças subjacentes são obscuras por estarem disfarçadas sob diferentes suposições metafísicas, baseadas em diferentes textos sagrados e diferentes imagens de Deus. Mesmo assim, se olharmos por baixo desses revestimentos culturais, encontraremos importantes fatores psicológicos em comum, que podem ser esclarecidos sem recorrer a quaisquer suposições teológicas ou metafísicas. Durante o processo podemos descobrir mais evidências da estreita conexão entre crenças religiosas e personalidade.

A salvação como uma necessidade psicológica

Jung mostrou que as religiões são sistemas psicoterapêuticos no sentido de que nos ajudam a lidar com importantes angústias humanas. Uma das angústias mais profundas surge de nossa sensação de que necessitamos de cura. De certa forma, sentimo-nos incompletos ou que existe algo errado em nós na maneira como somos. Esse anseio de maior totalidade é abordado pela ideia arquetípica de salvação, que se encontra em muitas religiões sob vários disfarces.

A palavra "salvação" vem do latim *salvus*, que significa "salvo", mas também "são, intacto, inteiro". Ou seja, quando nos oferecem salvação, as religiões procuram curar-nos ou tornar-nos inteiros, oferecendo-nos algo que nos falta.

Diferentes religiões procuram completar à sua própria maneira o "algo" faltante baseando-se na noção de que os seres humanos e o mundo não são como deveriam ser. Cada religião fornece sua própria marca de salvação dizendo-nos que nos acontecerá algum bem especial se acreditarmos e praticarmos as coisas certas.

A natureza desse benefício varia conforme a tradição, mas geralmente as religiões ocidentais prometem que, se seguirmos suas normas, iremos para o céu, estaremos especialmente próximos de Deus, seremos contados entre os eleitos, conquistaremos a vida eterna no além, seremos bem-sucedidos nesta vida, e assim por diante. Nas tradições orientais, a salvação assume a forma de permitir-nos sair da roda de nascimento e renascimento.

Somos susceptíveis a essas promessas porque os sentimentos de incompletude ou deficiência são inevitáveis, já que a maioria de nós não cresceu num ambiente perfeito na infância. Quando o desenvolvimento do nosso sentimento do si-mesmo é dilacerado pelas dificuldades na infância, ficamos particularmente propensos a sentimentos como vazio doloroso, angústia e depressão. Esses sentimentos nos dizem que precisamos de algo, que procuramos de várias maneiras, uma das quais é a religião. Se considerarmos a origem destes problemas na infância, vemos as necessidades essenciais que a promessa de salvação está procurando preencher.

As crianças têm um sentimento inato de seu valor; elas querem ser tratadas como se fossem importantes, como se fossem o que o psicanalista Heinz Kohut denominou de "o brilho no olho da mãe" (Kohut, 1985). Do ponto de vista arquetípico, isso ocorre porque cada criança reflete ou é uma encarnação humana do arquétipo da Criança Divina, um filho de Deus, a manifestação do Si-mesmo transpessoal. Cada criança nasce com uma conexão com a Luz Interior.

A Criança Divina é uma Presença imediata e sensível na criança, que proporciona uma sensação numinosa de alegria e um sentimento de que alguém merece ser amado. Geralmente, os pais e cuidadores respondem a esses sentimentos de valor intrínseco de uma maneira que faz a criança sentir-se desejada, cuidada e amada.

Dando suficientes respostas afirmativas ao sentimento da criança de que ela é importante e suficientes respostas significativas aos seus sentimentos e ao seu Si-mesmo essencial, a criança desenvolve um forte senso do si-mesmo. Se respondemos à criança de maneira desdenhosa, como se ela não importasse ou como se seus sentimentos não fossem importantes, a criança sente: "Não posso valer muito. Devo ser pouco atraente e antipática". O resultado é uma dolorosa sensação de inutilidade, um frágil sentimento do si-mesmo e baixa autoestima. O potencial príncipe ou princesa sente-se como o sapo do conto de fadas.

Na mitologia cristã, a imagem da Criança Divina se encontra na história dos Magos que levam presentes ao menino Jesus – eles percebem quem ele é e são atraídos por ele[65]. Esse tema mítico é constantemente revivido quando vemos o valor sagrado de uma criança e a tratamos de acordo. Estamos, então, testemunhando a essência divina da criança como também a humanidade da criança.

Não só devemos responder aos sentimentos e à humanidade ordinária da criança para ela sentir-se valorizada, mas o sentimento essencial e não verbal da criança de conexão com a divindade precisa ser reconhecido instintivamente por seus cuidadores, mesmo que não seja num nível consciente. Se a essência divina da criança não é espelhada ou, pior, se a conexão da criança com esse nível é invejada ou odiada, essa conexão pode submergir e ser difícil de acessar. A criança foi expulsa do Paraíso e esse indivíduo cresce com uma sensação crônica de anseio por algo aparentemente inacessível. Em parte, as religiões surgem em nossa tentativa de reconectar-nos com esse elemento perdido.

Se alguém se sente vulnerável e vazio por causa da privação emocional na infância, pode ser difícil resistir quando nos dizem que, se temos fé,

---

[65]. A imagem arquetípica da Criança Divina encontra-se em muitas mitologias. Geralmente a criança tem um nascimento milagroso, muitas vezes de uma virgem, e realiza milagres logo no começo. A concepção de Buda foi anunciada por um sonho numinoso no qual ele entrou no útero da mãe na forma de um elefante branco. Ocorreram então muitos milagres e curas. Por ocasião de seu nascimento, o bebê Buda e sua mãe foram refrescados por duas torrentes de água vindas do céu. O bebê saiu caminhando a passos largos, proclamando sua futura glória. Para um relato do nascimento de muitas crianças divinas, cf. Leeming (1981).

Jesus cuidará de tudo, ou que devemos tornar-nos "uma criatura nova em Cristo" (2Cor 5,17). Quando ser "salvos" dessa maneira não nos faz sentir-nos melhores, a explicação tradicional é que permanecemos corrompidos por nossa natureza pecadora.

A realidade é que, sozinha (sem uma experiência da realidade sagrada), a doutrina pode não nos proporcionar o que buscamos. Podemos tentar seguir os ensinamentos de Jesus ou os ditados da Torá, mas ainda não nos sentimos completamente dentro, sem falar das nossas persistentes dúvidas acerca da validade daquilo que as tradições nos contam. Podemos ser atraídos para a religião em parte por causa das promessas que ela faz e porque ela oferece consolo para nosso sofrimento. Mas a fé sozinha pode não nos levar a sentir-nos melhores em qualquer momento determinado; por isso as Igrejas mudaram sua maneira de oferecer salvação a fim de assegurar congregações mais amplas.

Muitas Igrejas contemporâneas procuram responder às preocupações cotidianas opondo-se a realçar questões transcendentais como o destino da alma. Essas Igrejas reconhecem que muitas pessoas frequentam o "culto" não tanto para louvar a Deus ou ouvir teologia esotérica, mas para pertencer à comunidade, para experimentar intimidade ou para sentir-se parte de uma família. Essas são as maneiras reais de aquietar nossa incompletude e sentir-nos confortados. Então nossa real salvação é a relação, e nem sempre uma relação com o divino no sentido tradicional, mas com o divino experimentado como comunidade, como conexão com os outros.

Boa parte desse aspecto crucial da religião institucional é descrita como "companheirismo", que tradicionalmente significa compartilhar o culto e a fé. Na verdade, para muitas pessoas o companheirismo é realmente uma maneira de lidar com um sentimento de vazio porque lhes dá a sensação de pertença, ou é uma maneira de sustentar um frágil sentimento do si-mesmo estando com outros que compartilham seus valores.

Por causa dessas necessidades psicológicas e não por quererem prestar culto de acordo com uma doutrina que as atrai, as pessoas muitas vezes trocam de denominações até encontrarem uma Igreja que lhes convém, sem muita consideração pela teologia subjacente à instituição. A experiência de conexão com os outros é muito mais importante do que detalhes de doutrina, porque a relação preenche o vazio, mas a doutrina não. Esses devotos podem declarar que a salvação se baseia na fé em Jesus, mas sua salvação real e sua experiência real do sagrado surgem do sentimento numinoso de relação proporcionado pela Igreja.

Muitos dos que frequentam as "megaigrejas" contemporâneas estão mais preocupados com as relações com as pessoas do que com modelos doutrinais abstratos do divino, que eles se contentam em deixar aos teólogos profissionais. Consequentemente, para satisfazer vários tipos de necessidades relacionais está disponível um espectro de Igrejas, desde as que realçam o quanto somos pecadores, passando pelas que são afetuosas e aceitam os deslizes humanos, até as que favorecem movimentos extáticos e cantos.

Sempre podemos encontrar o que procuramos, mesmo que isso vire do avesso os ensinamentos de Jesus ou a teologia tradicional. Podemos até encontrar uma Igreja que nos diz que podemos utilizar a fé em Deus para intensificar nossa busca de dinheiro – atesta-o a "teologia da prosperidade" de muitos evangélicos[66], que deve fazer São Francisco de Assis virar-se no túmulo.

Sob a rubrica de salvar sua alma, muitos devotos procuram realmente a cura, embora inconscientemente, e de fato, quando encontramos uma organização religiosa que satisfaz nossas necessidades tanto espirituais quanto psicológicas, possa resultar uma verdadeira cura.

O pesquisador de opinião pública George Gallup (1996) prevê que a necessidade de cura será um tema importante no futuro das religiões. Há pouca dúvida de que a fé beneficia a saúde e, o que é interessante, não importa qual tipo de prática espiritual o indivíduo utiliza. Parece que uma conexão com o Si-mesmo, de qualquer forma que a pessoa a imagine, atua como uma espécie de cola que a mantém unida. No entanto, se nos encontramos numa tradição que não está em sintonia com a maneira como experimentamos o sagrado, a religião se torna apenas outra estratégia em nossa tentativa de distrair-nos de nossos sentimentos dolorosos de incompletude. Então a religião é apenas mais uma na lista de soluções provisórias, que incluem drogas, álcool, compras ou entretenimento. Nenhuma dessas coisas é solução duradoura para sentimentos dolorosos porque todas se baseiam em soluções externas para o que é um problema interno.

---

66. As Igrejas evangélicas muitas vezes minimizam a ênfase de Jesus na ajuda aos pobres e necessitados e, ao invés, associam sua teologia com uma ênfase no consumo e no capitalismo. Em 2000, um *best-seller* intitulado *The prayer of Jabez* recomendava que a oração fosse usada para obter sucesso material. Esse é um bom exemplo de como podemos encontrar numa tradição religiosa aquilo de que necessitamos, colocá-la a serviço de nosso próprio narcisismo e ignorar seus ensinamentos que nos deixam desconfortáveis.

Mesmo quando nos ajudam emocionalmente, as curas que as religiões oferecem dependem de um conjunto de crenças e práticas, ou de uma figura de salvador, que não lidam necessariamente com o problema psicológico em seu próprio nível. Por conseguinte, se as crenças tradicionais não nos ajudam, podemos não encontrar em nós nada a que recorrer; por isso a perda da fé numa tradição pode ser tão dolorosa.

Assim como as religiões, também a psicoterapia contemporânea procura lidar com o sentimento de sermos de alguma forma incompletos, de que nos falta algo de que necessitamos, ou de que algo a nosso respeito precisa ser solucionado. Por oferecer sua própria solução aos nossos sentimentos de incompletude, a psicoterapia pode ser considerada uma forma secular de salvação, de modo que os sistemas religiosos e a psicoterapia oferecem abordagens alternativas ao mesmo problema. Na verdade, uma contribuição ao declínio do poder da religião nos últimos cem anos pode ser o concomitante surgimento da psicoterapia.

A psicoterapia procura lidar com o que falta em nosso sentimento do si-mesmo, tentando melhorar os sentimentos dolorosos da infância ao compreendê-los de uma forma nova, retrabalhando-os na relação terapêutica e proporcionando os suprimentos emocionais que não estavam disponíveis na infância. Esse processo tem a virtude de lidar com a origem do problema em seu próprio nível, lidando diretamente com o sentimento de déficit e conflito do indivíduo.

Quando um psicoterapeuta reconhece não só o nível pessoal da dificuldade do indivíduo, mas também o nível transcendente dessa pessoa, a psicoterapia não pode ser considerada uma busca puramente secular. A psicoterapia que reconhece a presença do Si-mesmo é uma prática espiritual tanto quanto qualquer serviço religioso tradicional.

A abordagem psicoterapêutica de nossa falta de totalidade procura providenciar o que é necessário mediante uma relação humana e, ao mesmo tempo, valoriza nosso tornar-nos mais conscientes. Nossas tradições religiosas têm uma meta diferente; elas nos confortam prometendo salvar a parte imortal que existe em nós. Infelizmente, no entanto, no longo prazo nem a religião nem a psicoterapia sozinhas podem compensar o que está faltando.

As religiões não estão equipadas para curar feridas psicológicas porque oferecem soluções gerais a dificuldades individuais que requerem compreensão detalhada. A psicologia, por sua vez, é limitada porque utiliza abordagens que são inevitavelmente incompletas, já que nenhuma teoria psicológica pode abarcar a totalidade do ser humano. No melhor dos casos, uma teoria psicológica pode abordar apenas uma parte de nós, e a maioria das teorias ignora a dimensão espiritual como se não fosse a esfera de ação da psicologia.

Os psicoterapeutas, como o clero, são seres humanos limitados, que só conseguem ver seus clientes por meio de uma lente determinada. Isso significa que a psicoterapia, embora seja útil para aliviar grande parte do sofrimento, nunca pode solucionar plenamente o problema de nosso sentimento de incompletude. Para esse fim, a maioria de nós precisa harmonizar homogeneamente nossa psicologia e nossa espiritualidade.

A necessidade psicológica de redenção

Encontramos importantes conexões ulteriores entre a crença na doutrina religiosa e a psicologia pessoal quando consideramos o conceito teológico de redenção do mal.

Uma pessoa é particularmente vulnerável à insistência teológica de que ela é pecadora e por isso necessita de redenção quando desenvolveu um persistente sentimento de maldade pessoal durante a infância. Esse sentimento de maldade pode ocorrer de muitas formas. Por exemplo, se fomos rejeitados ou abandonados na infância, talvez tenhamos decidido que isso aconteceu porque éramos maus e devemos fazer todo o possível para impedir que isso aconteça novamente comportando-nos bem, dizendo as coisas certas e acreditando nelas. As crianças projetam suas próprias reações nas pessoas que as prejudicam. Por exemplo, se uma criança sente raiva por ter sido abandonada por um dos pais, ela acha perigoso demais dizer: "Estou com raiva do pai/mãe por ter me abandonado"; por isso ela presume que o pai ou a mãe a abandonaram por sentirem raiva de algo ruim que ela fez. O *sentimento* de ser rejeitado se transforma na convicção de que a rejeição foi *merecida*.

A experiência que a criança tem de um pai/mãe que a rejeita torna-se, por isso, uma parte má do si-mesmo da criança. O diálogo interior da criança diz: "Minha maldade provocou a rejeição por parte de mamãe ou o abandono por parte de papai. Se outros me conhecerem, também eles me rejeitarão". É mais seguro para a criança dizer: "Eu sou má" do que admitir que teve um pai ou uma mãe abusivos ou inconfiáveis; admitir isso seria apavorante se esse pai ou essa mãe são tudo o que a criança tinha à disposição. Muitas vezes esse sentimento de maldade é intensificado por pais e instituições religiosas que utilizam a culpa e a vergonha para levar a criança a conformar-se com os seus desejos. Outros pais projetam no mundo sua própria insegurança, levando a criança a imaginar que só os poucos escolhidos – os verdadeiros crentes – são bons e o resto do mundo é mau.

Essa preocupação profundamente arraigada acerca da maldade pessoal pode ser reforçada por teologias que dão grande ênfase à pecaminosidade humana. Em caso extremo, a convicção (literal, não metafórica) de que "Deus se retirou de mim" é uma ilusão bem conhecida de pessoas que sofrem grave depressão, que se sentem patologicamente culpadas ou pecadoras.

Essa depressão, que pode ser desencadeada por uma experiência de abandono ou perda, é muitas vezes um reviver na idade adulta uma experiência da infância. Como resultado de uma separação na infância, que levou uma criança a pensar que sua maldade afugentou a mãe ou o pai, essa criança pode permitir-se só ter sentimentos positivos a respeito de uma pessoa amada no futuro.

Assim, a personalidade depressiva tem dificuldade de reconhecer seus próprios sentimentos de hostilidade ordinária; essa pessoa pode permanecer com um parceiro abusivo, acreditando que "se ao menos eu puder ser suficientemente boa os maus-tratos cessarão. Eu devo merecê-los. O abuso é o preço que devo pagar pela relação".

Transferido para uma relação com Deus, isso significa que precisamos experimentar Deus apenas como amor e, se necessário, sofrer privação, porque "eu mereço qualquer mau tratamento que 'Ele' me concede – papai sabe o que é melhor". O diálogo interno prossegue dizendo algo como: "Algo em mim afugenta Deus; procuro ser bom, mas temo constantemente por minha maldade. Preciso arrepender-me sempre". Pelo menos na tradição católica, essa dinâmica é fomentada por uma insistência na confissão e na absolvição sancionadas eclesiasticamente e na necessidade de pertencer a uma instituição que promete reparação.

Existem muitos outros mecanismos semelhantes. Às vezes, a criança mais sensível emocionalmente numa família, ou a que é menos capaz de negar um problema evidente (o alcoolismo do pai, p. ex.), é humilhada e ridicularizada por ser "demasiado sensível". Então a criança se culpa por ser tão "inadequada".

Algumas crianças são constantemente acusadas de serem egoístas por expressarem necessidades bastante ordinárias com as quais um pai ou uma mãe são simplesmente incapazes de lidar, por razões que têm mais a ver com o pai ou a mãe do que com a criança. Ou talvez os pais estabeleçam padrões muito elevados, de modo que a criança imagina que nunca poderá viver à altura deles.

Essa atitude produz culpa (o sentimento de ter feito algo de errado) e/ou vergonha (o sentimento de que se é deficiente por ter feito o que fez). Esses sentimentos tornam as pessoas vulneráveis a ensinamentos religiosos tradicionais, que afirmam que elas são intrinsecamente pecadoras. Se alguém se sente pecador, torna-se muito importante a ideia de um redentor, uma ideia fomentada pela associação que o Novo Testamento faz entre redenção e perdão do pecado (p. ex., Cl 1,14 ou Tt 2,14).

Para lidar com a ameaça do mal e mitigar nossa angústia acerca de como seremos julgados após a morte, os sistemas religiosos prometem reconciliação com Deus. O cristianismo oferece a ideia de que o autossacrifício de Cristo paga um preço em favor da humanidade, que torna possível reconciliar-nos com Deus apesar de nossa natureza pecadora.

A doutrina segundo a qual somos intrinsecamente pecadores é intensificada pelo fato de que a nossa cultura provoca sentimentos de culpa e vergonha em suas práticas de criação dos filhos. O cristianismo admite que o perdão do pecado é possível se o divino é acessado adequadamente, mas essa doutrina não lida com as fontes psicológicas dos nossos sentimentos de maldade, que têm raízes profundas na infância. Por conseguinte, essa crença não traz às pessoas alívio permanente.

Isso leva a um círculo vicioso: um sentimento perpétuo de maldade é temporariamente aliviado pelo arrependimento só para reaparecer após um curto período de tempo. Em geral, portanto, ao insistir que somos pecadores, algumas tradições criaram o próprio problema para o qual afirmam ter a solução e institucionalizaram uma solução estritamente temporária.

Como uma alternativa a isso, podemos lidar com nosso sentimento de maldade ou incompletude no nível de nossa psicologia, se virmos primeiro sua origem na infância, em nossas relações e em nossas atitudes culturais. Fazê-lo é crucialmente importante na cura da autoaversão, da qual muitas pessoas sofrem. Caso contrário, o indivíduo está na posição paradoxal de tentar amar os outros enquanto odeia a si mesmo.

Espírito e alma no pensamento religioso tradicional

Os conceitos de espírito e alma se encontram em todas as tradições espirituais e isso sugere que são ideias arquetípicas. Se considerarmos as maneiras como as religiões, a mitologia e o folclore utilizaram a noção de alma e de espírito, podemos discernir os processos psicológicos que essas palavras estão tentando transmitir.

A ideia de "espírito" mostra como o inconsciente impregna nossa linguagem. O sentido da palavra tem mudado gradualmente ao longo do tempo. O latim *spiritus* significa "respiração". Para os povos primitivos, o espírito ou respiração parecia ser algo na pessoa que mantinha o corpo vivo, já que o corpo morre quando cessa a respiração. O espírito era tradicionalmente denominado a "respiração" de Deus, a causa da vida, como se fosse um vapor sutil que anima o corpo. Os conteúdos da natureza, como o sol, a lua, as árvores ou os vulcões, também eram considerados vivos e intencionais por causa de seu espírito.

Os espíritos ou forças da natureza eram personificados e venerados como deuses e deusas. Às vezes eram imaginados como entidades desencarnadas que habitam uma dimensão invisível da realidade, como o inferno ou o céu. Ocasionalmente os humanos afirmam verem espíritos; a essas aparições damos o nome de anjos ou fantasmas. Em várias tradições religiosas, os espíritos desencarnados são considerados poderosos – existem seres espirituais bons e maus invisíveis ao nosso redor. Espíritos bons satisfazem nossos desejos e nos trazem sorte e felicidade; espíritos maus ou demônios causam doenças e outros infortúnios.

Nas tradições monoteístas ocidentais, a palavra espírito chegou gradualmente a significar uma espécie de poder celeste. A Bíblia nos diz que nos últimos dias Deus "derramará o seu espírito sobre toda a carne" (Jl 3,1), o que significa que Ele transferirá parte de seu poder ou graça às pessoas.

Quando são "possuídas" pelo espírito, as pessoas se perdem; ou seja, o ego da realidade cotidiana é dominado e o indivíduo se torna um instrumento do espírito. Muitas vezes, essa pessoa encontra-se, então, num estado alterado de consciência. Por exemplo, alguém pode entrar em êxtase e falar em línguas, uma espécie de linguagem celeste que Paulo sugere ser falada por anjos (1Cor 13,1). Ou as pessoas se comportam de maneiras incomuns.

Na Bíblia, Sansão tinha força incomum e o Rei Saul ficava melancólico e violento por causa da força do espírito. Beseleel, o homem que projetou o Tabernáculo e grande parte do templo sagrado, conseguiu fazê-lo porque Deus o cumulou com seu espírito, de modo que se tornou especialmente qualificado e um artífice particularmente competente (Ex 31,2-11).

Pensava-se que os profetas eram capazes de falar em nome de Deus porque estavam cheios de seu espírito. Os inimigos de Jesus o acusavam de estar possuído por um espírito mau. Quando deixou a terra, Jesus disse que enviaria seu Espírito Santo para ocupar seu lugar até sua volta. Inicialmente, ao que parece, isso implicava que Ele concedeu aos apóstolos o poder de operar milagres em seu nome.

São Paulo interpretou a ideia do Espírito Santo de diversas maneiras. Por esse termo ele entende a imanência da presença divina, ou, às vezes, nossa natureza superior, mediante a qual podemos entrar em comunhão com Deus. Para o cristianismo, "espírito" chegou a significar a força interior de Deus que guia as pessoas para a verdade (cf. Jo 16,13) e lhes confere vários dons e virtudes, como sabedoria e cura. Muitas vezes a tradição cristã contrapôs a vida "espiritual" à vida do corpo, no sentido de que a vida espiritual "está acima" das preocupações puramente materiais ou econômicas. Hoje a recuperação da dimensão espiritual do corpo e da matéria em geral se tornou uma tarefa cultural vital.

Hoje, quando utilizamos a palavra "espiritual" nos referimos geralmente àqueles aspectos da vida direcionados a algum tipo de poder superior, à busca de sentido na vida ou a valores últimos, como amor, bondade, santidade e beleza.

A partir da perspectiva do ego, a ideia de espírito se divide em duas esferas: a esfera física, onde os seres mortais vivem, e a esfera invisível, uma esfera de seres imortais não físicos. Divide, também, a pessoa, numa combinação de espírito e matéria, como se eles fossem radicalmente diferentes. Essa é a perspectiva da consciência cotidiana, que, de certa maneira, experimenta o espírito e a matéria como diferentes e percebe o espírito como mais difícil de acessar do que a matéria.

Por essa razão, várias tradições religiosas desenvolveram disciplinas e práticas que pretendem ajudar-nos a acessar essa esfera espiritual do ser. Essas práticas parecem necessárias porque temos a sensação de estarmos suspensos entre dois mundos e nos sentimos compelidos a tentar uni-los. Infelizmente, mantendo essa distinção, essas atitudes às vezes perpetuam um dualismo espírito-matéria.

O espírito como arquétipo

Para a psicologia profunda, o termo "espírito" é sinônimo da esfera arquetípica, que significa o princípio transpessoal de ordem e padrão na psique-corpo. Postulamos a existência desse princípio porque, quando consideramos temas míticos, ideias religiosas, sonhos, complexos, desenvolvimento humano, funções do corpo e acontecimentos sincrônicos, observamos regularidades, como se estivesse operando uma harmonia invisível que está além de nossa compreensão e controle.

Aqui é importante não cair na dificuldade tradicional de considerar o espírito como, de certa forma, radicalmente distinto do corpo ou do mundo material. De preferência, podemos pensar a matéria e o espírito como diferentes expressões do mesmo Princípio subjacente. Matéria e espírito são experimentados de maneira diferente pelo ego, mas não está claro se são realmente diferentes.

Como analisamos no capítulo 1, o contato com a esfera arquetípica produz experiências numinosas. No corpo, experimentamos essa dimensão na forma de intensa emoção. As emoções são aspectos cruciais da estrutura da personalidade, de modo que nosso sentimento do si-mesmo é profundamente afetado pelas transações emocionais com cuidadores desde o momento em que nascemos.

As emoções são organizadores arquetípicos do comportamento, tão espirituais em sua origem como qualquer imagem ou símbolo exótico. Já que um repertório arquetípico de emoções está presente no nascimento, o bebê consegue informar imediatamente suas necessidades aos cuidadores – o bebê utiliza as emoções para comunicar-se e nós somos planejados para compreendê-las instintivamente.

As maneiras como aprendemos a lidar com nossas emoções na infância têm um importante efeito sobre o desenvolvimento da personalidade. Muito depende de os cuidadores da criança a ajudarem a lidar com sentimentos dolorosos. Danos ocorrem se a criança é rejeitada por causa de seus sentimentos, se esses sentimentos são preteridos ou se proibimos a criança de expressá-los. Nessas situações traumáticas com os cuidadores, a criança experimenta o aspecto negativo do arquétipo materno ou paterno, e isso resulta na formação de complexos com um tom emocional doloroso.

Quando um arquétipo é ativado, seu colorido emocional domina nossa consciência. Se não nos ajudaram bem cedo a lidar eficazmente com emoções fortes, ou se as emoções são avassaladoras, nós sucumbimos à angústia ou à depressão. Se a emoção está dentro dos limites de nossa capacidade de suportá-la, ela atua como um sinal de que aquilo que está acontecendo é importante. Em outras palavras, uma maneira de o espírito se encarnar ou entrar na vida humana é mediante nossos complexos, sejam agradáveis ou dolorosos.

Já que o espírito (como um processo arquetípico) pode expressar-se na forma de complexos, ele forma algumas das estruturas profundas da personalidade e assim influencia profundamente o desenvolvimento do indivíduo. Isso significa que a dimensão transpessoal não está em algum outro lugar; ela é inextricavelmente uma parte de nós. Jesus teria dito, no Evangelho de Tomé, que "o Reino (de Deus) está dentro de nós e também fora de nós; o Reino está espalhado por toda a terra e os homens não o veem" (cf. Leloup, 1997, n. 3 e 113). Eles não o veem porque não reconhecem a forma que ele assume. Para a psicologia contemplativa (ou de orientação espiritual), o "Reino" a que Jesus se refere é o campo mais vasto da psique transpessoal. Dependendo de como o olhamos, estamos imersos nesse campo como personalidades separadas (o ponto de vista dualista) ou somos apenas uma manifestação dessa Consciência (um ponto de vista unitário). Em ambos os casos, não há necessidade de falar do espírito como se ele estivesse em algum outro lugar, uma atitude que deu origem à ideia de que precisamos "transcender" este mundo material. Muitíssimas vezes, as tentativas de transcendência levam simplesmente a negar e evitar o mundo.

Em vez de "transcender" o mundo no sentido de valorizar mais o espírito do que a matéria, num nível mais ordinário podemos entender que a transcendência significa que estamos menos enredados nas preocupações do ego, que estamos cientes de nossa continuidade com a dimensão mais ampla da Consciência e que vemos o trabalho do espírito em todo lugar e em todas as pessoas. Nessa perspectiva existe uma grande liberdade e por isso, no Oriente, se diz que as pessoas são "libertadas" quando têm um sentimento estável dos níveis transcendentes da Consciência.

A alma no pensamento tradicional e na psicologia profunda

Quando falam da alma, as religiões tradicionais entendem uma espécie de força imortal, não material e animadora que mantém vivo o corpo – na verdade, uma maneira de falar acerca do espírito no corpo.

De acordo com os relatos tradicionais, a alma entra no feto em algum momento – o momento exato é um tema de debate – e abandona o corpo na morte. Diz-se que a alma foi criada por Deus e retornará a Deus ou ao céu após a morte, a não ser que a pessoa seja uma pecadora, porque nesse caso, a alma irá para o inferno.

No Novo Testamento a palavra "alma" é uma tradução do grego "*psychê*" e, para muitos psicólogos adeptos da psicologia profunda, "alma" é realmente sinônimo da palavra "psique", que deriva diretamente do grego "*psychê*"[67]. O psicólogo não pode fazer nenhuma afirmação metafísica acerca da psique e, por isso, precisa deixar em aberto a questão se a palavra "alma", como é utilizada na teologia, se refere à consciência ou a algum outro princípio.

Talvez para evitar a acusação de patinar na metafísica, alguns adeptos da psicologia profunda se basearam na obra de Evangelos Christou. Em seu *Logos of the soul*, Christou (1976) sugere que aquilo que denominamos corpo, mente e alma são diferentes categorias da realidade, cada qual com sua própria perspectiva.

A realidade do corpo é feita de percepções sensoriais e emoções, ao passo que a realidade da mente consiste em ideias e conceitos, que são diferentes dos fatos físicos. Mas nossa vida psicológica é mais do que apenas uma combinação de sensações corporais e conceitos, de modo que Christou distingue uma terceira ordem singular da realidade, a realidade da alma.

Assim como um objeto físico não é a mesma coisa que nossos dados sensoriais a seu respeito, assim também existe uma diferença entre nossos dados sensoriais e a experiência psicológica significativa tanto do objeto físico quanto dos dados sensoriais. Utilizamos os órgãos do corpo e as funções da mente *a fim de* viver, mas a alma se ocupa com a maneira *como* nós vivemos, com o que é viver para nós e com o que realmente nos importa. A

---

67. No entanto, é importante chamar a atenção para o fato de que essa palavra significava para os antigos gregos algo diferente do que significa para nós hoje. Para Homero, a psique era uma espécie de imagem dos mortos, cheios de cicatrizes, que desciam ao Hades após a morte. Só muito mais tarde implicou motivar um comportamento ponderado no sentido psicológico moderno. Aristóteles, por exemplo, considerava a alma capaz de receber conhecimento.

alma se ocupa com o sentido da vida e, por isso, é tão real para nós quanto o corpo e a mente.

"Mente" é o nome que damos à nossa capacidade de ter ideias; "alma" é o nome que damos à nossa capacidade de fantasiar acerca dessas ideias e elaborá-las em nossa imaginação. Assim a alma é o que nos possibilita ter muito mais do que uma mera compreensão conceitual da experiência original. A alma se ocupa com aquilo que nós *fazemos* com nossos estados mentais e físicos, com aquilo que eles significam para nós subjetivamente, com o fato de reagirmos a eles e com sua integração em nossa vida. Por isso não podemos interpretar as ações de outra pessoa a partir de fora, reduzidas a uma série de comportamentos aprendidos – a alma é essencialmente subjetiva[68].

Dizemos que uma experiência é "expressiva" quando entendemos que ela parece profundamente significativa. Aqui estamos tentando descrever o que experimentamos quando o espírito encarna uma personalidade distinta ou se torna consciente nela. A encarnação do espírito nos afeta vigorosamente, produzindo sentimentos fortes e também imagens vívidas no corpo-mente. A não ser que mente e corpo estejam separados, uma experiência da alma implica a experiência simultânea de imagem e emoção, que são inseparáveis. Por exemplo, se fosse ativado um complexo que nos levasse a sentir raiva, teríamos normalmente imagens coléricas na mente e o corpo ficaria tenso e excitado. Mas, se separamos a mente do corpo (ou vice-versa), sentimos apenas a excitação corporal sem nenhuma imagem mental, ou temos violentas fantasias sem estar conscientemente em contato com quaisquer sentimentos corporais de raiva. Em ambos os casos, temos apenas uma experiência parcial da alma, que inclui corpo e mente como uma unidade[69].

---

68. Existe uma sobreposição potencialmente confusa no uso das palavras "ego" e "alma", já que o termo "ego" é muitas vezes usado para referir-se a qualquer coisa que é consciente. Na prática, tendemos a utilizar a palavra "alma" para insinuar que uma experiência tem profundidade, genuinidade e poder emocional, ao passo que utilizamos a palavra "ego" para referir-nos a qualquer tipo de experiência consciente, mesmo a que é puramente conceitual, sem importância ou mecânica. Outra diferença é que o ego não é uma voz, mas a alma tem muitas vozes, nem todas conscientes.

69. Para o clínico isso significa que "manter-se fiel à imagem" é apenas a metade do que é necessário. Sintonia emocional acurada, ou não perder de vista o estado emocional do paciente, é igualmente importante, já que as emoções são uma expressão do arquétipo no corpo.

Jung pensava a alma como um conjunto de funções psicológicas. Para ele a alma é a criadora de símbolos e imagens, por exemplo as imagens em nossos sonhos. O inconsciente não pode tornar-se consciente sem uma espécie de tradutor ou ponte e, por isso, Jung utilizava o termo alma para referir-se à função de ligação da psique. Quando sonhamos, a alma atua como um receptor para o espírito. O espírito é moldado em imagens e emoções que são sentidas no corpo e em nossa consciência. Esse processo permite o eixo ego-Si-mesmo – ou seja, a capacidade humana de estar em diálogo com o Si-mesmo.

No pensamento junguiano tradicional, as imagens oníricas desconhecidas do sexo oposto ao sonhador são denominadas "imagens da alma". Jung acreditava que uma figura feminina no sonho de um homem, ou uma figura masculina no sonho de uma mulher, representam partes da psique que são particularmente inconscientes. Ele pensava que essas partes nos são mais desconhecidas, ou mais diferentes, do que as representadas por imagens oníricas do mesmo sexo.

Essa observação foi feita num tempo em que os papéis e o comportamento de homens e mulheres eram marcadamente diferenciados e fortemente circunscritos pela cultura, e havia pouca liberdade fora desses estereótipos acerca da maneira como homens e mulheres deviam comportar-se. O que permanece importante hoje é que utilizamos o termo alma como uma maneira de descrever a encarnação do espírito ou como o processo de ligar o nível humano e o nível transpessoal da consciência.

No desenvolvimento da criança é fundamentalmente importante que a encarnação do espírito aconteça como uma experiência emotiva. Durante o desenvolvimento, o Si-mesmo se encarna num si-mesmo pessoal – ou seja, o bebê nasce com um conjunto de potenciais arquetípicos que são os análogos psicológicos do DNA na semente de uma planta, atuando como um projeto para a personalidade em desenvolvimento. Esses potenciais se encarnam à medida que são vividos no mundo. No entanto, para os potenciais arquetípicos da criança se encarnarem, ela precisa de ajuda para lidar com a intensidade das emoções que fazem parte desses potenciais.

Como vimos acima, geralmente os cuidadores da criança a ajudam a lidar com essas emoções intensas, de modo que não sobrecarreguem a criança. Mas às vezes os pais da criança não lhe oferecem a ajuda de que necessita e ela é incapaz de suportar os sentimentos. Então as emoções precisam ser divididas ou guardadas numa câmara fria, isoladas do resto da personalidade, porque parecem demasiado perigosas ou demasiado ameaçadoras para a relação com um dos pais. Em consequência, alguns aspectos do potencial arquetípico da criança não podem encarnar-se. Então é como se uma parcela da alma se tivesse perdido, ou permanecesse em animação suspensa, e contribuísse para a sensação de que "algo está faltando" como foi descrito acima.

Às vezes os potenciais espirituais da criança simplesmente não têm chance nenhuma de encarnar-se, porque o ambiente não proporciona uma oportunidade de eles se encarnarem. Uma pessoa com o potencial de tornar-se um grande músico pode nunca receber lições de música ou nunca ser estimulada a aprender a tocar um instrumento musical. Um poeta ou um artista potencialmente grandes podem ser forçados por seus pais a "fazer algo prático". Nesses casos, alguns dos potenciais espirituais da pessoa não podem encarnar-se. Essa pessoa permanece espiritualmente empobrecida, até que uma depressão da meia-idade a leve a perceber que ela tem uma vida não vivida e que parte de sua alma precisa ser reformada ou recuperada. Parte da tarefa da psicoterapia consiste em ajudar na encarnação desses potenciais não realizados[70].

Finalmente, para muitos adeptos da psicologia profunda, o que parece ser uma alma individual participa, ou faz parte, da alma do mundo; o que eu chamo de "minha" alma está em continuidade com o que desde a Antiguidade era conhecido como a *anima mundi* (ou "alma do mundo"). A partir da perspectiva centrada na psique, alma, espírito e corpo revelam diferentes processos da Consciência. Passamos agora a considerar os grandes mistérios que a Consciência produz: nossa experiência do mal.

---

70. O trabalho da psicoterapia é, portanto, análogo à "recuperação da alma" das tradições xamânicas.

5
Uma psicologia profunda do mal

Introdução

O problema do mal é um desafio importante para qualquer forma de espiritualidade. Acredito que a principal contribuição da abordagem baseada na psicologia profunda é que ela esclarece o que motiva o mau comportamento e proporciona ajuda para lidar com ele.

Nossos noticiários, nossa literatura e nossos filmes estão constantemente repletos de relatos de males, o que sugere que o mal é algo que nos fascina. O fascínio não é nenhum acaso. Interessamo-nos particularmente por pessoas e acontecimentos quando correspondem a algo que é emocionalmente importante para nós, ou quando estão em sintonia com alguns aspectos de nós mesmos.

Acontecimentos e comportamentos que não estão em sintonia com alguma coisa em nós tendem a ser pouco irrelevantes. Se o mal não fosse interessante, sua cobertura na mídia não melhoraria os índices de audiência e permaneceria em grande parte ignorada. A dura verdade é que somos fascinados pelo mal porque ele nos permite vislumbrar certos aspectos da alma humana. Nossas imagens culturais dos extremos do bem e do mal, como as de Madre Teresa ou Hitler, têm um efeito poderoso sobre nós. Ambas são numinosas.

O problema do mal se tornou particularmente urgente porque nossa tecnologia se desenvolveu a ponto de podermos destruir-nos a nós mesmos em grande número. Podemos também causar dano à terra a ponto de destruir toda a vida. A necessidade de uma resposta eficaz ao mal se tornou, portanto, sempre mais urgente; no entanto, os acontecimentos do mundo sugerem que as doutrinas religiosas tradicionais acerca do mal tiveram pouco efeito direto, apesar de muitas pessoas as apoiarem da boca para fora.

As tradições monoteístas responderam ao mal com doutrinas morais, ameaças de castigo, exercícios espirituais para preveni-lo, censura aos culpados e compaixão pelas vítimas[71]. No entanto, como veremos, as visões teístas tradicionais acerca do mal apresentam algumas dificuldades insolúveis.

Conhecemos a natureza essencial do bem e do mal?

Parte de nossa dificuldade é que bem e mal[72] são notoriamente difíceis de definir em termos absolutos. Quando a Inquisição queimava "bruxas" acreditando que isso era necessário para salvar-lhes as almas, esses homens eram maus ou apenas ignorantes, medrosos, supersticiosos e inconscientes? Se os julgamos maus, quais critérios estamos utilizando para fazer esse julgamento? Em que sentido são diferentes de animais selvagens perigosos, serpentes venenosas ou terremotos? Nós não consideramos esses aspectos da natureza moralmente maus; embora causem medo e dor, eles estão simplesmente agindo de acordo com sua natureza, de modo que o termo "mal" não pode ser simplesmente o nome a ser dado a qualquer coisa que causa sofrimento.

---

71. O conselho de Jesus "não resistais ao malvado" (Mt 5,38) é particularmente difícil de seguir porque requer confiança real e fé absoluta na providência divina. O próprio Jesus certamente esteve nesse nível. Ele deve também ter percebido que a resistência fortalece o mal e que, quando resistimos ao mal, corremos o risco de igualar-nos àquilo a que resistimos. Vemos esse efeito quando partimos para a guerra contra aquilo que entendemos ser um mal e nossas guerras acabam causando seu próprio mal. Mesmo nossos protestos contra a guerra podem ser semelhantes a uma guerra. Mas nós tememos que, se não resistirmos ao mal, ele pode espalhar-se em vez de extinguir-se, como um fogo não vigiado. Infelizmente o conselho de Jesus é amplamente ignorado por políticos nominalmente cristãos, porque o fato de segui-lo os levaria a parecer fracos.

72. Aqui eu gostaria de chamar a atenção para uma útil análise do bem e do mal desenvolvida por J. Krishnamurti, em seu quarto Discurso Público de 27 de fevereiro de 1995 em Mumbai (Bombaim) na Índia. Para ele, só existe realmente uma coisa importante: uma mente atenta. Ele acredita que não existe essa coisa de bem e mal; existe apenas um estado da mente que está ou não desperta. A bondade, portanto, não é uma qualidade particular, nem uma virtude, mas um estado de amor. A moralidade não pode basear-se simplesmente na necessidade de ordem social e segurança; deve basear-se na descoberta da inteligência espiritual.

Um critério consiste em dizer que o ser humano é mau quando ele tem, ou deveria ter, consciência do dano que está causando, e tem a capacidade de abster-se de comportamentos nocivos, mas não se abstém. Isso levaria a considerar pelo menos alguns atos maus como secundários em relação à inconsciência, falta de controle ou ignorância e, portanto, nem sempre como uma qualidade primária. (Levanta também a questão da liberdade de escolha, que abordarei mais adiante.) Assim, o egoísmo e a ganância deliberados são raízes do mau comportamento, mas o egoísmo e a ganância em si mesmos têm suas próprias causas, e isso, por sua vez, os torna secundários em relação a alguma outra coisa, em vez de qualidades absolutas por si mesmas.

Às vezes, o mal é o resultado de um narcisismo maligno, ou seja, um sentimento inflado de sua própria importância, sem nenhuma capacidade de empatia para com os outros. Também isso tornaria o mal não uma qualidade primária por si mesma, mas secundária em relação a fatores desenvolvimentais; como veremos, as origens desse narcisismo na infância estão se tornando cada vez mais claras para a psicologia profunda.

Outra dificuldade surge da possibilidade de que, no nível transcendente da realidade, o que denominamos bem e mal sejam simplesmente dois aspectos de um fenômeno unitário. A partir desse ponto de vista unitário (ou *monista*) não há necessidade de rotular como boas ou más certas qualidades como crueldade ou compaixão, porque estas são categorias que se aplicam apenas no ego. Quando dividimos a vida dessa maneira, criamos uma tensão entre opostos ou uma fragmentação numa realidade que é, de fato, um todo indivisível.

A partir dessa perspectiva, entende-se que o mau comportamento em relação aos outros surge porque não compreendemos a natureza indivisível da realidade, sua totalidade. Na realidade unitária não estamos separados dos outros, de modo que tudo o que fazemos aos outros nós o fazemos a nós mesmos. No entanto, experimentamos a realidade de uma maneira que separa as pessoas umas das outras e divide a realidade em porções distintas. Consequentemente, as abordagens psicológicas são intrinsecamente dualistas. Elas só podem lidar com o bem e com o mal como experiências humanas e não como princípios cósmicos. Por isso, em vez de enredar-se na questão de declarar se o mal é absoluto ou relativo, a psicologia precisa utilizar a palavra "mal" como um termo taquigráfico para significar o comportamento que percebemos como mau. Nossa experiência do mal bruto é real; mas, no fim, o problema do mal é um *koan*[73]: não pode ser resolvido conceitualmente.

No que segue, a tentativa da psicologia profunda de *compreender* o mal não deve ser considerada uma tentativa de *justificar* o mal, ou de torná-lo menos mau. Algumas pessoas suspeitam de qualquer abordagem psicológica do mal; elas temem que essas abordagens corram o risco de desculpar o mal ou de negar sua realidade, talvez até desonrando suas vítimas. Eu assumo uma perspectiva diferente: quanto melhor pudermos compreender o mal, tanto mais eficazmente poderemos responder a ele.

A abordagem psicológica não nos exime da responsabilidade de fazer algo a respeito do mal. De preferência, ela nos ajuda a encontrar uma resposta individual ao problema. Uma abordagem que funciona para um indivíduo pode não funcionar necessariamente para outros; por conseguinte, a perspectiva da psicologia profunda sobre o mal não pode começar com uma filosofia moral absoluta baseada na noção de que existe uma "vontade de Deus" que se aplica de maneira igual a todos.

A base de nossa abordagem da vontade de Deus consiste em fazer a seguinte pergunta: Qual interpretação da vontade de Deus é correta? Enredados nessas disputas, nos afastaríamos rapidamente da esfera de ação da psicologia, que se ocupa basicamente não com argumentos acerca de absolutos, mas com a experiência humana. Por isso, a psicologia profunda precisa começar com a experiência pessoal do mal do indivíduo e tentar compreender essa experiência em termos de suas origens na vida da pessoa e de seus efeitos sobre a personalidade[74].

---

73. Na tradição zen, um *koan* é uma pergunta irrespondível que obriga o aluno a ir além do pensamento conceitual. O aluno é tentado a dar uma resposta racional ao *koan*, mas resiste a essa tentação. Sua resposta precisa refletir simplesmente a realidade, de modo que a ação pode ser melhor do que as palavras.

74. A abordagem da psicologia profunda é apenas uma das muitas lentes através das quais se pode observar o problema do mal. Cada disciplina aplica seus próprios métodos ao que é claramente um problema com muitos níveis. Em consideração à perspectiva, eis algumas dessas abordagens alternativas. 1) Na esteira de Darwin, a maioria dos sociobiólogos acredita que o mau comportamento surge porque contribui para a sobrevivência dos indivíduos na espécie. Em alguns casos ele pode nos ajudar a adaptar-nos e reproduzir-nos mais facilmente. Esse comportamento está implantado em nossos genes, na química do nosso corpo e na rede elétrica do nosso cérebro; algumas pessoas nascem más porque têm uma preponderância de fatores genéticos que as predispõem ao mau comportamento. Portanto, uma maneira de eliminar esse comportamento é erradicá-lo no nível genético. No espírito do darwinismo, Jean Baudrillard sugeriu que o mal é necessário para manter a vitalidade da civilização (cf. Baudrillard, 1992). 2) O modelo médico supõe que pessoas más, como os assassinos em série, são doentes mentais ou,

A natureza essencial do bem e do mal é uma questão metafísica. Será que o bem e o mal são absolutamente independentes um do outro ou essas qualidades são significativas apenas em relação uma com a outra, como dois lados da mesma moeda? Nesse último caso, não podemos logicamente ter um lado sem o outro. Isso leva a uma pergunta ulterior: Será que esses graus de bem e de mal são capazes de misturar-se gradualmente um com o outro? Seja qual for nossa resposta, é evidente que pelo menos algo do que denominamos bem e mal não é absoluto, mas se baseia em preferências pessoais e atitudes culturais.

Os conceitos humanos de bem e mal mudaram ao longo do tempo e variam de uma cultura a outra. Na sociedade ocidental contemporânea podemos todos concordar que o mal inclui a dominação ou exploração dos outros – comportamento contra a vida, contra o amor e contra as relações – e o exercício da crueldade e destrutividade em benefício próprio.

Acreditamos que é mau causar sofrimento a outro ser senciente para nossos próprios objetivos, especialmente se sentimos prazer em fazê-lo. Acreditamos que é mau comportar-se de uma maneira que nega deliberadamente a humanidade de outra pessoa ou priva essa pessoa de seus direi-

---

pelo menos, têm um grave transtorno de caráter. Esses transtornos resultam de disfunções ou malformações no cérebro. Alguns desses pacientes podem ser tratados psiquiatricamente com medicamentos que alteram seu comportamento corrigindo a química transtornada do cérebro. 3) Os psicólogos behavioristas acreditam que o mau comportamento é aprendido durante o desenvolvimento na infância. A família e a cultura em que vivemos reforçam o mau comportamento. As pessoas más precisam de métodos comportamentais para reprogramar a maneira de comportar-se. 4) Os cientistas sociais acreditam que o mau comportamento surge do ambiente social em que vivemos e que os conflitos intragrupais são condicionados pela história, pela geografia e pela economia. A sociedade em que nascemos nos educa para acreditar que nosso lado está certo e que Deus ou o bem estão do nosso lado. Por conseguinte, nossos inimigos são maus e, por isso, podem ser destruídos; dessa maneira, justificamos a guerra e nosso próprio mau comportamento para com os que discordam de nós. Nessa visão do mal, a maneira de lidar com o mau comportamento consiste em promover uma educação melhor, esforços diplomáticos, tratados de paz e instituições como as Nações Unidas. 5) Uma abordagem do mal com base na legalidade ou na aplicação da lei assume a postura de que a questão da maneira como as pessoas se tornam más é menos importante do que o fato de terem realmente cometido atos maus. A maneira de lidar com o mal consiste em dissuadir os malfeitores, impondo-lhes duras penas, e também proteger os cidadãos cumpridores da lei, isolando os malfeitores do resto da comunidade. 6) A perspectiva religiosa da vida considera o mal algo cósmico, em vez de situado primariamente na esfera humana. Na tradição judeu-cristã, os seres humanos são considerados propensos ao mal porque a natureza humana se corrompeu quando Adão e Eva cederam à tentação no Jardim do Éden. No judaísmo tradicional, o mal é tratado com sacrifícios de animais. No cristianismo, Cristo é o antídoto definitivo contra o mal; com sua ajuda os seres humanos individuais podem superar o mal que corrompeu a natureza humana.

tos como ser humano. No entanto, precisamos ter em mente que essas são categorias *nossas* e que outras culturas podem ver – e muitas vezes veem – o mundo em termos totalmente diferentes.

Um julgamento pessoal de que algo é radicalmente mau não implica necessariamente que é mau num sentido absoluto. Embora existam casos em que consideramos seguro fazer um julgamento incondicional do mal radical – o Holocausto, por exemplo – a maioria das situações é muito menos nítida.

Nossos conceitos culturais ocidentais de bem e mal estão carregados de pressupostos judeu-cristãos e nosso foco é direcionado muitas vezes para problemas menos graves, como os que envolvem a sexualidade, enquanto se presta pouca atenção aos aspectos mais prejudiciais de nossa cultura, como a violência gratuita, o racismo oculto e o patriotismo cego.

A abordagem do mal de acordo com o monoteísmo ocidental

Ao explicar a existência do mal, as religiões monoteístas estão gravemente limitadas por seus pressupostos e posições teológicas. Elas descrevem o divino como totalmente bom e ao mesmo tempo todo-poderoso; isso torna difícil para elas proporcionar uma explicação satisfatória da presença do mal e uma abordagem satisfatória para lidar com ele.

Visto que sempre houve mal e sofrimento no mundo, ou Deus não é totalmente bom ou não é todo-poderoso, já que o mal continua desenfreado. Se é realmente onipotente, Deus deveria ser capaz de impedir o mal; mas, se não o faz, como se pode dizer que Ele é totalmente bom? Se Deus não pode prevenir o mal – ou se pode, mas opta por não preveni-lo –, não podemos realmente pedir-lhe ajuda e esperar ser ajudados.

Talvez Ele permita que o mal e o sofrimento nos acometam apenas para verificar como lidamos com Ele, e poderia, se quisesse, dar-nos uma mãozinha de vez em quando – mas isto o tornaria parcialmente cúmplice no mal e novamente não seria uma fonte adequada ou confiável de ajuda.

Não seria fácil entrar num campo de concentração ou numa enfermaria de crianças com câncer e proclamar solenemente a bondade total de Deus. Diante desse tipo de realidade cruel, alguns teólogos nem sequer tentam algum tipo de justificação de Deus. Ao invés, afirmam que os caminhos de Deus são insondáveis e tudo o que podemos fazer é confiar em sua sabedoria e misericórdia. No entanto, nossa experiência da sabedoria de Deus é que nem sempre ela nos parece uma sabedoria, e nossa experiência de sua misericórdia é que nem sempre essa misericórdia nos é oferecida quando dela precisamos. Por isso nossa mente não se pacifica tão facilmente – especialmente se nós mesmos fomos vítimas do mal e carregamos dor e aflição inimagináveis. Não podemos deixar de perguntar: "Por que o mal?" e "Por que eu?"

Teodiceia: a justificação de Deus

Alguns teólogos procuram explicar o mal assumindo o ponto de vista de que ele é logicamente compatível com a bondade de Deus. A tentativa de justificar Deus em face do mal, ou pelo menos de compreender a necessidade do mal no contexto da bondade de Deus, chama-se teodiceia. Foram apresentadas ao longo da história muitas teodiceias, algumas mais desatinadas do que as outras. Apresento aqui uma breve resenha de algumas delas a fim de mostrar as deficiências a partir de um ponto de vista psicológico.

Uma teodiceia típica é uma teodiceia na qual o mundo como um todo é considerado bom, mesmo que porções individuais dele possam parecer más à nossa mente humana limitada, que não consegue ver o quadro mais amplo. Em termos psicológicos, no entanto, embora nossa mente possa ser realmente limitada, ela é tudo o que temos em nossa luta para chegar a um acordo com nossa experiência do mal.

Não temos outra maneira de considerar a vida a não ser a partir de uma perspectiva humana. Embora o apelo a um "quadro mais amplo" possa ser boa teologia, certamente não é boa psicologia; as partes do quadro mais amplo que não podemos ver ou experimentar não podem formar a base de uma abordagem psicológica do mal. Para uma vítima do mal, por exemplo, não adianta dizer-lhe que no quadro mais amplo seu sofrimento não é realmente mau, mas bom, e só *parece* mau a partir de sua perspectiva limitada. Para a pessoa sofredora a experiência subjetiva desse sofrimento é tudo o que importa.

Sustentar que aquilo que experimentamos como mal está realmente a serviço de um bem superior também não adianta se não sabemos o que é esse bem superior. O sofrimento de Cristo era significativo para Ele porque via o bem superior que esse sofrimento poderia realizar, mas a maioria de nós que sofremos não está nesta situação. Se estivéssemos num nível muito elevado de consciência, poderíamos, como Cristo, ser capazes de ver o bem superior que o nosso sofrimento está realizando; mas poucos de nós se encontram nesse nível. E, quando estamos sofrendo, não somos inclinados a acreditar que nosso sofrimento está fazendo algum bem a qualquer pessoa e menos ainda inclinados a aceitar a palavra de algum outro.

Muitos teólogos definem o mal em termos de pecado e definem o pecado como algo que vai contra a vontade de Deus. Mas existe pouco acordo entre as religiões mundiais sobre qual é exatamente a vontade de Deus. A pessoa leiga suspeita que muitíssimas vezes a "vontade de Deus" é de fato a vontade dos detentores do poder, disfarçada de vontade de Deus para obter legitimidade e autoridade. Mesmo que tivéssemos certeza acerca do que é a vontade de Deus para nós, a evidência de que o sofrimento é um castigo pelo pecado é frágil.

Quando o dano é causado a bebês, ou a animais, ou ao meio ambiente, por exemplo, é preciso perguntar que pecado estes cometeram para merecer o mal que lhes foi causado[75]. Para nosso sentimento contemporâneo de justiça parece claro que o mal que acomete as pessoas tem pou-

---

75. Em resposta a esse desafio, os cristãos podem invocar a ideia do pecado original, assim como os hindus podem apelar à doutrina do carma. Quanto ao pecado original, o cristão diria que nos tempos bíblicos a identidade primária de uma pessoa derivava do coletivo (ou grupo) ao qual ela pertencia. Assim, sua existência como membro da raça humana tinha precedência sobre sua existência como indivíduo. Nesse mundo de identidade coletiva (ou corporativa), a desobediência de um único indivíduo, como Adão, implicava a responsabilidade coletiva de toda a raça humana e, por isso, ela era merecedora de castigo coletivo. Na psicologia da identidade coletiva, todas as crianças inocentes, enquanto descendentes de Adão, compartilham a responsabilidade pela desobediência dele e, por isso, herdam as consequências. Uma importante consequência da desobediência de Adão foi que toda a raça humana – inclusive as crianças inocentes – foram alienadas de Deus. Nesse estado de alienação de Deus, as crianças estão sujeitas à dor e ao sofrimento, mesmo que possam ser inocentes de qualquer malfeito. São Paulo propôs que, assim como a desobediência de Adão alienou de Deus a raça humana e trouxe o pecado e a morte a todos os homens, a morte de Cristo revoga a alienação e reconcilia toda a raça humana com Deus. Essa reconciliação ainda não é completa; mas, quando for, as crianças inocentes não precisarão mais sofrer. Sem dúvida, essa explicação satisfazia as pessoas nos tempos bíblicos, já que se dirigia à sua constituição psicológica. No entanto, nossas noções de identidade e justiça mudaram consideravelmente desde então e hoje é difícil ver a justiça em pessoas sendo obrigadas a suportar as consequências da desobediência de outra pessoa ou ser punidas por ela. Nosso sentimento de identidade individual nos leva a esperar que seremos julgados com base em nossos próprios méritos individuais e só neles. Esse é outro indício do quanto é necessário desenvolver uma espiritualidade que fale às necessidades psicológicas de nosso tempo.

ca ou nenhuma relação com seu comportamento. Para a mente moderna o Deus bíblico mostra-se arbitrário e injusto. Ouvi também pregadores fundamentalistas declararem que o mal e o sofrimento estão presentes no mundo como uma advertência para que nos comportemos corretamente; destinam-se a despertar-nos espiritualmente. Isto, no entanto, é um apelo ao medo e não ao amor, e sugere que Deus está de certa forma tentando coagir-nos a sermos bons. A mente moderna reage instintivamente contra essas formas indiretas de coerção.

Alguns teólogos sustentam que Deus não causa o mal, mas apenas o permite. Também isto não satisfaz a mente moderna, porque parece que os teólogos estão tentando livrar Deus de dificuldades. Para a vítima do mal essa distinção teológica é apenas uma minúcia muito sutil, porque para o sofredor faz pouca diferença *prática* o fato de Deus causar o mal ou apenas permiti-lo. Saber que Deus simplesmente permitiu que o sofrimento acontecesse não torna a dor mais fácil de suportar. E mesmo que a única conexão de Deus com o mal seja que Ele o sanciona, a vítima *inocente* do mal ainda deseja saber por que Deus permite seu sofrimento quando este é completamente imerecido.

Outro argumento para explicar a existência do mal é que, se devemos prestar obediência pronta e espontânea a Deus, então precisamos também estar livres para desobedecê-lo, e isso cria imediatamente a possibilidade de fazer o mal. O livre-arbítrio e a moralidade seriam logicamente impossíveis se o mal não tivesse lugar no universo. Esse é, de fato, um problema filosófico – um problema para o qual não existem respostas psicológicas óbvias.

Na verdade, a liberdade vem com um preço, um preço que nem todos podem estar psicologicamente prontos a pagar. A maioria das pessoas considera o problema "liberdade *versus* mal" uma solução de compromisso: Quanta liberdade devo abandonar a fim de evitar a dor? Quanta dor devo suportar a fim de ter liberdade?

A maioria das pessoas razoáveis está disposta a suportar algum sofrimento em troca da liberdade. No entanto, a solução de compromisso parece ter alcançado um ponto crucial, em que o sofrimento humano parece estar fora de toda proporção em relação a quaisquer benefícios que possam ser obtidos por ter a liberdade de escolha.

O desequilíbrio está se tornando psicologicamente impossível de suportar, especialmente para a psique ocidental, em que a tolerância à dor se tornou relativamente baixa. Por fim, argumenta-se que os humanos precisam de desafios para crescer moralmente e espiritualmente, e lidar com a dor e o sofrimento nos proporciona justamente esse desafio; daí o velho adágio "A adversidade constrói o caráter".

Em termos psicológicos, a adversidade, como a angústia, pode ter um efeito positivo quando experimentada em quantidade limitada. Baixos níveis de angústia podem realmente desencadear o alerta e estimular uma pessoa à ação; mas, quando a angústia cruza certo limiar, pode ter um efeito paralisante. A adversidade e o sofrimento parecem ter alcançado um limiar semelhante na psique ocidental.

Houve tentativas de modificar a imagem tradicional de Deus para torná-la mais compatível com nossa experiência moderna do divino. Uma escola de pensamento conhecida como teologia do processo[76] sugere que Deus tem duas naturezas: abstrata e concreta. Em sua natureza abstrata (ou aspecto transcendente), Deus é intemporal e perfeito, ao passo que em sua natureza concreta (ou aspecto imanente) Ele não é todo-poderoso, nem imutável e nem onisciente, e não é a fonte última no universo. Ele é um fator entre muitos que operam no mundo e se encontra no processo de evolução tanto quanto se encontra o universo, já que Deus contém o universo.

Deus não provoca acontecimentos no mundo unilateralmente ou pela força; o poder divino é apenas o poder de persuadir. O poder criativo existe como um princípio separado de Deus, e Deus não tem acesso exclusivo a esse poder.

Os acontecimentos no mundo têm um poder criativo próprio que interage com o poder de Deus. Alguns princípios básicos do universo são inerentes à natureza das coisas, e nem mesmo Deus pode mudá-los. Um desses princípios fixos é que o amor não pode operar pela força e, por isso, o amor de Deus requer que Ele permita às pessoas fazer escolhas más se desejarem.

Deus não tem plena responsabilidade pelo mal existente no mundo, porque ele não é todo-poderoso nem o poder criador exclusivo no universo. Além disso, Deus não pode impedir o mal porque, para fazê-lo, preci-

---

76. A teologia do processo sugere que somos sócios de Deus no processo da existência. O divino é mais bem-entendido em relação a valores como verdade, beleza e bondade. Na medida em que preferimos esses valores ou optamos por eles, refletimos o divino. Esse ponto de vista situa o divino no contexto do tempo e do espaço e não na esfera transcendente dos absolutos.

saria utilizar a força, e isso é incompatível com seu amor. Na verdade, Deus simplesmente não tem a intenção de prevenir o mal. Já que nós estamos em Deus e Deus está em nós, Ele sofre o mal conosco. O mal surge de interesses conflitantes e Deus trabalha amorosamente para tentar estabelecer harmonia entre todos esses interesses conflitantes.

Profundamente influenciado pela teologia do processo, o rabino Harold Kushner escreveu *When bad things happen to good people* (2004) como uma maneira de chegar a um acordo com a morte de seu filho jovem devido à progéria incurável. Kushner estabelece uma diferença entre mal natural e mal humano. O mal natural inclui desastres naturais, difusão de doenças e outros acontecimentos aleatórios; esse mal não acontece por alguma razão determinada.

As leis da natureza e a aleatoriedade não fazem distinção entre pessoas boas e pessoas más, de modo que pessoas boas contraem doenças e morrem em terremotos e acidentes junto com pessoas más. Nesses casos de sofrimento *inevitável* é menos importante perguntar por que pessoas boas precisam sofrer do que perguntar o que elas farão com seu sofrimento.

O mal humano surge do fato de que Deus não pode utilizar a força para obrigar os humanos a deixar de fazer coisas cruéis a outras pessoas. Parte de nosso sofrimento nós o causamos a nós mesmos e esse é um sofrimento *evitável*. Deus pode ajudar-nos a evitar esse sofrimento. Quando enfrentamos nosso sofrimento com coragem e dignidade, Deus se manifesta em nós.

Essas tentativas de remodelar nossa imagem de Deus são um passo na direção certa. Sugerem que a raça humana está lutando por uma nova forma de espiritualidade que fale à nossa experiência do divino como ela ocorre em nosso tempo. Em última análise, nossa maneira de relacionar-nos com o mal está ligada diretamente à nossa imagem pessoal de Deus e cada um de nós precisará elaborar essa imagem de Deus para si mesmo.

A abordagem de textos sagrados

Para o psicólogo o apelo à autoridade de um texto sagrado ao abordar o problema do mal levanta a questão de como decidir em qual confiar. A tradição judeu-cristã, por exemplo, afirma que a Bíblia é a autoridade última acerca do bem e do mal. No entanto, a Bíblia parece aprovar comportamentos que nos termos contemporâneos seriam considerados evidentemente maus.

A matança em massa[77], por parte dos israelitas, de várias tribos que viviam na chamada Terra Prometida seria hoje quase certamente descrita como limpeza étnica. Assim, cada tradição religiosa lida com o mal em função de sua própria história e de suas crenças fundamentais. Na Bíblia o mal e o sofrimento por um lado, e a felicidade e o sucesso por outro, são atribuídos à desobediência e à submissão à vontade de Deus respectivamente.

Infortúnios, desastres naturais, derrota na guerra – tudo isso é o resultado da indignação de Deus Pai com a desobediência de seu povo escolhido; "como um homem corrige seu filho, assim o Senhor teu Deus te corrige" (Dt 8,5). A moralidade vem de Deus e sofrimento é o castigo por infringirmos suas normas. Mas o castigo é para nosso próprio bem, "porque o Senhor repreende [censura] a quem Ele ama, como um pai ao filho preferido" (Pr 3,12). Tudo o que é necessário é nos desviarmos dos maus caminhos.

Embora não compreendamos os caminhos de Deus, somos em grande parte responsáveis pelo que nos acontece, já que podemos escolher como nos comportar. Essa é uma imagem de Deus com um aguçado senso de justiça, mas também cheia de misericórdia e disposição a perdoar se abordada pelos canais corretos.

No entanto, este meticuloso sistema de recompensas e castigos é questionado quando se torna óbvio que o bom comportamento nem sempre traz recompensas.

Os profetas hebreus Jeremias (cf. Jr 12,1-2) e Habacuc se ocupam com o tema da prosperidade dos malvados. Habacuc protesta junto a Deus que o mal e a opressão parecem passar impunes: "Por isso a lei se enfraquece / e o direito jamais vigora. / O ímpio cerca o justo, / por isso o direito aparece torcido" (Hab 1,4). Deus chega a dizer a Habacuc que as coisas piorarão porque os caldeus, um "povo cruel e impetuoso, que [...] se apodera de habitações que não lhe pertencem", está prestes a invadir a terra – por instigação de Deus; Habacuc compreende isso como um castigo de seu povo. Mesmo assim Habacuc protesta que Deus permite que seu povo sofra injustamente: "Por que contemplas os pérfidos / e silencias quando um ímpio devora / alguém que é mais justo do que ele?" (Hab 1,6.13). No entanto, Deus não responde a Habacuc, mas simplesmente diz que os ímpios fracassarão e serão punidos.

---

77. Essa matança parece ter tido sanção divina – cf. Dt 30,16-17. E, novamente, após a vitória israelita sobre os madianitas, Moisés mandou seu povo matar todas as mulheres – exceto as virgens – e crianças (Nm 31,16-17).

Habacuc ficou satisfeito com relativa facilidade, mas não o Jó bíblico. Esse sofre terrivelmente em consequência de uma aposta entre Deus e Satanás. Deus permite que Satanás atormente Jó num experimento proposto por Satanás. Jó fica confuso com seu sofrimento: não pode compreender o que está acontecendo em termos de alguma coisa que tenha feito.

Os amigos de Jó pressupõem que seu sofrimento deve ser um castigo, porque essa é a explicação padrão do sofrimento, mas Jó sustenta que sua culpa não é suficiente para justificar a gravidade do que aconteceu. Ele quer compreender o que aconteceu e precisa que Deus o escute. Talvez Deus tenha algum outro objetivo. Dúvidas acerca da justiça de Deus se insinuam em nossa mente à medida que somos convencidos pela óbvia sinceridade dos protestos de Jó. Jó não está interessado nas opiniões de seus amigos; ele quer ouvir o próprio Deus.

Finalmente Deus admite que o sofrimento não é apenas um castigo por mau comportamento, mas um ser humano simplesmente não pode compreender os caminhos de Deus – esses precisam apenas ser aceitos. Afinal de contas, Deus sabe o que é melhor, mas não pode explicar seus caminhos a seus filhos.

Jó passa no teste e Deus ganha sua aposta. No fim, o livro insinua que o mal sofrido por Jó é transformado em bem quando o que ele perdeu lhe é restituído, mas o livro atenua o fato de que seus filhos ainda estão mortos.

Essa glosa é típica das teodiceias tradicionais. A suposição de que um dia Deus corrigirá tudo ignora o fato de que ocorreu tanto horror que, faça Deus o que fizer, algumas coisas nunca voltarão ao normal. Mesmo que um belo dia no futuro vejamos que Auschwitz foi "necessário" para algum objetivo divino, ele ainda não será aceitável no nível humano[78]. Para nós a acusação continua, a não ser que a onipotência divina consiga cancelá-la.

O livro posterior do Eclesiastes é mais profundamente cético e pessimista do que o Livro de Jó. O autor enfrenta o mesmo problema que ainda nos preocupa: ele admite que está tentando compreender a "tarefa ingrata que Deus impôs aos seres humanos para dela se desincumbirem" (Ecl 1,13).

---

78. Argumentar que o Holocausto é aceitável porque levou ao estabelecimento do Estado de Israel é invocar o argumento do "bem maior". Isso não ajuda muito os que morreram no Holocausto. Os árabes locais que foram deslocados pela formação do Estado de Israel apontariam que, de seu ponto de vista, não houve nenhum bem maior.

O tema do livro é o seguinte: grande parte dos esforços humanos é inútil, as pessoas são oprimidas pelos poderosos sem ninguém a quem recorrer e grande parte do mal é o resultado de vaidade e insatisfação. As mulheres más são um problema particular. Como não podemos compreender a vontade de Deus, devemos resignar-nos a ela e buscar a sabedoria.

No judaísmo posterior os rabinos atribuíam o pecado a uma inclinação má presente nos seres humanos, cujo remédio era a adesão estrita à lei. Deram-se conta de que o sofrimento dos aparentemente inocentes e o sucesso dos evidentemente maus suscitavam um problema. Por isso, para equilibrar as contas, qualquer recompensa ou castigo que não fossem óbvios na vida do indivíduo seriam acumulados em seus descendentes (Ex 20,5-6). Essa solução era necessária como um consolo pela perseguição do povo judeu.

Apesar de todo seu sofrimento e exílio, os judeus consideravam inconcebível que Deus não fosse escrupulosamente justo. Em vez de censurar Deus por seus próprios infortúnios, aceitavam seu sofrimento como um castigo por seu mau comportamento próprio. Ao tentar explicar por que os inocentes sofrem e os maus prosperam, os rabinos recorreram à ideia da confiança na providência divina. Os rabinos desaprovavam qualquer questionamento da justiça de Deus, já que para eles questionar a sabedoria de Deus era o ato supremo de *hybris* de uma criatura para com seu Criador (Is 49,9-10). A atitude de resignar-se à vontade de Deus pode ser vista na reação de Aarão diante da morte de seus dois filhos por um fogo vindo do céu; a Bíblia diz simplesmente: "Aarão permaneceu calado" (Lv 10,3).

Por causa de seu firme compromisso com o monoteísmo, os judeus não podiam aceitar a possibilidade de que o mal estivesse situado em outro poder sobrenatural; o mal deve de alguma forma fazer parte de Deus. Assim, nos escritos dos profetas encontramos afirmações como esta: "Eu sou o Senhor e não há outro; fora de mim não existe Deus. [...] Eu formo a luz e crio as trevas, eu estabeleço a paz e crio o mal" (Is 45,5-7). Essa ideia é muito mais aceitável no judaísmo do que no cristianismo, onde o mal está restrito à esfera criatural.

Posteriormente, os rabinos medievais (como Moisés Maimônides e Abraham Ibn Daud [Agus, 1972]) adotaram uma posição semelhante à dos Pais da Igreja em relação ao bem e ao mal: Deus não criou o mal – isso seria incongruente com sua natureza –, mas o mal surge da ausência de bem. Os rabinos invocaram também o argumento do livre-arbítrio: precisamos ter o mal no mundo a fim de sermos capazes de exercer uma escolha e escolher o bem livremente. Outra justificação para o mal era que ele é nosso desafio – sem ele não podemos desenvolver-nos espiritualmente. No entanto, essas tentativas de fazer do mal um problema menor não são inteiramente convincentes e a existência do mal permaneceu um problema importante para o judaísmo tradicional. Para muitos judeus o Holocausto se tornou necessário para repensar radicalmente a imagem de Deus em sua tradição religiosa.

Na verdade, o Holocausto pode ser utilizado como um critério para testar todas as teorias do mal. Todas as racionalizações anteriores acerca do motivo por que Deus permite o mal perdem a irrelevância diante da enormidade deste acontecimento; e, de fato, qualquer tentativa de racionalizá-lo é uma desonra para suas vítimas.

Em nossa angústia diante do mal em tal escala, alguns de nós exigirão de Deus uma explicação, enquanto outros manterão uma aceitação muda e deprimida – o silêncio de Aarão. Já que não há como negar que Deus tem a responsabilidade última por não fazer nada para deter a carnificina, o pensamento religioso não tem outra opção senão recorrer à ideia da misteriosidade dos caminhos de Deus[79]. Para muitas pessoas o Holocausto demole de uma vez por todas a imagem tradicional de Deus como totalmente bom. O problema do mal é insolúvel enquanto for mantida essa fantasia de Deus.

A imagem cristã de Deus demonstrou não ser mais útil para nossa compreensão do mal do que a imagem judaica de Deus. Assim como os autores do Novo Testamento, Santo Agostinho (2023) tentou explicar a existência do mal fazendo-o remontar à desobediência de Adão, já que supostamente foi dessa maneira que o mal entrou no mundo. Agostinho acreditava que o mal emerge na ausência de bondade e no contexto das fraquezas humanas.

O teólogo moderno John Hick, em seu *Evil and the God of love* (1978), aborda o problema da mesma maneira que o bispo Irineu do século II. As misérias do mundo são a arena na qual os humanos podem lutar pelo

---

79. Entre os ultraortodoxos existe um filão de pensamento primitivo de recompensa-castigo, de acordo com qual o Holocausto foi um castigo pelo fracasso dos judeus em ser suficientemente observantes da lei.

bem, de modo que podem, em última análise, escolher Deus livremente; o mundo é o "vale de criação de almas": o mal e o sofrimento são o terreno fértil onde a alma pode crescer em direção a Deus. No entanto, esta noção levanta seus próprios problemas.

Como podem experiências *físicas* no mundo *material* afetar a alma, que supostamente é uma essência *não* material? Se é apenas o ego que sofre e faz escolhas morais, então qual é a natureza da interação entre o ego e a alma? É verdade que a exposição ao sofrimento e ao mal revela às vezes o que há de melhor nas pessoas, coisas como coragem e autossacrifício; mas muitas vezes o sofrimento revela igualmente o que há de pior nas pessoas. Grande parte do mal e do sofrimento é tudo menos edificante moralmente em seus efeitos: não vemos, por exemplo, por que é bom milhares de crianças africanas inocentes passarem fome ou morrerem de Aids. Além disso, se o sofrimento é bom para a alma e foi intencionado por Deus para o desenvolvimento espiritual humano, então toda prática médica deveria ser banida, já que, em seus esforços para aliviar a dor e curar doenças, se opõe diretamente à vontade de Deus.

Simone Weil (1986, p. 192) argumenta que "o sentido da miséria humana é uma precondição da justiça e do amor". Numa linha semelhante, Jane Mary Trau, em *The co-existence of God and evil* (1991), revisita a ideia tradicional de que o mal pode produzir um bem maior. Se o mal é necessário para a criação de almas (um bem maior), então o mundo em que vivemos (o "vale de criação de almas"), com todas as suas múltiplas fontes de sofrimento deve ser a maneira como Deus projetou que ele fosse. Essa teoria se baseia no princípio de que o fim (ou seja, o desenvolvimento espiritual dos seres humanos) justifica os meios (o mal e o sofrimento).

A vida de Jesus é um exemplo fundamental da noção de que o sofrimento é necessário para uma conquista espiritual. O que importa na paixão e morte de Cristo é não simplesmente que Deus não alivia nosso sofrimento, mas de preferência que Deus está presente conosco em nosso sofrimento – é esse o significado da imagem de Cristo crucificado. Além disso, a ressurreição de Cristo proporciona esperança do triunfo final do bem sobre o mal.

Pelo menos para os teólogos cristãos, por trás dessa espécie de justificação do mal está a imagem do sofrimento de Jesus, que eles consideram claramente um bem maior. Se Ele pôde sofrer com serenidade e fé, nós também podemos; e então deve haver também um objetivo maior para o nosso sofrimento. Sem sofrimento não teríamos a oportunidade de praticar a paciência e a compaixão. A recompensa por suportar pacientemente o sofrimento neste mundo é a vida eterna no outro.

Será que essa teoria justifica a dor e o sofrimento de crianças e animais, ou de pessoas que nunca ouviram falar de Jesus? E o que dizer do mal que acontece sem qualquer boa razão, sem nenhum "bem maior" aparente? De acordo com essa visão, nosso desenvolvimento espiritual é mais importante do que nossa felicidade e nós só podemos desenvolver-nos espiritualmente se sofrermos.

Embora seja verdade que a espiritualidade possa fortalecer-se pelo sofrimento, visto que algumas pessoas recorrem a Deus em sua aflição, essa teoria não responde à questão do *por que* o sofrimento é necessário para o desenvolvimento espiritual. Além disso, não leva em consideração o fato de que o mal e o sofrimento podem levar também a mais mal, ao amargor, à raiva da vida e à destruição das relações. Como algumas pessoas se desenvolvem espiritualmente por meio do amor, da alegria e da gratidão, resulta claro que o sofrimento não é o único meio de desenvolvimento espiritual.

Utilizando Auschwitz como uma régua para medir essa visão do sofrimento, podemos perguntar: Como Auschwitz ajuda uma criança a caminho da câmara de gás a saber que essa horrível experiência é necessária para a criação de sua alma ou que a ajudará em seu desenvolvimento espiritual? Será que essa explicação nos ajuda hoje, quando pensamos sobre essa criança mais de meio século após o acontecimento? A explicação está simplesmente distante demais da experiência humana atual.

A convicção de São Paulo de que Deus "transformou em loucura a sabedoria do mundo" (1Cor 1,20) também não ajuda muito, porque nos leva de volta ao argumento "Papai sabe o que é melhor", uma espécie de justificação de Deus pela fé. O cristão crente pode participar da história de Jesus aceitando a crucifixão de Cristo como seu meio de salvação, mas isso torna o sofrimento um pré-requisito para ter uma relação com Deus[80].

---

80. Alguns cristãos, como Madre Teresa, acreditam que não só o sofrimento de Cristo na cruz é um pré-requisito para uma relação com Deus, mas também nosso sofrimento humano individual. As pessoas que são trazidas aos abrigos de Madre Teresa para os moribundos não recebem tratamento médico para sua dor, mas são estimuladas a suportar seu sofrimento como Cristo suportou seu próprio sofrimento. A falta de cuidado médico adequado para os reclusos em fase terminal no Lar para Indigentes Moribundos em Calcutá foi documentada pelo Dr. Robin Fox

Uma imagem de Deus que implica dor e sacrifício humano fala de um Deus que está zangado e precisa ser apaziguado. Não existe realmente nenhuma outra maneira de ter uma relação com Deus a não ser pelo apaziguamento? Esse Deus fala às nossas necessidades atuais?

Os humanos sempre procuraram bodes expiatórios para carregar sua desgraça. Nós vitimizamos as pessoas que representam para nós as coisas más que negamos em nós mesmos, e atacamos aquelas que invejamos porque têm o bem que nós desejamos, mas percebemos estar fora de nosso alcance. A criação de bodes expiatórios e a projeção nos possibilitam manter nossa ilusão de inocência.

Hitler conseguiu utilizar esses mecanismos para convencer os alemães de que eram superiores, ao passo que os judeus, os ciganos, os homossexuais, os eslavos e outros eram um flagelo. Os judeus foram particularmente suscetíveis de projetar inveja inconsciente por causa de seu autoproclamado *status* de povo "escolhido" de Deus. O cristianismo utiliza processos semelhantes ao fazer Jesus carregar os pecados de toda a raça humana e retratar sua morte como um sacrifício que redime o mundo[81].

Nós estivemos sempre preocupados com nosso próprio mal e sempre tivemos necessidade de um bode expiatório para expurgar nosso sentimento de culpa. Não precisamos nem sequer ter *feito* algum mal para sentir-nos culpados; Freud observou que podemos sentir-nos culpados por nossos pensamentos homicidas, como se o simples pensamento fosse equivalente à própria ação, mais ou menos como Jesus disse que era[82]. Recorremos a todo tipo de práticas supersticiosas ou rituais religiosos para repelir o mal que tememos. Às vezes essas práticas aliviam de fato temporariamente nossa angústia e assim nos dão uma sensação de que nossa fé religiosa está "funcionando".

A mitologia cristã é muitas vezes apresentada como contendo o exemplo último de amor autossacrificial, mas seu violento lado sombrio é quase

---

(1994), num artigo publicado na revista médica britânica *The Lancet*. Numa conferência de imprensa em Washington D.C. em 1995, Madre Teresa declarou: "Penso que é muito belo os pobres aceitarem sua sorte, compartilhá-la com a paixão de Cristo. Penso que o mundo está sendo muito ajudado pelo sofrimento das pessoas pobres" (apud Hitchens, 1995).

81. Essa maneira de pensar tem suas origens no antigo ritual hebraico do Yom Kippur (Dia da Expiação) (Lv 16). Nessa cerimônia, o sumo sacerdote punha ritualmente os pecados de toda a comunidade sobre um bode que era então despachado para o deserto, carregando os pecados do povo e purificando assim a comunidade.

82. Jesus teria dito: "Todo aquele que olha para uma mulher com desejo libidinoso já cometeu adultério em seu coração" (Mt 5,28).

sempre ignorado. A história cristã teve consequências tanto positivas quanto negativas na história, porque sua imagem subjacente de Deus é ambígua.

A constante ênfase cristã na bondade de Deus serve como uma máscara para os aspectos sombrios da imagem de Deus retratada na mitologia. Tendemos a selecionar num sistema mitológico aqueles aspectos que se encaixam em nossa psicologia. Pessoas oprimidas podem identificar-se com o sofrimento de Jesus e ver nele um libertador; mas, quando existem tendências sadomasoquistas numa personalidade, os aspectos cruéis da mitologia cristã podem com a mesma facilidade dar origem à opressão.

Em toda a história do cristianismo, por exemplo, as mulheres foram geralmente relegadas a um papel subordinado. Esse padrão continua ainda hoje na negação da ordenação às mulheres em algumas denominações cristãs, como na declaração da Convenção Batista do Sul, em 1998, de que uma mulher deve "submeter-se cortesmente" à liderança de seu marido[83].

A ambivalência da mitologia se reflete também no fato de que, embora as ideias bíblicas estivessem no cerne do Movimento dos Direitos Civis e tenham contribuído para o fim da segregação racial nos Estados Unidos, elas foram também utilizadas para justificar a escravidão e a discriminação racial contra os negros[84]. E, como alguns cristãos antigamente acreditavam que suas atitudes racistas estavam de acordo com a Palavra de Deus, assim alguns hoje ainda acreditam que sua homofobia tem justificação bíblica. Para provar essa postura, citam São Paulo: "Ou não sabeis que os injustos não herdarão o Reino de Deus? Não vos iludais! Nem os impudicos, nem os idólatras, nem os adúlteros, nem os efeminados, nem os sodomitas [...] herdarão o Reino de Deus" (1Cor 6,9-10). Esse tipo de pensamento deve muito de sua força ao lado sombrio da mensagem cristã.

---

83. Esse ensinamento se baseia em passagens como a de Ef 5,22-23: "As mulheres casadas sejam submissas a seus maridos. [...] Pois o marido é cabeça da mulher..."
84. Os que utilizam a Bíblia para justificar a escravidão ou a segregação se baseiam na história de Canaã, filho de Noé, que encontrou seu pai bêbado e nu em sua tenda. Canaã saiu da tenda e zombou de seu pai na frente dos irmãos. Eles, porém, por respeito ao pai, entraram na tenda de costas, para não ver seu corpo nu, e o cobriram. Quando ficou sóbrio, Noé amaldiçoou Canaã, dizendo: "Que ele seja o último dos escravos de seus irmãos" (Gn 9,25). Os apoiadores da escravidão ou da segregação racial dos negros afirmam que a maldição de Noé contra Canaã teve o selo de aprovação de Deus. Com base em outras passagens bíblicas, conclui-se que os africanos são os descendentes de Canaã e, por isso, a manutenção dos escravos africanos é meramente o cumprimento da maldição de Noé e está de acordo com a vontade de Deus. A Bíblia parece tolerar a escravidão em vários lugares, como Gn 9,25; 1Rs 9,21; 2Rs 4,1, e passagens como essas foram utilizadas por cristãos no Velho Sul em defesa contra os abolicionistas, a quem acusavam de ir contra a vontade de Deus.

A imagem de Deus subjacente às teodiceias tradicionais suscita igualmente outros problemas. Por exemplo, ela fala de Deus em termos humanos, apresentando-o como um Ser que se comporta de certa maneira, como se Deus fosse, de certa forma, uma pessoa muito importante. Em seu livro *An introduction to the philosophy of religion* (2004), Brian Davies mostra que todos os argumentos tradicionais para a existência de Deus pressupõem que Deus é um agente moral, da maneira como são os humanos – um ser individual entre outros seres que pode ter efeitos fora de si mesmo. Mas essa maneira de pensar sobre Deus diminui realmente seu *status* como Deus, reduzindo-o a algo contido no universo. Se Ele é realmente Deus, nada pode estar fora dele, porque Ele contém todas as coisas, inclusive o universo – Ele é o próprio Ser e não *um* ser. Se é assim, Ele não pode ser pensado como um agente moral que tem deveres e obrigações e faz escolhas morais que afetam os outros (como os humanos).

Na psicologia profunda não surge esse problema, porque o divino não é considerado uma entidade, mas antes um princípio organizador. Jung falou de Deus como o Si-mesmo, como a Totalidade da Consciência. Se o divino é a totalidade da consciência, então precisamos admitir que Deus se manifesta *também* através do mal, como um poder das trevas, como o Javé do pensamento hebraico primitivo.

Assim como os profetas hebreus, a abordagem baseada na psicologia profunda reconhece que o Si-mesmo, a imagem de Deus que experimentamos, tem um lado luminoso e também um lado sombrio. Os teólogos cristãos, no entanto, geralmente rejeitam esse ponto de vista, porque não se encaixa em sua imagem de um Deus de amor totalmente bom e porque rejeita a noção de um Deus *pessoal*. Existe também o medo de que permitir um lado sombrio do divino pode levar a práticas ocultas como bruxaria, magia maléfica e adoração de Satanás.

No entanto, a divindade sombria tem um rosto mais comum, mais familiar. Por acaso, a destruição do meio ambiente, a ganância coletiva, a exploração dos impotentes e a busca da guerra em nome da democracia não evidenciam que a identificação com o lado sombrio do Si-mesmo é realmente uma forma popular, embora inconsciente, de prática religiosa? Evidentemente, os teólogos tradicionais podem argumentar que esse tipo de mau comportamento tem origem humana ou demoníaca e certamente não divina. Ainda assim, restam problemas incômodos.

Se o mal no mundo é de origem demoníaca, então o demoníaco estaria em pé de igualdade com o divino, visto que Deus parece impotente para impedir que coisas más aconteçam – ou, pelo, menos, opta por não intervir. Por outro lado, se considerarmos o mal um fenômeno puramente humano, então não podemos explicar seu poder numinoso e cativante.

Seja como for, para o adepto da psicologia profunda não existe nenhuma manifestação psicológica poderosa que seja *puramente* humana. O que denominamos psique "humana" está impregnado de elementos transpessoais; esses complexos que nos levam a tratar mal os outros têm um núcleo arquetípico, mesmo que surjam de experiências humanas.

Abordagens psicológicas do mal

Algumas pessoas têm uma personalidade estruturada predominantemente por complexos detestáveis e destrutivos, de modo que o mal caracteriza seu comportamento o tempo todo. Outros são atormentados por surtos periódicos que dominam temporariamente sua personalidade costumeira. Quando complexos negativos se apoderam de nós, sentimo-nos possuídos por um momento e fazemos coisas das quais depois nos arrependemos dizendo: "Eu me pergunto o que me acometeu". Temos a sensação de que estamos fora de controle, porque o ego não está realmente sob controle; durante esse momento em que somos dominados, o complexo domina a mente.

Seja ou não o diabo uma entidade objetiva, do ponto de vista psicológico o que a mitologia denomina diabo é um complexo destrutivo na personalidade que cria devastação quando irrompe. No caso das pessoas que denominamos malvadas, esse setor da personalidade está sempre ativo; mas, mesmo na pessoa comum, basta ele assumir a combinação adequada de circunstâncias para evocar o setor sombrio da personalidade.

Na Alemanha nazista o governo assassinou milhões de pessoas recrutando a sombra latente de todo um país, uma sombra que Hitler personificava. Visto que existiam também forças sociais, históricas, religiosas[85] e econômicas atuando para permitir que o Holocausto acontecesse, a contribuição do psicólogo consiste em analisar os mecanismos mentais que facilitaram a ascensão dos nazistas.

---

85. Por "forças religiosas" entendo o antissemitismo que foi endêmico na Europa, promovido principalmente pelas várias denominações cristãs.

Nos anos recentes surgiu um debate sobre quantos alemães estiveram realmente envolvidos no assassinato em massa dos judeus. Seja qual for o número exato, houve evidentemente muitos que estiveram ativamente envolvidos ou que colaboraram de bom grado, e isso levanta a seguinte pergunta: Quais processos psicológicos tornaram possível que alguns alemães resistissem aos agrados nazistas, mas outros não?

Muitos alemães foram arrastados pela oratória de Hitler. Em parte, isso aconteceu por causa do processo de idealização, um mecanismo psicológico extremamente eficaz, embora infantil. Em tempos de incerteza e angústia, certas pessoas necessitam desesperadamente de alívio e de um sentimento de direção vindo de uma figura forte. Quando essas necessidades não são satisfeitas na infância, permanece um intenso desejo delas na idade adulta; e, quando aparece uma figura carismática que parece proporcionar as respostas corretas, essa figura é imediatamente idealizada, ou considerada mais do que humana, às vezes até divina, e seus defeitos passam despercebidos ou são desculpados.

A oratória de Hitler induziu muitos de seus ouvintes a identificar-se com ele, porque ele conseguia tirar vantagem dos sentimentos caóticos deles, chegando a dar foco e estrutura a esses sentimentos. Havia uma sintonia entre o que Hitler dizia, o que as pessoas sentiam e o que elas precisavam ouvir para se sentirem novamente fortes após sua derrota na Primeira Guerra Mundial.

Durante seus discursos Hitler parecia transformar-se: deixava de ser uma figura frágil e insegura e passava as ser um super-homem todo-poderoso; e isso proporcionava aos alemães uma impressionante analogia visual de si mesmos como uma nação que se transformava, passando de um povo humilhado, derrotado e desunido a uma superpotência poderosa e temida.

Alguns alemães precisavam entorpecer-se psicologicamente ou embriagar-se com álcool para praticar as matanças, mas houve muitos que se entregavam à brutalidade simplesmente porque sentiam prazer nela. Nesse último grupo estavam sádicos e sociopatas latentes; a marca registrada do nacionalismo de Hitler apenas deu-lhes um escoadouro socialmente aceitável para sua patologia e eles conseguiram galgar posições de poder que nunca teriam atingido em circunstâncias ordinárias. Outros ainda passaram por lavagem cerebral por parte da propaganda[86] do regime, que os levou a aceitar uma ideologia que classificava as pessoas em duas categorias, preto e branco, extremamente polarizadas: os que estão conosco e os que estão contra nós; os escolhidos e os rejeitados, os salvos e os condenados, os totalmente bons e os irremediavelmente maus.

Esse tipo de pensamento não se limita ao nazismo; existem muitos exemplos dele em nosso próprio mundo social e intelectual. Psicologicamente ele se baseia no mecanismo de defesa infantil conhecido como divisão. As experiências na mente de uma criança são organizadas levando em conta se as necessidades do bebê são satisfeitas ou não; isso ajuda a regular e estabilizar a angústia da criança. A realidade está dividida em totalmente boa e totalmente má, e os cuidadores são percebidos nesses termos de tudo-ou-nada, como perseguidores ou como totalmente amorosos.

No desenvolvimento sadio, esses extremos são gradualmente integrados numa percepção mais realista dos outros e numa aceitação do fato de que as pessoas têm uma série de qualidades, tanto positivas quanto negativas. No entanto, em personalidades anormais ou primitivas, como as da liderança nazista, a divisão persiste, e isto lhes permite considerar alienígenas ou não plenamente humanas certas pessoas, como os judeus, os ciganos e os eslavos.

Na estrutura dessa convicção ideológica, os nazistas não tinham nenhuma dificuldade em separar-se da humanidade de suas vítimas e assim podiam cometer genocídio sem culpa consciente. Os judeus eram alvos prontos para a projeção dos infortúnios do país, devido às gerações de antissemitismo patrocinado pelo governo e pela Igreja, que havia prevalecido na Europa até então. Na presença da divisão patológica, eles se tornaram os bodes expiatórios convenientes para os males sociais do país.

Para compreender o comportamento daqueles alemães que não eram patologicamente tão primitivos como os nazistas, mas mesmo assim participaram da agenda nazista assassina, precisamos recorrer à extrema eficácia e persuasividade da máquina de propaganda nazista.

---

86. Uma das principais técnicas de propaganda do governo consiste em aviltar o inimigo, levando as pessoas a considerá-lo em termos de categorias negativas – categorias associadas imediatamente com o mal. Os comunistas falavam da burguesia e os seguidores de Mao e Pol Pot destruíam a *intelligentsia*; o fato de colocar esses rótulos de categorias nas pessoas tornava-as de certa forma menos do que humanas.

Os nazistas conseguiram cooptar para seus próprios objetivos a burocracia autoritária existente, com sua ênfase no dever, na obediência e no respeito à autoridade. Tudo isso, combinado com o uso do terror, foi suficiente para doutrinar na ideologia nazista todas as pessoas, exceto as de mentalidade mais independente. Assim que as autoridades declarassem que certo grupo era menos do que humano, o assassinato em massa dos membros desse grupo recebia tacitamente sanção oficial e podia ser executado com clara consciência a serviço do nacionalismo, da ideologia e da lealdade.

A eficácia da propaganda nazista foi realçada pela marca sombria da espiritualidade que Hitler também ofereceu ao povo alemão. A idealização primitiva é realmente uma busca de uma divindade. Sob a necessidade de idealizar uma figura heroica está a necessidade de projetar o Si-mesmo, de experimentar uma figura divina.

Hitler intensificou a dinâmica espiritual em ação mediante seu apelo romântico à raça, ao sangue, aos valores populares e às imagens pagãs, explorando assim o nível mítico e o nível arquetípico da psique nacional. Ele utilizou também o poder do ritual – comícios-monstro e marchas e uma atitude quase religiosa para com o líder – para dominar a consciência de seus seguidores[87].

As sementes semeadas por Hitler floresceram num terreno cultural autoritário, etnocêntrico, rígido e militarista. Alguns historiadores sugeriram que esses traços são tipicamente germânicos, insinuando que um Holocausto só poderia ocorrer na Alemanha. Rudolf Hoess, chefe do campo da morte de Auschwitz, insistia que era simplesmente um cidadão que cumpria seu dever.

Poder-se-ia pensar que essa obediência servil à autoridade é uma característica exclusivamente alemã. No entanto, acontecimentos mundiais posteriores, a história mundial e a pesquisa psicológica moderna mostraram que o potencial de assassinato em massa e de obediência destrutiva à autoridade está presente em muitas sociedades e que esse potencial pode ser facilmente transformado em realidade quando há o conjunto adequado de condições sociais.

Em 1963, o professor Stanley Milgram (1974) conduziu um experimento na Universidade de Yale para testar essa afirmação. O experimento desti-

---

[87]. Em algumas igrejas, a cruz do altar era substituída pela suástica e o *Mein Kampf* de Hitler substituía a Bíblia. Em alguns círculos ofereciam-se orações a Hitler.

nava-se a estudar como pessoas obedeciam de bom grado a ordens, mesmo quando parecia que essas ordens estavam causando grave dano aos outros.

Milgram simulou uma situação de ensino e aprendizado na qual dizia aos alunos que queria testar se o castigo afetava a velocidade do aprendizado das pessoas. A cada "professor" voluntário no experimento se dizia que, como parte do método pedagógico, ele tinha a permissão de administrar, se necessário, choques elétricos dolorosos ao "aprendiz", um indivíduo afável com um "problema cardíaco", que, na realidade, era um ator que colaborava com Milgram. Foi dito aos professores que os choques podiam ser dados se o aprendiz falhava em memorizar pares de palavras e que podiam aumentar a intensidade dos choques até níveis perigosos.

O aprendiz, acorrentado a uma cadeira com falsos eletrodos presos ao corpo não sentia na realidade nenhuma dor, mas reagia como se os choques fossem reais. Os professores aumentavam a intensidade dos pretensos choques o suficiente para fazer o aprendiz gritar em agonia e finalmente parecer entrar em coma. Deu-se aos professores a opção de recusar-se a participar a qualquer momento durante o experimento, e cerca de um terço se recusou quando os choques começavam causar evidente aflição ao aprendiz. No entanto, com o estímulo do investigador, os que não abandonavam voluntariamente o experimento continuavam aplicando os choques a ponto de causar grave dano se fossem reais.

Infelizmente, esse experimento mostrou que mesmo que alguém seja educado num ambiente democrático, nem sempre é possível esperar que ele resista aos incitamentos de figuras autoritárias para que se comporte de maneira brutal e desumana. Se houver as circunstâncias adequadas, a necessidade de conformar-se com os ditados da autoridade pode atropelar os ditados dos valores pessoais de um indivíduo.

Milgram concluiu que esse experimento mostra que algumas pessoas farão o que lhes dizem sem ser refreadas por sua consciência. Uma implicação mais perturbadora é que algumas pessoas simplesmente sentem prazer em causar dor e se entregarão sem freios a esse prazer quando tiverem a oportunidade de fazê-lo de uma forma socialmente aceitável.

O professor Philip Zimbardo (1999-2007) executou um experimento igualmente perturbador[88] na Universidade de Stanford no verão de 1971.

---

88. Cf. também o Holah Psychology website (http://www.holah.karoo.net/zimbardostudy.htm) para uma análise e crítica do artigo original no qual foram publicados pela primeira vez os

Ele pagou a estudantes voluntários para participarem de um experimento de simulação de prisão com a duração de duas semanas. Seis dias após o início, o experimento precisou ser concluído e a prisão simulada precisou encerrar as atividades, porque a simulação se tornara perigosamente próxima da realidade. Os participantes começaram a comportar-se como se fossem prisioneiros reais e guardas reais – facilmente perderam de vista o limite entre realidade e simulação.

Embora os participantes tivessem a liberdade de deixar o experimento a qualquer momento, ninguém exerceu esse direito. Os "prisioneiros" ficaram patologicamente dependentes e traíam seus companheiros de cela por favores como um cobertor extra. Os "guardas" caluniavam, amaldiçoavam e escarneciam dos "prisioneiros" de maneira extremamente sádica.

Assim como o experimento de Milgram, o de Zimbardo mostrou que, havendo as forças sociais adequadas, as pessoas comuns podem comportar-se e se comportarão de maneira chocantemente abusiva – não apenas porque lhes dizem para fazê-lo, mas porque sua crueldade inata recebe um escoadouro[89].

Os estudantes nestes experimentos não foram criados sob um governo extremamente autoritário, com líderes que exercem poder total, nem foram expostos ao tipo de brutalidade oficial que prevalecia sob os nazistas. Precisamos, portanto, perguntar o que é que, na natureza humana, levou os estudantes a comportar-se da maneira como se comportaram. Não podemos satisfazer-nos em projetar nossa escuridão sobre os nazistas, sobre a polícia chinesa na praça de Tiananmen, ou sobre Saddam Hussein e seus capangas. Os regimes que essas pessoas representam oferecem "ganchos" prontos para esta projeção, porque personificam o mal. Mas, a não ser que neguemos, sentimos que todos nós somos suscetíveis a certos tipos de mal e muitas vezes nos preocupamos que o mal possa dominar-nos da mesma maneira que dominou tantas pessoas.

---

resultados do experimento (artigo original: Haney, Banks e Zimbardo, 1973, pp. 4-17).
89. É preciso observar que o psicólogo Erich Fromm discordava das conclusões tanto de Milgram quanto de Zimbardo e tinha sérias reservas sobre a maneira como foi conduzido o experimento prisão-simulação. Para sua crítica, cf. Fromm (1973, pp. 76-90).

O problema da projeção

Cada um de nós tem sua própria maneira de lidar com o sentimento de nossa escuridão, embora as religiões tradicionais tenham muito a dizer sobre bom comportamento e mau comportamento e exijam de nós obediência aos padrões morais que elas estabelecem.

Esses ditados não são difíceis de seguir se coincidem com nossa personalidade. Mas a maioria de nós precisa lutar com nossos impulsos e desejos quando procura aderir aos padrões da moralidade tradicional. Podemos precisar suprimi-los – ou seja, utilizamos conscientemente nossa força de vontade para inibir nossos impulsos menos aceitáveis, embora às custas de um vago sentimento de culpa, que precisa ser constantemente amenizado.

A fim de cumprir o que é socialmente aceitável, precisamos reprimir nossos desejos, com o resultado de impedir que tomemos consciência do impulso negativo. Embora isso nos possibilite manter nossa culpa fora da consciência, muitas vezes projetamos nossa maldade nos outros. Quando encontramos um bode expiatório para carregar nossa escuridão somos capazes de assumir uma atitude moralista e farisaica. O resultado é o preconceito racial, étnico ou de gênero, ou algum outro tipo de intolerância.

A projeção de sua própria escuridão inconsciente nos outros está na raiz de guerras, queima de bruxas, genocídio, pogroms, Cruzadas e dos muitos massacres de hereges que salpicam a história do cristianismo. Alternativamente, em vez de projetar a sombra, podemos simplesmente preteri-la como insignificante; ou seja, podemos ter consciência dela, mas não admitimos sua importância emocional. No longo prazo, esses mecanismos de divisão não funcionam; a sombra – aquela parte da personalidade que gostaríamos de repudiar – vem a público, mesmo a partir dos recipientes mais santos.

O uso da divisão e da projeção sobre os outros para manter um sentimento de probidade pessoal significa que algum aspecto do nosso si-mesmo precisa ser sacrificado em vez de ser enfrentado conscientemente e resolvido. Quando a sombra é negada podemos ver uma *persona* de bondade, uma fachada que esconde a sombra, mas não lida com ela.

É perigoso manter essa divisão radical entre bem e mal. Alguns pregadores da moralidade judeu-cristã tradicional se identificaram a tal ponto com a bondade e os valores oficiais da tradição que estão completamente inconscientes de sua própria sombra. Mas os aspectos negados da personalidade não desaparecem e podem tornar-se tanto mais obscuros por serem ignorados.

Os conteúdos sombrios da personalidade impõem à pessoa demandas periódicas. Quando a sombra irrompe, como ocorre inevitavelmente na forma de mau comportamento sexual ou financeiro, os que antes pareciam modelos de virtude mergulham muitas vezes no desespero, porque não conseguem mais utilizar sua pregação aos outros como uma maneira de ocultar suas próprias dificuldades.

Os alicerces inconscientes do mau comportamento

Pregação, ensino, oração, confissão e outros métodos tradicionais de lidar com a sombra pessoal só são parcialmente bem-sucedidos porque enfocam exclusivamente atitudes conscientes. Nos últimos cem anos a psicologia profunda descobriu que existem poderosas motivações inconscientes para o mau comportamento. Essa descoberta é importante, porque é mais fácil lidar com o mal que compreendemos do que com o comportamento que parece incompreensível. Quanto mais claramente compreendemos o que está impulsionando o mau comportamento, tanto mais podemos ajudar as pessoas a lidar com ele e é menos provável que simplesmente digamos às pessoas que evitem o mau comportamento.

Uma das compreensões da psicologia profunda é que o mesmo comportamento exibido por pessoas diferentes pode ter fontes inconscientes bem diferentes. Não podemos compreender o comportamento sem uma compreensão desses alicerces. Por isso, numa abordagem da espiritualidade com base na psicologia profunda, não basta simplesmente rotular certo comportamento como "pecaminoso" sem tentar entender suas origens. Prescrições universais para o bom comportamento podem ter pouco valor no caso individual; nem sempre é útil dizer às pessoas que elas precisam enfrentar seus impulsos e melhorar os defeitos em seu caráter; apenas um bom conselho pode não ser suficiente para lidar com complexos poderosos. Não podemos livrar-nos do inconsciente simplesmente estabelecendo normas; por isso não adianta muito apenas definir os "sete pecados mortais" e declará-los proibidos. (Nosso sistema legal também reconhece que existem na personalidade forças emocionais poderosas que diminuem a possibilidade de autocontrole.)

O mal humano é às vezes mais trágico do que censurável. Às vezes as pessoas se comportam de maneiras más numa tentativa de dominar o mal que lhes foi infligido. Muitas vezes vemos um comportamento destrutivo resultante de uma privação tão grave na infância que a pessoa se torna incapaz de resistir às forças que a empurram para o mal. Um bom exemplo é um dos meus pacientes, um homem de meia-idade, que chamarei de Sol.

À primeira vista parece que ele viveu uma vida completamente medíocre. Exerce uma profissão, tem mulher e filhos e aparentemente parece não haver nada de incomum nele. No entanto, ele é extraordinariamente sensível ao abandono, já que foi abandonado muitas vezes quando criança. Esses episódios de abandono eram intensamente dolorosos e traumáticos para ele, resultando que como adulto se tornou "alérgico" ao abandono – até a mais leve insinuação de abandono é suficiente para causar-lhe uma reação emocional avassaladora de angústia e depressão. Uma discussão com a mulher ou a impressão de que ela o está abandonando basta para ele começar a desmoronar.

Para manter-se inteiro sente-se completamente impelido a visitar uma prostituta e precisa amarrá-la a fim de ter relações sexuais com ela. Depois sente-se envergonhado, culpado e horrorizado com seu comportamento e resolve nunca mais fazer isso novamente. Mas, cada vez que se sente abandonado, o mesmo complexo assume o comando e ele age como se estivesse num estado alterado de consciência, como se não estivesse em seu juízo perfeito. Quando está sob o domínio do complexo, ele precisa encontrar uma mulher que ele pode odiar e controlar completamente. Ele a prende de tal maneira que ela não pode abandoná-lo, de modo que possa representar o trauma da infância, mas dando-lhe um fim diferente. Em vez de dizer que esse homem está "possuído pelo demônio", podemos dizer que é ativado um complexo negativo, e sua depressão por causa do abandono e angústia por causa da separação são tão intensas que ele precisa encontrar um meio de aliviá-las através de uma representação. Não adianta dizer-lhe que seu comportamento é mau; ele o sabe, e está horrorizado com ele, mas é incapaz de impedi-lo.

A compulsão de Sol de representar seu problema de abandono mostra a existência de setores na personalidade que têm valores e metas radicalmente opostos à nossa visão usual de nós mesmos. Essas porções de nós são assustadoras porque atuam de forma descontrolada na personalidade.

Quando irrompem, levam-nos a comportar-nos de maneiras horríveis e produzem devastação.

É nesses setores "demoníacos" da personalidade que armazenamos nossos traumas da infância, e é neles que mantemos nossa vida não vivida e nossas necessidades mais dolorosas. O "demônio" interior é muitas vezes aquela porção de nós mesmos que recorre ao mal porque se sentiu abusada, ou aquela porção que foi corrompida pelo mal ao qual estivemos expostos.

As exigências dessas porções sombrias da personalidade são muito importantes. Quando causam sofrimento, prestamos atenção a elas; o sofrimento nos dá uma oportunidade de lidar com elas conscientemente. Às vezes essas porções negligenciadas buscam vingança contra os que nos prejudicam, mas às vezes clamam por redenção ou cura, de modo que não podemos simplesmente equiparar a sombra ao mal, como se a sombra fosse sempre uma força totalmente malévola.

Como a mitologia de Satanás o retrata como um rebelde contra Deus, assim também o lado sombrio ou satânico de nossa personalidade se rebela contra o resto de nós e não nos deixa descansar até que lhe prestemos atenção. A rebelião parece necessária para o crescimento humano, assim como o comportamento de Judas (que se diz ter sido inspirado por Satanás) foi necessário para que a história de Jesus se desdobrasse como se desdobrou.

Para Sol, o "mal" surge autonomamente de um determinado setor de sua personalidade; não é a escolha consciente de seu si-mesmo usual. Às vezes fazemos um "pacto com o diabo" no sentido de que nos comportamos de maneira má a fim de lidar com a dor, conseguir aquilo de que necessitamos desesperadamente, manter a autoestima ou às vezes simplesmente sobreviver. O comportamento resultante parece demoníaco, mas pode ser compelido por um desespero incontrolável.

Para os povos primitivos, e ainda para alguns fundamentalistas religiosos, o sentimento de que existe na personalidade uma força independente, que pode assumir o comando de tempos em tempos, é projetado externamente sobre o ambiente externo. Esse processo de projeção dá origem à ideia de Satanás como uma entidade que nos afeta a partir de fora. No entanto, haja ou não realmente uma entidade como Satanás, a ideia dessa entidade pode ser útil para deixar bem clara para nós a natureza transpessoal do mal.

Como todos os complexos, os aspectos destrutivos da personalidade têm em si uma dimensão arquetípica ou transpessoal, de modo que são uma força a ser levada em conta e não subestimada. Na Bíblia, a natureza transpessoal do núcleo do complexo é explicitada na história do Rei Saul e Davi. Invejoso da popularidade de Davi, Saul arremessa uma lança contra Davi, porque "um espírito mau de Deus tomou conta de Saul" (1Sm 18,10). Hoje o "espírito mau" seria descrito como um complexo que de repente tomou posse de Saul. Esses ataques de raiva ocorrem quando não conseguimos conter-nos por causa da intensidade emocional do complexo.

O complexo, nesse caso uma fúria invejosa, domina toda a personalidade. A raiva de Saul tem um componente arquetípico, de modo que é uma mistura de elementos pessoais e transpessoais. Se existe alguma "censura", ela se baseia em ambos os elementos, mas a censura no sentido legal tem pouco valor para o psicoterapeuta.

Falando terapeuticamente, a solução consiste em tornar-se o mais consciente possível da presença do complexo e tentar integrá-lo ou atenuá-lo. No caso da raiva, por exemplo, a integração pode levar finalmente a uma sadia autoconfiança, ou à capacidade de lutar por uma causa importante de maneira controlada.

Em termos religiosos, afirma-se que o diabo é uma espécie de ser ou entidade que se opõe ao poder da bondade. Diz-se que ele nos tenta e pode até assumir o comando completo se não estivermos de guarda. De um ponto de vista psicológico, essa é uma caracterização da luta que travamos com dois tipos opostos de forças que existem dentro de nós. Nossa consciência e sentimentos como remorso, compaixão e pesar lutam contra nossos impulsos mais negativos. Talvez por isso muitas mitologias e teologias, inclusive a do Novo Testamento, consideram nosso mundo uma arena onde Deus e o diabo lutam pela posse da alma humana.

O diabo tenta Jesus oferecendo-lhe autoridade sobre os reinos da terra se Ele o adorar (Lc 4,5). É difícil saber se os autores bíblicos estão falando de maneira literal ou metafórica quando se referem ao diabo como o "soberano deste mundo" (Jo 14,30) e o "Deus deste mundo" (2Cor 4,4), ou dizem que "o mundo inteiro está sob o poder do maligno" (1Jo 5,19). Os teólogos cristãos continuaram a falar do diabo como um poder externo e autônomo, embora insistam que esse poder deriva essencialmente de Deus, que é o único a ter autoridade absoluta.

Na psicologia não podemos fazer essa distinção rígida; na personalidade existem complexos luminosos e escuros, sendo que cada um deles contém num núcleo arquetípico, um aspeto encarnado do Si-mesmo. A porção de nós que é a porção emocionalmente mais poderosa é a que tende a dominar o comportamento em qualquer momento determinado.

A psicologia profunda procura compreender *em profundidade* por que as pessoas se comportam de maneira má. "Em profundidade" significa que levamos em consideração os alicerces inconscientes do comportamento e não apenas suas manifestações superficiais.

A moralidade judeu-cristã, que acentua a necessidade de nossa vontade consciente para nos comportarmos bem, foi um importante passo desenvolvimental na evolução dos nossos padrões culturais, mas não leva em consideração nossas fontes inconscientes de motivação.

Hoje não basta simplesmente insistir que nosso mal será redimido por um salvador que se oferece como um sacrifício vicário, ou que seremos salvos por rituais de expiação, como a confissão, ou que é suficiente a força de vontade apenas. É ingênuo insistir no "autocontrole" e na "responsabilidade pessoal" na presença de forças emocionais poderosas que anulam qualquer dessas possibilidades. Ao mesmo tempo, precisamos enfrentar o fato de que algumas pessoas simplesmente sentem prazer prejudicando ou torturando outras pessoas. Para entender como esses traços se originam numa personalidade, precisamos examinar cuidadosamente os dotes inatos do indivíduo, em seu processo desenvolvimental, e seu pano de fundo cultural. Então, para assistir às vítimas do mal precisamos tentar não só curar o trauma, mas também reduzir seus efeitos sobre a personalidade, visto que o mal pode ter uma influência corruptora. Embora não possamos dizer se existe ou não um mal objetivo ou metafísico fora do comportamento individual, é claro que existem processos psicológicos que levam pessoas a fazer coisas más, e esse comportamento pode ser influenciado por intervenção psicoterapêutica.

Devo observar aqui que às vezes o destino parece conspirar contra nós, mesmo quando não desejamos conscientemente o mal. Isso ocorre quando acontecimentos exteriores coincidem com uma determinada predisposição psicológica. Uma leitura da história de Édipo diz que o mau comportamento, nesse caso o ato de Édipo matar seu pai biológico Laio, ocorre como um resultado de um acontecimento sincrônico: acontece que Édipo e Laio chegam no mesmo momento a uma encruzilhada. Já que nenhum está disposto a fazer concessões ao outro, eles se atracam. Ironicamente, ao matar Laio, Édipo comete justamente o ato que ele está em processo de tentar evitar fugindo da casa de seus pais adotivos. Seu ato mau é determinado não tanto por uma disposição má ou um desenvolvimento defeituoso, mas pelo destino.

Compreensão empática do mau comportamento

O comportamento que consideramos mau pode muitas vezes ser compreendido (o que não quer dizer desculpado) por um processo de empatia com o indivíduo em questão. Aqui a palavra "empatia" é utilizada no sentido técnico em que o psicanalista Heinz Kohut a descreveu. Para ele, empatia não é a qualidade de ser benévolo ou clemente – é, de preferência, um meio de obter informação sobre o que está ocorrendo no mundo interior de outra pessoa. A empatia requer uma fusão psicológica, uma sintonia emocional com a outra pessoa. Nós nos tornamos disponíveis para ser influenciados pelos sentimentos do outro procurando ver o mundo através de seus olhos, imaginando como o mundo é para ele, ou em seu interior. A empatia traz compreensão e a compreensão é um fator crucial ao lidar com um comportamento problemático[90].

As origens desenvolvimentais do mau comportamento

Os seres humanos nascem com o potencial de experimentar a tensão entre amor e ódio, entre crueldade e preocupação com os outros. O ambiente de nossa infância influencia o equilíbrio desses sentimentos. Por exemplo, sabemos que em sua maioria as pessoas que abusam de crianças cresceram em famílias sumamente perturbadas e elas próprias foram vítimas de alguma combinação de abuso sexual, físico e emocional. Em contrapartida, a pessoa que foi abusada na infância, mas luta e sofre com o passado, em vez de infligir um trauma semelhante a alguma outra pessoa, está ajudando a reduzir a toxicidade do mal que lhe foi causado. Se a vítima do abuso utiliza o que aconteceu para ajudar os outros, ou se o perdão é em última instância possível, esse mal pode realmente ser redimido.

Infelizmente, nem sempre está claro por que algumas crianças abusadas se tornam abusadores ao crescer, mas outras se tornam ajudantes. Uma diferença talvez esteja na maneira como o abuso foi experimentado. Algumas pessoas conseguem manter um sentimento de integridade pessoal apesar de

---

90. Kohut chamou a empatia de "desprovida de valor", entendendo que aquilo que fazemos com a informação que obtemos compete a nós; a empatia pode ser utilizada para prejudicar ou para ajudar a outra pessoa. O sádico pode ser empático para com sua vítima no sentido de que sabe exatamente como está fazendo sua vítima se sentir.

terem sido abusadas, enquanto outras parecem tornar-se corrompidas pelo abuso. Parece que em muitos casos uma conexão carinhosa na infância com pelo menos uma pessoa cuidadora pode fazer toda a diferença.

Alguns psicólogos, como Alice Miller (1990), acreditam que toda crueldade com os outros é uma desforra pela crueldade que uma pessoa sofreu. Essa é uma explicação psicanalítica típica para o comportamento de pessoas como Adolf Hitler. Imagina-se que essa crueldade é o resultado de uma brutalidade semelhante que o indivíduo sofreu nos primeiros estágios de sua vida.

A teoria é que, quando fomos vítimas de crueldade ou brutalidade na infância, sentimos um horror e terror que nunca queremos experimentar novamente. Consequentemente, podemos tentar livrar-nos do terror fazendo que um outro o sinta. Essa estratégia obriga alguma outra pessoa a lidar com esses sentimentos insuportáveis enquanto nos permite evitar que nós mesmos os suportemos – deixamos de ser passivos e nos tornamos ativos.

Podemos também matar ou torturar outros, porque representam inconscientemente para nós uma parte de nós mesmos que odiamos, ou aquela parte de nós que foi torturada na infância. Identificando-nos com o vitimizador, podemos fugir de nossos sentimentos de vulnerabilidade e do tormento de sujeição indefesa como vítimas. Abusando de outra pessoa, mantemos inconscientemente contato com a parte de nós mesmos que foi vitimizada e damos alguma forma ao pavor inominável no qual de outro modo cairíamos.

Desse ponto de vista, o mau comportamento pode ser entendido como resultando de nossa necessidade de rechaçar o terror que sentimos diante da perspectiva de sermos novamente uma vítima indefesa – o mau comportamento mantém o pavor sob controle. Além disso, se na infância alguém tenta estabelecer uma conexão com outra pessoa levada à dor e ao terror, então todas as relações com os outros serão consideradas potencialmente perigosas. A crueldade permite uma forma perversa de conexão com os outros de maneira que assegura que não corremos nenhum risco de sermos prejudicados novamente.

Mesmo que essa dinâmica lance alguma luz sobre o problema, será que existem algumas pessoas cujo mal é completamente desproporcional ao que lhes aconteceu na infância? Diz-se que Adolf Hitler era espancado diariamente por seu pai alcoólatra e isso presumivelmente o encheu com o ódio e a fúria que mais tarde ele infligiu aos outros. (Alguns biógrafos contestam ou ignoram esse aspeto de sua vida anterior.) Sabemos também que a mãe de Hitler perdeu um filho e uma filha para a difteria e um terceiro filho logo após o parto, antes de Hitler nascer. Podemos imaginar a aflição dessa mãe e talvez também sua relutância em ligar-se profundamente a um outro filho. (Alguns biógrafos a retratam como excessivamente tolerante.) Será que essas circunstâncias tornam "compreensível" o que Hitler fez? Ou seu comportamento foi desproporcionalmente mau, precisando de algum nível adicional de explicação?[91] Existem algumas pessoas que se comportam de maneira má independentemente do tipo de infância que tiveram? Existe uma coisa como uma "semente má", uma espécie de bebê de Rosemary, um filho do diabo, cujo ambiente de infância é irrelevante? A julgar pelas aparências exteriores parece que algumas crianças com antecedentes aparentemente terríveis tornam-se, ao crescer, adultos bem-comportados, ao passo que crianças com antecedentes aparentemente bons podem acabar agindo de maneiras más.

Somos, portanto, tentados a desconsiderar algum comportamento mau como genético, utilizando a "teoria da bolota" do desenvolvimento, que sugere que essas crianças nascem com um único destino a ser vivido. No entanto, julgamentos sobre a qualidade dos antecedentes de uma criança são muitas vezes superficiais, já que não levam em consideração a possibilidade de formas de trauma emocional e abuso que não são óbvias. Formas sutis de abuso que ocorrem na primeira infância não são aparentes ao observador mediano. Só podem ser detectadas por uma observação meticulosa.

O psicanalista Ronald Fairbairn (1952) acreditava que o psicoterapeuta é o sucessor do exorcista, porque em nosso tempo a expulsão de demônios interiores se ocupa realmente em tentar curar o dano causado por experiências precoces com cuidadores abusivos.

Consideremos o indivíduo abominável, o tipo de pessoa que experimentamos como detestável e destrutivo. Fairbairn sugeriu que, se uma criança sente que sua mãe rejeita seu amor por ela, ou se a criança sente que seu amor é realmente nocivo à sua mãe, ela pode concluir que o amor

---

91. Alguns historiadores sugeriram que Hitler acreditava que estava fazendo o bem, não importando o quão mau possa parecer. Talvez tenham sido influenciados por Sócrates, que pensava que ninguém faz o mal para seu próprio bem – nós fazemos o mal por causa de uma noção equivocada do que é o bem.

é destrutivo. As relações amorosas são, então, sentidas como perigosas para si mesmo e também para os outros. Portanto, a criança não deve nem amar nem ser amada. Então ela pode, ao invés, passar a odiar, já que isso traz pelo menos algum grau de satisfação.

Fairbairn descreve isso como uma espécie de pacto com o demônio, que soa assim: "Ó mal, sê meu bem". Geralmente, parece ser verdade que se abandonamos uma criança ao caos e ao desamparo, ela pode muito bem assumir o mal como o único recurso disponível para organizar seu sentimento do si-mesmo e impedir uma sensação constante de vazio pouco auspicioso.

Alguns psicólogos acreditam que é incorreto presumir que existe essa coisa de criança intrinsecamente má, já que as áreas destrutivas, detestáveis e invejosas da mente da criança se desenvolvem principalmente em resposta à maneira como ela é tratada. Utilizando a empatia ordinária, podemos imaginar que, se um bebê é tratado de maneira detestável, ou se é continuamente deixado sozinho, com medo e faminto, ele acabará sentindo-se irritado e perseguido. A única maneira de o bebê poder manifestar sua angústia avassaladora é chorando ou gritando; mas, se ninguém responde, o bebê acaba desesperando-se. Com o tempo, o bebê abandonado, desamparado e aterrorizado cai num estado de pavor informe, como se mergulhasse na escuridão de um poço sem fundo. Podemos entender empaticamente que, se repetidas com bastante frequência, essas experiências podem levar a um sentimento nuclear de depressão crônica e fúria impotente. À medida que esses setores da mente da criança se formam, pelo menos o ódio, a raiva e a inveja da criança irão organizar o pavoroso caos e dar-lhe algo a que apegar-se. Seria ingênuo presumir que esse trauma precoce não deixa nenhuma marca na personalidade em desenvolvimento. O ódio, a raiva e a destrutividade se incorporam na estrutura do si-mesmo e, num personagem como Hitler, é inevitável que sejam descarregados sobre os outros, porque são simplesmente insuportáveis demais para serem refreados.

Nessas personalidades organizadas de maneira primitiva, a maldade do si-mesmo e a maldade do mundo realmente não se diferenciam. Só um estado de guerra contínua faz sentido. As pessoas que descartam a importância de abordagens psicológicas de acontecimentos como o Holocausto simplesmente não compreendem o poder dos estados emocionais primitivos. O psicoterapeuta é inundado diariamente pelos sentimentos insuportáveis dos pacientes – sentimentos que foram descarregados porque são intoleráveis. Muitas vezes o paciente induz esses sentimentos no terapeuta numa tentativa de obter ajuda para esses sentimentos e assegurar-se de que o terapeuta sabe quão angustiado ele de fato se sente.

Alguns teóricos culpam os pais; outros apontam o dedo para a agressão inata da criança. Adeptos da psicologia profunda, como Melanie Klein (p. ex., Segal, 1974), acreditam que o medo que o bebê tem de perseguidores malévolos resulta realmente da projeção da raiva e destrutividade inatas do bebê sobre seus cuidadores. No entanto, se os cuidadores são de fato malévolos, o bebê não pode estar simplesmente projetando. Geralmente pessoas detestáveis foram elas próprias detestadas e perseguidas na infância por pais cruéis ou indiferentes ou por pais que não queriam a criança. Quando entramos empaticamente no mundo interior dessa pessoa, descobrimos que uma pessoa cheia de ódio é realmente um tanto frágil e o ódio desempenha um conjunto de funções muito importantes.

Uma pessoa cheia de ódio precisa de seu ódio, porque é um sentimento tão intenso que fortalece seu sentimento do si-mesmo; essas pessoas utilizam seu ódio para conservar-se inteiras e para sentir-se vivas, de modo a saber que existem. Alternativamente, elas podem utilizar seu ódio para esclarecer os limites entre elas próprias e outras pessoas, limites que de outro modo poderiam parecer terrivelmente fluidos.

Algumas pessoas detestáveis sentem medo de outras porque foram expostas a um perigo imprevisível na infância. Provocando os outros com sua maldade, elas podem pelo menos exercer um pouco de controle sobre as relações interpessoais e sentir-se menos vulneráveis a um ataque inesperado – atacar primeiro, em vez de esperar ser atacado, remove o elemento desconfortável da incerteza.

Se pessoas detestáveis se consideram a si mesmas completamente más e as outras completamente boas, elas se sentem piores do que nunca a respeito de si próprias; mas, se conseguem, mediante seu próprio comportamento detestável, provocar os outros a retaliar, elas podem sentir-se melhores, porque não são as únicas que se comportaram mal. Parte da dificuldade está também no fato de que acontecimentos desagradáveis parecem ocorrer sincronicamente com frequência maior do que a normal na vida de pessoas detestáveis, porque o mundo exterior e o mundo interior tendem a refletir-se mutuamente.

Algumas pessoas acham que, quando focalizam seu ódio, elas não sentem o nível profundo de desespero que de outro modo as dominaria. O ódio é uma emoção suficientemente forte para manter as pessoas firmes quando se sentem receosas e impotentes. O ódio proporciona um sentimento de identidade quando passa a fazer parte da história e das tradições de um grupo de pessoas, como vimos no conflito entre católicos e protestantes na Irlanda do Norte e vemos atualmente no permanente conflito entre árabes e israelenses na Palestina ou no conflito entre sunitas e xiitas no Iraque. O ódio é uma maneira de compreender situações difíceis da vida; ele mobiliza o si-mesmo e isso é muito melhor do que sentir-se desesperado e desamparado. Por poder fortalecer o sentimento do si-mesmo, o ódio crônico se torna um vício e assim assume uma vida própria. Então, sente-se que tudo o que aumenta o ódio fortalece o si-mesmo e tudo o que diminui o ódio é percebido como uma ameaça ao si-mesmo. Em outras palavras, as pessoas utilizam o ódio para proporcionar algum sentimento de equilíbrio psicológico; por isso é tão difícil livrar-se do ódio e também é muitas vezes ineficaz pregar contra o ódio. Quando o mau comportamento é utilizado para manter o equilíbrio emocional, nenhuma quantidade de doutrina moral mudará o comportamento.

Moralidade e consciência

O fato de podermos proporcionar uma explicação para determinado comportamento negativo não justifica esse comportamento. Tampouco nossa capacidade de compreender o mau comportamento trata da questão de definir se a sociedade deve ou não punir o malfeitor.

Uma das críticas contra a psicologia profunda é que ela tende a remover a responsabilidade pessoal do indivíduo e colocá-la nos pais ou na sociedade. De fato, é possível que os adeptos da psicologia profunda exagerem a conexão entre maldade e conflito emocional na infância. Seria mais realista afirmar simplesmente que a psicologia profunda oferece uma explicação parcial do mau comportamento, na medida em que esclarece o que se passa na mente do perpetrador – parcial porque os fatores sociais, culturais e pessoais também desempenham um papel.

É verdade que certos adeptos da psicologia profunda tentaram substituir o conceito de pecado por ideias de aberração mental ou doença. Isso acontece porque, pelo menos para o psicoterapeuta, o mal é um problema terapêutico e não pode ser descartado como uma simples questão de moralidade. Inversamente, a moralidade não pode ser entendida como uma simples questão de saúde mental – é possível uma pessoa não mostrar sinais de doença mental quando julgada pelos critérios diagnósticos da psiquiatria predominante e, no entanto, cometer atos maus, da mesma forma que uma pessoa emocionalmente frágil pode ainda fazer escolhas morais aceitáveis socialmente.

Precisaríamos de uma revisão radical de nossos compêndios diagnósticos para tornar a própria imoralidade um transtorno mental, e haveria pouco acordo acerca de sua definição. Ou seja, em termos das definições-padrão do transtorno emocional, mal e saúde mental não se excluem necessariamente, embora seja claro que, quando a saúde emocional de uma pessoa melhora, ela é mais capaz de integrar impulsos potencialmente danosos.

A questão de estabelecer se um mau comportamento deveria ser denominado pecaminoso ou doentio ilustra a dificuldade de definir a saúde mental e o mal em termos absolutos. Na verdade, também não é fácil definir a moralidade em termos absolutos, embora saibamos algo sobre suas origens.

Existem várias perspectivas da psicologia profunda sobre essa questão, sendo que a mais antiga é a de Freud. Ele acreditava que nosso inconsciente consiste principalmente em impulsos agressivos e sexuais instintivos, que se chocam com os padrões sociais se os expressarmos livremente. Na infância formamos padrões para nosso comportamento com base nas exigências de nossos pais e da sociedade.

Freud desenvolveu a ideia do "superego", um instrumento da mente que atua como um juiz ou uma consciência interior e nos leva a aderir ao nosso código moral. Se não vivemos de acordo com os padrões do superego, ou se transgredimos nossos ideais, sentimos culpa por causa da voz irritante do superego.

O problema com essa visão é que ela considera a moralidade algo superficial, apenas "ilusório"; uma pessoa pode comportar-se de uma maneira que externamente parece moral, embora o que ela faz é realmente movido pela culpa, pelo desejo de manter a autoestima, ou apenas pela necessidade de parecer aceitável. Os fanáticos de todos os tipos insistem regularmente que seu comportamento se baseia em preocupações morais.

Jung, por outro lado, acreditava que é um erro presumir, como fez Freud, que o inconsciente é apenas uma fonte de conflito potencial com a sociedade. Também o inconsciente tem sua própria moralidade arquetípica embutida, e por isso os sentimentos morais podem surgir espontaneamente como parte das estruturas profundas da psique. Em vez de pensar que a consciência se forma somente em resposta à pressão da família e da sociedade, Jung afirmava que o potencial de desenvolver uma consciência é uma função psicológica inata. O que costumava ser denominando "voz de Deus" podia, na opinião de Jung, ser denominado a função moral do Si-mesmo. Jung acreditava que uma ordem moral faz parte do "substrato inerradicável" da alma; do contrário, a raça humana tal como a conhecemos não teria surgido. Para ele o comportamento só pode ser denominado verdadeiramente ético quando a consciência é sujeita a um escrutínio consciente. Sejam quais forem nossas pretensões conscientes, nossa moralidade real pode permanecer inconsciente e então pode revelar-se em figuras oníricas que se comportam de maneiras que chocam a personalidade desperta.

Piaget (1994), o famoso psicólogo do desenvolvimento, também acreditava que a moralidade é um potencial inato que se desdobra gradualmente. Essa ideia foi refinada (Kohlberg & Hewer, 1983) demonstrando-se que existem vários estágios de desenvolvimento moral. Kohlberg mostrou que existe um elo importante entre a capacidade moral e a força do si-mesmo, entendida como a capacidade de resistir à tentação, refrear os impulsos, adiar a gratificação imediata e enfocar a atenção. Em parte, é por isso que ameaçar uma criança com o fogo do inferno e com a condenação falha em instilar a moralidade judeu-cristã genuína; simplesmente condicionar as crianças a se comportarem adequadamente é menos eficaz do que nutrir o desenvolvimento de um sentimento sadio do si-mesmo e a capacidade de discernimento.

Não podemos aceitar a autoridade moral da consciência sem questionar, pois aquilo que a consciência permite aos indivíduos fazerem depende muito das normas sociais predominantes. Como mostrou Hannah Arendt, na Alemanha de Hitler o que as pessoas de fora consideravam mau se tornou totalmente aceitável socialmente, e a consciência de Eichmann falava com uma voz respeitável (Arendt, 1963, p. 126).

Nós pensamos que conhecemos o mal e a moralidade quando os vemos, mas nossos julgamentos são subjetivos e influenciados por nossa cultura e nossa cosmovisão. A perseguição da Igreja aos chamados hereges e o comportamento das pessoas na Alemanha nazista nos mostram que, se fazemos simplesmente o que nossa tradição religiosa ou nossa cultura ou as leis do Estado nos dizem que é correto, ainda assim podemos fazer o mal.

Nessa situação, um indivíduo pode sentir-se compelido a comportar-se de uma maneira que conflita com a moralidade convencional de sua cultura. A voz do Si-mesmo pode contradizer a voz da consciência e chamar-nos a nadar contra a corrente coletiva. A experiência dos estados totalitários demonstra que para o indivíduo a voz do Si-mesmo é um guia mais confiável para o bem e para o mal do que a moralidade convencional de um superego freudiano. Todos nós precisamos responder à nossa própria maneira a esse chamado.

Parte do problema está no olho do espectador. Dificilmente suporta-se repetir a banalidade de que o combatente pela liberdade de um homem é o terrorista de outro homem. Os massacres cometidos em nome de Deus são inúmeros. Algumas pessoas consideram o aborto um mal em quaisquer circunstâncias, enquanto outros acreditam que em alguns casos o aborto pode ser, do ponto de vista social e psicológico, a coisa responsável a ser feita. Mas precisamos ter algum consenso geral acerca dos critérios sociais que nos levam a pensar que certas ações são mais más do que outras.

Um dano premeditado e deliberado causado aos outros, fria e meticulosamente planejado, é considerado mais repreensível do que um dano impulsivo ou executado num acesso de raiva. No entanto, permanecem perguntas quando procuramos atribuir graus de culpa. A pessoa que mata muitos indivíduos é realmente mais má do que a pessoa que mata um só? Faz diferença se a vítima é desconhecida do assassino? O mal é pior se o assassino não sente culpa ou remorso pelo assassinato? É justificado o assassinato de civis em tempo de guerra, ou isso vale só se a guerra é justa – e quem decide se a guerra é justa ou não?

Existe um nível em que a moralidade se torna uma questão pessoal, a não ser que nos contentemos simplesmente em fazer uma lista de pecados e exigir que as pessoas os evitem; mas isso é muitas vezes apenas um meio de projetar nossa sombra. No entanto, se procuramos ajudar pessoas que estão lutando conscientemente com sua sombra, não adianta muito estabelecer julgamentos morais absolutos.

A não ser que seja um psicopata (um caso especial, que analisaremos adiante), o indivíduo já tem alguma noção de certo e errado. Precisamos perguntar: O que *torna* alguém vaidoso, fútil, ganancioso, invejoso, detestável, violento, promíscuo ou preguiçoso? Sem uma resposta definitiva a essa pergunta, nossa reação é provavelmente aleatória, ou podemos retaliar de uma forma que em si pode ser má, ou podemos simplesmente projetar nossa própria sombra e condená-la no outro. É fácil dizer a alguém que deixe de fazer o que está fazendo porque é imoral ou pecaminoso, mas é muito mais difícil compreender empaticamente esse comportamento.

Shirley come demais e seu ministro a acusa de cometer o "pecado" da gula. O ministro quer que ela peça perdão a Deus e abandone este comportamento. No entanto, esta amostra de conselho moral é inútil, porque se baseia numa premissa falsa. O ministro presume que Shirley come demais porque sente prazer na comida e é autocomplacente e lhe falta autocontrole. Do seu ponto de vista, o problema de Shirley é que ela está muito confinada aos prazeres do corpo, que deveriam ser abandonados em favor de objetivos mais espirituais. No entanto, esta mulher particular foi abusada emocionalmente de maneira cruel na infância. Ninguém jamais respondeu aos seus sentimentos, a não ser para criticá-la e dizer-lhe o quanto ela era inadequada. Agora ela se sente inútil, má e tem vergonha de si mesma. Ela come como um meio de lidar com seus sentimentos de doloroso vazio e depressão, sentimentos que a comida alivia temporariamente. Ela come para acalmar-se e tentar animar-se. Em vez de gostar de seu corpo, ela o odeia. Em vez de desfrutar a comida, ela a odeia por causa do poder que a comida exerce sobre ela. A "gula" de Shirley não é um problema *moral*; ela é inconsolável em vez de má. Dizer-lhe que ela é pecadora – uma falha moral – só aumenta esses sentimentos. A Igreja de Shirley não a ajudou em nada.

Jim tem a obsessão de ganhar dinheiro. Trabalha constantemente, raramente relaxa, nunca tira férias, se queixa do preço de tudo, tem dificuldade em gastar algum dinheiro e é extremamente crítico de si mesmo e dos outros. Em seus negócios ele é conhecido como interesseiro e impiedosamente competitivo, disposto a ter sucesso às custas dos outros, e um patrão ríspido. Sua mulher e seus amigos lhe dizem que ele é duro e ganancioso, algo que ele já sabe – mas não consegue pôr um fim a este comportamento.

Jim cresceu numa família muito pobre, sempre no limiar da sobrevivência, sempre insensível e malvestido. Havia pouca oportunidade para ele desenvolver a autoestima, porque nunca conseguia satisfazer seu pai crítico e ninguém jamais respondeu positivamente às suas conquistas na infância. Via constantemente seus pais angustiados para pagar as contas, incapazes de satisfazer as necessidades cotidianas e chegou a sentir-se culpado acerca das necessidades normais da infância.

A pobreza de seus pais levou a frequentes discussões e à deterioração de sua saúde e ambos morreram jovens, exaustos com o trabalho, a amargura e a angústia. Jim está apavorado com a perspectiva de sofrer destino semelhante. Em idade bastante jovem Jim jurou a si mesmo que não passaria por aquilo que seus pais tiveram que enfrentar; estava determinado a ter muito dinheiro. Portanto, Jim é impulsionado pela constante necessidade de mostrar seu valor, junto com um pavor de ser pobre; esta insegurança o persegue a tal ponto que, independentemente da quantia de dinheiro que realmente possui, ele nunca se sente seguro. O mundo parece precário, a vida parece incerta e o dinheiro parece oferecer pelo menos algum tipo de rede de proteção.

A ganância de Jim não é primariamente um problema *moral*; a empatia de um momento revela que ele está mais apavorado em vez de ser mau. A não ser que estejamos dispostos a considerar todo este comportamento farinha do mesmo saco, e descartá-lo como pecaminoso, independentemente de suas origens, precisamos levar a cabo um meticuloso processo de discriminação[92].

A questão da responsabilidade

Se uma pessoa se comporta de uma maneira má como resultado de abuso e privação na infância, até que ponto esses problemas diminuem a responsabilidade da pessoa por seu comportamento? Até que ponto uma pessoa dessas é censurável? Nosso sistema legal aceita que pessoas mentalmente perturbadas não deveriam ser punidas se lhes falta a capacidade de fazer escolhas morais ou de compreender a natureza de seu ato. Por exemplo, uma pessoa que ouve vozes mandando-a cometer um crime é considerada mais doente do que má.

A noção de responsabilidade diminuída se torna uma área cinzenta no caso de pessoas que não são nitidamente dementes, mas que mesmo assim não conseguem controlar suas ações por causa de um grave transtorno de personalidade. No entanto, a questão da intenção e do controle é sempre crucial para uma discussão sobre o mal. Poderia o infrator ter evitado cometer o que cometeu?

---

92. Esse indivíduo particular estava grandemente angustiado por um sermão que ouviu sobre o encontro de Jesus com o homem rico ao qual foi dito que era mais fácil um camelo passar pelo buraco de uma agulha do que um homem rico entrar no reino dos céus (Mc 10,25). Esse exemplo mostra como um ensinamento espiritual pode estar totalmente em desacordo com um aspecto importante da personalidade de um indivíduo, de modo que o ensinamento é inútil ou até alienante.

O problema é que algumas pessoas são incapazes de optar por não fazer o mal porque não têm liberdade de escolha em seu comportamento. A inevitabilidade de seu mal não diminui o mal, mas clama por uma explicação.

Como vimos nos casos de Sol, Shirley e Jim, a depressão do abandono, um doloroso vazio interior ou uma intensa angústia podem eliminar a liberdade de escolha. Estas dificuldades emocionais podem levar a um comportamento lesivo e mau, mesmo que a pessoa não pretenda comportar-se de uma maneira má. Existem áreas cinzentas, nas quais a origem do mal e o grau de livre-escolha não são claros, mas o verdadeiro problema é que existem pessoas que parecem ter liberdade de escolha, mas mesmo assim optam pelo mal e sentem prazer em infligi-lo aos outros.

O professor Berel Lang, em *Act and idea in the nazi genocide* (2003), acredita que o mal consiste não simplesmente em saber que o que estamos fazendo é mau, mas em fazê-lo *porque* sabemos que é mau, mesmo a julgar por nossos próprios padrões. Podemos entender esse comportamento?

A abordagem empática é levada a seus limites no caso do indivíduo psicopata, cujo comportamento parece proporcionar um exemplo de puro mal. Consideramos os psicopatas emocionalmente perturbados e ao mesmo tempo imorais. São as pessoas que menos compreendemos, com as quais menos conseguimos identificar-nos e que mais nos apavoram, porque é extremamente difícil pessoas ordinárias entrarem empaticamente no seu mundo interior.

O psicopata predatório tem um insensível menosprezo por outras pessoas e quer dominar e manipular os outros. Essa pessoa irá matar, estuprar ou manipular sem nenhuma culpa, vergonha, remorso ou dores de consciência. A única coisa que importa é o poder sobre os outros – não pode haver nenhuma conexão emocional significativa com outra pessoa. O psicopata mente a fim de poder controlar a outra pessoa e sentir desprezo por sua fraqueza. Os psicopatas matam os que são bons e amorosos, porque sua inveja os leva a desvalorizar e destruir o que eles não podem ter, ou seja, a qualidade de bondade de sua vítima.

Alguns psicopatas sádicos sentem prazer em ver os outros sofrerem. Fazem planos meticulosos para o sequestro de suas vítimas e muitas vezes ritualizam o processo, levando a vítima amordaçada e amarrada para um lugar pré-selecionado, antes de começar a tortura. Durante a tortura o sádico permanece emocionalmente desligado. Essas pessoas são malevolamente narcisistas – sentem-se autorizadas a explorar outras pessoas, como se ninguém mais importasse a não ser elas próprias. Não causa surpresa que psiquiatras do século XIX descrevessem isto como uma condição de "insanidade moral".

O tipo de pessoa antissocial não se encontra apenas entre os criminosos. E nem todos os psicopatas são violentos e agressivos. Alguns são muito inteligentes e superficialmente encantadores e persuasivos e são extremamente espertos para evitar qualquer confronto direto com a lei. Por não terem nenhum escrúpulo em utilizar as pessoas e estarem determinados a ganhar a todo custo, eles podem ser muito bem-sucedidos nos negócios, na política ou em qualquer profissão que implique o exercício do poder e da autoridade.

A infância de um psicopata violento típico é caoticamente abusiva, em geral com disciplina extremamente rígida. Não existe harmonia ou amor, ou proteção da família contra o abuso. Muitas vezes a mãe da criança é deprimida e seu pai é explosivamente sádico. Geralmente um dos pais é alcoólatra. A atmosfera familiar é instável e imprevisivelmente assustadora, de modo que não existe nenhum sentimento de poder pessoal ou segurança; esta pode ser uma das razões por que o poder pessoal se torna tão importante para o psicopata.

A criança é tratada de maneira odiosa e sente ódio contra seus torturadores. O comportamento sádico se desenvolve como um meio de autoproteção. O psicopata não consegue reconhecer as emoções ordinárias, em parte porque as emoções o levaram a sentir-se fraco e vulnerável e em parte porque ele tem pouca capacidade de expressão dos sentimentos. Em vez de utilizar as palavras para comunicar sentimentos, o psicopata utiliza as palavras para manipular e controlar os outros; foi isso que ele experimentou em sua família de origem.

Em alguns casos os pais se preocuparam apenas com o uso do poder e transmitiram, muitas vezes inconscientemente, a mensagem de que a criança tinha o direito de dominar os outros. Nessa família perigosa, tudo o que resta é o próprio poder de alguém. A fraqueza é apavorante; poder, agressão e crueldade sádica é tudo o que o psicopata tem a seu dispor para estabilizar o si-mesmo e manter a autoestima. O psicopata não consegue compreender o amor, nem é capaz de amar, porque nunca experimentou o amor e, portanto, não sabe nada sobre ele.

Com esses antecedentes o psicopata não consegue estabelecer ligações normais com outras pessoas, nem se identificar com cuidadores amorosos e carinhosos. Além desses fatores ambientais, existe hoje um crescente corpo de evidências de que os psicopatas têm déficits neurológicos naquelas áreas do cérebro que medeiam a expressão emocional.

A maioria dos psicoterapeutas considera que o psicopata é intratável. Quando se empreende o tratamento, o sucesso é raro, geralmente mediante a atuação de uns poucos especialistas. Por isso, embora compreendamos as origens do comportamento psicopata, a única proteção da sociedade contra o psicopata é o encarceramento.

Não se trata de afirmar que compreender tudo é perdoar tudo; no entanto, existe uma verdade desagradável na maneira como lidamos com os psicopatas. Quando odiamos e desvalorizamos os psicopatas, nós assumimos a qualidade de seu mundo interior. Assim como eles tratam os outros como objetos e não como pessoas, também nós os tratamos como menos do que humanos, e dessa maneira nos assemelhamos um pouco a eles. Exigimos algum tipo de punição ou dizemos que é preciso fazer justiça, mas nesse ponto nossos juízos morais se tornam vagos. É realmente necessário livrar-nos daquilo que não podemos tolerar? Precisamos cair vítimas do mesmo tipo de raiva e ódio que se apossa do psicopata? Ou deveríamos tentar redimir, na medida do possível, tudo o que há de bom neles? Os psicopatas levantam questões morais mesmo que mostrem total desconsideração pela moralidade.

A sombra

Para a pessoa comum, a moralidade tem a ver com a luta de alguém com sua sombra, sendo a palavra "sombra" utilizada para referir-se a porções dele que vão desde as manifestamente más até as simplesmente desagradáveis, vergonhosas ou inaceitáveis.

A sombra é uma espécie de subpersonalidade que emerge quando estamos bêbados, possuídos por um complexo negativo, ou quando nos encontramos em situações extremas, como a guerra. Nos sonhos a sombra é vista como uma figura que se comporta de maneiras que nossa mente consciente repudiaria. A sombra é retratada com bastante frequência na literatura, como o é, por exemplo, na história de Dr. Jekyll e Mr. Hyde, de

Robert Stevenson, onde Hyde, o assassino, representa a sombra do curandeiro, Dr. Jekyll. (A ideia do romance ocorreu a Stevenson pela primeira vez num pesadelo.) Na história *Um conto de Natal*, de Charles Dickens, a sombra de Scrooge aparece como o fantasma de seu parceiro falecido, Bob Marley, que desaprova em Scrooge seu comportamento avarento. No entanto, a sombra não é necessariamente má; ela pode conter qualidades positivas. Uma pessoa com baixa autoestima, por exemplo, pode não estar em contato com suas boas qualidades e talentos, ou ser incapaz de possuí-los. Neste caso, são estas qualidades positivas que constituem a sombra desta pessoa. A sombra habitual do criminoso é seu impulso para ser cumpridor da lei; a sombra do indivíduo brutal é sua sensibilidade, que parece vulnerabilidade e, consequentemente, é renegada.

Não é difícil alguém descobrir os conteúdos de sua sombra. Precisamos simplesmente perguntar a um esposo/a ou a um amigo próximo o que eles consideram mais difícil de enfrentar em nós. Ou, já que tendemos a projetar nossa sombra sobre os outros, podemos fazer uma lista com todas as pessoas de quem não gostamos e com quais elementos nelas presentes antipatizamos.

A sombra pode também atormentar-nos interiormente. Se fomos invejados na infância e a figura invejosa foi internalizada, pode haver em nossa mente algo que inveja nosso próprio sucesso. Então é como se em nós algo dissesse: "Como você ousa ter sucesso – eu odeio você por isso". A própria inveja de alguém pode ser projetada e experimentada como um medo de ataque por parte de outros, de modo que temos medo de ser proeminentes demais ou criativos demais. Muitas culturas acreditam no "mau-olhado", que é de fato uma manifestação social do medo interior de podermos ser prejudicados pela inveja de outra pessoa.

Tendemos a ocultar a sombra atrás de uma *persona* de adaptação social e afabilidade; por isso o confronto com a sombra é embaraçoso, mas crucial para o autoconhecimento. O impasse entre a *persona* e a sombra é um exemplo da tensão dos opostos na personalidade: a sombra tende a querer exatamente o que a *persona* diz que não deveríamos ter. Por conseguinte, a descoberta da própria sombra é desagradável e leva ao conflito moral. A consciência da sombra nos torna interiormente menos divididos, mas ao mesmo tempo não devemos simplesmente ceder a ela, especialmente se ela é fatal.

Um cirurgião com quem trabalhei era universalmente estimado por sua compaixão e seu cuidado, mas seus sonhos continham soldados mercenários, homens dispostos a matar por dinheiro. Ele havia conseguido sublimar sua raiva em seu trabalho profissional, mas era atormentado pela angústia contínua, porque esse material sombrio nunca se afastava muito da consciência. A sublimação desse tipo canaliza a sombra para formas socialmente aceitáveis, mas não necessariamente a integra ou a domina. Quando isso é possível, transformamos a raiva em assertividade sadia, a vulnerabilidade em empatia pelos outros, ou a grandiosidade arrogante em autoestima sadia.

As pessoas que integraram os efeitos do abuso na infância desenvolvem uma espantosa capacidade de perdão. O humor, a capacidade de rir delicadamente de si mesmo, é uma maneira madura de lidar com sua sombra. Se tudo o mais falhar, precisamos simplesmente suportar a sombra ou chegar a um acordo com ela. O problema de chegar a um acordo com sua sombra é que refrear seu mal pessoal requer a capacidade de refrear sentimentos dolorosos e de resistir ao impulso de despejar esses sentimentos sobre alguma outra pessoa. Esta é uma tarefa difícil para pessoas emocionalmente frágeis: sua fragilidade torna insuportável a dor. Isso significa que nossa capacidade de controlar a maneira como nos comportamos sob um grave estresse emocional é diminuída por um frágil sentimento do si-mesmo.

Recipientes culturais para a aflição, como a religião, a arte, a poesia ou a música, podem ser úteis para algumas pessoas. Outras precisam participar de grupos de apoio, como os Alcoólicos Anônimos, para refrear sua aflição, que de outro modo seria representada de maneira prejudicial. Não basta dizer que o mal causa sofrimento; também o sofrimento causa mal. A fragilidade emocional pode levar a muitos males, inclusive à necessidade de controlar, prejudicar e dominar os outros.

O trabalho de integrar a sombra se torna mais difícil pelo fato de que nossa sombra pessoal contém também os aspectos sombrios da cultura na qual vivemos – sua violência, seus preconceitos e a indiferença à injustiça social, por exemplo. Nem que seja por nosso silêncio, nós participamos do mal que nos cerca.

Reciprocamente, a consciência que alguém tem de sua sombra pessoal contribui para o bem-estar da comunidade, porque, quando assumimos a responsabilidade por nossa própria sombra, ela se torna menos perigosa para os outros e menos infecciosa. É menos provável desumanizarmos e rejeitarmos outras pessoas quando aceitamos nossa própria sombra sem projetá-la. Temos mais probabilidade de projetar nossa sombra se nos consideramos unicamente bons, se achamos insuportável reconhecer defeitos pessoais. Precisamos, então, projetar nossos defeitos nos outros a fim de preservar o que temos de bondade em nós mesmos.

O trabalho de tornar-se consciente da sombra é a alternativa da psicologia profunda de lidar com ela dando bons conselhos espirituais, ou suprimindo-a ou reprimindo-a. As tradições religiosas sempre estimularam a autocrítica e o escrutínio da própria consciência. Mas, sem qualquer consciência do *inconsciente*, existe um limite embutido à quantidade do que pode ser alcançado até pela mais rigorosa introspecção. Em vez de rejeitar o lado sombrio da personalidade e insistir que ele precisa de redenção mediante uma crença religiosa ou ritual, a psicologia profunda sustenta que a sombra contém as sementes de uma nova consciência. Não é por acaso que o nome Lúcifer significa "portador da luz"; a sombra contém aquelas porções de nós que precisam ser trazidas à luz. É mais razoável tentar integrar a sombra conscientemente e reconciliá-la com o resto da personalidade do que insistir numa divisão absoluta entre bem e mal.

Para a abordagem do mal centrada na psique, o problema não é que estamos irremediavelmente encaixados no mal, mas que somos inconscientes de nossa sombra e incapazes de refreá-la sem representar. Aqui está uma diferença importante entre uma abordagem espiritual da psique e a tradição cristã. Para o cristianismo o mal é sobrepujado de uma vez por todas pelo autossacrifício de Cristo em nosso favor, já que o amor divino vence o mal, como é atestado pela Ressurreição. Infelizmente uma espiritualidade centrada na psique não tem essa certeza a oferecer.

Em vez de confiar num salvador externo, a abordagem da redenção do mal empreendida pela psicologia profunda implica o desenvolvimento da consciência, a capacidade de refrear sentimentos dolorosos sem representá-los e a ajuda obtida das relações com os outros e com o Si-mesmo. Essas duas abordagens não são incompatíveis; para uma pessoa que é cristã e está ao mesmo tempo interessada em integrar sua sombra, elas podem ser combinadas.

A origem de problemas da sombra, como o ódio, a inveja e a raiva, muitas vezes pode ser atribuída a um choque doloroso entre quem fomos na infância, o que trouxemos à família e a maneira como nossos dotes inatos foram tratados por nossos cuidadores. Esses dotes são um fragmento encarnado do Si-mesmo, que providencia um conjunto de potenciais no nascimento. Esses potenciais incluem talentos e possibilidades e também deficiências e responsabilidades. À medida que evoluímos, encarnamos ulteriormente esses potenciais, formando complexos que podem ser positivos ou dolorosos, prejudiciais ou benéficos para nós e para os outros. Experiências dolorosas e traumáticas da infância favorecem a encarnação dos potenciais sombrios do Si-mesmo, como violência e ódio.

O lado sombrio do Si-mesmo

Para Jung, o Si-mesmo – a imagem de Deus na psique ou nossa experiência do divino (como distinta do próprio divino) – é um símbolo da totalidade, de modo que deve conter o potencial tanto do bem quanto do mal. Aqui encontramos uma diferença importante entre a imagem cristã tradicional de Deus e a visão centrada na psique.

Jung acreditava que o poder do mal é mais do que simplesmente humano. O mal que experimentamos é de proporções gigantescas e, se dissermos que o mal é simplesmente humano, não damos ao seu poder o crédito que ele merece. Podemos argumentar que ocorrências como o Holocausto ou o bombardeio de Hiroshima foram simplesmente o resultado do comportamento humano e nada têm a ver com o divino, mas Jung considerava que ocorrências de tal magnitude são terríveis demais para serem de origem puramente humana.

Não podemos dar-nos ao luxo de ter um conceito demasiadamente pequeno do mal. Os teólogos podem dizer-nos que Deus é somente bom, mas esta é uma asserção para a qual a evidência é variada. De um ponto de vista psicológico, nossa *experiência* de Deus importa mais do que nossa *doutrina* acerca de Deus. O que adianta nos dizerem que Deus é somente bom, quando somos acabrunhados pelos horrores que ocorrem ao nosso redor? A discrepância entre crença e experiência é grande demais.

Nossa experiência cotidiana – e histórica – (enquanto distinta da doutrina) sugere que o Si-mesmo tem em si um lado sombrio. Quando a imagem tradicional de Deus contradiz tão dramaticamente a realidade cotidiana, não é de admirar que as pessoas a levem cada vez menos a sério.

Horrores como Auschwitz e Hiroshima simplesmente não se encaixam na compreensão tradicional de um Deus benévolo[93].

Quando analisou estas ideias, Jung foi malcompreendido nos círculos religiosos por ter utilizado termos como "Deus", "Javé" e "Satanás" em seu sentido psicológico e não como conceitos teológicos. Psicologicamente falando, essas palavras personificam processos arquetípicos que receberam nomes. Eles se comportam como forças autônomas na psique, forças com as quais precisamos relacionar-nos. Sua natureza absoluta não é um tema de estudo para o psicólogo, que se ocupa apenas com a maneira como as experimentamos. Se existe uma divindade que transcende a psique, os conceitos psicológicos não se aplicam a ela.

O próprio Jung se referiu a essa esfera como o Inefável – quando tentamos falar dele, falamos das imagens que dele temos, não da própria Realidade. Para o psicólogo, "Deus" refere-se à maneira como nós experimentamos a Deus; e Jung estava preocupado que não projetemos qualidades humanas, como bem e mal, numa divindade *transcendente* que está além da experiência humana. Fazê-lo seria sem sentido.

O inefável é inefável, de modo que para Jung nem as grandes tradições religiosas podem dizer o que o divino realmente é – elas podem nos dizer apenas como elas falam do divino. Por isso Jung sempre fala do Si-mesmo como uma imagem do divino. Não podemos dizer que o Si-mesmo é Deus ou que Deus é o Si-mesmo – de acordo com Jung (1987, p. 327), só podemos dizer que existe uma consistente "relação psicológica entre eles". Por isso Jung não faz nenhuma afirmação acerca da natureza ontológica do próprio divino.

O conceito que Jung tem do lado sombrio do Si-mesmo causou muita controvérsia e levou a acusações de que ele não era realmente um cristão. Sua proposta, no entanto, não tinha nada de novo; muitas mitologias antigas retratam deuses com ambas as qualidades: são luminosos e sombrios.

Algumas das antigas divindades gregas se comportavam muito atrozmente de tempos em tempos e a tradição hindu reconhece divindades como Kali, que tem um aspecto extremamente sombrio. O antigo panteão egípcio incluía o deus mau Set e a antiga mitologia nórdica descreve Loki,

---

93. Alguns teólogos reconhecem isso. Em *The darkness of God* (1982), Jim Garrison mostra que Hiroshima não pode ser justificada como um desastre puramente humano – Deus estava envolvido na explosão nuclear.

um deus de maldosas trapaças e perversidade. Antigas culturas de culto à Deusa também imaginavam que o divino é capaz de fazer tanto o bem quanto o mal.

O maniqueísmo sustentava uma doutrina de dois princípios transpessoais opostos, luz e trevas, empenhados permanentemente numa eterna batalha cósmica. Também o zoroastrismo acreditava na existência de princípios espirituais de luz e trevas. Até o Antigo Testamento tolera um pouco de trevas em sua imagem de Deus; é só no Novo Testamento (com exceção do Livro do Apocalipse) que encontramos uma tentativa de eliminar todo traço de trevas da Divindade e apresentar Deus como apenas luz, especialmente no Evangelho de João. No entanto, é difícil deixar de observar o lado sombrio da imagem cristã de Deus quando lemos acerca de anjos vingadores laçando pragas sobre os infiéis, como está descrito no Livro do Apocalipse (15–16).

Muitas histórias na Bíblia revelam o lado sombrio da imagem bíblica de Deus. A história de Jó mostra claramente que o mal que o acometeu tinha uma origem transpessoal. Deus é descrito endurecendo o coração do Faraó, de modo que Ele (Deus) pudesse exibir seus poderes lançando as pragas sobre os egípcios e transformando-os em exemplo (Ex 10,1-2). Essa descrição faz Deus parecer nitidamente sádico – claramente uma projeção muito humana.

Além disso, a ideia de que Deus endureceu o coração do Faraó representa uma contradição confusa, já que implica que o Faraó não podia exercer seu livre-arbítrio. Por isso Deus parece injusto em punir o Faraó por fazer algo que Ele próprio o levou a fazer. Sem dúvida, os pais dos primogênitos mortos pelo Anjo da Morte, na décima praga, experimentaram o lado sombrio do Deus do Antigo Testamento, que afirmou seu poder de matar à vontade quando declarou: "Eu causo a morte e restituo a vida; / sou eu quem fere e quem torna a curar..." (Dt 32,39).

Com efeito, o Deus do Antigo Testamento causou muito sofrimento. O profeta Isaías, falando em nome de Deus, diz: "Eu asseguro o bem-estar e crio a desgraça" (Is 45,7); e o profeta Amós diz que Deus é o autor do mal que se abate sobre as cidades (Am 3,6). O pobre Jeremias, um dos grandes profetas do Antigo Testamento, se sente decepcionado e alvo de chacota da parte de Deus (Jr 20,7).

Embora haja diversas afirmações em outros lugares da Bíblia acerca do envolvimento de Deus no mal e no sofrimento (p. ex.: Lm 3,38; Sl 13,2-3), uma das passagens mais dolorosas de ler é o Salmo 88: "Puseste-me no fundo da cova. [...] sofri teus horrores; estou desesperado" (v. 7.16). A ambivalência da imagem de Deus do Antigo Testamento – às vezes misericordiosa, às vezes violenta – está refletida na experiência desses autores.

Quando, pouco antes de morrer, exclamou: "Por que me abandonaste?", Jesus estava citando o Salmo 22. Seu grito é típico de pessoas que enfrentam o duro fato de que Deus parece sancionar seu sofrimento afastando-se delas. Os autores do Antigo Testamento expressam muitas vezes sua frustração com o tratamento que Deus lhes dispensa, mas protestam sem perder a fé. Essa abordagem é preferível a negar categoricamente que Deus tenha algo a ver com o mal, já que um exame honesto da história torna dúbia a afirmação. Por isso Jung não está sozinho quando insiste que existe um lado sombrio em nossa imagem de Deus.

Ele aponta que, se desejamos permanecer verdadeiramente monoteístas, *tanto* o bem *quanto* o mal precisam estar contidos em nossa imagem de Deus (OC 11/4, § 132). A opinião de Jung se baseia no argumento de que nossa imagem do divino deve conter tudo, inclusive qualidades que nos parecem diametralmente opostas entre si, como bem e mal.

Com efeito, em termos psicológicos o cristianismo é dualista, porque separa o lado sombrio de sua imagem de Deus e o projeta no diabo. A não ser que condescendamos com um processo de divisão psicológica, é impossível continuar identificando nossa experiência de Deus só com o bem supremo, levando em conta todas as coisas terríveis que aconteceram – e continuam acontecendo – a nós enquanto raça.

Além disso, dizer que Deus, no nível da transcendência, está "além" das categorias humanas de bem e mal, como afirmam alguns pensadores cristãos, é fugir da questão, já que o próprio conceito de bondade de Deus se torna então sem sentido. À luz de toda a evidência, é notável que a ideia de que Deus é amor persistiu por tanto tempo. Talvez o amor de Deus seja indescritivelmente diferente do amor humano, mas nesse caso nós não o experimentamos realmente como amor, de modo que ele se torna psicologicamente irrelevante como *amor*.

A realidade é que, independentemente do que possa ser a natureza exata do próprio divino, nós *experimentamos* o divino como uma mistura de qualidades opostas. Se o Si-mesmo tem sua própria sombra, esta precisa ser integrada numa Autoimagem total; para uma espiritualidade *psicológica* as trevas divinas não podem mais ser separadas e instaladas na figura de Satanás.

Esse tipo de divisão entre totalmente bom e totalmente mau é característica de crianças muito pequenas, que são incapazes de reconhecer que a mãe que às vezes é a fonte de gratificação e a mãe que outras vezes é a fonte de frustração são, na verdade, a mesma pessoa. Essa divisão pode persistir na idade adulta em pessoas que têm dificuldades emocionais incontroláveis; elas experimentam o mundo em termos de preto e branco. No entanto, a divisão é um processo mental primitivo (e infantil). À medida que amadurece, a criança começa a reconhecer que existem muitas tonalidades de cinza e isso vale para nossa imagem de Deus não menos do que para nós mesmos. Reconhecer tonalidades de cinza é difícil porque implica reconhecer nossa própria sombra, para não falar da sombra do Si-mesmo.

Eu sugeriria que alguns seres humanos criam a noção de um Deus totalmente bom porque julgam aterradora a alternativa. Suspeito que a ideia de um lado sombrio do Si-mesmo pode nunca ser aceitável para monoteístas engajados, porque ela representa uma ameaça muito grande à continuação da tradição monoteísta, já que essa tradição geralmente deriva de Deus sua moralidade; e, se existe um só Deus verdadeiro, Ele precisa ser absolutamente moral e, por isso, absolutamente bom, e não pode ter nenhuma participação no mal.

No entanto, minha própria experiência do Si-mesmo, e a de muitos dos indivíduos com quem trabalhei terapeuticamente, leva-me a acreditar que o que eu experimento como bem e mal são produtos da mesma Inteligência. Eu confio nessa Inteligência, embora não pretenda compreendê-la, e reconheço que às vezes ela parece comportar-se de maneiras que *parecem* monstruosas, mesmo reconhecendo que não há razão para julgá-la. Assim como Jó, portanto, experimento as trevas do divino; e não tenho receio de admitir que o experimento como uma mistura de qualidades, uma mistura que inclui amor, mas também dor, loucura, horror e caos inexoráveis.

Por que é tão árduo e difícil para algumas pessoas admitir isso? Talvez idealizamos o divino e projetamos nele o tipo de perfeição que em nossa imaginação uma figura idealizada tem. A idealização brota da necessidade, normal na infância, de ter alguém que podemos admirar, alguém que sabe tudo e é todo-poderoso, que pode proteger-nos quando temos medo ou estamos perdidos. Nossos pais são geralmente os que satisfazem essa ne-

211

cessidade infantil em sua forma primitiva, mas acabam deslocados de seu pedestal quando começamos a perceber que eles não são tão excelentes como pensávamos que fossem – também eles têm fragilidades humanas.

Mas, a necessidade de um protetor perfeito persiste e nossa imagem de Deus é um lugar conveniente para hospedar esta necessidade. Diferentemente de Freud, porém, eu não defendo que isso significa que não existe um Deus, apenas que nossa imagem ou fantasia de Deus foi colorida por essas necessidades da infância.

Alguns teólogos contemporâneos reconhecem que a presença do mal radical e do sofrimento no mundo nos obriga a aceitar a noção de que existe um lado sombrio do divino. A alternativa consiste em pensar Deus como limitado em poder, incapaz de impedir que o catastrófico aconteça. Essa visão de Deus é ainda mais inaceitável do que a visão de que Deus é totalmente bom, já que esse Deus não se habilitaria para esse título. Em vista disso, alguns teólogos abandonaram a afirmação de que Deus é bondade absoluta.

Robert McClelland (1982) utiliza a metáfora de Deus como um "inimigo amoroso" que quer que nos enfrentemos a nós próprios e aprendamos que vivemos pela graça de Deus. Uma atitude semelhante é assumida por C. S. Lewis, bem-conhecido autor e antigo ateu, que se tornou apologista cristão.

Em *A grief observed* (2001) (livro sobre o qual se baseou o filme *Terra das sombras*), ele acusa inicialmente Deus de ser um sádico cósmico. Lewis descreve como, no início, quando sua mulher morreu de câncer, ele só conseguia sentir raiva de Deus. À medida que a doença progride, suas esperanças são repetidamente esmagadas na medida em que ela mostra sinais de recuperação apenas para piorar. De repente, Lewis compreende com clareza que a pior crise espiritual que pode resultar desse sofrimento e aflição não é a perda da fé, mas a percepção de que Deus é justamente isso – um torturador. Ao lutar com esses sentimentos, Lewis obtém uma nova perspectiva sobre sua situação ao chegar a perceber os elementos de egoísmo em sua aflição. Por fim, ele chega à opinião de que o sofrimento vivido e abraçado é o que eleva os humanos acima do nível dos animais e os torna divinos.

A teóloga feminista Judith Plaskow (1989) é outra autora que pensa que os aspectos assustadores e destrutivos do divino precisam ser reconhecidos junto com imagens do divino como mãe e útero da vida. Seu argumento é que a destruição e a criação existem lado a lado no universo e estão estreitamente inter-relacionadas. Ela afirma que muitas vezes as mulheres experimentam Deus como imprevisível, ambíguo e irracional. Martinho Lutero sugeriu que Deus é por natureza escondido, mas é revelado à humanidade no Cristo crucificado, cuja força está precisamente em sua abjeta fraqueza. Para Lutero, Deus se revela no sofrimento. Essa era talvez sua maneira polida de referir-se ao lado sombrio de Deus.

Para o psicólogo, o lado sombrio do Si-mesmo está encarnado nos seres humanos na forma dos nossos complexos negativos e de nossa sombra, que não são puramente pessoais, já que têm um núcleo transpessoal. Isso significa que algum comportamento que chamamos de mau se origina na psique objetiva, ou Si-mesmo, visto que o lado sombrio da natureza humana tem suas origens arquetípicas no Si-mesmo, e não apenas no comportamento de Adão e Eva.

Assim, em pessoas como Hitler, vemos uma fusão do mal humano com o mal arquetípico – essas pessoas encarnam o lado sombrio do Si-mesmo num grau incomum. Já que a sombra pessoal contém também um elemento da sombra transpessoal, nós temos o potencial de tornar-nos veículos para a encarnação dos poderes aterradores do mal.

O arquétipo, que Jung denominava "órgão de Deus" na psique, é destrutivo quando forma o núcleo de complexos destrutivos, como os de Sol, de Shirley, de Jim e do Rei Saul na Bíblia. Em sua forma negativa, os arquétipos pertencem ao lado sombrio do Si-mesmo, ou a sombra arquetípica, que, numa forma pura, seria o mal radical, expresso na tradição mítica cristã como o Anticristo. No entanto, em termos psicológicos não existe uma clivagem nítida entre luzes e trevas, já que o inconsciente contém ambas, bem como todos os níveis de iluminação intermédia. O que percebemos como oposição entre bem e mal só surge quando nossa experiência é filtrada pela consciência, e é isso que cria a ilusão de que tanto o bem quanto o mal estão "lá fora" – fora de nós mesmos.

Não podemos livrar-nos do lado sombrio da personalidade separando-o piedosamente da consciência. Precisamos aceitar que o aspecto sombrio do Si-mesmo está encarnado em nós e nos faz exigências ao manifestar-se por meio da personalidade. Isso leva ao terrível paradoxo de que, quando lutamos com o mal, nós lutamos com o Si-mesmo.

Aqui encontramos outra diferença radical entre a psicologia profunda e as concepções tradicionais do pecado. A concepção teológica do pecado o considera uma ofensa contra Deus. Mas o adepto da psicologia profunda luta com o problema de que nossos complexos negativos *derivam* parcialmente do Si-mesmo, de modo que nosso mal se deve ao fato de vivenciarmos o lado sombrio do Si-mesmo. Precisamos então pedir ajuda ao Si-mesmo ao lidar com o Si-mesmo, assim como Jó apelou para Deus para ajudá-lo a lidar com Deus. Felizmente, mesmo quando experimentamos o lado negativo do Si-mesmo, o lado positivo está também disponível como um potencial que pode ser realizado.

Jung acreditava que, quando nossa consciência se estende ao inconsciente, descobrimos sempre mais acerca do Si-mesmo e nossa Autoimagem muda de acordo. Jung descreve esse processo como a "transformação de Deus"[94]. Numa tentativa de uma teodiceia psicológica sofrível, Jung sugere que o Si-mesmo causa dor emocional a fim de impor essa nova consciência. Jung acreditava que o processo de tornar o Si-mesmo mais consciente no indivíduo tem um efeito recíproco sobre o Si-mesmo transpessoal; na linguagem tradicional podemos dizer (como o fazem os teólogos do processo) que, assim como Deus afeta a humanidade, também a humanidade afeta Deus. Na linguagem do mito, assim como Jó foi afetado pelo Todo-poderoso, também o Todo-poderoso foi afetado por Jó.

Essa ideia é útil se adotarmos a perspectiva dualista do ego e separarmos o humano do divino. Ela nos ajuda a perceber que nosso trabalho consciente sobre nossa sombra tem um efeito para além da nossa experiência imediata. Se as trevas do Si-mesmo são fixas e imutáveis, então as perspectivas para a humanidade são sinistras e a ideia é aterrorizante. Mas, se o lado sombrio do Si-mesmo pode ser transformado na consciência humana, então não somos vítimas indefesas e existe esperança para o futuro.

Nós somos como Jó, cuja experiência traumática e determinação de descobrir a raiz de seu sofrimento levaram a uma nova imagem do Si-mesmo. Nosso trabalho de tornar o Si-mesmo consciente afeta a maneira como o Si-mesmo se expressa. Talvez a liberdade humana se empenhe realmente em ser capaz de escolher quais aspectos do Si-mesmo serão transformados em nossa personalidade.

---

94. Cf., p. ex., Edinger (1984).

Alguns expressaram a preocupação de que a ideia que Jung tem do lado sombrio do Si-mesmo legitime indiretamente o mal: se o mal existe no Si-mesmo, então eu posso justificar sua existência em mim. No entanto, quando consideramos que Jung falou da *transformação* do Si-mesmo, torna-se evidente que não se trata de legitimar o mal. O mal poderia ser considerado a divisão do lado sombrio, ou o estado em que nós (e o Si-mesmo) estamos inconscientes da sombra.

Se a meta última de todo esforço humano consiste em alcançar o bem, então alcançar o bem seria definido como a tarefa de tornar-se consciente da sombra e assim aumentar a consciência. Ao alcançar o bem, o Si-mesmo é transformado à medida que seu lado sombrio é integrado em sua consciência. No processo contínuo de integração, transformação e expansão da consciência, o mal é gradualmente superado.

Como é na prática o processo de tornar-se consciente da sombra? Durante seu trabalho sobre seu problema sombrio da "gula", Shirley começa a sentir-se menos vazia e mais capaz de manter-se inteira sem comer excessivamente. Ela percebe que seus problemas na infância eram o resultado de uma parentalidade inconsciente infligida a todas as crianças em sua família durante diversas gerações de mães infelizes, que eram depreciadas por serem mulheres. Os efeitos dessa tragédia social foram ampliados à medida que foram passando gradualmente de uma geração para a próxima. Shirley está determinada a não continuar o ciclo de passar esse fardo familiar para as futuras gerações; ela deixa de odiar seu corpo e finalmente valoriza sua feminilidade e a de suas filhas.

O complexo familiar se extingue com ela. Finalmente Shirley se torna uma psicoterapeuta, especializando-se em tratar dos transtornos alimentares. Em virtude da consciência que suas próprias feridas lhe impuseram, ela consegue ajudar outras pessoas. O mal que lhe foi infligido é redimido por seu trabalho consciente sobre sua própria sombra, que lhe possibilita compreender outras pessoas em situações difíceis semelhantes e sentir compaixão por elas.

Sol descobre que esteve utilizando o sexo para dominar a dor de sua depressão devida ao abandono. Ele descobre a raiva e o ódio que tem por sua mãe por tê-lo abandonado quando criança, e por sua relação sutilmente erótica com ele. À medida que seu sentimento do si-mesmo se torna mais sólido, aos poucos ele se torna capaz de tolerar separações sem representar e sem sexualizar sua dificuldade. Consegue finalmente expressar sua dor em palavras e consegue até perdoar a mãe e restabelecer um grau de relação com a ela à medida que começa a dar-se conta de que o comportamento dela era o resultado de sua própria miséria.

Jim descobre que não precisa mais competir com seu pai e provar obsessivamente a todos que é capaz de sustentar sua família. Ele percebe que se sente responsável por uma parte da miséria de seus pais porque foi levado a sentir-se um fardo para eles. Descobre que trata seus empregados da mesma maneira ríspida como foi tratado quando criança. Finalmente descobre que pode ser uma pessoa digna e um bom provedor para sua família sem trabalhar incessantemente, impulsionado por seu sentimento infantil de inadequação. Sua sombra gananciosa se atenua à medida que descobre que pode dar aos outros sem nenhuma perda própria. A preocupação com os pobres se torna mais possível para ele.

Esses indivíduos se ocuparam com os problemas de sua sombra utilizando métodos da psicologia profunda. Em contraposição, as religiões tradicionais oferecem arrependimento, confissão e a graça de Deus como antídotos para a sombra. O cristianismo nos diz que Jesus carregará o fardo dos nossos pecados se começarmos a crer nele. Jung, no entanto, reinterpreta a mensagem de Jesus para significar que precisamos viver nosso próprio destino como Jesus viveu o seu.

Na mitologia de Jung o divino penetra a psique humana com trevas e também com luz; e nossa tarefa consiste em lutar com a tensão produzida por esses dois lados do Si-mesmo que puxam em direções opostas. Em vez de assumir uma tarefa dolorosa e difícil, muitas pessoas optam por uma das soluções tradicionais para o mal: deixar Deus cuidar de nós a seu tempo. No entanto, embora trabalhar com elementos do lado sombrio do Si-mesmo seja de fato oneroso, é mais correto para a nossa experiência do que a estratégia de depender da misericórdia de um Deus que é bondade absoluta. Esperamos demais para as espadas se transformarem em relhas de arado; elas não se transformam por si mesmas. Nossas espadas só podem se transformar em relhas de arado quando descobrirmos nossa necessidade psicológica de espadas.

Em sua abordagem do mal, a psicologia profunda confia na diferenciação consciente da sombra, na tentativa de compreender suas origens na infância e na ideia de que o Si-mesmo pode exigir que lutemos com o mal por causa da nova consciência que essa luta trará. Procuramos, então, transformar o que podemos e refrear o que não podemos. Às vezes, no entanto, topamos com o mal que não pode ser redimido nem refreado, uma força representada no folclore e na mitologia como um vampiro ou como a Medusa; a única maneira de lidar com esse mal consiste em destruí-lo.

A noção de que um encontro com o mal leva a um aumento da consciência faz parte do mito da psicologia profunda[95]. Do ponto de vista da psicologia profunda, o problema do mal é um problema de consciência e não um problema de moralidade. Em sua obra *Vision of the last judgment*, William Blake disse muito bem: "Os homens são admitidos ao céu não porque refrearam e dominaram suas paixões ou porque não têm paixões, mas porque cultivaram suas compreensões" (1988). A solução definitiva para o mal deve ser encontrada numa compreensão da natureza da realidade, ou seja, todos os seres humanos são expressões do divino e não objetos separados a serem manipulados.

Se aceitamos a imagem judeu-cristã de Deus como um Deus totalmente bom e a noção antropomórfica de que esse Deus totalmente bom criou o mundo, o problema do mal se torna insolúvel. Utilizando o mesmo pensamento antropomórfico, é preciso concluir que, pelo fato de cada coisa criada refletir seu criador e o mundo criado conter o mal, esse mal é um reflexo do Deus Criador totalmente bom.

É notável que a tradição judeu-cristã é a única tradição religiosa que se sente compelida a justificar seu Deus mediante teodiceias; e o próprio fato de essa justificação ser julgada necessária questiona a moralidade do Deus da tradição. Suscita também o problema de como seres humanos morais supostamente se relacionam com um Deus aparentemente imoral. No próximo capítulo, analiso a maneira como Jó lidou com esse dilema.

---

95. Esse mito pode ser contrastado com duas outras imagens míticas da luta com o divino. Na mitologia cristã se diz que Satanás (ou Lúcifer) se revoltou contra Deus por causa de orgulho e ambição. Deus o expulsa do céu por rebelião e ele se ressente desse tratamento. No entanto, Satanás não desiste facilmente. Recruta a raça humana para suas fileiras baseando-se no princípio de que os números têm força. Deus intervém indiretamente com a encarnação de Cristo e reconquista a raça humana para si; e Satanás e o mal são, enfim, destruídos de uma vez por todas. Numa sociedade que estava organizada hierarquicamente e considerava o universo uma espécie de pirâmide com Deus no topo, fazia sentido pensar que a rebelião contra a autoridade (especialmente a autoridade do divino) era um mal. No entanto, a mente moderna pode considerar mais atraente pensar que a luta de Lúcifer com Deus quer forçar o surgimento de um novo tipo de consciência no divino. Na mitologia grega, Prometeu se revolta contra Zeus fazendo o que era proibido e roubando dos deuses o fogo. Ele o faz em benefício da humanidade. Seu único motivo é a simpatia e o desejo de ajudar; diferentemente de Lúcifer, ele não tem nenhum desejo de poder pessoal sobre os outros; mas, ao invés, lhes oferece poder. O poder que Prometeu oferece pode ser utilizado para o bem ou para o mal, e isso sugere que a rebelião contra o divino pode levar a algo muito útil. O fogo que ele traz pode ser considerado também a luz de uma nova consciência.

6
O lado sombrio do si-mesmo e as provações de Jó
Transformação da imagem de Deus

Introdução

Ao analisar a experiência de Jó, o adepto da psicologia profunda lê o Livro de Jó como um texto mítico. Ou seja, embora não possamos comentar sobre a exatidão literal ou histórica do livro, é evidente que ele fala às pessoas de maneira simbólica, espiritual, psicológica e metafórica. Essa atitude ofende aqueles judeus e cristãos comprometidos que pensam que textos sagrados de outras pessoas podem ser considerados mitos, mas que a Bíblia é a Verdade. No entanto, a disciplina da psicologia não está em condição de comentar essa afirmação. Para o psicólogo, o melhor que podemos dizer é que qualquer livro que foi aceito por milênios como sagrado ou divinamente inspirado deve ser emocionalmente importante. Uma história como a de Jó é importante pelo que ela nos conta acerca das crenças das pessoas e pelo tipo de imagem de Deus que retrata.

Nossas imagens de Deus podem ser derivadas de várias fontes, como experiência pessoal, tradição, cultura e família, e do testemunho de textos sagrados como a Bíblia. Geralmente pensa-se que esses textos descrevem o encontro humano com o divino e muitas pessoas os aceitam como relatos autênticos da revelação divina. No entanto, é importante lembrar que, embora a origem da Bíblia se encontre na esfera divina, essa fonte foi filtrada através de níveis humanos da psique a fim de ser escrita. Não podemos, portanto, dizer que a linguagem e as percepções bíblicas refletem completamente a esfera transcendente, que certamente está além da concepção humana. Por isso Jung acreditava que é melhor considerar as afirmações das Sagradas Escrituras como manifestações da alma (OC 11/4, § 557), entendendo que as afirmações religiosas são fatos psicologicamente importantes como também afirmações acerca da imagem de Deus. Nessa visão, os autores da Bíblia não estão necessariamente descrevendo o próprio divino; de preferência, estão escrevendo sobre a imagem de Deus, influenciados por crenças preexistentes.

Pelos padrões humanos, a imagem do divino retratada na Bíblia não é inteiramente a imagem de um Ser totalmente bom. É, de preferência, a imagem de uma divindade que às vezes se comporta moralmente, mas outras vezes nos parece ser injusta, irritada, arbitrária, vingativa e sedenta de sangue. Argumenta-se geralmente que não devemos aplicar padrões humanos ao divino, já que não podemos compreender os mistérios de Deus. No entanto, esse argumento é inconsistente se ao mesmo tempo insistimos na bondade de Deus, já que estamos julgando também essa qualidade por padrões humanos.

Com efeito, enquanto psicólogos, não estamos tentando compreender os próprios mistérios divinos; de preferência, estamos tentando compreender como eles afetam os seres humanos. Às vezes eles nos afetam de maneira dolorosa, como se reflete na história de Jó, um exemplo típico da experiência do lado sombrio de nossa imagem de Deus.

Como todo material mítico, a história de Jó tem significado eterno. Assim, quando as explicações tradicionais dessa experiência não são mais satisfatórias, procuramos encontrar novas explicações. A pergunta de Jó – por que os malvados prosperam enquanto os bons sofrem? – sempre fez parte da busca espiritual.

Eu gostaria de examinar essa história em dois níveis: o pessoal e o arquetípico. No nível pessoal, sugiro que o Livro de Jó retrata a experiência de um homem que passa por uma crise emocional catastrófica, que só é resolvida quando ele chega a uma nova compreensão do divino. Aqui eu pediria ao leitor que não esqueça de que não podemos aplicar categorias psicológicas contemporâneas a pessoas como Jó, que viveu há tanto tempo; por essa razão, falo da experiência de Jó *como se* ele fosse um indivíduo contemporâneo. Isso nos possibilita utilizar a história como um veículo para ilustrar algumas dinâmicas psicológicas comuns encontradas em pessoas que passam por graves dificuldades.

Na ausência de qualquer conversação com o próprio homem Jó, o melhor que posso fazer é tentar compreender seus sentimentos com base no texto, exercitando a imaginação empática (com uma pitada de teoria). No nível arquetípico (enquanto oposto ao nível pessoal), analisarei algumas compreensões que o livro tem a nos oferecer sobre os problemas levantados pela imagem judeu-cristã tradicional de Deus, como é identificada por Jung em seu escrito *Resposta a Jó*.

O Livro de Jó

O Livro de Jó é uma das obras tardias da Bíblia hebraica[96]. Os estudiosos geralmente situam o livro no século IV a.C., mas os autores foram provavelmente influenciados por memórias populares e tradições orais que remontavam a um passado distante[97]. Os estudiosos bíblicos acreditam que o Livro de Jó é uma obra composta, com mais de um autor.

O texto chegou até nós por meio de repetidas transmissões orais e escritas, com muitas correções piedosas que tentam atenuar a tragédia, de modo que hoje deve haver muitos desvios do texto original. Outra dificuldade é que existe mais de uma maneira de traduzir o material hebraico original, e leituras alternativas do mesmo texto podem ser dramaticamente diferentes[98].

Os estudiosos bíblicos e os filólogos continuam debatendo essas questões. Para nós, o que importa é que o livro resistiu à prova do tempo como a cristalização de muitas vozes ao longo de muitos anos. As projeções na

---

96. O livro é geralmente dividido num "quadro": caps. 1, 2 e 42,7-17, e um centro, com base em importantes diferenças estilísticas. Essas partes do livro foram provavelmente escritas em tempos diferentes; para uma análise completa, cf. Pechansky (1990).
97. O profeta Ezequiel (14,12-20), do século VI a.C., menciona Jacó, e, para a lenda hebraica, Jó é neto de Esaú, irmão de Jacó. Pensa-se que uma antiga versão suméria da história remonta a 2000 a.C. aproximadamente e um poema babilônico menciona o sofrimento de um rei piedoso que foi considerado o Jó babilônio (Gabel et al., 1996). Existe uma tradição rabínica segundo a qual Jó foi um conselheiro do Faraó do Egito que aprisionou os israelitas e por isso foi condenado a sofrer (cf. Kugel, 1998). Mais adiante analisarei alguns paralelos entre Jó e uma antiga história indiana sobre um rei legendário chamado Vikramaditya.
98. Por exemplo, a Nova Versão Internacional traduz Jó 13,15 da seguinte maneira: "Embora ele me mate, ainda assim espero nele; / certamente defenderei minha conduta diante dele. A Versão Padrão Revisada interpreta da seguinte maneira: Eis que ele me matará; não tenho esperança; / no entanto, defenderei minha conduta diante dele. No primeiro caso, Jó pode esperar e confia em Deus, mesmo que Deus o mate; no segundo, Jó se defende desafiadoramente, mesmo sabendo que não tem esperança.

história, que utilizamos para explicar o comportamento de Deus, nos dizem algo sobre nossa própria imagem de Deus. Só podemos analisar a imagem de Deus retratada no texto, porque não temos nenhuma ideia sobre até que ponto a imagem corresponde à realidade divina.

A história conta que Satanás questionou a fidelidade de Jó, perguntando a Deus se a bondade e a piedade de Jó podiam ser meramente o resultado do fato de Deus ter abençoado Jó com riquezas e sucesso. Deus concorda em deixar Satanás testar essa teoria causando sofrimento a Jó. A aposta produz um problema imediato para o leitor, como descreveu Jack Miles em *God: A biography*. Miles mostra que, se Deus é esse tipo de jogador compulsivo, tudo o que parece vir de Deus pode realmente vir de Satanás. Nesse caso, não temos nenhum meio de saber se alguma das outras ações de Deus vieram realmente do próprio Deus; talvez os Dez Mandamentos tenham sido o resultado de uma aposta com Satanás! Nas palavras de Miles (1995, p. 311): "Doravante nada do que Deus pode fazer ou dizer merece ser tomado ao pé da letra". Essa questão ronda todo o livro[99].

O mal e o sofrimento seguem-se rapidamente à conversação entre Deus e Satanás. Partindo de uma perspectiva humana, os saqueadores que assassinam os criados de Jó e roubam seus animais são, sem dúvida, moralmente maus. O raio que destrói seus homens e suas ovelhas, e o vendaval que mata seus sete filhos ao fazer ruir sua casa, são formas de mal "natural". A história nos conta que Satanás está por trás de todos esses desastres. Dependendo da maneira como como se lê o texto, Satanás atua com a permissão tácita de Deus ou, pelo menos, os dois negociam retirar de Jó a proteção divina.

Reação de Jó às suas perdas

A ironia na história é que é Deus quem se comporta de maneira pérfida, e não Jó. Permanecendo fiel a Deus, Jó parece aceitar a notícia de suas graves perdas de uma maneira que se assemelha à resignação e à aceitação da vontade de Deus. Primeiro vemos Jó o paciente. Ele presta culto a Deus,

---

[99]. Miles ignora a possibilidade de que o livro seja uma alegoria em vez de um relato histórico de acontecimentos reais. Isso tornaria o livro retórico em vez de uma tentativa de apresentar uma determinada imagem de Deus. Enquanto estratagema literário, a ironia dramática na alegoria é que Jó não sabe que é objeto de uma aposta e acredita que seu sofrimento vem de Deus, embora não venha. Jó é fiel a Deus apesar dessa crença equivocada, justificando assim a Deus e demonstrando que Satanás está errado.

se lamenta e diz: "Nu saí do ventre de minha mãe e nu para lá hei de voltar. O Senhor deu e o Senhor tirou; bendito seja o nome do Senhor" (Jó 1,21).

Então Satanás insiste que Jó não seria tão bom se o acometesse uma doença física. Deus permite também esse experimento e Jó é atormentado com "úlceras malignas desde a planta dos pés até o alto da cabeça" (Jó 2,7). A essa altura sua mulher, que havia perdido os filhos e o lar por nenhuma razão aparente, insiste amargamente: "Ainda perseveras na tua integridade? Amaldiçoa a Deus e morre" (Jó 2,9)[100]. Mas Jó simplesmente salienta que, se haviam aceitado de Deus coisas boas, devem aceitar também o mal.

O diálogo de Jó com seus amigos

Sem demora chegam os amigos de Jó para ajudá-lo. Eles têm dificuldade de reconhecê-lo por estar nessa condição terrível. Ficaram tão atordoados com sua situação difícil que por sete dias não conseguiram falar com ele, mas simplesmente sentaram-se e choraram com ele. Seu silêncio espelha a natureza rudimentar dos sentimentos de Jó. É um testemunho do poder da empatia silenciosa de seus amigos para com sua desgraça o fato de que que só no fim desse período de luto irrompem os sentimentos reais de Jó.

É como se seus sentimentos tivessem sido tão fortemente repudiados que ele precisava da sintonia de seus amigos com sua aflição antes de poder finalmente expressar seus sentimentos em palavras. (Já que Jó é retratado como tendo duas atitudes opostas em relação ao seu sofrimento, alguns estudiosos sugeriram que Jó o Paciente e Jó o Impaciente são realmente dois personagens diferentes combinados num só. Em termos psicológicos, no entanto, podem ser considerados dois aspectos do mesmo Jó, representando seus "sentimentos mistos" em relação ao seu sofrimento.) Suspeito que, sem a presença de seus amigos, Jó teria permanecido emperrado em sua aflição e teria sido incapaz de dar livre-expressão a ela. Jó precisava que seus amigos o *provocassem* para tomar consciência de seus sentimentos reais. De repente verifica-se uma irrupção da raiva que Jó esteve reprimindo. Jó amaldiçoa sua própria existência: "Pereça o dia em que nasci / e a noite que disse: 'Um menino foi concebido'" (Jó 3,3). Ele protesta amargamente contra o fato de

---

100. Presumivelmente, essa cena pretende lembrar-nos a tentação de Adão por parte de Eva.

ter nascido e questiona se há algum objetivo em trazê-lo à vida, já que agora ele deseja morrer: "Por que é dada a luz ao que está na miséria / e a vida aos amargurados, / que anseiam pela morte, mas ela não chega?" (Jó 3,20-21). Não causa surpresa que irrompam nele furúnculos, ao tentar manter tudo isso em seu interior; enquanto Jó era paciente e acolhedor no nível consciente, seu corpo estava expressando seus sentimentos inconscientes.

A essa altura, o amigo de Jó Elifaz sugere que, se Jó apelar para Deus, no fim, as coisas funcionarão, porque Jó é bom e só os maus acabam mal. De acordo com Elifaz, o que aconteceu a Jó é realmente bom para ele. Caso se arrepender e restituir, Jó estará em melhor situação do que antes.

Elifaz teve um sonho (Jó 4,13) no qual um espírito lhe diz que nenhum homem pode ser justo e puro diante de Deus, já que Deus é crítico até de seus próprios anjos. Em outras palavras, para Elifaz Jó não pode triunfar contra essa imagem de Deus, independentemente da maneira como se comporte. Como muitas pessoas que estão comprometidas com uma tradição, Elifaz quer generalizar para todos os outros a partir de suas próprias crenças e de sua própria experiência. Do nosso ponto de vista, o sonho de Elifaz não é necessariamente relevante para Jó.

Jó se dá conta de que seu amigo lhe dá esse conselho porque está com medo da calamidade que se abateu sobre ele e que Elifaz está tentando compreendê-la. Mas Jó não quer que ninguém lhe fale a partir de seu desespero. Quando estamos desesperados, palavras magníficas e bom-senso não atingem a profundidade dos nossos sentimentos; se fossem úteis, não estaríamos realmente desesperados.

Jó insiste em sua própria verdade; ele sabe que não merece o que aconteceu, não importando o que Elifaz diz. Jó insiste em não refrear sua angústia: "Queixar-me-ei com a alma amargurada" (7,11). Ele censura Deus: "Que é o homem, para lhe dares tanta importância […] e para que o proves a cada momento?" (7,17-18). Ele lamenta que, mesmo que tivesse pecado, "que mal te causei com isso, sentinela dos homens?" Jó não representa nenhuma ameaça a Deus, então por que Deus o tomou como alvo e por que não o perdoa? Aqui ouvimos também uma dolorosa necessidade de conexão com Deus e uma preocupação acerca do estado da relação, quando Jó grita: "Por que cheguei a ser um peso para ti?" Jó lembra a Deus que Ele precisa ser rápido se quiser a conexão, porque de outro modo "logo deitar-me-ei no pó; / procurar-me-ás e já não existirei" (7,20-21).

As perguntas de Jó são compreensíveis, mas seus amigos consideram essa explosão dolorosa demais para suportar. Ela ameaça tudo aquilo em que acreditam, tudo o que lhes foi ensinado. Eles estão dilacerados entre seu carinho por Jó e a maneira como a fala de Jó ameaça suas crenças religiosas. Por fim, seu desejo de preservar sua imagem de Deus se mostra mais forte. Perdem a paciência com Jó e insistem que ele deve ter cometido algum mal para ter incorrido neste sofrimento. Apresentam as ideias tradicionais de que o sofrimento deve ser um castigo pelo pecado, ou que Jó está sendo corrigido.

Jó insiste que é inocente ou que, mesmo que tenha pecado, esses castigos são desproporcionais. Ele se queixa amargamente de que Deus é injusto.

Seu amigo Baldad sustenta que Deus não deturpa o julgamento, mas Jó discorda dele com esta sabedoria coletiva: "Mesmo que eu fosse inocente, minha boca me condenaria: / embora eu fosse íntegro, ele me declararia perverso" (9,20). Deus é indiferente: "É tudo a mesma coisa; por isso digo: / Ele extermina tanto o íntegro quanto o ímpio" (9,22).

Não importando quão puro Jó se torne, mesmo assim Javé "me lançaria numa fossa" (9,31). Numa bela lembrança de sua criação, Jó recorda a Deus que: "Tuas mãos me formaram e me modelaram / e agora te volves a mim para aniquilar-me? / Lembra-te que me fizeste de barro / e agora queres devolver-me novamente ao pó? / Não me derramaste como leite / e me coalhaste como queijo?" (10,8-10).

Em outras palavras, por que fazer essa criatura extraordinária e depois destruí-la sem nenhum motivo? Os amigos de Jó não conseguem tolerar essa acusação contra seu Deus. Sofar insiste que Jó é mais culpado do que imagina. Insiste novamente que Jó se arrependa, e aponta para o enorme poder de Deus.

A isso Jó responde com sarcasmo. Ele já sabe acerca do poder de Deus e não precisa que seus amigos lhe falem a respeito. O que ele quer é uma chance de discutir seu caso diante de Deus. Mas, por causa de sua angústia e de sua necessidade de preservar suas crenças, os amigos de Jó estão agora tão desprovidos de sintonia emocional com Jó, tão desprovidos de empatia com seus sentimentos, que sua conexão com ele finalmente se rompe. Jó fica irritado com seus amigos: "Vós não passais de embusteiros, / sois todos meros charlatães" (13,4).

Ele diz a seus amigos que é perigoso tentarem justificar Deus cegamente contando mentiras, porque, se derem falso testemunho em seu futuro julgamento, Deus os julgará com severidade. Agora Jó toma sua vida em suas mãos e insiste em apresentar seu caso diante de Deus, mesmo que Deus o mate no processo. Ele pede que Deus lhe informe quais foram seus pecados e exige saber por que Deus incomoda até à tortura uma criatura tão inútil, efêmera e insignificante. Por que não deixá-lo em paz?

Os amigos de Jó, por sua vez, ficaram zangados com ele. Elifaz revelou seu medo real; se Jó está certo, então a religião está minada. Jó *deve* ser pecador – todo o sistema de crenças deles repousa no fato de essa ser a causa de seu sofrimento, e Jó questionou essa premissa fundamental.

Sarcástico, Elifaz pergunta por sua vez: "Foste, porventura, o primeiro homem a nascer? [...] Acaso foste admitido ao conselho de Deus?" (15,7-8). "O que sabes que nós não saibamos? O que entendes que não seja claro para nós?" (15,9). Talvez lembrando seu sonho, Elifaz reafirma a impureza e a pecaminosidade humanas, e afirma que, no fim, o destino dos malvados é doloroso. Jó não se impressiona.

Ele ouviu isso antes e diria a mesma coisa se estivesse na situação deles e eles na sua. Até onde Jó pode enxergar, Deus o persegue "embora não haja violência em minhas mãos / e minha oração seja pura" (16,17). Mas seus amigos são incapazes de compreender seus protestos, tão convencidos estão dos argumentos tradicionais.

Baldad acusa Jó de tratá-los como rebanho estúpido. Ele acusa Jó de querer tratamento especial, talvez revelando alguma inveja de Jó, e continua repetindo a história tradicional acerca do destino terrível dos pecadores. Essa falta de compreensão tortura Jó ainda mais. *Deus* é o problema, e não Jó, e os amigos estão aumentando sua dor.

De repente, em pleno desespero, Jó irrompe numa extraordinária confissão de fé que parece provir de lugar nenhum[101]. "Eu sei que meu Redentor está vivo / e finalmente aparecerá sobre a terra; / e depois que minha pele foi assim lacerada / em minha carne verei a Deus, / aquele que verei ao meu lado, / e meus olhos o verão e não um outro" (19,25-27). Aqui Jó diz realmente a Deus o que ele quer, e é por isso que Deus lhe aparece no fim da história.

---

101. Esta seção foi provavelmente acrescentada por um editor posterior a fim de atenuar a dolorosa tensão que se intensificou até aqui.

Enquanto isso, Sofar se sente insultado porque Jó acusou seus amigos de tornarem as coisas piores. Sofar tem um grande investimento emocional em manter a visão tradicional acerca da causa do sofrimento. Ele perde a paciência com Jó, acusa-o de orgulho e repete a opinião de Baldad. Jó procura ser paciente com eles e diz que seria realmente bom se eles ouvissem atentamente.

Com grande tristeza, Jó aponta várias verdades difíceis de engolir. Ao contrário do que seus amigos disseram, pessoas iníquas tornam-se poderosas e prósperas e morrem felizes. O homem iníquo não se importa se sua maldade afeta seus filhos. Muitas coisas boas acontecem a pessoas más, embora rejeitem a Deus. Será que seus amigos não se dão conta de que os iníquos não são condenados ou punidos? Diante de tudo isso: "Por que então me confortais com vãs consolações? / Em vossas respostas não há senão falsidade" (21,34).

Elifaz, ao ouvir Jó mencionar como os iníquos prosperam, interpreta-o no sentido de que a prosperidade de Jó se devia à iniquidade. Então Elifaz lista afrontosamente todas as transgressões que ele imagina que Jó devia ter a fim de explicar o que aconteceu. Ele acusa Jó de fraude e de ganância e de indiferença para com os necessitados, como se Jó acreditasse que Deus não pode ver suas ações. Elifaz recomenda novamente arrependimento, sugestão que Jó ignora.

Por estar convencido de sua inocência, Jó deseja desesperadamente uma audiência para que Deus possa julgá-lo equitativamente, mas se pergunta como pode discutir toda a questão com Deus quando não sabe como encontrá-lo. Jó está também aterrorizado porque Deus é tão persistentemente indiferente ao sofrimento humano. Por que Deus parece indiferente aos feitos dos iníquos ou não se importa com o sofrimento dos pobres? "Da cidade sobem os gemidos dos moribundos / e a alma dos feridos clama por ajuda; / no entanto, Deus não presta atenção à sua súplica" (24,12).

Graças a seu próprio sofrimento, Jó parece ter-se tornado muito consciente da situação difícil dos pobres: "Jazem nus a noite toda por falta de roupa, / famintos carregam os feixes" (24,10). Isso parece uma acusação contra Deus como alguém responsável pela injustiça social. Quem – pergunta Jó – irá provar que o que digo acerca da indiferença de Deus não corresponde à verdade?

A essa altura, Baldad, que parece não ter captado nada do que Jó acabara de dizer, emite outra fala irrelevante sobre como os seres humanos, comparados com o poder de Deus, são apenas vermes e larvas de insetos. Nesse momento, com sarcasmo fulminante, Jó agradece aos amigos por sua "ajuda" e seus "conselhos". Ele jura que, enquanto tiver alento no corpo, não falará falsamente admitindo que eles têm razão: "Enquanto eu viver, não renunciarei à minha integridade" (27,5). (O autor insinua que o que está em julgamento aqui é a integridade de Deus, não a de Jó.)

Agora, com tristeza, Jó lamenta as perdas de seu estilo de vida anterior. Lamenta a perda de sua crença de que Deus cuida dele, a perda de seus filhos, a perda do respeito universal por parte de pessoas importantes e a perda do sentimento de ser bem-aventurado por causa de suas boas obras (cap. 29).

Parte de sua aflição ocorre porque vê seu estado decaído como um sinal de que perdeu sua conexão com Deus, mas essa parte da história nos dá uma pista para um problema não reconhecido – pelo menos o seria se esse fosse um Jó dos tempos modernos.

Jó diz que costumava gloriar-se de sua posição social superior; era tão abastado que podia lavar seus pés com leite. Quando as coisas corriam bem, Jó estava aparentemente bastante satisfeito consigo mesmo e se sentia especial e repleto de sua própria importância. Por essa razão alguns comentadores sugeriram que, antes de a tragédia ocorrer, Jó era um tanto complacente, e até presunçoso e não tão bom como ele se retratava – um eco importante da acusação original de Satanás. Embora fosse caridoso quando era rico, Jó parecia considerar sua riqueza um direito. Essa é outra razão por que a inversão de sua fortuna chega como um choque tão grande para ele.

Jó se queixa que agora está tão rebaixado que as piores pessoas zombam dele: "Não hesitam em cuspir-me no rosto […] / perdem toda a compostura diante de mim" (30,10-11). "Deus jogou-me na lama / e me tornei como pó e cinza. / Clamo por ti e não me respondes; / insisto e não te importas comigo" (30,19-20).

Isso não é justo – diz Jó a Deus. Ajudei as pessoas na desgraça, mas "quando esperava o bem, veio o mal; / quando aguardava a luz, veio a escuridão" (30,26). Jó também se dá conta de que o mesmo Deus fez a ele e também seus criados: "Quem me fez a mim no ventre, não fez também a ele? / Quem nos formou a ambos não é um só?" (31,15). Mas agora, ao contrário do passado, quando seus atos de caridade simplesmente enfatizavam sua riqueza, Jó sente *real* empatia pelos oprimidos porque experimentou em si mesmo sua difícil situação.

O ponto principal aqui talvez seja que só os que sofrem pessoalmente conseguem compreender realmente o sofrimento. Já que a pobreza e o sofrimento predispõem o sofredor a questionar as crenças religiosas, não é por acaso que novos movimentos espirituais comecem entre os povos oprimidos. Jó não tinha nenhum motivo para questionar a imagem de Deus antes de começar seu sofrimento.

Jó se queixa amargamente com Deus: Qual o objetivo de toda a minha virtude, se a desgraça não é só para os pecadores? Deus não está mantendo um registro adequado? Isso não só é uma concordância tácita com as opiniões teológicas de seus amigos, mas aqui vemos o que pode ser uma consciência culpada em Jó. Jó diz a Deus que *se* ele foi vaidoso ou fraudulento, ou cobiçou outras mulheres, ou não respeitou as necessidades de seus criados, ou não cuidou dos pobres e necessitados, ou procurou riquezas, ou venerou secretamente deuses pagãos, ou desejou mal a seus inimigos, ou despediu os estrangeiros, ou foi injusto nos negócios – então seja punido. Ele está pronto a prestar contas de tudo o que fez; mas, pergunta ele, onde está a acusação, para eu poder justificar-me? Pelo menos conscientemente, Jó está convencido de que não fez nenhuma dessas coisas. Ele exige de Deus: "Que Deus me pese numa balança exata" (31,6).

A essa altura um jovem presunçoso chamado Eliú domina a conversa, irritado porque os três amigos não haviam convencido Jó de que ele está errado. Eliú acentua as limitações da consciência humana e mostra que Deus nos fala por meio de sonhos, que atuam como uma advertência contra o orgulho. Isso lembra o fato de que Jó antes se queixara de sonhos assustadores: "Tu me assustas com sonhos e me aterrorizas com pesadelos" (7,14). Às vezes acontece que uma tragédia iminente se anuncia por meio de sonhos assustadores.

As vozes dos amigos de Jó podem ser consideradas aspectos da personalidade de Jó – vozes interiores com as quais ele precisa lutar – ou pessoas reais. Em ambos os casos, sua imagem de Deus parece construída sobre culpa e retribuição, um modelo muito legalista de relação humana com Deus. A exigência de justiça por parte de Jó é tipicamente hebraica e assim não causa surpresa, mas justiça não é a única coisa que Jó quer.

Sem ser capaz de articular conscientemente o que ele deseja, acredito que Jó está buscando um tipo diferente de relação com o divino, uma relação que não se baseia simplesmente no sacrifício e na obediência. Sinto que ele está resistindo à imposição de uma imagem preexistente de Deus, o que é também nossa situação contemporânea.

A resposta de Deus do meio do turbilhão

Quando o nível pessoal é silenciado, pode surgir o transpessoal: é a vez de Deus falar. O fato de Deus realmente responder é muito importante, uma vez que reconhece que uma relação está presente. Deus responde a Jó do meio de um turbilhão.

O *numinosum* pode assumir tantas formas diferentes que a maneira específica de aparecer a Jó deve ter algo a ver com a psicologia pessoal de Jó. Essa é uma *imagem* do Si-mesmo; o turbilhão não é simplesmente "Deus" no sentido transcendente da palavra, mas uma experiência imanente do *numinosum* que é relevante para a psicologia pessoal de Jó.

A própria ideia de que isso é um vento precisa ser transmitida através da psique para Jó precisar reconhecê-la como tal. Deus também *fala* a Jó e não podemos ter uma linguagem sem estarem envolvidos os níveis pessoais da psique. A experiência que Jó tem do divino, portanto, é mediada ou colorida por suas associações com ventos desse tipo; os turbilhões significam algo para ele. Esta Autoimagem particular sugere que o Deus de Jó é um Deus da tempestade, o mesmo Deus que matou seus filhos derrubando sua casa num vendaval. Essa é a imagem de Deus que sempre lhe causou medo, a imagem à qual sacrificou em vão para proteger seus filhos a fim de não serem punidos. Se examinarmos o conteúdo do que Deus diz realmente do meio do turbilhão, obteremos um quadro ainda mais claro da imagem que Jó tem de Deus. O que segue não é uma descrição do próprio Incognoscível; é uma experiência do *numinosum* colorida por projeções que surgem nas estruturas da personalidade de Jó (na realidade, do autor).

A resposta que Javé dá a Jó do meio do turbilhão é uma efusão poética sobre quão poderoso é Deus comparado com Jó. Deus compara seu poder com a pequenez de Jó, reiterando, assim, o que os amigos de Jó estiveram dizendo o tempo todo. Geralmente se diz que essa comparação é irônica, uma maneira de humilhar Jó e colocá-lo em seu verdadeiro lugar. Mas eu penso que existe mais do que uma raivazinha e sarcasmo na resposta de Deus, uma perspectiva que é muito importante para compreender a imagem que Jó tem de Deus. Enfatizarei o sarcasmo enfatizando simplesmente a palavra "tu" no texto. Deus diz: "Eu te interrogarei e *tu* me responderás. / Onde estavas *tu*, quando lancei os fundamentos da terra? / Dize-me se é que o sabes. / Quem lhe fixou as dimensões – certamente *tu* o sabes!" (38,3-5). "Alguma vez *tu* deste ordens à manhã, / ou indicaste à aurora o seu lugar? [...] / *Tu* entraste pelas fontes do mar, / ou percorreste o fundo do oceano? / Foram-*te* reveladas as portas da morte? [...] / Conta-me se sabes tudo isso. [...] / *Tu* o sabes, pois já tinhas nascido / e grande é o número de teus dias!" (38,12-21).

Depois dessas perguntas irrespondíveis, segue-se uma longa lista das criações de Deus, com as quais Jó evidentemente não pode competir: o controle dos mares, a chegada da aurora, a neve e o granizo, o trovão, o raio e a chuva, o movimento das estrelas e os caminhos dos animais e dos pássaros. Qualquer menção da humanidade está impressionantemente ausente dessa lista de feitos divinos. Em outras palavras, é ridículo uma criatura insignificante como o homem questionar o Senhor do Universo.

Essencialmente, Deus diz a Jó: "Quem pensas que és? Não sabes nada e não podes fazer todas as coisas extraordinárias que eu posso fazer". No entanto, antes de mais nada, o conhecimento que Jó tem do poder criador de Deus nunca foi um problema – o poder de Deus sempre foi óbvio para Jó o tempo todo. Aqui nos perguntamos se o questionamento sarcástico de Deus é uma acusação, uma denúncia de uma secreta inflação em Jó da qual ele não tinha consciência. Retrospectivamente, portanto, nos perguntamos se a aposta inicial entre Satanás e Deus foi realmente um desafio sutil da arrogância de Jó, e não um questionamento de sua piedade como tal. Talvez "Satanás" seja um setor inconsciente da personalidade de Jó que acusa a arrogância de Jó.

Deus termina sua fala com um ataque final: "O censor de Deus irá disputar com o Todo-poderoso?" (40,2). Em outras palavras, Deus diz: "*Tu* és o problema, não eu". Em resposta à fala de Deus, Jó se torna submisso e admite que Deus sabe mais: "Sou insignificante; o que responderei? / Ponho minha mão sobre a boca" (40,4). É difícil saber o que isso significa. Pode ser que Jó concorde com Deus ou pode indicar simplesmente que o poder diferencial entre eles é grande demais para ele argumentar com Deus, ou que a experiência de temor reverencial é tão grande que sobrepuja as perguntas de Jó acerca da injustiça de Deus. Seja como for, a resposta de Jó não parece satisfazer a Deus, de modo que, no caso de precisar explicar com clareza sua ideia, Deus continua aparentemente incapaz de conter sua indignação e revolta.

Nessa seção, Deus acrescenta algumas perguntas impossíveis ulteriores: "Ousas anular meu julgamento? / Condenas-me para te justificares? / Tens um braço como o de Deus e podes trovejar com uma voz semelhante à dele?" (40,8-9). Em outras palavras: "Não questiones o que não entendes. O que eu faço não se conforma com tuas categorias de certo e errado".

Segue-se outra lista que mostra quão forte Deus é e quanto Ele pode fazer, como se Jó ainda estivesse em dúvida. Jó responde: "Reconheço que tudo podes / e que nenhum dos teus desígnios fica frustrado. [...] / Falei de coisas que não compreendia, / maravilhas superiores a mim, que eu não entendia" (42,2-3). Em seguida, estes versos importantes: "Eu te conhecia só por ouvir dizer, / mas agora meus olhos te veem; / por isso, retrato-me / e faço penitência no pó e na cinza" (42,5-6).

Até agora Jó tinha uma ideia tradicional de Deus, baseada no que lhe foi ensinado, mas agora ele tem uma experiência pessoal. Geralmente a coisa real é muito diferente de nossas expectativas baseadas no boato. Suspeito que Jó ainda está enfurecido acerca da injustiça, mas está disposto a aceitá-la porque vem de um Deus que ele pode experimentar diretamente.

O ato final de contrição de Jó parece apaziguar Deus, que agora concorda que Jó, afinal de contas, tinha razão e seus amigos estavam errados. Deus condena os amigos de Jó, presumivelmente porque tentaram encaixar Deus em suas próprias categorias de moralidade. É interessante que Deus manda os amigos de Jó pedirem a ele que ofereça sacrifícios e apele a Deus em favor deles. Isso deve ser um reconhecimento da importância da conexão entre Jó e seus amigos e da necessidade de se reconciliarem.

O drama termina quando Deus tenta compensar Jó restituindo suas posses materiais e dando-lhe novos filhos, como se isso reparasse de alguma forma a morte de sua primeira família – uma insinuação monstruosa. Não se faz nenhum comentário sobre o fato de os filhos de Jó terem sido simplesmente espectadores inocentes na aposta entre Deus e Satanás. Que Deus deve ter-se sentido culpado é sugerido pelo fato de Ele dar a Jó o dobro do que tinha antes e permitir a Jó uma vida muito longa.

Essa tentativa um tanto malsucedida de um final feliz deve ter sido acrescentada por um autor diferente, numa tentativa de salvar sua própria imagem de Deus, mas não capta o significado da tragédia pela qual Jó passou. O benefício real é a experiência direta que Jó teve do *numinosum* – ele recebe uma nova visão do Si-mesmo. Essa visão é pessoal e diretamente relevante para sua psicologia. Como acontece muitas vezes, é necessário um tremendo sofrimento para provocar essa experiência do *numinosum* e a experiência abordou as dificuldades psicológicas de Jó, que eu gostaria de passar a considerar. Essas dificuldades se revelam no lamento de Jó durante seu sofrimento e também no contexto de seu diálogo com Deus.

A projeção de Jó em sua imagem de Deus

A fala do meio do turbilhão, em que Deus fala de seu poder, pode ser entendida de várias maneiras. À primeira vista parece evidenciar simplesmente o narcisismo do divino, já que Deus nunca diz que Ele é justo, apenas que é onipotente, como se seu simples poder físico justificasse seu comportamento.

Como não teria sentido atribuir narcisismo ao próprio divino, faz mais sentido presumir que os aspectos narcisistas, presunçosos e encharcados de poder dessa fala são apenas as maneiras como Jó (novamente: o autor) coloriu sua imagem de Deus com sua própria dificuldade, projetando estas qualidades no diálogo de Jó com o divino.

De maneira semelhante, as dúvidas de "Satanás" acerca do motivo da piedade de Jó poderiam muito bem representar algo na mente de Jó, um setor do seu inconsciente cheio de insegurança, contra o qual ele se defende com presunção. Não é por acaso que, durante seus lamentos, Jó realça sua riqueza, sua alta posição na comunidade, sua caridade e sua justiça. Ele parece estar vagamente consciente de que esses são os meios pelos quais se manteve íntegro e conservou a autoestima. Quando perde todos esses apoios, ele precisa reavaliar a maneira como pensava sobre si mesmo.

A imagem que Jó tem de Deus realça o poder divino sobre o mundo. Naquele tempo, aceitava-se naturalmente que o divino se caracterizava por soberania e dominação. O poder fazia parte da imagem coletiva de Deus, porque os governantes humanos estavam interessados no poder. Jó pode ter presumido que o poder é um aspecto do divino porque o poder sobre os outros é tão importante para ele pessoalmente.

As pessoas oprimidas experimentam Deus de maneira diferente da maneira como o experimentam os que pertencem à elite; para os oprimidos, qualidades como justiça, em vez de poder, são importantes. O sofrimento de Jó o torna mais consciente das limitações do poder, mais empático para com o sofrimento dos outros, menos empolado e menos presunçoso. Talvez seja esse o ponto essencial desde o início. O processo pretendia mudar seus valores, reduzir sua presunção e com isso acelerar o amadurecimento de sua personalidade. Esse argumento seria fraco se implicasse que o sofrimento intenso é a única maneira para isso acontecer, mas para Jó pode ter sido esse o caso, já que muitas pessoas com transtornos narcisistas de personalidade só desenvolvem compaixão pelos outros quando elas próprias sofreram. Ao que tudo indica, foi necessária uma boa dose de sofrimento para reduzir a pompa de Jó. Talvez as primeiras tentativas de atingir Jó de maneira mais suave tenham falhado.

Uma exibição de poder é vista também na aparição do divino como um turbilhão. Essas imagens intimidantes são uma parte bem conhecida da tradição bíblica e faziam parte da imagem coletiva de Deus no tempo em que o Livro de Jó foi escrito.

No Monte Sinai Javé apareceu em trovões, relâmpagos e uma espessa nuvem, o que aterrorizou o povo (Ex 19,16-19). Jeremias descreveu o ataque divino como um "redemoinho" (Jr 23,19) ou um "turbilhão" (Jr 4,3), e Oseias falou da vingança de Deus como "semear vento e colher tempestade" (Os 8,7).

Muitos estudiosos pensam que o Javé bíblico era originariamente um deus local da tempestade no deserto do Sinai. Os deuses míticos da tempestade tendem a ser deuses da guerra como também juízes e legisladores[102]. Javé é descrito muitas vezes como um impiedoso deus da guerra, que ajuda seu povo a travar batalhas e conquistar cidades. Ele os manda matar todos os habitantes e conserva para si os despojos (Js 6,16-24; 1Cr 26,27). Em outras palavras, é muito perigoso cruzar com Ele. Além dessas raízes culturais da imagem que Jó tem de Deus, se Jó vivesse hoje provavelmente descobriríamos que em sua história pessoal havia também fatores que reforçam essa imagem de um Deus colérico.

Satanás como um setor da personalidade de Jó: Complexo paterno de Jó

Em vez de pensar que Deus e Satanás estão "lá fora" na experiência de Jó, podemos ler a história como um drama psicológico, como algo que acontece *na* consciência do próprio Jó. Então Satanás não é uma figura exterior, mas antes uma representação de um doloroso complexo ou de uma dificuldade emocional que aflige Jó.

Por um bom motivo, Satanás é conhecido tradicionalmente como o Adversário (o sentido literal de seu nome), e de fato "ele" (esse setor da psique de Jó) desafia as atitudes conscientes de Jó. Como um personagem na trama, Satanás abandona o drama quando a experiência de Jó resolve

---

102. Como Zeus e Júpiter, o nórdico Odin ou o asteca Huitzilopochtli.

gradualmente o problema que a figura de Satanás representa. Mas também, como um aspecto da psique de Jó, "Satanás" permanece adormecido ou inconsciente até ser ativado pela perda dos filhos e das posses de Jó, que o mergulha na aflição e na depressão.

A história afirma que Satanás e Deus fazem sua aposta antes de esses desastres acontecerem, embora esse seja o tipo de ideia que pode ter ocorrido a Jó *depois* de terem ocorrido essas tragédias, numa tentativa retrospectiva de compreender *por que* elas lhe aconteceram.

Antes do desastre, Jó estivera constantemente preocupado em saber se Deus estava descontente com ele ou com seus filhos, como comprova sua constante oferta de sacrifícios, de modo que considerará naturalmente a grave tempestade acompanhada de raios e trovões, que matou seus filhos, um ato de retribuição divina que ele não conseguiu evitar.

Se Jó fosse nosso contemporâneo, estaríamos tentados a dizer que sua angústia acerca do comportamento de Deus para com ele nos diz mais sobre sua experiência com seu pai pessoal do que sobre o próprio divino, já que nossas fantasias acerca das razões das ações de Deus são muitas vezes coloridas com a experiência que tivemos com nossos cuidadores na infância (cf. nota 12).

Teorias acerca de Deus que não se baseiam na experiência ou na relação direta são sempre especulações, já que tudo o que podemos fazer é projetar no mistério, ou tentar descrever como ele nos afeta. Muitas vezes é possível compreender o conteúdo de uma fantasia acerca de Deus considerando a história de vida do indivíduo, porque nossas imagens de Deus são moldadas por nossas experiências de vida.

Uma linha de evidência para a importância do papel do pai vem do sentido do nome de Jó. De acordo com a *Encyclopaedia Judaica* (1972, p. 111), o nome Jó tem duas origens possíveis: de acordo com a primeira, Jó é um verbo que significa ter má vontade; de acordo com a segunda, é uma contração da frase "onde está o pai divino?" É possível ver algum significado psicológico nessas derivações sugeridas.

O comportamento do próprio Jó como um pai e sua preocupação com a má vontade do Pai divino aparecem ambos bem cedo na história. Os filhos de Jó tinham o hábito de dar festas e, depois de cada festa, Jó oferecia sacrifícios a Deus, "[…] pois Jó dizia: 'Talvez meus filhos tenham pecado e amaldiçoado Deus em seu coração'. Assim fazia Jó continuamente" (Jó 1,5). Embora fosse prática comum nos tempos de Jó oferecer sacrifícios pelos pecados, ele se mostra um pai excessivamente ansioso com seus "contínuos" sacrifícios. Se Jó vivesse hoje, poderíamos ver em seu repetido ritual uma qualidade obsessivo-compulsiva.

De Freud aprendemos que esses rituais são tentativas de administrar a culpa por um impulso proibido. O ritual obsessivo-compulsivo procura refrear e unir agressão e medo, de modo que não inundem a personalidade. Um Jó dos tempos modernos que se preocupasse constantemente em averiguar se seus filhos ofenderam o Pai divino poderia muito bem estar projetando em Deus o medo que sente de seu próprio pai pessoal.

A preocupação dessa pessoa com a culpa de seus filhos pode muito bem provir de sua própria culpa, que ela evita com sacrifícios e conciliações para prevenir a retribuição divina. Tudo isso sugere que existe uma boa dose de medo por trás da piedade de Jó e isso ajuda a explicar a imagem que ele tem de Deus como um Pai celestial irritado, que precisa ser aplacado com sacrifícios.

Além de seus outros significados, portanto, história é também um retrato da maneira como Jó experimenta o divino através da lente de sua psicologia pessoal. Isso não significa que ele não experimenta nada de real, como a explicação psicanalítica tradicional afirmaria; de preferência, ele experimenta o *numinosum* de uma maneira particular que é radicalmente colorida por suas expectativas culturais e sua psicologia pessoal. Jó experimenta o Pai celestial arquetípico de uma forma negativa; pelo menos para nosso Jó contemporâneo, o devastador fabricante de tempestades é uma imagem do Pai arquetípico no centro do complexo paterno.

A imagem que Jó tem de Deus é nitidamente ambivalente. Por um lado, ele é capaz de apelar a Deus como um juiz honesto que é acessível e justo, alguém diante do qual ele pode pleitear seu caso. Por outro lado, sua experiência de Deus no turbilhão e sua necessidade de sacrificar constantemente para prevenir a retribuição divina sugerem que ele também vê Deus como autoritário e rigoroso. Geralmente essa imagem de Deus é uma projeção produzida por experiências de um pai ou mãe rigorosos na infância[103]. A declaração de arrependimento que Jó faz em seu discurso de reconhecimento da derrota – "Falei de coisas que não compreendia. [...] retrato-me / e faço penitência no pó e na cinza" – pode ser entendida em vários níveis.

---

103. Cf., p. ex., Clair (1994), Rizzuto (1982) e Rizzuto (1979).

Do ponto de vista de uma criança confrontada por um pai poderoso e irritado, um pedido de desculpas é a tática mais segura a adotar. A expressão de extrema humildade mostrada por Jó é uma ulterior evidência de que a relação se baseia na submissão e não no amor e na conexão. Consideremos os estranhos paralelos entre a experiência que Jó tem de Deus e a experiência de uma criança pequena lidando com um pai colérico.

Durante sua provação, Jó se queixa constantemente de que Deus é irracional e quer ouvir a explicação do próprio Deus sobre o que está acontecendo, embora, ao falar finalmente do meio do turbilhão, Deus não aborde realmente as preocupações de Jó. Ao invés, Deus faz uma preleção majestática sobre como Ele criou todas as coisas e sobre o quanto Jó é pequeno e ignorante em comparação.

Mostra-se muitas vezes que tudo isso é irrelevante para Jó, já que, antes de mais nada, ele nunca questionou o poder de Deus. Com efeito, no início do poema, Jó reconheceu que Deus sozinho "desdobrou os céus" e criou a "Ursa e o Órion" (Jó 9,8-9), de modo que o discurso do meio do turbilhão não responde à acusação de Jó contra a justiça de Deus. No entanto, penso que a preleção de Deus *é* de fato uma espécie de resposta à acusação de Jó e constitui uma evidência circunstancial de que Jó coloriu a imagem do divino com seus sentimentos acerca de seu próprio pai.

Entendido como uma projeção, o discurso de Deus é o comentário típico de um pai irritado em resposta às queixas de injustiça feitas por seu filho. Se lermos o discurso a partir desse ponto de vista, podemos parafrasear a resposta de Deus assim: "Quem você pensa que é, pequeno pirralho? O que você sabe sobre a vida? Sem mim você nem sequer estaria aqui! Faça simplesmente o que lhe digo – você é incapaz de entender o que eu faço, porque tudo o que faço está irremediavelmente além de suas capacidades". Jó responde a Deus que ele [Jó] "é de pouca importância" e, assim como uma criança confrontada com um pai irritado, recua do confronto ulterior.

Deus (Pai) proclama que os fatos de sua maravilhosa criação justificam suas ações e tornam irrelevantes as perguntas de Jó. Mas essa maravilhosa criação é o recipiente do próprio problema do sofrimento e da injustiça que são os motivos da queixa de Jó, de modo que a resposta de Deus evita de fato a questão real.

Para o clínico a autodepreciação na frase de Jó – "eu me retrato" – sugere que Jó está deprimido, um estado mental refletido em seu desejo de morrer (3,17) ou de não ter nascido (3,11-12). Como muitas pessoas deprimidas, Jó se sente um fardo para Deus, assim como muitas crianças negligenciadas são levadas a sentir-se um fardo para seus pais. Jó sente que Deus não quer ouvi-lo (9,16), que está separado de Deus (30,19-20) e que Deus se tornou seu inimigo (13,24; 16,9).

Esse estado mental depressivo é típico da maneira como uma criança se sente quando sua relação com um progenitor irritado foi cortada e ela não consegue encontrar uma maneira de restabelecer a conexão. Para tentar reconectar-se, a criança é muitas vezes forçada a ignorar seus sentimentos ou simplesmente bloqueá-los.

O texto diz que Jó não pecou "com seus lábios", dando a entender que ele não expressou sua indignação verbalmente. Mas os sentimentos de Jó são expressos muito claramente em seu corpo físico. Embora Jó seja retratado geralmente como um modelo de resignação à vontade de Deus, se considerarmos suas aflições somáticas uma expressão do que ocorre em seu interior, vemos um quadro diferente.

Manifesta-se nele uma terrível inflamação cutânea, que cobre seu corpo da cabeça aos pés. É bem sabido que a pele é um órgão da alma – basta ver como nossa pele enrubesce com um constrangimento ou sente pruridos com a excitação. As doloridas erupções cutâneas de Jó são uma declaração corporal de sua fúria tácita com o que aconteceu; ele não é, afinal de contas, tão resignado como o pintam.

Suspeito que muitos Jós contemporâneos ter-se-ão sentido, quando crianças, demasiado inseguros para expressar sua raiva; isso é comum quando a criança é levada a sentir que sua raiva é inaceitável e que expressá-la ameaçará a conexão com seu pai ou com sua mãe. Em benefício da autoconservação, a criança precisa reprimir sua raiva, que então se expressa automaticamente através do corpo. Jó está irritado com Deus e presume que Deus está irritado com ele. Muitas vezes a criança abusada projeta suas próprias reações no pai ou na mãe, de modo que "eu estou irritado com papai porque ele se afastou de mim" se transforma em "papai se afastou porque está irritado comigo". Ou a frase "se papai retira seu amor, ele é mau" se transforma em "se papai se afasta de mim, eu devo ser mau e antipático".

Se Jó tem obsessão de oferecer sacrifícios, é porque quer evitar o desastre e assim controlar sua angústia, que para muitas pessoas é produzida por um complexo paterno. Quando a tragédia se abate, Jó se dá conta de que sua obsessão de sacrificar não funcionou. Então, o complexo subjacente irrompe com toda a força, levando Jó à fantasia de que seu sofrimento é o resultado de retribuição divina, que ele tentara prevenir com seus rituais. Quando combinadas com um complexo paterno, perdas catastróficas podem mergulhar uma pessoa numa depressão. Isso abre o caminho para "Satanás" aparecer.

Em termos psicológicos, Satanás é uma força presente na personalidade do indivíduo, possivelmente um aspecto de seu complexo paterno, que pode estar mais ou menos sob controle, mas produz estragos psicológicos quando irrompe.

Satanás é um crítico interno que atormenta Jó, uma voz interior que lhe diz que sua piedade não é genuína, que ele não é realmente tão bom quanto pensa ser. Vista pelo olhar contemporâneo, a necessidade de Jó encontrar uma nova maneira de relacionar-se com Deus é um tema central da história; percebemos que seus amigos não captam o ponto essencial quando enfocam o sofrimento como um castigo pelo pecado. Eles estão ligados a uma imagem tradicional de Deus pensada em termos de recompensa-e-castigo, da qual acredito que Jó está tentando fugir.

O setor "Satanás" da personalidade de Jó desintegra sua consciência cotidiana, de modo que ele é forçado a desenvolver uma nova imagem de Deus. Para conseguir esse objetivo Satanás é essencial. Esse setor da personalidade de Jó permanece inconsciente, ou adormecido, até ser ativado por suas perdas, que ele considera um castigo.

Dominado por esse complexo, um Jó moderno mergulharia na experiência infantil de ser separado de seu pai e ficaria desnorteado acerca do motivo por que está sendo punido. Fazer uma harmoniosa reconexão com seu pai (ou com Deus) será uma tarefa difícil, porque nosso Jó se sente perseguido. Aqui ele pode estar repetindo uma experiência da infância; não é incomum uma criança jovem tentar fazer todo o possível para manter-se conectada com uma mãe ou um pai raivoso e perigoso. Muitas vezes as crianças se sacrificam para manter uma relação necessária e conseguir com esforço qualquer amor que lhes estiver disponível.

A acusação inicial de Satanás é que Jó só se comporta bem porque foi subornado com posses materiais. A insinuação é que a lealdade pode ser comprada, uma fantasia que pode também refletir a relação de uma pessoa com seu pai.

Podemos imaginar o pai de Jó como alguém difícil de agradar, que se encoleriza rápida e arbitrariamente e trata seu filho injustamente, ignora seu bom comportamento e o castiga excessivamente com pouca justificativa. O pai pode então arrepender-se do que fez e tentar compensar o filho dando-lhe seus presentes para resgatar o amor do filho e fazer a reparação.

Parece que Jó projeta essa dinâmica em sua imagem de Deus. Ele presume inconscientemente que Deus, como um pai humano, precisa ser constantemente aplacado, porque sua cólera pode desencadear-se a qualquer momento. Por fim, após acabar o acesso de raiva, Jó recebe dons de um Deus (pai) agora pacificado e culpado. Mas, já que essa projeção do pai em Deus é inconsciente, Jó se sente uma vítima do divino enquanto está sob ataque, sem nenhuma ideia do por que lhe acontecem coisas terríveis. Mesmo assim, a história prossegue dizendo que Jó se recupera e vive uma vida longa, de modo que podemos presumir que essa experiência foi também regenerativa e útil para ele.

Podemos perguntar-nos como isso aconteceu, já que à primeira vista pode parecer que nada mudou acerca da qualidade da relação. No entanto, o que descobrimos na prática é que o contato com o *numinosum* é em si restaurador. Jó teve uma experiência da realidade divina que situa suas preocupações cotidianas com o ego numa perspectiva radicalmente diferente.

Como resultado de sua visão numinosa do turbilhão, Jó fica em silêncio porque percebe com que estivera lidando o tempo todo. Podemos dizer que ele vê uma imagem do arquétipo no centro do complexo paterno. Quando ele exclama "mas agora meus olhos te viram", é como se dissesse: "Agora tenho minha própria experiência de ti, posso ver o que Tu és realmente, que não é o que me disseram que acreditasse a teu respeito". A experiência de Jó é típica do encontro com o lado sombrio do Si-mesmo e ilustra como o sofrimento pode ser transformador.

A experiência impressionante do *numinosum* no cerne do complexo paterno é um exemplo típico do potencial curativo do contato com o *numinosum*, mesmo quando este é experimentado como desagradável. A experiência de Jó revela como é importante investigar o sentido do sofrimento e manter sua própria postura em vez de seguir a sabedoria coletiva.

A visão que Jó tem do *numinosum* é muito mais significativa do que simplesmente ouvir acerca do divino por vias indiretas. Como resultado de sua visão numinosa, Jó é reassegurado de que existe uma Inteligência, uma

Consciência mais ampla, por trás do que aconteceu. Seu sofrimento não foi inútil; foi uma noite escura da alma, um período de grande importância espiritual. Como resultado, os setores "satânicos" de sua personalidade, sua depressão, angústia e narcisismo são transformados.

Abordagens tradicionais e psicológicas comparadas

A abordagem psicológica pode ser contrastada com explicações tradicionais do sofrimento de Jó, como a ideia de que a piedade é sua própria recompensa, ou que Deus estava testando a piedade de Jó.

Para mim essa explicação reflete um aspecto da imagem coletiva de Deus, que se baseia em projeções da relação pai-filho ou professor-criança. O problema real com que estamos lidando é que a relação de Jó com Deus se baseia numa obediência baseada mais no medo do que no amor, e o comportamento de Deus dificilmente é calculado para mudar esse sentimento.

Aos nossos ouvidos, um Deus que permite um sofrimento terrível apenas para verificar se Jó o ama para seu próprio bem soa como uma imagem de Deus com questões de autoestima – obviamente, uma preocupação humana. Essa visão de Deus projeta na imagem de Deus o comportamento dos soberanos humanos. Os soberanos *humanos* se preocupam mais com a maneira como são vistos por seus súditos, mesmo quando estão mais interessados no poder do que na justiça.

O lado sombrio da imagem que Jó tem de Deus reflete, portanto, fatores culturais combinados com problemas pessoais de Jó. A essência do discurso de Deus de dentro do turbilhão é a submissão e a dominação, o que sugere que Jó (pelo menos nosso Jó moderno) esteve projetando sua sombra de poder na imagem de Deus.

A acusação de Satanás obriga Jó a tomar consciência de uma imagem de Deus que contém elementos da dificuldade do próprio Jó. Com efeito, a história de Jó pode ser considerada um exemplo da transformação de uma sombra narcisista através do sofrimento. Já que a sombra de Jó deve incluir uma encarnação parcial da sombra transpessoal, Jung diria que a história pode ser considerada também a tentativa do Si-mesmo de uma autotransformação através de Jó.

Aqui estou analisando obviamente imagens do divino tais como são retratadas na história. É útil analisar a dinâmica do Si-mesmo dessa maneira, contanto que nos lembremos que não estamos analisando o próprio divino, mas a maneira como ele nos afeta. Não é muito satisfatório ouvir dizer que Deus é um mistério impenetrável. Existem algumas coisas que nos é permitido compreender e outras que não podemos captar? Se é assim, onde está a linha divisória? Talvez *devamos* perguntar acerca do mistério de Deus, já que perguntamos acerca de todo tipo de fenômenos naturais.

Pode parecer absurdo, ou mesmo arrogante, um ser humano fazer essas perguntas, mas penso que são legítimas, já que o ego parece estar no lado receptor de um acordo que ele nunca assinou conscientemente. Com efeito, é muito plausível que sejamos destinados a fazer essas perguntas, que devemos fazer mesmo percebendo que a resposta ultrapassa o pensamento.

Só a experiência e a compreensão nos levam para onde precisamos ir e estas nunca podem ser expressas plenamente em palavras. Mas a história de Jó nos mostra como o questionamento de uma pessoa pode levar a uma experiência mais profunda do sagrado. Todo o comportamento anterior de Jó – sacrifícios, culto, obediência e temor de Deus – não produziram mais do que uma piedade baseada no modelo padrão. Só quando seu sofrimento deu início à sua busca é que Jó teve uma experiência direta do *numinosum*. Dessa maneira nascem as imagens pessoais de Deus.

O fato concreto é que muitas vezes não existe nenhuma relação discernível entre o caráter de uma pessoa e sua sorte na vida. Insistir que Deus recompensa e pune de acordo com a maneira como nos comportamos é negar a realidade; a ênfase tradicional na justiça de Deus é simplesmente a projeção de um valor humano na imagem coletiva de Deus. Deus admite a mesma coisa quando diz, em seu discurso do meio do turbilhão, que os amigos de Jó estavam errados ao insistir que o sofrimento é o resultado do pecado. O exemplo de Jó nos diz que, enquanto estamos sofrendo, precisamos questionar acerca do que o sofrimento significa.

Se somos afortunados, podemos experimentar uma imagem de Deus totalmente nova, baseada numa experiência pessoal do *numinosum*. O que aconteceu a Jó acontece também no nível coletivo, porque nossa cultura continua a sofrer; num mundo pós-Holocausto e pós-Hiroshima nossa imagem de Deus precisa mudar em resposta ao nosso sofrimento cultural. Estes tipos de acontecimentos são a razão por que Jung insiste que o Si-mesmo tem em si um lado sombrio. Aqui começa a controvérsia de Jung com os teólogos, que não apreciavam o fato de Jung fazer uma distinção entre o próprio divino, a cujo respeito Jung se manteve coerentemente em silêncio, e a imagem bíblica de Deus em sua *Resposta a Jó*.

Uma réplica à *Resposta a Jó* de Jung[104]

Para compreender a abordagem de Jung ao Livro de Jó é importante observar que, embora estivesse impregnado da tradição cristã, Jung não lia a Bíblia através da lente da doutrina cristã. Ele disse muitas vezes que não se preocupava com teologia. De preferência, enquanto psicólogo, ele lidava com "o quadro de conceitos teológicos pintado por um leigo", ou com "as crenças comuns das pessoas" e não com conceitos teológicos da Verdade (Philp, 1993). Por essa razão, Jung não se envolveu na erudição bíblica ou na análise da linguagem bíblica; o leigo lida com o texto que temos e Jung sentia que estava abordando as questões típicas do leigo.

Jung sugeriu que o Livro de Jó descreve o início da dissolução da imagem do Deus totalmente bom, porque as pessoas daquele tempo percebiam que não podiam confiar na promessa divina de que o mal seria punido e o bem recompensado. Apesar dessa promessa, o Deus da Bíblia hebraica podia comportar-se de maneiras imprevisíveis, muitas vezes ultrajantes.

Em sua *Resposta a Jó*, Jung mostra que durante toda a sua provação Jó mantém sua integridade, ao passo que a história revela uma imagem abominável de Deus. Os padrões éticos pessoais de Jó evoluíram para além dos padrões da imagem coletiva de Deus que ele herdou de um período anterior da história, de modo que Jó saiu desse encontro melhor do que essa imagem de Deus.

Para lidar com o que lhe aconteceu, a imagem que Jó tinha de Deus precisou mudar radicalmente, passando de sua forma anterior, na qual os amigos de Jó continuam insistindo, para algo que ele podia utilizar. Ao mesmo tempo, houve também uma necessidade de transformação da imagem coletiva de Deus.

Jung sugeriu que, a fim de chegar ao nível que a humanidade (nesse caso Jó) alcançara, a imagem coletiva de Deus precisava tornar-se mais humana. Por isso, de acordo com Jung, a encarnação de Deus em Jesus foi a resposta a Jó. Se não tivesse surgido a história da encarnação de Jesus, a imagem coletiva de Deus poderia ter-se degradado cada vez mais à medida que as velhas imagens eram consideradas cada vez menos úteis. Ao invés, acreditava Jung, a história de Jó forçou uma mudança radical na imagem coletiva de Deus, passando da imagem de um colérico Deus da tempestade à de um Deus de amor.

---

104. A obra *Jung's answer to Job*, de Paul Bishop (2002), é valiosa nessa área.

Por ser um homem amoroso, Jesus conseguiu encarnar o amor, algo que anteriormente não havia sido possível na cultura; em contraposição à visão veterotestamentária de Deus como um senhor da guerra ou um juiz, a imagem que Cristo tinha de Deus era a de um Pai celestial amoroso, e assim ele conseguiu encarnar esse aspecto amoroso do Si-mesmo.

A história evangélica insinua que, quando Jesus foi crucificado, Deus experimentou o que é ser mortal e deu-se conta de como fizera Jó (que representa a humanidade) sofrer. Isso significa que a nova imagem de Deus que começou com Cristo leva em consideração o sofrimento humano de uma maneira que não divide radicalmente o humano e o divino. Assim começou uma nova mitologia[105] baseada na ideia da humanização do divino.

Jó sugeriu a ideia de Deus tornar-se humano quando afirmou solenemente a Deus: "Tens porventura olhos de carne? / Enxergas como o homem enxerga? / São teus dias como os dias do homem, / ou teus anos como os anos do homem?" (10,4-5). Mas, insistiu Jung, essa encarnação não está confinada a Jesus – ela acontece em todos nós.

A encarnação do Si-mesmo numa personalidade empírica consciente causa inevitavelmente sofrimento. Esse sofrimento, por sua vez, nos obriga, à maneira de Jó, a uma nova consciência do Si-mesmo e esta mesma nova consciência é uma forma de encarnação. Jesus tornou-se plenamente consciente do Si-mesmo – em termos orientais, ele foi um homem de Deus realizado –, mas agora o desenvolvimento dessa consciência é uma tarefa para todos nós.

Jung prossegue mostrando que a mudança provocada pela experiência de Jó na imagem coletiva de Deus foi só parcial; embora Jó se tornasse consciente do lado sombrio do Si-mesmo, esse lado sombrio não foi integrado na imagem cristã de Deus, que só se preocupou com o lado luminoso do divino. Apesar disso, o processo pelo qual Jó desenvolveu sua nova consciência do Si-mesmo é um modelo útil.

Jó obrigou o Si-mesmo a entrar em diálogo com ele mantendo sua própria postura e recusando-se a aceitar a imagem coletiva de Deus sem questionar. Ele até obrigou o Si-mesmo a reconhecer sua própria escuridão em relação à humanidade. Para Jung, Jó atuou como uma consciência reflexiva para o Si-mesmo, que tornou o Si-mesmo consciente do tratamento que deu a Jó.

---

105. Nova só na tradição ocidental – a ideia de uma encarnação divina existia há muito tempo no Oriente.

De acordo com Jung, a capacidade de autorreflexão é essencial para a autoconsciência. No entanto, não podemos ser plenamente autoconscientes sem estar em relação com outra consciência. Jung pensava que até o Si-mesmo precisa de uma consciência reflexiva e por isso as dúvidas de Deus acerca de Jó são personificadas como um "outro", ou seja, como Satanás; o confronto com Satanás é assim o diálogo interior do próprio Deus à medida que tem curiosidade de saber acerca de Jó. Sem Satanás e Jó, ao que parece, Deus não teria sido capaz de refletir sobre o que estava fazendo. Por isso Jung fez o alarmante comentário (que lhe trouxe problemas com os teólogos) de que o comportamento de Deus é tão atroz que ele deve estar inconsciente, ou pelo menos deve estar inconsciente da divisão entre luz e trevas em sua própria natureza.

Os teólogos que se sentiram ultrajados com a ideia de Jung de um "Deus inconsciente" não podiam compreender que Jung estava falando de um ponto de vista psicológico, e não teológico; mas, mesmo assim, o que Jung queria dizer com a afirmação não é absolutamente claro. Quando disse que "Deus se manifesta no ato humano de reflexão" (OC 11/2, § 238), Jung pode ter entendido que o Si-mesmo se torna consciente em nós quando refletimos sobre ele, ou pode ter entendido que o próprio Si-mesmo é inconsciente enquanto não consegue ver-se refletido na consciência humana.

Eu prefiro a primeira interpretação, mas alguns estudiosos acreditam que Jung entendia literalmente que o Si-mesmo precisa da consciência humana para ter consciência de si mesmo. Para mim essa é uma proposição dúbia, visto que considero o Si-mesmo a própria Consciência, de modo que, em última análise, só o Si-mesmo está consciente de alguma coisa. Por isso, em minha interpretação, Jung quer dizer que *nossa* imagem de Deus é inconsciente na medida em que diz respeito ao ego humano. Enquanto não começamos a experimentar nossa imagem de Deus e não pensamos sobre ela, nossa imagem de Deus nos é inacessível ou incompreensível. O Si-mesmo está sempre ativo em nós, mas não temos consciência dele enquanto não começarmos a experimentá-lo diretamente em vez de projetá-lo para o exterior numa figura como Jesus.

Para Jung, a história de Jó é um modelo de certo tipo de relação (dualista) entre o ego e o Si-mesmo. Ele especulou que o Si-mesmo busca tornar-se consciente e diferenciar-se por meio da humanidade. Isso acontece de várias maneiras.

Sempre que trabalhamos sobre alguma manifestação do inconsciente, seja um sonho ou um sintoma, estamos tornando consciente em nós algum aspecto do Si-mesmo. Nossa consciência do Si-mesmo em desenvolvimento ocorre por meio da reflexão humana sobre seus funcionamentos. Esse trabalho ajuda em sua encarnação e também em nosso discernimento de seus diferentes aspectos.

O inconsciente é uma unidade indivisa até que alguém reflita sobre ele, já que, no Si-mesmo, qualidades opostas como bem e mal, luz e trevas, estão unidas e não divididas como estão na consciência humana. Para Jung, portanto, o Si-mesmo se torna consciente dos opostos existentes em sua natureza, tornando-se encarnado num ser humano.

Essa ideia não pode ser provada – é uma imagem mítica que reflete a abordagem pessoal de Jung, baseada em sua própria necessidade de realçar a importância da consciência do ego. Minha opinião pessoal é que não precisamos inflar ainda mais a importância do ego. Seja como for, visto que para Jung o Si-mesmo é também a totalidade da consciência, o ego está realmente contido no Si-mesmo e não é uma entidade separada.

Jung faz esta sugestão a fim de abordar o seguinte mistério: Por que o Si-mesmo desejaria encarnar-se em nós e, antes de mais nada, por que Deus criaria o mundo se Ele já é perfeito? As ideias para a teoria de Jung se encontram em várias tradições místicas que sustentam que o divino se expressa através da humanidade e se torna manifesto no ato humano da reflexão.

Os místicos de diversas tradições ensinaram que não só Deus cria a humanidade, mas a humanidade cria a Deus, no sentido de que é necessária a consciência humana para *perceber* que Deus é Deus. É nesse sentido que o divino se torna consciente quando nós nos tornamos conscientes dele. É uma maneira extremamente pessoal de pensar sobre o divino; a imagem que outras pessoas têm de Deus pode ser muito diferente, porque essa imagem precisa evoluir da própria experiência e reflexão de alguém.

A consciência ou Psique produz imagens de si mesma que nós experimentamos e Jung atribuiu grande importância a tornar conscientes as Autoimagens, porque achava que podia ajudar seus pacientes a fazê-lo. Durante o processo Jung descobriu que a imagem judeu-cristã de Deus não funcionava para todos e expressou sua crítica dessa imagem de Deus em sua controversa *Resposta a Jó*.

Jung foi criticado pelo teólogo Victor White (1954)[106] por não tratar do óbvio material sombrio de Jó. Jung (2018, pp. 408s.) reconhece essa omissão, mas aponta que, se Jó tivesse lidado com a situação no nível pessoal de sua complacência, de sua hipocrisia, de sua mentalidade literal e coisas afins, ele se teria envergonhado profundamente. Jó pode até ter pensado que era ilusório imaginar que sua vaidade podia causar a intervenção divina. Ele estaria então menos inclinado a pensar que havia ouvido a voz de Deus – seria como se lhe fosse dada uma explicação psicanalítica que eliminava totalmente a Deus, levando a nada mais que desilusão e resignação. Por isso, Jung diz que preferiu lidar com a situação no nível arquetípico.

No entanto, Jung também admite que esteve possuído por intensas emoções – principalmente coléricas – à medida que escrevia seu comentário sobre o Livro de Jó. Se não estivesse envolvido tão pessoalmente na história, penso que Jung teria comentado de fato a sombra de Jó e sua *persona* virtuosa bastante unilateral, e não apenas a imagem canônica de Deus.

Meu foco na sombra de Jó segue o exemplo do poeta William Blake, que acreditava que o problema de Jó era sua hipocrisia – seu ego imperial. Para Blake a piedade de Jó era pretenciosa e excessiva e ele estava espiritualmente adormecido. Mas o relato de Blake não lida com a injustiça de *Deus*, assim como o de Jung não lida com a sombra narcisista de Jó.

Antes de suas perdas, parece que Jó era um tanto presunçoso e satisfeito consigo mesmo; por que então Jung ignora a contribuição do próprio Jó para a situação e lança toda a culpa em Deus? Na cólera de Jung acerca da imagem bíblica de Deus podemos ouvir um eco de seu problema com seu pai, que foi uma grande decepção para o jovem Jung. Ele sentia que seu pai havia naufragado na rocha de seu cristianismo: via seu pai constantemente atormentado por dúvidas acerca das doutrinas da Igreja, da qual era um ministro.

Jung procurou resolver a crise espiritual de seu pai em sua própria mente lidando com a religião psicologicamente. Focalizou a experiência pessoal do *numinosum*, porque via, a partir da vida de seu pai, que a confiança na crença e nas asserções doutrinais sem experiência direta do divino podia levar ao desespero.

---

106. Para uma exposição completa da relação entre Jung e White, cf. Lammers (1994).

A crítica apaixonada que Jung faz da imagem cristã de Deus em sua *Resposta a Jó* parece uma reação longamente reprimida ao fato de seu pai ter sido dolorosamente magoado pela adesão à imagem de Deus ditada por sua Igreja. O Jung sênior precisava pregar um conjunto de ideias acerca de Deus que muitas vezes não tinham sentido para ele e não o haviam ajudado durante sua crise de fé. Acredito que os apuros de Jó lembraram a Jung as dificuldades pelas quais seu pai passou em relação a Deus.

Assim como os amigos de Jó ofereceram uma abordagem padrão da religião, houve muita oração e pregação na Igreja do pai de Jung, mas essas práticas não trouxeram nenhum conforto. Jung manifestou sua cólera atacando a imagem bíblica de Deus Pai, uma imagem que contribuiu para a infelicidade da infância de Jung, tornando seu pai angustiado. Jung parece identificar-se com o Jó sofredor ao queixar-se de Deus, como se Jó falasse o que se encontra também no coração de Jung. Impelido pelo fracasso de seu pai em responder às suas perguntas acerca do sentido da doutrina cristã, Jung desenvolveu sua própria abordagem da história cristã, uma abordagem que requer que nos tornemos mais conscientes da imagem tradicional de Deus, para podermos ver como ela precisa ser mudada a fim de ser útil para nós hoje. Por isso Jung insistiu que incluamos um lado sombrio em nossa imagem de Deus, um aspecto que é contornado na maioria das interpretações tradicionais da história de Jó.

Infelizmente, os Pais da Igreja intensificaram a divisão entre os aspectos luminosos e sombrios do Si-mesmo, ao tornar Cristo totalmente bom e Satanás seu adversário, como se fossem dois princípios opostos e não dois aspectos de uma única imagem. Isso levou Jung a mostrar que o Cristo da teologia cristã é uma imagem incompleta do Si-mesmo: Cristo é descrito sem quaisquer elementos sombrios.

Jung acreditava que o Si-mesmo é uma totalidade que precisa incluir todas as coisas da criação, inclusive qualidades que tradicionalmente foram excluídas da imagem cristã de Deus, como o mal, o corpo e o feminino. De acordo com Jung, o Anticristo representa o aspecto perdido da Autoimagem cristã, seu aspecto sombrio. Nossa tarefa contemporânea consiste em unir esses aspectos do Si-mesmo em nossa própria imagem mítica do divino. Isso pode ser feito em dois estágios.

Em primeiro lugar, podemos parar de dividir e projetar a sombra na figura de Satanás e reconhecer que a sombra está em nós. Em seguida, podemos reconhecer que essa sombra contém um componente arquetípico como também um componente humano, porque tanto o lado luminoso quanto o lado sombrio do Si-mesmo estão encarnados em nós, e o lado sombrio produz o cerne da sombra humana. Reconhecendo que a sombra é, ao mesmo tempo, pessoal e transpessoal, desenvolveremos uma imagem mais acurada de Deus, uma imagem que não requer o mecanismo defensivo da divisão com o qual é demasiado terrificante lidar. Estaremos, então, menos propensos a colorir nossas fantasias acerca do divino com projeções humanas e não equipararemos mais nossas imagens de Deus com o próprio divino. (Esse grave erro nas tradições monoteístas levou a guerras religiosas inúteis acerca de imagens de Deus concorrentes.)

Nossas ideias mutantes acerca do bem e do mal contribuem para a mudança na imagem de Deus. Alguns tradicionalistas ficaram indignados quando Jung disse que Deus se comportou de maneira imoral em relação a Jó e que a moralidade deste era de categoria superior à moralidade de Deus. Essa é realmente a crítica de Jung a determinada imagem de Deus.

Jó não podia mais projetar em sua ideia de Deus um código moral que era menos desenvolvido do que seus próprios padrões morais. Jó evoluíra para além das projeções coletivas acerca da maneira como Deus supostamente se comporta, projeções que se baseavam no pensamento social corrente, de modo que precisava de uma nova maneira de pensar acerca do Si-mesmo.

Na Bíblia, a moralidade *atribuída* a Deus é realmente a *projeção* numa imagem de Deus daquilo que as pessoas daquele tempo pensavam que Deus queria que façamos. Um profeta dos nossos tempos poderia falar sobre a floresta tropical, a degradação do meio ambiente, os sem-teto, as crianças famélicas e outros problemas sociais e ecológicos.

Os teólogos cristãos nunca se contentaram com a distinção de Jung entre o próprio divino e a nossa imagem de Deus; sempre suspeitaram que Jung tratava a imagem e a Realidade como se fossem a mesma coisa, como se Jung pensasse que o próprio divino tivesse um aspecto mau. Os teólogos também tiveram dificuldade com a ampla variedade de imagens de Deus que Jung descreveu, porque muitas delas não se encaixavam nas fórmulas judeu-cristãs tradicionais.

Mesmo que Jung tenha escrito que "nenhuma de minhas reflexões toca o inefável" (OC 11/4, § 556), era difícil para seus críticos captar a diferença entre a imagem de Deus como um fenômeno psicológico e suas descrições doutrinais do próprio divino, especialmente quando estes não coincidiam.

Consequentemente, eles acreditavam que Jung estava realmente fazendo metafísica ou teologia disfarçadas de psicologia empírica.

Existe alguma verdade acerca desta afirmação naquelas áreas em que Jung estava claramente especulando. No entanto, considerando que permanecemos com nossa experiência direta quando falamos do Si-mesmo, somos habilitados a denominar psicologia o que fazemos. Só surge um problema se procuramos explicar a *origem* da experiência numinosa – aqui entraríamos gradualmente na teoria e na especulação.

Jung está claramente especulando quando sugere que o divino cria a consciência humana, de modo que ela pode tornar-se consciente de si mesma, ou que o Si-mesmo se torna autoconsciente na consciência humana[107]. Ele está especulando quando sugere que, porque qualidades como bem e mal não estão separadas na totalidade do Si-mesmo, prestamos de certa forma um serviço ao divino quando sofremos a tensão desses opostos aparentes.

Quer o divino precise ou não de nossa ajuda nesse contexto (uma ideia monumentalmente inflada), a experiência confirma que um encontro com o numinoso nos ajuda a resolver e unificar essa tensão em nós mesmos. Essa é uma maneira de dizer que, assim como Jó, nós precisamos pedir que Deus nos ajude com Deus: a fonte de um problema é também a fonte da solução do problema.

O foco de Jung na experiência do Si-mesmo é inaceitável aos teólogos por várias outras razões. Ele contradiz as afirmações de alguns cristãos de que não existe outro caminho para conhecer a Deus senão pela forma especificamente cristã de revelação. Igualmente, para alguns teólogos (como Martin Buber, [s./d.]) a descrição que Jung faz do Si-mesmo como uma imagem de Deus presente na psique faz o divino parecer um pouco imanente demais, íntimo demais, não suficientemente transcendente, e "apenas psicológico", como se desse a entender que não é plenamente real.

---

107. A ênfase de Jung na importância da consciência humana em relação ao Si-mesmo é radicalmente diferente das tradições que situam o divino numa esfera transcendente que se encontra além da esfera humana. Em vez de serem dois domínios distintos, o nível transpessoal e o nível humano da consciência estão em continuidade um com o outro; por exemplo quando sonhamos. A noção de Jung de que o Si-mesmo se torna consciente de si mesmo na consciência humana contrasta com a ideia tradicional de uma imagem de Deus inteiramente autossuficiente e perfeita como é.

Essa crítica ignora o fato de que, para Jung, a psique é real e a experiência do numinoso é a experiência de algo real. Além disso, afirma-se que a sugestão de que podemos experimentar o Si-mesmo de muitas maneiras ameaça o princípio do monoteísmo (mas note-se que existem, ironicamente, muitas variantes do monoteísmo, cada qual afirmando ser verdadeira, cada qual oferecendo sua própria imagem de Deus).

Quem acredita numa determinada imagem dogmática de Deus pode objetar que não podemos conhecer a verdade objetiva acerca de Deus se confiamos apenas na experiência pessoal, já que a experiência do divino de cada pessoa pode ser diferente. Informação confiável acerca do divino só pode provir da revelação divina como está contida nas Escrituras. No entanto, só o fundamentalista pode insistir que as Escrituras são puramente objetivas.

Não se pode mais argumentar que existe apenas uma versão verdadeira da revelação, que nos diz tudo o que precisamos saber acerca do Incognoscível. Existem várias asserções conflitantes da verdade metafísica; em qual devermos confiar? Quem tem essa autoridade? Hoje suspeitamos da "Verdade" porque reconhecemos que aquilo que é denominado verdade é muitas vezes apenas um instrumento nas mãos dos detentores do poder, e muitas vezes é determinado por suas crenças e feito sob medida para seus requisitos.

Achamos difícil aceitar argumentos baseados na inspiração divina provenientes de pessoas que defendem políticas religiosas partidárias. As asserções metafísicas são muitas vezes antropomorfismos, fantasias humanas e opiniões acerca do divino, que podem ou não corresponder à realidade divina. Sabemos que nossas crenças acerca do mundo físico mudam constantemente à medida que se mostram incorretas; então, por que devem nossas crenças acerca do divino ser diferentes?

Alguém pode insistir em acreditar numa determinada revelação divina, ou pode assumir a postura de que o que realmente importa é nossa experiência do divino como é mediada pela psique. Geralmente os cristãos se opõem a essa última abordagem com o pretexto de que a experiência individual é *demasiadamente* pessoal; não se pode atribuir-lhe maior valor do que às compreensões religiosas acumuladas da raça humana. Para eles é claro que precisam continuar o trabalho que Jesus iniciou, porque Ele lhes ordenou que o fizessem.

Os teólogos que argumentam dessa maneira levaram a mal o livro *Resposta a Jó* porque desvaloriza a tradição, a autoridade da Igreja e o consenso dos fiéis. Do ponto de vista tradicional, a interpretação que Jung faz de Jó é por demais idiossincrática. Mas Jung tem clareza de que não está tentando ser objetivo. Ele nos oferece deliberadamente sua reação subjetiva, sua fantasia acerca da experiência de Jó.

Os teólogos consideraram que esse método de ler Jó obscurecia uma leitura mais objetiva do livro em termos de seu próprio contexto histórico e em termos da verdade recebida. O padre Victor White sugeriu raivosamente que o protesto de Jung acerca da aparente injustiça de Deus para com Jó era uma reação imatura, o acesso de fúria de uma criança mimada, como se Jung estivesse fixado no nível infantil em que "o 'amor' significava o 'eu quero' egoísta…" (White, 1995, pp. 56-60)[108].

White prossegue sugerindo que esse livro revela um "sistema paranoide que racionaliza e oculta uma mágoa e um ressentimento ainda mais insuportáveis. No entanto, acusar Jung de ser imaturo e perturbado não significa refutar seu argumento de que existe um lado sombrio do Si-mesmo, uma ideia que nos dá uma perspectiva aprofundada de horrores como Auschwitz e Hiroshima. Com efeito, o psicólogo poderia replicar que, diante do sofrimento e do mal radical que existem no mundo, é imaturo um teólogo aferrar-se a uma imagem antiquada de um Pai celestial totalmente bom que cuida benevolamente de nós.

Dada a evidência da história, parece que os teólogos que criticaram a noção do lado sombrio do Si-mesmo estavam tentando preservar a todo custo sua doutrina e a validade de seus textos sagrados, ao ponto de estarem até preparados para negar a realidade. Não podiam tolerar que sua imagem de Deus estava em desacordo com os fatos. A partir da perspectiva do psicólogo, os teólogos cometiam também o erro de confundir sua imagem de Deus com o próprio divino.

Jung é bastante explícito quanto a essa distinção em seu livro: "Creio que o leitor terá percebido com suficiente clareza que a evolução das grandezas simbólicas que acabamos de descrever corresponde a um processo de diferenciação da consciência humana" (OC 11/4, § 758). Ou seja, à medida que nossa consciência evolui, assim devem evoluir nossas imagens de Deus. *É* terrível (para um ego) cair nas mãos do Deus vivo, porque esse Deus é experimentado como uma mistura de qualidades que são *ao mesmo tempo* benignas e amorosas e *também* muito perigosas.

---

108. Para uma exposição detalhada da relação entre os dois, cf. Lammers (1994).

Jó como um modelo dos efeitos transformadores do sofrimento

Nossa imagem de Deus afeta a maneira como pensamos acerca do sofrimento. Como analisamos no capítulo 5, a abordagem tradicional argumenta que o sofrimento nos corrige, nos ensina, testa nossa fé, promove o desenvolvimento espiritual e fortalece nossa relação com Deus, como é sugerido pelo fato de que, no fim, as recompensas de Jó parecem compensar seu sofrimento. No entanto, essa não é a experiência de todos.

Às vezes o sofrimento não tem nenhum desses efeitos. O sofrimento pode simplesmente devastar as pessoas, tornando-as amargas e irritadas. Por outro lado, vemos pessoas como Jó, cujo sofrimento aumenta sua empatia para com outras pessoas, permite-lhes um autoconhecimento mais profundo e produz uma radical mudança de valores. O sofrimento pode forçar a recorrer ao divino, o que de outro modo não ocorreria.

Mesmo que Jó tenha ansiado por uma resposta de Deus ao lhe perguntar o que estava acontecendo, percebemos que esse anseio e esse questionamento eram em si mesmos uma forma de conexão. Naquelas circunstâncias, isso era o melhor que ele podia fazer. O sofrimento de Jó levou-o a pedir que Deus tratasse diretamente com ele e isso pelo menos permitiu o potencial de um tipo diferente de relação.

A história de Jó é, portanto, um modelo mítico dos efeitos potencialmente transformadores do sofrimento tanto sobre a estrutura da personalidade quanto sobre a imagem que alguém tem de Deus. A julgar pela reação inicial de Jó às suas perdas, que ele só podia expressar por meio de seu corpo, podemos concluir que nosso Jó (contemporâneo) sentiu na sua infância uma raiva que ele foi incapaz de expressar diretamente.

Quando crianças que sofreram dessa maneira chegam à idade adulta elas são capazes de ver de maneira nova suas dificuldades da infância, porque estão aptas a aplicar de forma eficiente à situação seus pensamentos e sentimentos maduros. Elas têm também uma nova oportunidade de desenvolver uma conexão pessoal com o divino, que não se restringe a atitudes coletivas.

Nosso Jó moderno pode dar-se conta de que está acontecendo algo que exige um aprofundamento de sua espiritualidade. A importância psicológica da experiência de Jó é que ela sugere que busquemos um novo sentido no que nos está acontecendo sem satisfazer-nos com as explicações tradicionais.

A explosão do *numinosum* experimentada por Jó só pode ocorrer durante períodos de intenso sofrimento e turbilhão. Quando isso acontece, a experiência de Jó nos mostra que a experiência do *numinosum* impõe ordem e sentido no meio de uma situação confusa. Nós percebemos que uma Consciência mais ampla está envolvida na situação. Devido a essa Presença, quando o sofrimento não pode ser aliviado, nossa tarefa consiste em desenvolver uma atitude que nos torne possível abandonar o que pensamos que *deve* acontecer (uma função do condicionamento do ego) em favor de uma tentativa de compreender e aceitar o que *está* acontecendo. Por isso a pergunta pelo sentido é muitas vezes tão crucial. Jó deseja constantemente compreender por que está sofrendo, de acordo com a ideia de psicólogos como Jung e Frankl, que acreditavam firmemente que o sofrimento insuportável pode ser tornado suportável se tiver sentido.

Para concluir, eu gostaria de mencionar um antigo mito indiano que também descreve o tema arquetípico do sofrimento transformador. Em *The greatness of Saturn* (1997), o Rei Vikramaditya sofre terrivelmente à mercê do divino, personificado como o planeta Saturno.

Nessa mitologia, às vezes Saturno é denominado Senhor do Lagar de Azeite, porque ele mói as pessoas e extrai sua verdadeira essência, deixando para trás um resíduo do que era falso, e faz isso levando-nos a experimentar o que nos *deve* acontecer. Ele é descrito como especialmente perigoso para pessoas arrogantes.

Assim como Jó, Vikramaditya é filantrópico, observante da religião, protetor de seus súditos e de boa reputação, mas também uma personalidade um tanto hipócrita e egocêntrica. Embora Saturno o faça sofrer, o rei aprende a aceitar e abraçar o que acontece como necessário para seu desenvolvimento. Ele perdoa a todas as pessoas que o prejudicaram durante seu período de sofrimento, porque se dá conta de que também elas precisaram vivenciar os papéis que lhes foram atribuídos. Assim como Jó, o Rei Vikramaditya tem finalmente a experiência de um encontro direto com a divindade que o atormentava, e então o rei pede a Saturno que seja compassivo com os outros, porque, como no caso de Jó, o sofrimento produziu uma radical transformação da capacidade de empatia do rei. Um dos sentidos de um conto mítico como esse é que podemos considerar o processo do sofrimento uma espécie de purgação do que o Si-mesmo não considera essencial. Nós geralmente resistimos a esse processo e nossa resistência à mudança radical aumenta nosso sofrimento – sem resistência, nossa experiência pode ser dolorosa, mas não causa necessariamente sofrimento.

7
Um sentido do sagrado
Espiritualidade para além da religião

Espiritualidade e instituições religiosas

A espiritualidade é um estado da mente, uma atitude de vida, uma maneira de estar no mundo que nos possibilita estarmos conscientes da presença da Realidade Última na vida cotidiana. Nossa espiritualidade pode ser cuidadora, reverente e afirmadora da vida, sem estar ligada a qualquer Escritura ou maneira específica de pensar a respeito de Deus.

As tradições religiosas oficiais são simplesmente as maneiras como nossos instintos espirituais foram canalizados pelas circunstâncias históricas. Essas tradições surgiram durante determinados períodos e, por isso, foram coloridas com mitologias locais e crenças culturais, muitas das quais já não são mais relevantes. No melhor dos casos, as tradições religiosas atuam como recipientes de nossa espiritualidade; no pior, os dogmas das tradições não expressam o que é realmente importante para nós. No último caso, é importante para nós saber que um recipiente tradicional não é essencial para nossa espiritualidade expressar-se. Não há nenhuma necessidade de uma superestrutura filosófica, hierárquica e teológica.

Quando nossa espiritualidade não se limita a religiões institucionais, ainda assim temos acesso à nossa herança espiritual original, que brota de uma capacidade humana inata que começou a existir muito antes do desenvolvimento das tradições monoteístas do mundo. Essa espiritualidade instintiva é "orgânica", termo com o qual quero expressar que ela é livre de salvaguardas dogmáticas. Não prefere homens a mulheres, inclui os animais e o mundo natural e não busca coagir as pessoas à obediência mediante ameaças de castigo eterno. Ela não renuncia ao corpo ou ao desfrute do mundo material, oferece abordagens úteis de situações cotidianas e reconhece que não existe essa coisa de abordagem do sagrado com validade exclusiva. Embora reconheça que existem níveis transcendentes de realidade, essa espiritualidade evita especulação sem sentido acerca deles.

Para ser fácil de utilizar, nossa espiritualidade precisa ser psicologicamente relevante, não dogmática, não baseada numa Escritura determinada, não uma questão de crença ou opinião e não acrítica, mas capaz de duvidar quando necessário. Ela leva em consideração novas informações da ciência e da psicologia e não se sente ameaçada por elas.

Uma espiritualidade prática permite uma aceitação radical da vida como ela é e afirma a bondade essencial da vida. Essa espiritualidade reconhece que nosso mundo não está separado da esfera do sagrado e vê que existe uma plenitude, uma ordem e uma harmonia intrínsecas à vida, que incluem a inevitabilidade do sofrimento.

Nossa capacidade nativa de espiritualidade nos permite ter consciência de valores transcendentes como amor, compaixão e beleza. Sentimos a interconexão de todos os seres e do planeta, que reconhecemos ser expressões do divino. Essa espiritualidade é sinônimo de um sentimento de admiração pelo mistério do universo. Se prestamos atenção a esse universo, não importando como o fazemos, estamos "sendo espirituais".

Não causa surpresa que muitos de nós não encontramos este tipo de espiritualidade nos sistemas religiosos convencionais. Embora geralmente se concorde que o sagrado está além do pensamento conceitual, as instituições religiosas ocidentais estão carregadas de elaborações das experiências de Moisés, Jesus e Muhammad. A superestrutura conceitual resultante está muito longe da fonte espiritual da tradição. Além disso, boa parte da religião institucional é simplesmente o produto de gerações de convenção, ou o exercício de "autoridade" religiosa humana, com suas implicações de que algumas pessoas têm acesso especial à intenção divina. Essa convenção e esse autoritarismo são os produtos de necessidades e preferências humanas e nada têm a ver com o sagrado.

O que dizer dos textos sagrados?

A própria noção de uma autoridade religiosa, como a hierarquia de uma Igreja, implica que nossa espiritualidade precisa de uma estrutura para interpretá-la e contê-la. Com esse objetivo, as autoridades religiosas reivindicam o poder de explicar os textos sagrados, que são considerados produto de revelação divina, como se o divino fosse incapaz de manifestar-se claramente sem a ajuda de sua interpretação.

Assim, a Bíblia foi revisada e editada por muitas pessoas, traduzida em várias línguas, filtrada através da mente humana com todos os seus preconceitos e temores; concílios e comissões tomam decisões sobre seus conteúdos. Pode esse texto refletir de fato a Realidade que está além do pensamento?

Visto que existem muitos livros sagrados provenientes de muitas tradições conflitantes, como decidimos qual livro é a verdadeira revelação do divino? Já que não existe resposta satisfatória a essa pergunta, precisamos concluir que o divino não se revela de uma maneira exclusiva e que os autores originais desses textos escreveram para registrar seu encontro pessoal com o sagrado ou para propagar suas crenças. Gerações subsequentes projetaram seu sentimento do sagrado em qualquer livro que lhes era transmitido por seus anciões, de modo que esses livros foram cada vez mais venerados pela tradição e pelo tempo. Em sua maioria, as pessoas aceitaram como sagrado o livro que sua cultura lhes dizia ser sagrado, porque foram educados com ele e porque o livro lhes proporcionava um conjunto de crenças que servia como um recipiente pronto para seu potencial espiritual.

No melhor dos casos, os livros sagrados contêm alguma doutrina espiritual valiosa e relatos de contato autêntico com o *numinosum*. No entanto, refletem também as opiniões e preconceitos muito humanos de seus autores, para não mencionar a mitologia que era corrente no tempo e lugar em que se originaram. No pior dos casos, os livros são utilizados para propaganda institucional ou simplesmente para justificar uma opinião teológica ou certas práticas sociais e religiosas.

As práticas tradicionais são necessárias?

Para sermos "espirituais" não precisamos frequentar um edifício especial, ler orações prescritas, acender velas, queimar incenso, ouvir sermões ou acreditar num conjunto de doutrinas. Podemos fazer essas coisas se gostamos delas ou se nos ajudam a produzir a disposição de ânimo ou a atmosfera que buscamos, tornando-nos mais receptivos ou ajudando-nos a expressar nossa intenção mais claramente. No entanto, elas podem também impedir-nos de experimentar o sagrado quando atrapalham nossa consciência com preconceitos ou embotam nossa mente com repetições. As práticas religiosas tradicionais só podem ser um veículo para a espiritualidade autêntica quando atuam como um meio simbólico profundo de conexão com o sagrado. Do contrário elas podem impedir-nos de descobrir nossa verdadeira espiritualidade.

É possível também executar essas práticas e não ser nem um pouco espiritual. Numerosas pessoas frequentaram hipocritamente o culto religioso, executaram o comportamento exigido em público, e depois foram para casa e maltrataram seus filhos, trapacearam nos negócios, exploraram os indefesos, torturaram os "hereges" e violaram as normas da justiça social. Os corações e mentes desses adeptos da religião não foram de modo algum transformados por sua observância religiosa. Seus rituais e suas orações eram apenas prescrições que não tocaram muito a condição que estavam destinados a curar. Seus serviços de culto não abriram a porta para a alma – nem sequer se aproximaram dessa porta. Seus rituais foram repetições vazias.

As práticas tradicionais podem parecer úteis simplesmente porque nos dão uma camuflagem social, aliviam nossa má consciência ou apoiam nossa *persona*, a máscara que mostramos ao mundo. Criam a ilusão de que estamos fazendo algo espiritual, mas não tocam necessariamente aquele lugar especial no coração, o lugar que anseia por uma conexão perceptível com o sagrado. Podemos estar utilizando uma abordagem errada para esse lugar, ou simplesmente pode parecer assustador demais tocá-lo.

Uma espiritualidade do coração nos torna vulneráveis, porque nos torna extremamente abertos aos outros e também porque exige uma renúncia ao sentimento de que somos responsáveis pelo que nos acontece. É difícil reconhecer que tudo o que acontece, independentemente de quanto seja doloroso para o ego, acontece supostamente porque uma Inteligência maior está operando. As tradições ensinam essa renúncia, mas também nos sobrecarregam com uma mitologia desnecessária, muitas vezes baseada em considerações políticas como a competição com setores rivais ou a necessidade de preservar a ortodoxia combatendo a heresia.

Às vezes as práticas espirituais coletivas são simplesmente uma maneira de pertencer a um grupo de pessoas que apoiam o mútuo sentimento do si-mesmo, compartilhando as mesmas opiniões e os mesmos valores. Às vezes essas práticas são tentativas supersticiosas de evitar o mal e atrair favores, uma espécie de suborno espiritual do divino.

Boa parte desse tipo de comportamento "religioso" surge do medo. Destina-se a produzir um sentimento de segurança, procurando aplacar o que se imagina ser um Deus colérico que anota nosso comportamento, ou reforçar um tribalismo atávico, baseado na necessidade de pertencer a um grupo a fim de sentir-se seguro contra predadores. Se nossa espiritualidade se baseia num sentimento de insegurança, é provável que o medo contamine nossa experiência espiritual. Como resultado, nossas práticas espirituais se tornam em grande parte um meio de sustentar um sentimento do si-mesmo e não um meio de relacionar-nos com o sagrado.

O que acontece realmente quando seguimos práticas espirituais formais? É possível abordar o divino utilizando um método específico? Se o divino é transcendente, então qualquer método que utilizarmos terá uma eficácia limitada; e assim, na melhor das hipóteses, nos proporcionará apenas um lampejo da totalidade.

As práticas espirituais se limitam ao tempo e, portanto, não podem levar-nos ao Intemporal[109]. No entanto, reconhecer as limitações dessas práticas não significa necessariamente descartá-las completamente, visto que uma prática espiritual pode ser útil para aliviar e apaziguar temporariamente o ego, expandir sua percepção e torná-lo mais consciente da Realidade maior.

O lado sombrio da prática espiritual é que ela pode realmente ser uma maneira sutil de inflar o sentimento que o ego tem de sua própria importância. Por exemplo, prestar assistência aos necessitados pode surgir de uma compaixão autêntica, mas pode também surgir da necessidade que alguém tem de impressionar os outros ou de assegurar-se de que é uma pessoa boa. Técnicas de meditação que exigem disciplina física podem degenerar num exercício masoquista de dor infligida a si mesmo ou tornar-se um meio de sentir-se espiritualmente superior aos que não meditam.

Existe, portanto, um risco de que o próprio ato de busca espiritual, tão venerado pela tradição, impeça a descoberta da verdade espiritual, reforçando o ego, especialmente quando temos pessoalmente muita coisa investida nas doutrinas de determinada confissão de fé. Muitas vezes o ego espera

---

109. Certas práticas espirituais podem simular um sentimento do Intemporal levando-nos a ter a experiência de sair do tempo ou de perder a consciência da passagem do tempo. Imagina-se, de fato, que as práticas religiosas que produzem estados de transe transportam o devoto à esfera do Intemporal. No hinduísmo pensa-se que as práticas da ioga são capazes de alcançar esses estados, o que é também o objetivo de algumas formas budistas de meditação.

secretamente intensificar-se ou sentir-se melhor mediante a busca, e estar "num caminho espiritual" leva o ego a sentir-se importante em comparação com os que não estão.

Para opor-se a essa tendência algumas tradições orientais nos lembram que aquilo que estamos buscando não precisa ser procurado, porque está sempre imediatamente presente. No entanto, esta é uma visão um tanto filosófica para a maioria das pessoas e de pouco valor prático. Desde que sintamos uma insatisfação interior, a busca espiritual ocorrerá espontaneamente.

Às vezes, embora estejamos ostensivamente num caminho espiritual, o que queremos pode ser aquilo que o ego considera atraente, de modo que encontramos o que estamos procurando e não aquilo de que realmente necessitamos. Uma verdadeira busca espiritual exige que sejamos receptivos às sugestões do Si-mesmo em vez de buscar satisfazer as exigências do ego. À medida que surge o desejo de uma conexão espiritual, abre-se diante de nós um caminho apropriado, e este não precisa ser necessariamente um caminho tradicional. Somos convidados a segui-lo, muitas vezes sem nenhuma ideia do que ele será – o processo não está sob nosso controle.

Esse caminho particular para o qual somos atraídos é determinado por uma profunda sintonia intuitiva que sentimos com algo que está dentro de nós, um sentimento perceptível que é difícil de articular. Tudo o que sabemos é que temos uma insinuação da presença de Algo para o qual nos sentimos chamados ou atraídos. As pessoas sentiram a necessidade de dar a essa Presença um nome – "Deus", por exemplo –, mas o nome é relativamente pouco importante; o que importa é a experiência de uma conexão com a Presença.

O problema é como trabalhar para estabelecer essa conexão. Podemos tentar várias abordagens até que uma delas sintonize realmente, mas nada do que fazemos em nossa busca é desperdiçado; é útil saber o que funciona e o que não funciona. Por fim, se nada de extraordinário aparece, é confortante saber que não há necessidade de um método específico.

Infelizmente, os efeitos benéficos de certas práticas espirituais, como a oração e a meditação, podem ser transitórios, dissipando-se rapidamente sob as pressões da vida cotidiana, de modo que o praticante termina muitas vezes sentindo-se insatisfeito, mesmo depois de diversas repetições. Esse efeito só pode ser esperado, já que nenhum método criado pelo ego e praticado pelo ego pode levar-nos até a Realidade que está além do ego. No entanto, os vários sacerdócios sustentaram tradicionalmente que eles são os únicos meios para o obter acesso total ao divino.

Sobre os mestres espirituais

Tradicionalmente pensa-se que o mestre espiritual encarna uma consciência ou um conhecimento da divindade que podem ser transmitidos a seus discípulos. A implicação é que essa consciência é menos acessível ao que busca por outros meios.

Não é incomum aspirantes espirituais experimentarem profundas reações emocionais na presença de um mestre espiritual carismático, reações que geralmente são explicadas em termos da mitologia do sistema. Às vezes se diz que o mestre transmite energia ou poder espiritual. No melhor dos casos, essa relação pode iniciar o buscador numa experiência do sagrado ou num novo estado de consciência, mas alguns discípulos são atraídos para um mestre poderoso por causa de um sentimento de sua própria fragilidade, que cria neles uma necessidade de idealizar[110] uma figura forte. Idealizando o mestre, o buscador está tentando preencher um déficit psicológico, causado talvez pela ausência de um sentimento interno de direção, por uma falta de metas e valores pessoais ou por uma incapacidade de aquietar-se.

Essa questão é abordada melhor com a psicoterapia ordinária, porque, enquanto alguém idealiza um mestre, não existe incentivo para compreender as origens dos sentimentos e encontrar o que está faltando em si mesmo. (Em termos técnicos, a transferência idealizadora não pode ser resolvida.) O buscador está procurando um sentimento do sagrado, ou uma experiência do Si-mesmo; mas, em vez de experimentá-lo interiormente, ele o encontra numa projeção no mestre, que ele considera estar acima dos humanos comuns. Essa idealização pode ter efeitos devastadores, como quando o mestre espiritual cai de seu pedestal devido a um escândalo sexual ou financeiro, e o buscador se vê abandonado sem nada a não ser uma desilusão esmagadora.

Um problema ulterior é que, ao considerar alguém um mestre, a pessoa se situa imediatamente na posição de seguidor e esse estado de dependência, inércia, preguiça ou insegurança pode impedi-la de desenvolver sua própria marca registrada de espiritualidade, baseada em sua própria experiência. Os mestres tendem a ter um interesse pessoal pelos sistemas e pelas

---

110. Idealização significa que consideramos o outro maior do que a vida, maior até do que o humano, sem imperfeições. O professor é considerado uma fonte de sabedoria e força superior, e o aluno deseja fazer parte dessa grandeza. Essa fusão psicológica com o poder do professor tem um efeito calmante e dá ao aluno um sentimento de direção e objetivo.

disciplinas que ensinam, e esperam lealdade de seus seguidores; mas o fato de estar ligado a um sistema específico pode bloquear a própria pesquisa pessoal e a descoberta de seu próprio modo de conexão com o sagrado.

Por essa razão, é importante não investir demasiada autoridade nos mestres espirituais. Eles podem ser muito benéficos se estimulam um interesse pela espiritualidade, despertam o buscador para a Verdade ou agem como um sinalizador ou apoio temporário, mas apenas se forem genuínos.

Em anos recentes, houve notável crescimento de pretensos "gurus", alguns realmente muito perigosos, outros inofensivos, mas mais interessados em ganhos financeiros do que no desenvolvimento espiritual de seus discípulos. Quase todos reivindicam exagerada iluminação ou um alto nível de conhecimentos espirituais. A maioria tem uma certeza narcisista acerca da justeza de seu próprio ponto de vista e precisam de seguidores para realçar sua própria reputação. Em geral, provocam divisão e conflito ao insistir que só eles têm todas as respostas. Geralmente oferecem algum tipo de recompensa aos seguidores fiéis – iluminação, céu, salvação –, embora oferecer essas recompensas em troca de devoção ou lealdade equivalha realmente a um suborno espiritual e explore a insegurança dos vulneráveis.

O que é espiritualidade autêntica?

Para muitos de nós a espiritualidade não pode mais ser encontrada seguindo os caminhos tradicionais. Cada vez mais percebemos a verdade da asserção de Krishnamurti de que "a verdade é uma terra inexplorada". Ele nunca se cansou de mostrar que um caminho nos leva apenas a um lugar, mas a Verdade nunca é fixa ou estática. Se bloquearmos tudo o que presume nos dizer o que precisamos saber sobre Aquilo que está além do pensamento e da imagem, se nos livrarmos da superestrutura da religião institucional, talvez possamos no espaço e no silêncio resultantes topar com o Último.

O potencial de encontrar o Último está em todos nós, muitas vezes adormecido. Nossa percepção de que existe uma realidade mais ampla está instalada na própria estrutura do nosso ser, de modo que temos um sentimento instintivo do sagrado, um sentimento que se revela em nossa criatividade, em nosso amor, em nossas relações, em nossa investigação, em nossa imaginação, em nosso desejo de ser íntegros, em nossa paixão pela vida e em nossa gratidão.

Reconhecido ou não, oculto ou não pelo cinismo, nosso anseio por paz e unidade ainda está presente. Mesmo que não estejamos dispostos a admiti-lo, todo o resto – nossos passatempos, nossas conquistas – é um substituto. Em longo prazo, nenhuma outra coisa nos satisfará.

Infelizmente, porém, nossa dor, nosso medo e nossa ignorância nos cegam diante da verdadeira natureza desse anseio. Mesmo quando percebemos que estamos procurando satisfação espiritual, muitas vezes parece que nunca a alcançamos. Muitas vezes isso acontece simplesmente porque tentamos forçar nossa espiritualidade natural a encaixar-se num recipiente inadequado e artificial.

É certamente um erro pensar que "ser espiritual" significa viver de acordo com um conjunto de normas ou preceitos. Obrigar-se a fazê-lo é estabelecer ressentimento ou uma resistência compensatória a seguir as normas e isso leva a um conflito interior. Tampouco é necessário seguir um conjunto de normas.

O comportamento compassivo para com os outros surge de nossa sensibilidade espiritual natural, como se evidencia pelo fato de que ele se encontra entre crentes e não crentes igualmente. Não se pode simplesmente ensinar esse comportamento a partir de um púlpito e esperar que se torne um caminho automático para a realização espiritual. Se procuramos viver de acordo com a ideologia de determinado credo, podemos descobrir que suas doutrinas são antagônicas à nossa espiritualidade instintiva, como pode ocorrer com tradições que desvalorizam as mulheres, o corpo ou o mundo material. Muitas vezes, a adesão a uma doutrina é simplesmente um arrimo psicológico, não uma conexão viva com nossa Fonte espiritual.

As fórmulas doutrinais surgem em parte para reforçar a política e a ideologia de determinada tradição ou para preservar o poder de suas instituições. No entanto, uma autêntica conexão espiritual com a Fonte não pode ser experimentada somente por afirmações teológicas, sem uma *experiência* da própria Fonte, pelo coração e pelos instintos, por meio das relações e do conhecimento de si mesmo. A compreensão espiritual não nos pode ser transmitida, mas podemos ser encaminhados na direção certa e, então, precisamos descobri-la por nós mesmos.

Seja qual for a forma que assuma, a espiritualidade inclui a intuição ou *insight* de que existe outro nível da realidade para além de nossa percepção ordinária do mundo. Percebemos que nossa personalidade cotidiana não é a parte mais profunda de nós mesmos, que existe algo Mais em nós.

Reconhecemos a importância espiritual das relações e o mistério profundo do outro, que não está separado de nós ou Daquilo Que É. Tratamos os animais e o meio ambiente com respeito porque reconhecemos instintivamente que também eles são manifestações da Fonte. Reconhecemos que nosso trabalho criativo ocorre *através* de nós e não se origina no nosso ego. Observamos e valorizamos a beleza, que amplia nosso sentimento do si-mesmo para incluir mais do que nós mesmos. Percebemos os perigos do sectarismo, da competitividade e da exclusividade. Essa atitude é simples de articular, mas difícil de viver, de modo que precisamos aceitar que na prática nos esquecemos reiteradamente de vivê-la; e nesses momentos precisamos lembrar-nos e começar de novo, com compaixão para conosco mesmos e sem recriminação ou julgamento.

Todas as tradições estimularam essa perspectiva, mas nós facilmente a perdemos de vista nos estresses da vida diária. A fragilidade de nosso sentimento do si-mesmo nos leva a responder aos acontecimentos diários de maneiras defensivas, autoprotetoras ou egocêntricas. É difícil descartar nossas próprias preferências e aceitar que a Sabedoria mais ampla comanda o espetáculo[111], mesmo que em princípio aceitemos essa ideia.

Se existe realmente uma Inteligência maior que determina nossas vidas, então tudo o que nos acontece não pode ter acontecido de outra maneira. Ainda assim, procuramos curvar a realidade à maneira como gostaríamos que ela fosse. Já que as exigências do ego são tão intensas, podemos primeiramente precisar tentar uma vida de ambição, competição, autoengrandecimento e autopromoção agressiva, antes de entender que essas coisas são muitas vezes compradas às custas de conflito interior e afastamento dos outros. As próprias estruturas da nossa sociedade comprovam isso; em toda parte as pessoas que vivem dessa maneira – e suas vítimas – são infelizes e autodestrutivas.

É fácil *dizer* que estamos profundamente interconectados, mas esta ideia solapa nossa mitologia cultural de nacionalismo e individualismo, que são úteis para levar as pessoas a se sentirem importantes e especiais. Dizer que não estamos realmente separados dos outros – e da terra – é uma ofensa a esses valores culturais, que rejeitam a ideia da unidade de todas as coisas.

---

111. Penso que é este o sentido do comentário de Jesus: "Quem quiser salvar sua vida irá perdê-la" (Lc 17,33). "Sua vida" seria uma referência às opiniões e às preferências do ego.

O nacionalismo e o individualismo são as atitudes quintessenciais do ego isolado, triunfante em seu castelo, convencido de que "minha" religião é a única religião verdadeira e meus valores são aplicáveis universalmente. Mas a própria necessidade das paredes espessas do castelo trai a vulnerabilidade do ego, que precisa adotar sempre uma postura defensiva.

Não somos realmente livres enquanto não estivermos livres em nós mesmos, ou seja, enquanto não compreendermos as estruturas da nossa personalidade e as exigências do inconsciente. Quando vemos como fomos condicionados pela família, pela sociedade, pelas tradições religiosas e por nossa identificação étnica e nacional, somos mais capazes de abandonar esse condicionamento. Isso, por sua vez, nos possibilita abraçar a vida de uma maneira que não exige nada em retorno. Quando é encontrado um novo centro como esse, é possível a paz interior.

A paz espiritual não pode ser encontrada nos extremos de estar completamente emaranhado no mundo ou de ignorar o mundo completamente. A paz também não se encontra necessariamente em lugares ou atividades "sagrados" especiais. A paz espiritual precisa ser encontrada num sentimento do sagrado que seja tão claro a ponto de sabermos que estamos seguros, não importando o que aconteça. Por fim, os místicos estão certos: é necessário renunciar completamente à nossa vontade – mas essa é uma coisa mais fácil de dizer do que de fazer.

Como analisaremos adiante, a renúncia pode ocorrer em diferentes níveis. No nível da personalidade, precisamos reconhecer e aceitar os padrões espirituais e arquetípicos particulares que são exigidos por cada tipo de personalidade: servir, curar, assistir, ensinar etc. Estes se manifestam a nós num sentimento de ter uma vocação; o chamado nos vem em sonhos, em visões, através do fascínio por certos tipos de trabalho, em acontecimentos sincrônicos ou como gnose (um profundo conhecimento interior).

Nossa tarefa, embora nem sempre seja fácil, consiste em discernir esses padrões e ser fiéis a eles, enquanto vivemos numa cultura que pode tornar difícil para nós fazê-lo. Esse discernimento precisa ser feito conscientemente, não simplesmente deixando-nos cair em valores coletivos. Ele é realizado seguindo o perfume ou aroma do que domina a personalidade.

Como mostrou Jung (OC 17, § 309), um modelo brilhante dessa resposta coerente ao chamado do destino é Jesus, que rejeitou o poder imperial em favor do serviço espiritual. Infelizmente, muitos dos seus seguidores hoje não seguem seu exemplo e, ao invés, se conformam com o pensamento convencional do grupo.

A vida de Jesus é a resposta final à objeção de que seguir seu próprio chamado é narcisista e potencialmente antissocial. Sua vida nos mostra que a vocação de alguém não precisa ser um produto do ego; ela pode provir da Inteligência do universo, e não cabe a nós julgar se, aos olhos dos outros, ela leva ou não à ruína.

Dualismo e monismo: duas abordagens da espiritualidade

Quando disse: "Eu e o Pai somos um" (Jo 10,30) ou: "Em verdade, em verdade, eu vos digo: Antes que Abraão existisse, eu sou" (Jo 8,58), Jesus estava realmente expressando um tipo de espiritualidade que reconhece a unidade de todas as coisas, inclusive Deus – uma ideia conhecida como "monismo" (às vezes chamada "não dualidade").

Essa forma de espiritualidade, que se encontra em muitas religiões orientais e tradições místicas, ensina que os seres humanos, como o resto do cosmos, são realmente uma expressão do divino e não estão separados dele. A mais conhecida declaração de monismo é uma afirmação feita por um sábio oriental ao seu filho: "Tu és isto" (*Chandogya Upanishad*, verso 6.8.7). Nela vemos um estranho eco *in reverso* da declaração de Deus a Moisés de dentro da sarça ardente: "EU SOU AQUELE QUE SOU" (Ex 3,14), uma declaração do dualismo divino-humano ou dicotomia (uma divisão em dois), que caracteriza a tradição judeu-cristã.

De acordo com essa declaração, o cristianismo tem interpretado tradicionalmente as afirmações de Jesus de uma maneira dualista, entendendo que o humano e o divino estão separados um do outro. No entanto, a abordagem monística ou unitária (às vezes denominada "não dual") da espiritualidade está conseguindo gradualmente um ponto de apoio no Ocidente e por isso merece ser mencionada aqui.

De que maneira é verdade que a humanidade e a divindade são uma unidade? E, se isso for verdade, por que não estamos constantemente conscientes dela? O que nos impede de experimentar diretamente essa unidade? Muitos pensadores sugeriram que a barreira é a interferência causada pelo sentimento humano de individualidade, aliás conhecido como ego, o sentimento de que eu sou um indivíduo circunspecto, diferente de todos os outros.

No Ocidente somos treinados a pensar sobre nós mesmos como entidades autossuficientes com uma mente e um corpo isolados. Dizem-nos que temos relações com outras pessoas que são essencialmente separadas de nós. Nossas instituições sociais, legais e políticas procuram equilibrar os direitos do indivíduo com os direitos da sociedade como um todo, tratando os dois como esferas separadas. Falamos do valor e da dignidade do indivíduo, que é considerado independente e único. No entanto, paradoxalmente, desde o momento em que nascemos, existimos numa matriz de relações, sem as quais simplesmente não poderíamos existir.

Nosso sentimento de individualidade (o ego) começa na infância à medida que nossa dotação genética interage com nossas primeiras relações. Nosso sentimento de ser um si-mesmo discreto é reforçado na infância, porque somos continuamente chamados por um nome determinado e tratados como se fôssemos uma entidade separada. Nossa cultura nos treina para acreditar que somos indivíduos que fazem escolhas acerca da maneira de comportar-se. Com efeito, somos criaturas intensamente condicionadas, moldadas por um conjunto de crenças impostas pela cultura – uma mitologia – acerca da natureza da realidade. O condicionamento surge da família, da educação, da formação religiosa, da identificação étnica, e assim por diante.

Com o tempo desenvolvemos uma história, uma versão particular dos acontecimentos que nos permite apresentar um relato coerente do que aconteceu, e desenvolvemos certa imagem de nós mesmos. Dizem-nos que somos inteligentes ou estúpidos, bonitos ou feios, talentosos ou medíocres, amáveis ou detestáveis, desejados ou indesejados, importantes ou insignificantes. Essas ideias se baseiam todas em normas sociais e no preconceito e nas necessidades dos outros membros da nossa família, que projetam em nós seus próprios problemas e crenças e nos induzem a compartilhar suas percepções da realidade.

Como crianças, tendemos a aceitar essas crenças como se refletissem realmente quem somos. Acolhemos distorções que se tornam crenças acerca de nós mesmos, crenças que formam os conteúdos de nossa consciência pessoal. À medida que crescemos, desenvolvemos simpatias e antipatias, baseadas em sensações consideradas boas ou más em relação a "mim", dependendo de a experiência causar prazer ou dor.

Somos também sujeitados a forças do inconsciente, como os complexos, que afetam radicalmente nosso comportamento. Por termos medo de sensações dolorosas, lutamos para evitá-las e procuramos experimentar o maior número possível de sensações agradáveis.

O ego também está vinculado por valores e ideais sociais predominantes. Portanto, em nossa sociedade o ego quer tornar-se importante. Quanto mais inadequados nos sentimos, tanto mais importantes precisamos tornar-nos, muitas vezes a qualquer custo para os outros e para nosso próprio bem-estar.

Uma das piores fontes de agitação e infelicidade em nossa vida é nosso sentimento de estar separados dos outros, um sentimento que deixa o ego desesperadamente solitário. Como resultado de tudo isso, aparece frustração de um tipo ou de outro, e isso leva a um sentimento interior de insatisfação, inquietação e a necessidade de mudança. A única maneira de fugir das exigências do ego parece ser mediante as distrações que denominamos "entretenimento", ou afogando nosso desconforto nas drogas ou no álcool.

Embora possa torturar-nos com suas demandas de prazer e segurança, o ego não é necessariamente mau ou desnecessário. Existe um mal-entendido comum de que as tradições religiosas orientais defendem descartar completamente o ego. Isso levaria ao desastre; seríamos então ou inconscientes ou psicóticos.

O que denominamos ego é de fato o nome que damos a um conjunto de funções essenciais, como perceber e testar a realidade, lembrar-nos, pensar simbolicamente, regular a tensão, adiar a descarga de impulsos, organizar-nos, emitir julgamentos e lidar com a angústia, para mencionar apenas algumas. Precisamos obviamente destas funções e processos mentais para executar as tarefas ordinárias de cada dia[112]. O problema ocorre quando pensamos que o ego é uma espécie de entidade sólida, ou quando esquecemos que nosso sentimento de identidade pessoal é uma imagem mental adquirida e não representa o que somos no nível mais profundo de nossa natureza. Esquecemos que o sentimento do "eu" é simplesmente o nome que damos à coleção de sentimentos, memórias, conhecimentos, pensamentos e ideias que surgem continuamente em nossa consciência pessoal.

---

112. Freud postulou a existência do ego para explicar esses tipos de processos. Embora sua existência nunca tenha sido provada, no pensamento psicanalítico subsequente a existência do ego não só foi aceita naturalmente, mas também utilizada para explicar processos mentais. Isso confundiu postulação com explicação.

Já que somos educados para identificar-nos com os sentimentos que surgem em nós, quando surge um sentimento como a raiva pensamos imediatamente: "estou com raiva" em vez de: "a raiva está surgindo". O que acontece em nossa mente parece acontecer a um "eu". Parece que é preciso haver alguém fazendo todo esse pensar e sentir, de modo que identificamos os conteúdos da nossa mente com um "eu". Mas isso é uma ilusão; não existe nenhuma pessoazinha sentada em nosso cérebro diante de um painel de controle! Se chove lá fora, não existe nenhum "chovedor" que está fazendo chover; existe apenas a chuva caindo.

De maneira semelhante, os pensamentos e os sentimentos acontecem e a consciência está ciente deles. Similarmente, somos treinados para acreditar que nossa mente está contida num corpo que é radicalmente distinto dos outros corpos, esquecendo que nossos corpos e o meio ambiente estão interconectados, parte de um sistema unitário.

De início, parece contraintuitivo, ou apenas estranho demais, sugerir que nós existimos num sistema no qual entidades aparentemente separadas estão relacionadas dialeticamente numa unidade subjacente. No entanto, não só a física quântica reconhece essa interconexão profunda, mas de fato toda a ciência revela o hiato entre percepção e realidade.

Verifica-se que muitas ideias que antigamente a sociedade aceitava sem questionar são falsas à medida que a ciência as examina mais rigorosamente. Parece estranho ouvir que existem espaços vazios entre os átomos de um material que para nós parece sólido. Levando tudo em conta, não é inverossímil sugerir que a visão que temos de nós mesmos como entidades distintas é uma ilusão. Tivemos muitas noções equivocadas acerca da realidade que não resistiram a uma investigação mais rigorosa. Nossa noção de indivíduos radicalmente separados é apenas um desses conceitos. O ego isolado é simplesmente nossa maneira de participar da realidade consensual, mas começa a parecer cada vez menos substancial à medida que o examinamos mais rigorosamente.

Só podemos compreender e ser compassivos para com nosso ego se nos dermos conta de que, fundamentalmente, ele sofre de profundas vulnerabilidades. O ego tem medo da perda e da dor, tende a rejeitar o que está acontecendo se for desagradável e espera um futuro melhor, baseado em desejos e memórias do passado que ele gostaria de reexperimentar. Quando o ego enfrenta uma ameaça à sua sobrevivência, surge o medo, e a agressão é a resposta típica ao medo. Isso torna o ego perigoso. Muito comportamento violento surge da necessidade do ego de proteger-se.

Dezenas de milhões de pessoas foram mortas por egos apenas no último século, e este século começou a repetir o mesmo padrão. Por termos medo da morte, vivemos com medo constante de aniquilação e aniquilamos outros para proteger-nos. Por termos medo de ser as vítimas dos outros, nos tornamos vitimizadores. Porque o ego tem a ilusão de ser distinto dos outros, não nos damos conta de que qualquer dano ou violência que infligimos aos outros prejudica também a nós mesmos – no nível da Totalidade, o outro e o si-mesmo são um.

Uma visão alternativa à ilusão de que somos entidades insulares é a percepção de que o que parece ser nossa consciência pessoal é de fato uma parte da Consciência mais ampla do Si-mesmo, mais ou menos como existem correntes de água num oceano – as correntes individuais são inseparáveis da totalidade do oceano.

A Consciência mais ampla é a fonte de nossa vida mental, mas nós estamos tão identificados com os conteúdos individuais de nossa mente que ignoramos ou aceitamos naturalmente o fundamento subjacente da Consciência no qual nossa mente existe. A consciência não é divisível, de modo que a Consciência do Si-mesmo é a mesma Consciência em todos nós. Nesse nível não estamos separados. Nossa natureza real, o aspecto espiritual do ser humano, é a Consciência subjacente que é a matriz uniforme de nossa existência.

A Consciência permite a experiência da experiência, a sensação de ser, o sentimento de "eu sou", ao passo que a sensação de "eu sou fulano e minha história é..." surge do nível condicionado da mente, do armazém de experiências que são mantidas em nossa memória. Por ser *constituído* pela acumulação do que já aconteceu, o ego percebe e avalia a realidade através do véu do passado. Por isso, o ego nunca pode estar plenamente no momento presente, para não mencionar o fato de que, no nível unitário da Totalidade, não existe nenhum indivíduo futuro no agora. Com efeito, a própria noção de "agora" depende da sensação de tempo do ego.

Infelizmente, muitas vezes perdemos o contato com a Consciência, que é o nível profundo de nossa natureza, porque o ego é basicamente uma espécie de piloto automático ou robô que nos permite levar a vida cotidiana mecanicamente, sem plena consciência do que estamos fazendo. Nossas atitudes culturais raramente promovem muita introspecção ou autorreflexão acerca de quem nós somos realmente. Ao invés, somos estimulados a enfocar o exterior por meio de uma avalanche de publicidade que insinua que a felicidade consiste em consumir mais ou entreter-se. Somos também direcionados para o exterior por constantes advertências acerca da presença de inimigos. Com poucas exceções, mesmo nossas instituições religiosas tendem a orientar-se externamente para serviços de culto e leitura da Bíblia, em vez de buscar a Luz em nós mesmos. Com então podemos acessar essa luz?

Ser espiritual sem qualquer religião

Práticas espirituais tradicionais como oração formal ou meditação são motivadas por vários fatores além das metas geralmente estabelecidas. Alguns desses motivos são completamente inconscientes, de modo que existe inevitavelmente um aspecto sombrio nessa espiritualidade.

Como vimos, algumas práticas espirituais são pretensiosas, uma tentativa de reforçar o sentimento do si-mesmo de uma pessoa levando-a a sentir-se hipócrita. Algumas práticas espirituais são supersticiosas, uma tentativa de subornar o divino ou evitar o desastre. Ou a prática espiritual pode servir como um disfarce para o sectarismo, especialmente quando está ligada a uma tradição que insiste em sua própria versão da verdade. Mesmo quando as práticas espirituais são autênticas, nem sempre as pessoas podem dizer por que as estão executando; parece simplesmente necessário fazê-las porque sabemos instintivamente que existe algo para além do ego com o qual precisamos conectar-nos.

A fim de manter uma constante conexão com o sagrado, precisamos de maneiras de estar no mundo que sejam aplicáveis em toda parte, em todos os momentos de nossa vida cotidiana. As sugestões seguintes são úteis porque não exigem uma teologia predeterminada, uma congregação, orações específicas, sacerdotes, vestes ou edifícios especiais. Não se baseiam nos dogmas de algum determinado credo ou sistema religioso, e são o trabalho deste mundo, não direcionado a obter alguma existência celestial futura.

1. Atenção

Existe um nível da Consciência transcendente em nós que está sempre acessível. Essa Consciência é como o céu e nossas emoções e pensamentos são como nuvens que se formam no céu e podem obscurecer nossa visão do céu, mas não eliminá-la. Aceitamos essa Consciência de fundo sem questionar, mas ela vem ao primeiro plano quando deixamos tudo de lado, fechamos os olhos e olhamos por um momento para nosso interior. Quando abandonamos todas as outras coisas encontramos um Espaço silencioso de percepção que é a Consciência do Si-mesmo.

Essa prática pode não nos ocorrer naturalmente porque nosso cérebro parece precisar de estímulo, de modo que nos ocupamos constantemente com ideias, sensações, entretenimento, memórias, fantasias, e assim por diante, para não nos sentirmos entediados. Mas por trás de tudo isso existe uma Presença que é acessível se prestarmos atenção a ela e relaxarmos. Esse é o Fundamento incondicional do nosso ser, que não é afetado por nossa atividade; permanece intocado por tudo isso. Esse Fundamento não é uma coisa; na verdade, é às vezes denominado Nada ou vazio pleno.

Algumas tradições nos ensinaram que só podemos entrar em contato com esse nível mediante práticas espirituais formais, já que ele é incognoscível e inalcançável por quaisquer outros meios. Para ajudar-nos a chegar até lá, as tradições produziram peritos, mestres, livros e métodos em abundância. Nenhum deles é necessário para entrar em contato com esse nível sutil de Percepção, e acredito que Jesus se referia a ele quando disse que "o reino do céu está no meio de vós" (Lc 17,21).

Uma maneira simples e direta de experimentar essa Consciência foi ensinada por Douglas Harding (2000, 2002), que descreve uma série de exercícios que nos ajudam a aplicar-nos à Percepção pura. Harding mostra que o que parecemos às outras pessoas não é o que somos nem o que realmente experimentamos. Ele recomenda que, em vez de olhar só para fora – que é a maneira como fomos treinados a olhar –, podemos também tornar-nos conscientes do lugar por onde estamos olhando. Se olhamos para dentro em vez de para fora, descobrimos que, em vez de experimentar-nos olhando por dois buracos numa esfera de carne, parece que estamos olhando por uma "janela" incolor perfeitamente transparente, totalmente aberta. Então nos damos conta de que existe uma Percepção que está realizando o olhar. Essa Percepção não é uma coisa; ela não tem limites, é intemporal, eterna, silenciosa, tranquila e pode conter tudo. É a Testemunha de tudo o que acontece.

Muitas tradições espirituais acentuam a prática da percepção, da plena consciência ou atenção ao que estamos fazendo, em vez de comportar-nos automaticamente. Podemos estar conscientes em vários domínios: podemos estar conscientes do que estamos fazendo no mundo exterior, podemos observar os pensamentos e sentimentos surgindo na mente e podemos estar conscientes de nossa respiração e do campo de energia do corpo. Essa prática cultiva a experiência da Consciência-Testemunha. Um erro potencial aqui é *tentar* estar atento, já que isso cria um conflito entre a porção de mim que está tentando e a porção de mim que resiste a fazê-lo. Sem tentar, existe simplesmente a atenção acontecendo.

Não há necessidade de criticar a mente cotidiana enquanto a observamos trabalhando. Podemos simplesmente observar o fluxo constante de julgar, comentar, gostar e antipatizar que ocorre na mente. Quando observamos esses processos, caímos menos em suas armadilhas. Podemos dizer a nós mesmos "pense no jantar" antes de começar automaticamente a cozinhar. Se surge uma forte emoção, podemos estar conscientes de que está surgindo irritação ou medo. Não há necessidade de rotular ou julgar verbalmente o que observamos; apenas o observamos acontecendo.

Presos num congestionamento de trânsito ou num elevador lento, observamos que a reação condicionada do ego consiste em ficar frustrado. Se alguém nos bloqueia no trânsito, nossa reação costumeira é a irritação porque nossa autoestima foi ferida. A irritação surge para restabelecer o sentimento de importância do ego – "Quem ele pensa que é, bloqueando-*me* desse jeito?" Pode, então, desenvolver-se em nossa mente uma trama – "Vou mostrar-lhe", e assim por diante. Mas a atenção à nossa reação interrompe a história antes de ir muito longe e torna possível não agir automaticamente. Gradualmente, esse trabalho de auto-observação nos liberta da servidão automática às exigências do ego.

A Consciência-Testemunha pode simplesmente observar esse palavrório mental acontecendo na mente cotidiana. O fato de observá-lo impede nosso ser de cair nele inconscientemente e nos permite perceber que, embora tudo isso esteja acontecendo, não envolve o nível mais profundo do nosso ser. Essa prática de observação – e é preciso prática para desenvolver a habilidade – é um processo de "descondicionamento" que finalmente permite a experiência de paz no meio do turbilhão.

Não há necessidade de tentar controlar deliberadamente a mente utilizando algum tipo de estratagema como um *mantra*. Na verdade, a repetição constante pode realmente embotar a mente ou apenas colocá-la num tipo diferente de piloto automático. Simplesmente observamos a mente com uma atitude de interesse que não condena, não julga ou justifica o que vemos. Métodos que exigem esforço e intensa concentração fortalecem o ego que está fazendo o esforço, ao passo que a simples observação da mente não é executada por um ego; ela é o processo da Consciência sendo consciente de si mesma (Krishnamurti, 1984)[113].

O corpo é um lugar importante ao qual se deve prestar atenção. Muitas tradições religiosas procuraram fugir do corpo, negando-o de alguma forma, denominando-o "meramente físico". No entanto, o corpo é um lugar no qual a Totalidade se expressa, de uma maneira determinada num tempo determinado. A atenção ao corpo nos ajuda a deixar de focalizar exclusivamente a mente, que para a maioria de nós se tornou um tal hábito automático.

Na maioria das situações podemos, pelo menos por um momento, tornar-nos conscientes da energia intrínseca do corpo, que pode ser sentida como calor, formigamento ou apenas um sentimento de vivacidade. Seja o que for que estivermos fazendo no mundo, podemos geralmente prestar atenção por alguns instantes ao estado dessa energia. Podemos então responder à situação a partir de um lugar diferente do que se tivéssemos permanecido simplesmente no pensamento condicionado.

Podemos prestar atenção ao corpo quando esperamos o elevador ou estamos em filas nas lojas e em engarrafamentos no trânsito, como uma alternativa a simplesmente ficar irritados. Nessas situações, podemos prestar atenção à maneira como a irritação é sentida no corpo – geralmente como uma espécie de sensação semelhante a uma tensão muscular, um coração palpitante, um semblante carrancudo etc. Se retornamos constantemente à sensação percebida no corpo, permanecemos conscientes e com menor probabilidade de sermos dominados por um complexo.

Essa prática se torna mais fácil se aprendemos a inspirar as sensações corporais desconfortáveis que acompanham as emoções dolorosas. Prestar atenção unicamente à respiração é em si um método de relaxamento. Essas abordagens são úteis porque, visto que a Consciência não está separada do corpo, o corpo é um portal para a experiência do Si-mesmo. Prestando atenção ao corpo, somos menos dominados por palavrório mental. Esse tipo de atenção é especialmente útil em situações que de outro modo seriam enfadonhas ou rotineiras.

---

113. Por isso Krishnamurti distinguiu entre concentração, que é executada por um centro que procura deliberadamente enfocar um único ponto e excluir todo o resto, e atenção, na qual existe apenas observação do que está acontecendo sem centro nem preferências.

O ambiente de trabalho pode ser utilizado como um lugar onde uma pessoa pode aprofundar seu compromisso espiritual praticando valores como serviço aos outros. Embora isso pareça idealista num ambiente cuja missão é o lucro, a pesquisa mostra que, quando valores pessoais e espirituais são integrados no lugar de trabalho, é possível obter maior crescimento, criatividade, atendimento aos clientes e outros valores comerciais.

Não causa surpresa, portanto, que muitos negócios procuraram introduzir valores espirituais (não uma religião institucional) no lugar de trabalho, às vezes como um componente de programas de bem-estar do empregado. Algumas organizações são abertas a abordagens baseadas na espiritualidade que podem levar a uma mudança construtiva, mesmo que seja apenas pelo fato de serem vantagens econômicas para negócios orientados espiritualmente, sendo que uma das mais importantes é sua capacidade de atrair o tipo certo de pessoas.

Mesmo quando desejamos levar nossos valores espirituais ao lugar de trabalho, é difícil manter uma atitude "espiritual" funcionando se somos atormentados, pressionados por prazos finais e sob constante pressão de executar. Então nossas boas intenções são rapidamente esquecidas a não ser que primeiro desenvolvamos a capacidade de observar-nos a nós mesmos. Isso significa prestar atenção aos nossos pensamentos, sentimentos e comportamento, em vez de permanecer no piloto automático.

Isso requer prática, porque estamos acostumados a comportar-nos automaticamente e *identificar-nos* com os conteúdos da mente em vez de *observá-los*. Quando começamos a praticar a consciência, esquecemos a nós mesmos repetidas vezes. É importante então sermos indulgentes conosco mesmos, sem julgamento, e simplesmente começar de novo.

2. Atenção aos sentimentos

Muitas vezes nos dizem que sentimentos destrutivos e dolorosos como raiva ou ódio são inimigos do desenvolvimento espiritual. Para experimentar o sagrado nos ensinam a ser carinhosos, receptivos, abertos, e assim por diante. Quando isso é possível, é agradável, mas não é essencial. Ainda que sintamos ter em nós tanta confusão, raiva ou medo a ponto de não haver lugar para a espiritualidade, os sentimentos dolorosos são, de fato, energias espirituais; são a maneira como o sagrado se manifesta naquele momento.

Sentimentos desagradáveis e estados da mente dolorosos não são apenas obstáculos que bloqueiam nossa conexão espiritual. Eles são um *tipo* de conexão. Muitos dos nossos sentimentos negativos se originam nos nossos complexos e, como vimos no capítulo 2, nossos complexos têm um cerne arquetípico, ou seja, um cerne espiritual. Os complexos são ativados em qualquer situação que corresponde ao nosso condicionamento e rapidamente nos tornamos possuídos inconscientemente pelo sentimento-tom do complexo. É útil se pudermos observar o surgimento do sentimento logo no começo, como uma testemunha; o ato de observar o sentimento suaviza nossas respostas automáticas a ele e somos menos controlados por ele.

Os sentimentos, quer alegres ou dolorosos, são uma experiência do *numinosum* no corpo. Os sentimentos não são apenas uma preocupação da personalidade cotidiana; os sentimentos representam o Si-mesmo expressando-se por intermédio do corpo. Os sentimentos são, portanto, energia sagrada, Presença no corpo, uma encarnação, parte do fluxo da natureza, e não meramente um defeito moral ou um sinal de fraqueza.

Infelizmente, milênios de condicionamento social nos ensinaram que sentimentos como inveja, luxúria e cobiça devem ser considerados algo errado. Essa atitude não produz nenhum bem; simplesmente adiciona culpa à mistura dizendo-me que não devo sentir da maneira como sinto. É preferível ver nossos sentimentos simplesmente como sinais de que algo em nossa vida precisa de atenção.

É importante aceitar os sentimentos dolorosos sem julgar se devemos tê-los ou não. Aceitação não é a mesma coisa que representá-los ou aprová-los. Aceitação significa que reconhecemos o sentimento, sentimo-lo plenamente e lhe permitimos estar no corpo, sabendo que ele é necessário. Um sentimento é um guia para o que está acontecendo, uma parte da nossa inteligência inata que amplia nossa compreensão de uma situação.

Nossa *interpretação* de um sentimento se baseia em nosso condicionamento. Por exemplo, se na infância fomos expostos a um pai ou a uma mãe particularmente críticos e fomos muitas vezes humilhados, podemos desenvolver um complexo que é ativado sempre que nos sentimos tratados injustamente ou sob ataque. Então sentimos vergonha ou depressão intoleráveis, que podem levar a raiva, dano e retaliação contra aquele que nos fez isso.

Com a prática de prestar atenção ao nosso estado interior, observamos que essa situação surgiu e nos tornamos conscientes daqueles sentimentos à medida que surgem, sem resistir-lhes e sem deixar-nos possuir por eles. Então é possível abandonar nossa insistência na retidão de nossa opinião e não nos preocupar tanto em reforçar nossa autoestima a todo custo. Podemos sentir a mágoa de ser criticados, mas percebemos que isso é nosso problema pessoal, de modo que não precisamos lutar contra o nosso crítico.

Em contraposição, se não estamos plenamente conscientes dos nossos sentimentos, ou se procuramos resistir a eles, causamos sentimentos dolorosos a outros, procurando levá-los a sentir-se tão mal como nós nos sentimos[114]. Envenenamos então a atmosfera ao nosso redor à medida que as pessoas reagem a esses sentimentos. De maneira semelhante, o fato de culpar os outros, lamentar-nos e retaliarmo-nos mantém-nos presos à situação e a agrava. Ao invés, conscientes de que isso está acontecendo, podemos dar-nos conta de que estamos angustiados acerca da autoestima de uma imagem mental que temos de nós mesmos, e essa imagem não é quem somos. Podemos abandonar a necessidade de proteger essa imagem.

Infelizmente, a aceitação dos nossos sentimentos nem sempre é possível. É comum na infância ouvir dizer que alguns sentimentos, como raiva ou tristeza, não são aceitáveis para a família. Estes sentimentos precisam ser rejeitados a fim de permanecer com um pai ou uma mãe incapaz de tolerá-los. Esses sentimentos são então sepultados em algum lugar, de modo que não temos consciência deles. O resultado é uma tendência vitalícia a negar sentimentos específicos, utilizando uma estratégia como comer, ver televisão, ir às compras, trabalhar, fazer sexo ou alguma outra atividade. Uma vez que nos damos conta disso, essa situação nos ajuda a sentar, interromper o que estamos fazendo e permanecer o mais plenamente possível com o sentimento.

Existem dois aspectos nesse processo: um é prestar atenção ao movimento da emoção no corpo, talvez como uma tensão muscular, um coração palpitante, uma prisão de ventre, um aperto no peito, um fluxo de energia, ou seja, como for que se manifeste. O outro processo é examinar a imagem de si mesmo que os sentimentos desafiaram.

O budismo procura substituir sentimentos e tendências prejudiciais pela qualidade oposta ao sentimento negativo, de modo que a raiva é substituída por tolerância ou paciência, a crueldade por compaixão. Nessa tra-

---

[114]. O processo de causar em outras pessoas sentimentos que não conseguimos tolerar em nós é denominado "identificação projetiva".

dição, a percepção do vazio último dos sentimentos negativos é uma espécie de antídoto definitivo a todos eles. No entanto, para muitas pessoas é preciso haver um passo preliminar, que consiste em compreender a origem desses sentimentos na infância.

Posso ficar irritado porque alguém está me prejudicando de uma maneira que me lembra como fui prejudicado na infância. Posso ficar deprimido porque não consigo satisfazer os padrões de sucesso de acordo com os quais minha família queria que eu vivesse. Ou sinto que não sou suficientemente bom porque fui tratado com desprezo quando criança. Geralmente esses sentimentos têm em comum uma ferida no nosso sentimento do si-mesmo, ou um sentimento de que algo deve estar errado comigo. Quando esses sentimentos são intensos, numa situação de conflito existe uma tendência de culpar os outros para não sentir qualquer responsabilidade pessoal, de modo que não precisamos atacar-nos a nós mesmos.

De um ponto de vista espiritual, é importante que o problema comece e termine conosco mesmos. A outra pessoa, aquela que me prejudicou, simplesmente revelou alguma área de fragilidade em mim – não algo ruim, mas antes uma área da personalidade que necessita de cuidado, perdão e compaixão. A imagem mental que tenho de mim mesmo foi prejudicada, mas essa imagem não é minha verdadeira natureza. Se alguém considera o problema desse ponto de vista, não existe realmente nenhuma necessidade de criar inimigos.

Quando éramos crianças, desenvolvemos estratégias para manter a autoestima e prevenir a vergonha e o medo. Todas as crianças precisam sentir-se desejadas, adoráveis e especiais. Na medida em que nunca foram satisfeitas, essas necessidades permanecem mais ou menos intensas ao longo de nossa vida. Quanto mais formos dominados involuntariamente por essas necessidades, tanto mais vulneráveis somos a sentir-nos prejudicados pelos outros, caso se comportem de maneiras que nos ferem. Podemos defender-nos contra essa possibilidade sendo exteriormente arrogantes, confiantes e controladores. Mas, no fim, nossa necessidade de ser corretos, ou nossa necessidade de ter poder e de ser importantes, só aumentam nosso sentimento de separação em relação aos outros e causam conflito.

Nossas necessidades de ser superiores aos outros ou de controlá-los são simplesmente estratégias do ego à medida que procura proteger-se contra sua própria vulnerabilidade. O poder e a autoridade autênticos não surgem como defesas contra o medo; surgem do contato com o Si-mesmo.

3. Atenção a aquilo-que-é

Aqui tomo emprestadas as intuições de Krishnamurti acerca da importância da atenção a aquilo-que-é. Com essa expressão, ele entende aquilo que realmente existe em contraposição àquilo que o ego pensa que deveria ser, ou àquilo que esperamos e desejamos. Precisamos de uma mente isenta de preconceitos para ver aquilo-que-é; não podemos ver aquilo-que-é e responder-lhe como se a mente estivesse tentando mudá-lo ou suprimi-lo (Krishnamurti, 1972). Resistimos a aquilo-que-é porque temos medo do desconhecido, ou porque aquilo-que-é contradiz o que fomos condicionados a acreditar, ou porque ele nos ameaça. O medo resultante nos impede de aceitar aquilo-que-é (Krishnamurti, 1971).

A resistência a aquilo-que-é pode parecer força, mas surge realmente do medo, ao passo que é eficaz e libertador aceitar aquilo-que-é. É importante realçar que a rendição não significa passividade, resignação, irresponsabilidade ou fracasso em lidar com uma situação, e não significa dividir os sentimentos.

Rendição significa permitir que a vida aconteça em vez de opor-se ao fluxo da vida, aceitando o momento presente sem resistência. Então surgirá a ação necessária; mas, quando agimos em virtude de aceitação e não de resistência, agimos sem negatividade ou julgamento. A ação que surge da aceitação é diferente da ação que surge da raiva e do ódio. A ação que surge de um estado de rendição está menos contaminada por julgamento e pela necessidade de prejudicar os outros. Nós simplesmente fazemos o que precisa ser feito sem rotular a situação como boa ou má de acordo com os critérios do ego.

4. Deixar ir

A maioria das tradições religiosas tem realçado a importância do deixar ir, no sentido de entregar sua vontade à vontade do divino. No entanto, as barreiras psicológicas a esse processo são formidáveis se o sentimento que alguém tem do si-mesmo é frágil, por causa do medo de não estar seguro caso não estiver no controle. Novamente vemos os efeitos da educação na primeira infância; uma relação próxima e segura com os primeiros cuidadores nos dá um sentimento interior de que se pode confiar no mundo. Caso contrário, o indivíduo é entregue a seus próprios recursos, dependente unicamente de si mesmo. Sua angústia a respeito da sobrevivência é, então, reprimida ou repudiada, mas está sempre de emboscada no pano de fundo. Ou, se seus primeiros cuidadores eram vorazes e possessivos, o indivíduo tem medo de perder-se se for demasiadamente aberto ao mundo.

Se sua autoestima é frágil, ele não consegue deixar ir, porque precisa manter seus próprios julgamentos e opiniões como uma maneira de alavancar um sentimento incerto do si-mesmo. O verdadeiro deixar ir se torna, então, muito mais difícil. Dadas essas dificuldades, mesmo assim é verdade que, uma vez que nos arriscamos a deixar ir, aceitando aquilo-que-é, encontramos uma plenitude que nos apoia e nos renova e descobrimos uma ordem para nossa vida e um sentimento de conexão com uma realidade profunda.

O verdadeiro deixar ir é uma forma de não resistência ao que está acontecendo, ao mesmo tempo que estamos plenamente presentes à situação. Esse processo é pacífico e não equivale a uma retirada arredia, que é um recuo defensivo para proteger-se de um dano psicológico. O processo de render-se a aquilo-que-é reconhece que o ego não está controlando os acontecimentos, e assim nos livra da servidão às prioridades do ego.

Essa filosofia não é meramente fatalista e não implica um universo mecânico e indiferente. Muito pelo contrário, a rendição a aquilo-que-é significa que confiamos na maneira como a vida se desenrola, porque os acontecimentos não são sem sentido ou resultado do acaso, e dependem da Inteligência maior e não daquilo que nós decidimos fazer. Essa maneira de pensar contradiz a noção de livre-arbítrio do senso comum, porque se baseia na noção de que no nível mais profundo da realidade não existem indivíduos separados da Totalidade. Nesse nível não pode haver livre-arbítrio no sentido usual, porque não existem agentes separados atuando num mundo distinto deles.

Não podemos ser separados da Natureza como um todo porque nós *somos* a Natureza, manifesta na forma de pessoas. Não existe um mundo "objetivo" separado de seus súditos viventes que nele estão atuando. Não existem entidades estáticas ou autossuficientes, apenas interações e processos que fazem parte de um *continuum* unificado.

A preocupação com o livre-arbítrio é um resultado da tendência ocidental de dividir o indivisível numa série de acontecimentos causais sucessivos que perderam sua conexão com o todo. Com efeito, existe apenas a totalidade de aquilo-que-está-acontecendo, de modo que as ações que fazemos em resposta a uma situação fazem inextricavelmente parte dela. Qualquer ação é uma parte da totalidade da ação; não é simplesmente "minha" ou "tua".

A ênfase das tradições ocidentais no livre-arbítrio e a atitude da Nova Era de que "podemos fazer qualquer coisa que pudermos imaginar" resultam de uma combinação de terror de estar desamparado, uma *hybris* que se recusa a ver nossa interconexão radical e uma profunda falta de fé.

Vemos o problema do deixar ir espelhado em nossa postura física. Não estamos deixando ir se temos ombros arqueados esperando um ataque, mandíbulas cerradas indicando nossa determinação de expressar nossa vontade, sobrancelhas perpetuamente franzidas por preocupação crônica ou respiração superficial limitada à parte superior do peito. Esse tipo de postura é uma expressão de nossa falta de uma sensação de segurança e um sentimento de que devemos confiar em nossa própria mente.

Nenhuma quantidade de ioga ou outras tentativas de relaxamento aliviarão essas constrições corporais enquanto nossa *atitude* não se render. Sem uma rendição da atitude, o corpo está sempre sentindo perigo. Entendidos adequadamente como um gesto de rendição a aquilo-que-é, a respiração profunda e o relaxamento corporal completo são uma poderosa afirmação de confiança no Fundamento.

5. *Ritual*

Como analisamos no capítulo 2, algumas pessoas consideram que o ritual as ajuda a conectar-se com o sagrado ou a evocá-lo. Preferem enfatizar o corpo ou gestos em vez de palavras apenas. Um ritual pessoal é muitas vezes mais significativo do que um ritual coletivo que tem pouca sintonia emocional. Se a intenção de alguém é prestar atenção ao sagrado, o ritual é útil; se alguém está tentando exercer o poder ou forçar que algo aconteça, o ritual simplesmente reforça o ego em vez de rendê-lo.

6. *Oração*

Inúmeras pessoas e todas as tradições religiosas atestam o valor da oração, que tem aspectos positivos e também problemáticos. Em seu aspecto útil, a oração é um aspecto importante da vida espiritual. Para muitas pessoas a oração é um reflexo, uma resposta quase involuntária seja a uma séria dificuldade, ao temor reverencial e à gratidão, ou ao sentimento de estar sobrecarregado e necessitado de ajuda. Ou a oração surge simplesmente como o resultado de um aceno interior.

Seja como for, a oração leva o ego a perceber suas limitações. A fim de rezar, o ego precisa render-se, interromper o que está fazendo e recordar o sagrado. Ao mesmo tempo, a oração parece ter um efeito de reforço e orientação sobre o ego. Em geral, portanto, se a oração é ou não "respondida" não é tão importante como seus efeitos sobre a pessoa. No mínimo, a oração parece ativar o inconsciente.

Apesar de seus benefícios, a oração pode ser problemática por várias razões. No nível estritamente unitário, a oração não é necessária, já que não estamos separados daquilo ao qual rezamos. Alguns dos outros problemas são óbvios: podemos estar num jogo de poder, negociando, procurando uma mágica, evitando responsabilidade ou imaginando inconscientemente que estamos falando com uma versão bem grande de um pai humano.

O divino já não sabe do que necessitamos? Quando é necessário pedir? Será que estamos pedindo algo que realmente não é do interesse de todos os envolvidos? Podem as palavras descrever como nos sentimos? Sabemos realmente o que deverá acontecer numa determinada situação? Não acontece que o universo se manifesta da maneira como deve? No entanto, estas são respostas um tanto intelectuais àquilo que parece uma inegável necessidade de um sentimento de conexão com o transpessoal.

Podemos simplificar de duas maneiras nossa resposta a essa necessidade. Uma consiste em praticar a contínua consciência da Presença divina, que é uma forma de oração constante, ou às vezes a oração mais eficaz é apenas o silêncio. Na maior parte do tempo não há necessidade de algo mais específico. Ou, se preferirem, o grande místico do século XIV Mestre Eckhart (1983), disse que "se a única oração que você diz em sua vida é 'muito obrigado', isso é suficiente".

7. Gratidão

Uma atitude de gratidão desenvolve a humildade, abre o coração e traz nossa atenção de volta à Fonte, quer a personifiquemos ou não como um Deus pessoal. A gratidão reconhece que a vida é significativa e valiosa, impede de aceitar a vida sem questionar, impede que o ego se sinta inflado ou presunçoso e nos lembra nossa interconexão.

8. Cautela com crenças baseadas em doutrinas tradicionais

A crença em doutrinas e dogmas acerca de Deus se torna importante quando não temos um sentimento interior de direção, de modo que precisamos de uma estrutura exterior a seguir. Mesmo quando bem-intencionados, os dogmas e as doutrinas são em sua maioria ideologias inventadas por instituições religiosas a fim de controlar o pensamento e o comportamento de seus seguidores.

Essas tentativas de legislar ou franquear o sagrado são divisoras e levam a guerras. Elas não são necessárias. Quando acreditamos no que nos *ensinaram* a acreditar, podemos não encontrar nossa experiência da Verdade. Pior ainda: crenças ou ideias preconcebidas podem obstruir nossa compreensão do sentido de uma experiência espiritual importante.

Nas liturgias tanto do judaísmo quanto do cristianismo tradicionais o divino é retratado como um pai benévolo, um rei celestial ou um pastor, e assim por diante. Nossas metáforas se tornaram menos sexistas e mais sofisticadas com o tempo, mas mesmo assim são todas imagens de contos de fadas dos quais certamente nos libertamos no decorrer do tempo.

Evidentemente, o divino não corresponde a nenhuma noção que podemos criar a partir da imaginação humana, baseada em nossos medos e desejos. O divino não é algo que pode ser conceitualizado, de modo que pensar que podemos dar-lhe um nome ou afetá-lo com cultos bem-elaborados reflete simplesmente o que desejamos que seja. Certamente é preferível ser receptivo à maneira como o sagrado realmente se manifesta, mesmo que seja de forma desagradável.

9. Criatividade

A verdadeira criatividade não resulta do ego ou do si-mesmo pessoal. Produtos criativos são dados através de nós. Podemos, por conseguinte, produzir algo e perguntar-nos donde veio. Nossa tarefa consiste em aprender qualquer técnica necessária para fazer a energia da criação entrar num determinado meio. As próprias ideias emergem do Si-mesmo.

Em outras palavras, a criatividade é uma forma de revelação da qual participamos. Isso significa que podemos considerar o trabalho criativo uma forma de ritual pessoal, durante o qual entramos no espaço e no tempo sagrados.

Dessa maneira, nossa criatividade se torna um aspecto essencial de nossa espiritualidade; mas novamente descobrimos que podem existir bloqueios psicológicos à sua expressão. Geralmente isto acontece porque, quando éramos crianças, um pai, uma mãe, um professor, um irmão ou uma irmã invejosos atacaram nosso trabalho criativo, ou levaram-nos a sentir vergonha caso sentíssemos orgulho desse trabalho.

A figura invejosa e agressora parece viver dentro de nós, de modo que, sempre que criamos algo, uma voz interior diz: "Isso não é bom. O que você pensa que é?" Esse censor interior é uma causa potente de bloqueio criativo, ou nos leva a desvalorizar nosso trabalho. Ajuda a perceber que existe algo ou alguém em nossa mente que deseja sabotar-nos.

Podemos então imaginar essa figura com os olhos da imaginação, seja a figura real ou alguma outra imagem, e dizer: "Obrigado por sua opinião. Eu prefiro minha maneira de ver as coisas". É importante lembrar que, quando adultos, podemos manobrar essas figuras agressoras interiores de maneiras mais realistas do que é possível quando somos crianças.

10. *Pesquisa contínua*

É útil perguntar-nos continuamente acerca do sentido da vida, acerca do medo, da tragédia, do sofrimento e do mal. Lutar com essas questões é uma busca profundamente espiritual.

11. *Prestar atenção à questão da morte*

O fato da morte aumenta a importância da nossa espiritualidade e torna particularmente importante para nós viver nossa vida plenamente. Nossa espiritualidade precisa incluir alguma maneira de pensar acerca da morte que não a romantize. Invocar a noção de uma alma imortal apenas suscita questões acerca da relação da alma com a mente e com o corpo.

As ideias tradicionais de céu, ou a noção de que a consciência continua de alguma forma após a morte, ou a doutrina da reencarnação, podem todas surgir de nossa angústia com a morte. Não conseguimos facilmente a ideia de que tudo aquilo que nos tornamos desaparecerá.

Nosso medo da morte é em parte uma função do medo que o ego tem da perda, do nada, da separação e do abandono, e é um lembrete de nossa vulnerabilidade. Precisamos reconhecer essas preocupações e conformar-

-nos com elas. No fim, assim como a vida, a morte precisa ser aceita conscientemente. A maneira como aceitamos a morte está muito conectada com a maneira como pensamos acerca da vida.

12. Encontrar uma maneira de perder-se

Não importa se somos arrebatados pela música ou pela jardinagem, pela dança ou pelo surfe. Tudo aquilo que nos remove do ego para pôr-nos num estado de fluxo e nos faz sair do tempo ordinário é uma busca espiritual.

13. Transformar a vida cotidiana em prática

A vida cotidiana pode tornar-se uma expressão de nossa espiritualidade. Para isso requer-se uma boa dose de lembrança: lembrar-se de prestar atenção, lembrar-se de agradecer, lembrar-se de considerar as pessoas, os animais e o mundo natural expressões da mesma Totalidade e lembrar-se de que comparações e julgamentos provêm do ego.

Devemos também lembrar-nos de que as coisas precisam ser da maneira como são porque o universo como um todo está em harmonia, e parte dessa harmonia implica que façamos o que precisa ser feito. Fazê-lo com uma sensibilidade espiritual é dar-nos conta de que, uma vez feito o que podemos fazer, podemos deixar ir, porque o resultado não está em nossas mãos.

A vida cotidiana não impede nossa relação com o sagrado, visto que o sagrado está sempre presente. O problema é estabilizar nossa percepção desse fato, que é algo que lembramos e esquecemos sempre de novo. Visto que essa prática – que é uma forma de atenção a aquilo-que-é – pode prosseguir continuamente, para muitas pessoas ela é mais importante do que as orações formais ou os cultos.

14. Não ter medo de ser diferente

Embora nossa cultura apoie a individualidade da boca para fora, espera-se certo grau de conformidade, e isso deixa muitas pessoas desconfortáveis por serem demasiado diferentes. Isso torna um problema quando nossos valores sociais entram em conflito com valores espirituais, como humildade e perdão.

Existe enorme investimento cultural em lucro, celebridade, aparência, esforço competitivo e ganância, que se tornaram uma espécie de mitologia coletiva aceita como inerente à natureza humana sem questionar. Essas coisas são reforçadas pelo constante foco da mídia sobre elas, o que provoca um transe coletivo.

De modo geral, portanto, nossa cultura não apoia o desenvolvimento de uma espiritualidade pessoal significativamente diferente da espiritualidade da corrente dominante. Se desenvolvemos nossa própria espiritualidade pessoal, podemos sentir-nos sozinhos ou remando contra a corrente cultural.

No entanto, isso não deve impedir-nos de lançar um olhar crítico sobre os padrões de espiritualidade de nossa cultura e rejeitá-los se necessário. Por exemplo, nossa espiritualidade pessoal pode rejeitar a competitividade e a ganância, embora esses comportamentos sejam aceitos como normais em nossa sociedade.

Não existe nada mais inimigo da espiritualidade do que a luta por superioridade, já que isso leva ao medo constante de hostilidade e retaliação por parte dos outros, ao medo de fracasso e a uma sensação de isolamento. Competição em lugar de cooperação é um transtorno espiritual determinado culturalmente e não um aspecto inerente da natureza humana.

Sobre a psicologia de algumas virtudes espirituais tradicionais

Nossas tradições religiosas têm geralmente estimulado certas virtudes, como a fé, a esperança e a caridade. No entanto, de um ponto de vista psicológico, é irreal simplesmente recomendar essas qualidades e práticas, já que requerem uma boa dose de maturidade psicológica e um sentimento do si-mesmo razoavelmente sólido antes de poderem ser implementadas. A seguir, espero mostrar como essas virtudes espirituais estão inextricavelmente conectadas com nossa psicologia.

Fé e confiança

Além de sua óbvia conotação religiosa, a fé é um fenômeno psicológico complexo. A fé está estreitamente relacionada com a confiança, já que implica um sentimento de que podemos contar com forças invisíveis. Mas a confiança só é possível se alguém teve uma infância razoavelmente segura com cuidadores dignos de confiança, de modo que a criança teve a experiência de ajuda confiável quando necessário[115].

Se essas experiências positivas se repetem com suficiente frequência, a expectativa de ajuda oportuna se torna uma parte do si-mesmo da pessoa, e nós desenvolvemos um sentimento intrínseco de confiança de que aquilo de que necessitamos será providenciado. Na ausência dessa confiança básica, embora possa afirmar que "tem fé" de que Deus providenciará, a pessoa pode não ter nenhuma experiência do que realmente significa confiar em algo, inclusive na divina providência.

Tendo em conta uma infância na qual não conseguiu desenvolver-se a confiança, uma pessoa só pode recorrer a um direito narcisista, um sentimento de que conseguirei o necessário porque sou especial, um sentimento que surge como defesa contra um sentimento de inadequação. Ou a pessoa pode sentir uma sensação aflita que diz: Já que tive uma infância dolorosa, preciso ter minhas necessidades satisfeitas porque o universo tem uma dívida para comigo. De maneira semelhante, ouvimos alguns crentes dizerem que, por causa de sua fé, serão recompensados por Deus com a vida eterna ou a salvação – uma psicologia de recompensa-castigo segundo todos os padrões, e certamente uma questão mais de barganha ou suborno do que de fé. A fé e a confiança maduras não se baseiam na expectativa de recompensas ou numa credulidade ou passividade ingênuas. Exigem uma aceitação da vulnerabilidade e da perda de controle mesmo que estas sejam assustadoras. Essa aceitação é possível quando a pessoa sente que existe um Fundamento Último da realidade e compreende que tudo o que acontece deve em última análise acontecer. Mesmo assim, um ego que está essencialmente aterrorizado e precisa estar no controle nunca pode confiar realmente.

A confiança está tão profundamente arraigada na estrutura da personalidade que não é algo que podemos *decidir* tê-la; é algo que surge autonomamente se temos o potencial de desenvolvê-la. O benefício da confiança é a paz da mente.

Apesar de acontecimentos como o Holocausto, a fé persiste porque o chamado vindo do Si-mesmo persiste. Parece haver algo em nós que simplesmente sabe que existe um Fundamento, e na verdade existe uma relação interessante e emaranhada entre fé e conhecimento. Se pulo no lado

---

115. O exemplo extremo é o psicopata, que teve uma infância muito perigosa e abusiva na qual a confiança era impossível; não existem psicopatas verdadeiramente espirituais.

fundo de uma piscina, sei que voltarei à superfície em poucos segundos, baseado na experiência anterior. Se tive uma experiência numinosa convincente, sei com certeza que existe uma realidade espiritual e a fé nasce desse conhecimento. A fé pode, portanto, basear-se na experiência. No entanto, a própria fé é uma forma intangível de conhecimento, uma convicção de que estamos certos quando não temos nenhuma evidência para apoiar o que interiormente sentimos ser verdade. Esse saber não se origina na personalidade consciente; é como se algo estendesse a mão e nos segurasse, mesmo que o ego duvide.

Essa fé é especialmente importante numa crise, ou quando precisamos agir numa situação incerta. Em contraposição à fé, a crença que não se baseia na experiência, como a crença num conjunto de doutrinas, tende a ser influenciada por preferências pessoais – o que gosto de pensar é verdade. É presumivelmente por isso que muitos crentes se sentem ameaçados por pessoas com crenças contrárias às suas. Aqui está o lado sombrio tanto da crença como da fé. Elas podem impedir a investigação, tendem a ser divisoras e podem ser defensivas ou ilusórias, baseadas na negação.

Esperança

A esperança é muitas vezes considerada uma virtude espiritual, mas é realmente uma bênção mista; por isso existem duas tendências em nossas atitudes culturais para com a esperança: uma que afirma e a outra que descarta sua importância. No lado positivo, a esperança é elogiada como inspiradora e é considerada talvez a única coisa que sustenta a vida e aumenta nossa probabilidade de sobrevivência em situações desesperadas. Ao mesmo tempo, embora a desesperança seja debilitante, a esperança pode ser impraticável, ilusória ou falsa, distraindo-nos da realidade presente de nossa situação ou facilitando a negação.

A atitude de uma pessoa para com a esperança é em grande parte uma função de sua constituição psicológica. A esperança madura é uma função de confiança em si mesmo e no mundo, e nasce na infância quando encontramos cuidadores cujos procedimentos conosco nos levam a aguardar que a esperança tem a possibilidade de ser satisfeita. A esperança madura não nega a realidade e se baseia numa avaliação razoável da situação. Só quando é irreal a esperança se funde com um otimismo egocêntrico ou ingênuo.

A esperança é particularmente necessária durante a adversidade, de modo que a atitude da pessoa diante da esperança é uma função de sua maneira de enfrentar a adversidade em geral. É talvez devido à sua história de perseguição que os judeus elogiaram a esperança desde os tempos bíblicos. A esperança foi valorizada também por autores cristãos desde São Paulo, que expressou esperança na segunda vinda de Jesus. Um testemunho do poder da esperança é o fato de que, embora a expectativa do Fim dos Tempos prometida na Bíblia nunca se cumpriu, ela é reafirmada por todas as gerações sucessivas.

No entanto, a esperança no alívio do sofrimento pode também ser um fracasso da entrega. Desse ponto de vista, se a esperança surge, ela é um dom, mas não é necessária. Evidentemente, dependendo da personalidade de alguém, quando a esperança é oferecida, podemos recusá-la, como podemos recusar o amor (Marcel, 1962).

Suspeito que o fato de aceitarmos ou negarmos a esperança é muitas vezes uma questão de disposição de ânimo; quando estamos deprimidos em nossa maneira de ver as coisas ou quando a vida parece sem sentido, é difícil ter esperança. Isso é importante, não em último lugar porque nossas expectativas têm muitas vezes uma maneira de influenciar o que realmente acontece.

Caridade

Nossa capacidade de dar aos outros está relacionada com nossa saúde psicológica, porque é difícil alguém ser verdadeiramente generoso se estiver vazio interiormente.

Se estamos vazios no interior, tendemos a adquirir posses e apegar-nos a elas, como se fossem extensões de nosso corpo e essenciais para nosso equilíbrio psicológico. É como se, apegando-nos a elas, evitássemos escapulir ou as utilizássemos para manter-nos inteiros. Por conseguinte, independentemente de preocupações realistas com a renda, muito desespero acerca do dinheiro é o resultado de um frágil sentimento do si-mesmo, um si-mesmo que só se sente seguro se tiver dinheiro.

Alguém não pode dar livremente se não puder também receber, mas receber parece humilhante quando implica que passamos necessidade. Um lado sombrio do dar é que a caridade para com os outros pode ser apenas uma maneira de fazer com que nos sintamos importantes. Numa personalidade como essa, o dar é realmente uma forma de obter. A caridade é mais autêntica se nos damos conta de que a "posse" é de fato administração, de modo que podemos dar sem ressentimento ou orgulho ao dar.

Honestidade

A honestidade é sempre recomendada pelas tradições espirituais, mas várias angústias tornam a honestidade uma prática difícil. Se alguém sofre de frágil autoestima ou de intensa vergonha, ele precisa contornar a verdade para evitar sentimentos dolorosos de humilhação. A verdade acerca de si mesmo pode ser difícil demais de ser considerada porque significa confrontar-se com a própria sombra. É difícil ser honesto se a verdade é assustadora e ameaçadora. Por isso geralmente racionalizamos nosso comportamento e nos desculpamos a nós mesmos; é uma banalidade dizer que não existe ilusão tão eficaz quanto a autoilusão.

O que ajuda no processo da autocrítica é lembrar-se que a imagem que temos de nós mesmos, a qual estamos tentando apoiar e proteger a todo custo, é apenas isso – uma imagem em nossa mente. Não é nossa natureza absoluta. Os aspectos mais desagradáveis de nossa personalidade, que são difíceis de enfrentar, são geralmente mecanismos de enfrentamento que utilizamos para sobreviver à infância. A honestidade acerca destes traços sombrios pode, portanto, ser combinada com a empatia por nós mesmos e finalmente com o autoperdão.

Amor

As religiões tradicionais falam muito do amor, mas é difícil saber exatamente o que significa "amor", porque é obviamente impossível amar mais do que algumas poucas pessoas no sentido cotidiano da palavra. Poucas palavras estão mais sujeitas a uma corrupção do sentido e do uso. Assim usamos incorretamente a palavra "amor" (quando de fato queremos dizer "fascínio" ou "idealização") quando falamos de qualidades que faltam em nós mesmos ou de nossos próprios atributos que projetamos no outro.

O amor em seu sentido verdadeiro é indefinível. Sua natureza não pode ser expressa em palavras porque é uma qualidade do Fundamento da existência, e a linguagem é demasiado fragmentária para captar essa totalidade.

Krishnamurti (1993) sugere que, embora não possamos definir o amor positivamente, podemos abordá-lo dizendo o que o amor não é. O amor não é desejo, possessividade ou paixão sexual, e tampouco é a *performance* de ações por um sentimento de dever ou responsabilidade. O amor não é apego baseado no medo da perda ou numa necessidade de segurança. Esses fatores da personalidade podem interferir radicalmente no surgimento do amor, de modo que ele não pode estar presente se alguém é agressivo, ciumento, ambicioso, ganancioso ou abominável.

Embora seja intoxicante, e mesmo uma amostra do êxtase da união com o divino, o amor romântico é transitório. Mais permanentemente, mas menos intensamente, o amor é o verdadeiro fundamento da intimidade emocional, da comunhão com os outros e da receptividade. Essas qualidades nem sempre nos estão disponíveis porque pode intervir um fator sutil da personalidade. Esse fator parece ser um produto do inconsciente, já que nem sempre podemos articulá-lo.

O nível inconsciente de conexão entre as pessoas manifesta-se como uma qualidade energética misteriosa, coloquialmente denominada "vibrações", que às vezes é agradável e às vezes desagradável. No último caso, podemos tentar recorrer ao tradicional *agapê* cristão, ou amor espiritual, que requer que renunciemos a nós mesmos. Para a maioria de nós isso só é possível quando não estamos absorvidos conosco mesmos, exaustos, com medo ou na iminência de desmoronar. Se estamos experimentando alguma dessas condições, é muito difícil entregar-nos ao amor. Nesse caso, a melhor coisa que podemos fazer talvez seja avaliar o profundo mistério do outro e ser o mais generoso possível, dadas as limitações do ego.

Nossas tradições estão cheias de conselhos como: "Ama teu próximo como a ti mesmo". O que isso significa na prática? É viável? Seguir esse ensinamento em seu sentido último é extraordinariamente difícil, sobretudo para pessoas que não conseguem pôr de lado suas próprias necessidades porque elas são demasiado intensas. Aqui a empatia é crucial, inclusive a empatia consigo mesmo.

Se conseguimos tolerar nossa própria vulnerabilidade, podemos imaginar como os outros se sentem ou como nós nos sentiríamos em seu lugar. Então a compaixão surge espontaneamente. No entanto, se precisamos negar nossa vulnerabilidade por ser demasiado dolorosa, não podemos dar-nos ao luxo de sentir a dor dos outros. Nesse caso, é possível haver amor se nossa própria dor produz uma sensação de separação dos outros? Alternativamente, é possível utilizar nossa própria dor para desenvolver a consciência de que todos os seres humanos sentem a mesma dor, a mesma tristeza e o mesmo medo.

O verdadeiro amor para com nosso próximo pode surgir também se nos damos conta de que não somos entidades separadas, mas parte de um *continuum* unificado. Talvez por isso o filósofo Søren Kierkegaard (1998) sugeriu que amar-se a si mesmo da maneira correta e amar nosso próximo são a mesma coisa. Ele mostrou, entretanto, que muitos de nós não nos amamos a nós mesmos, e de fato os psicoterapeutas veem muitas vezes em sua prática o sofrimento produzido pela autoaversão. Tem algum valor amar os outros quando odiamos a nós mesmos?

Humildade

A humildade é muitas vezes recomendada pelos mestres espirituais, mas ela só é possível se a pessoa não precisa ser empolada para reforçar um frágil sentimento do si-mesmo e se, ao mesmo tempo, tolera suas próprias limitações. Não faz sentido alguém lavar os pés dos outros se está secretamente ressentido por fazê-lo, ou se isso o leva a sentir-se presunçoso por estar alimentando fantasias de superioridade espiritual que lhe possibilitam "rebaixar-se" a essa prática.

Às vezes, uma imagem de Deus baseada no medo contribui para produzir o que parece humildade, mas na realidade está se acovardando em vez de amar realmente a entrega. Ter *medo* de Deus (em vez de temor reverencial) é uma forma perversa de relação com o divino. O verdadeiro amor a Deus é humilde por natureza, mas o medo de Deus é colérico e ressentido.

Para desenvolver a verdadeira humildade é útil observar como o ego precisa constantemente sentir-se importante, especial e justo. Quando vemos *realmente* isto – muitas vezes é mais fácil vê-lo primeiro nos outros – percebemos como persistimos em certa imagem de nós mesmos. A humildade decorre naturalmente à medida que nos lembramos das limitações do ego.

A atenção à nossa grandiosidade inicia um processo de dissolver nossa necessidade de ser importantes; um gentil humor com nossa presunção também ajuda, até que finalmente nossas tentativas de ser importantes pareçam realmente cômicas. Esse desenvolvimento é crucial, porque a inflação e a presunção são sinais certos de uma falta de consciência espiritual.

Perdão

A maioria das tradições religiosas recomenda o perdão[116]. Na prática existem formidáveis barreiras emocionais a perdoar aos que nos prejudicam. O verdadeiro perdão exige força e coragem.

Já que a psicologia do perdão é pouco compreendida, muitas pessoas religiosas sentem vergonha porque sua cólera contra um ofensor as impede de sentir perdão, e essa vergonha aumenta a dor de sua ofensa original. Por conseguinte, embora as recompensas pelo perdão sejam grandes, ele não pode ser conseguido sem trabalho consciente.

Perdão significa que abandonamos a amargura e a necessidade de vingança e renunciamos à censura e à cólera contra o ofensor. Procuramos estabelecer a reconciliação com uma pessoa que nos prejudicou ou ofendeu e evitar retaliação contra ela. Para chegar a essa postura, precisamos abandonar o que consideramos nosso direito ao ressentimento e a julgamentos negativos acerca dessa pessoa. É como se a ofensa tivesse produzido uma dívida interpessoal, e perdoar significa que cancelamos a dívida.

Isso significa que precisamos deixar de desempenhar o papel de vítima, embora não seja fácil, porque às vezes existem vantagens nesse papel – a dívida continuada do agressor para conosco, por exemplo. Podemos preferir a influência e o sentimento de superioridade moral que vêm do fato de ser uma vítima. Podemos preferir permanecer irritados porque isto nos possibilita sentir-nos virtuosos aos nossos olhos e importantes, traz à tona o apoio dos outros, nos absolve de qualquer responsabilidade e, portanto, de qualquer culpa pessoal ou vergonha na situação de conflito, e até nos proporciona uma desculpa para nossas próprias transgressões.

Além disso, podemos sentir que o perdão nos expõe ao risco, porque nos expõe a futuras transgressões, ou pode estimular o abusador a continuar abusando. Perguntamo-nos se seremos prejudicados novamente no caso de perdoarmos, ou até se estamos justificando o abuso ao perdoar.

Para muitas pessoas o perdão é considerado uma perda de prestígio, ou uma amostra de fraqueza, especialmente se o ofensor não pede desculpa; assim, o orgulho faz a vítima aferrar-se ao ressentimento. Podemos ver nossa cólera ao ser tratados injustamente como uma marca de amor-próprio, que consideramos difícil de manter se abandonamos a cólera.

---

116. Pensemos no exemplo de Mt 18,21-22: "Então Pedro se aproximou e lhe perguntou: 'Senhor, quantas vezes devo perdoar ao irmão que pecou contra mim? Até sete vezes?' Jesus lhe disse: 'Não te digo sete vezes, mas setenta vezes sete'".

Quando a ofensa ou a traição na idade adulta tocam em memórias de experiências semelhantes ocorridas na infância, elas despertam um estoque adormecido de dor; por isso a resposta a uma ofensa interpessoal pode parecer desproporcional à própria ofensa em intensidade e duração. Quando nosso sentimento do si-mesmo foi ofendido, afloram raiva e fantasias de vingança. Isso pode acontecer mesmo que a ofensa não seja grave, mas nosso ego frágil foi ferido porque alguém nos levou a sentir-nos insignificantes ou desvalorizados.

Essa ofensa ao nosso narcisismo, essa afronta ao nosso sentimento do si-mesmo, é o inimigo do perdão. Ficamos então absortos demais conosco mesmos para considerar os motivos do agressor, suas razões para agir como agiu.

Pessoas fortemente narcisistas não conseguem reconhecer sua própria contribuição para uma situação de conflito. Quando elas são o agressor, não conseguem administrar sua vergonha por suas ações e precisam manter a todo custo um sentimento interior de autoaprovação. Já que para elas as outras pessoas são menos importantes do que a necessidade de manter o próprio equilíbrio, elas têm dificuldade de expressar remorso, porque admitir uma falta pessoal estilhaçaria a ilusão que elas têm de sua perfeição. Mesmo quando o perdão é dado, a desculpa dos narcisistas se destina a manter a autoestima pessoal ou a desviar a culpa de si mesmos.

Quando o indivíduo narcisista é a vítima, ele fica demasiadamente irritado e magoado para perdoar, e geralmente alimenta uma raiva implacável e um desejo de vingança. A pessoa não consegue oferecer a outra face se estiver possuída por ódio e fantasias vingativas.

Diz-se que a vingança é "doce" porque *parece* que ferir os outros nos leva a sentir-nos melhor. No entanto, independentemente dos benefícios espirituais do perdão, suportar um ressentimento crônico e permanecer vingativo perpetua o sofrimento da própria pessoa.

Se nos vingamos de alguém que nos prejudicou, tudo o que realmente fizemos foi despejar nossa raiva e impotência sobre outra pessoa, procurando levá-la a sentir a dor que nos causou, de modo que não precisamos continuar sentindo-a em nós mesmos.

Identificar-nos como uma vítima perpétua significa que o sofrimento se torna uma parte de nossa identidade e nos impede de ficar satisfeitos. Censura constante e fantasias de vingança estão associadas a uma saúde física e emocional mais pobre, ao passo que o perdão tem um efeito curador e leva à paz da mente.

Se alguém nos leva a sofrer de tal maneira que as feridas levam longo tempo para cicatrizar – por exemplo, assassinando uma pessoa próxima de nós –, o sofrimento crônico pode atuar como uma barreira ao perdão, que então só se torna possível após um período de luto. O perdão não pode ser tentado cedo demais após uma ofensa, enquanto as feridas do indivíduo ainda estão frescas.

Outra barreira ao perdão surge quando a pessoa que nos ofendeu se comportou de uma maneira que nos lembra demais nosso próprio comportamento – ela carrega a projeção de nossa própria sombra. Isso pode ser difícil de reconhecer, mas dar-nos conta de que nós também somos capazes de fazer coisas prejudiciais aos outros pode ser uma ajuda eficaz para abandonar nosso ressentimento.

O perdão pode começar com a tentativa de compreender-nos a nós mesmos e o agressor. É útil, portanto, utilizar nossa capacidade empática para imaginar o que pode ter impelido nosso carrasco a comportar-se daquela maneira contra nós. Agiu ele por algum tipo de dor ou desespero? Percebeu ele alguma provocação, embora não houvesse nenhuma intenção de provocar? Nesse caso é mais fácil perdoar seu comportamento.

Podemos também perguntar-nos se o comportamento lesivo nos lembra o comportamento áspero de um dos nossos pais. Em caso positivo, podemos perceber que estamos reagindo à nova situação com emoções que eram necessárias para proteger-nos quando éramos crianças, mas que podemos abordar as coisas de modo diferente como adultos.

Às vezes é mais fácil perdoar os outros do que perdoar a si mesmo. A aceitação de si mesmo é difícil se a pessoa foi educada numa atmosfera que fomentava a culpa e a vergonha, de modo que algumas pessoas conseguem ser afáveis e acolhedoras com os outros, enquanto permanecem ásperas consigo mesmas.

Ajuda-nos o fato de alimentar curiosidade, em vez de autocrítica, acerca de nossos sentimentos. Vale a pena a pessoa considerar detalhadamente suas feridas da infância e considerá-las à luz de sua perspectiva adulta. Por exemplo, se tivemos um pai que nos levou a sentir-nos sem valor ou inadequados, podemos dar-nos conta de que ele estava projetando em nós seu próprio sentimento insuportável de maldade e inutilidade, levando-nos a sentir o mesmo problema a fim de ele poder sentir-se melhor acerca de si mesmo.

Nada disso significa que perdoar é esquecer, e certamente não justifica um comportamento lesivo. O perdão também não significa que somos ingênuos acerca da possibilidade de perigo futuro por parte da pessoa ou da instituição que nos prejudicou. O perdão é um estado da mente e do coração que não deve ser confundido com o conceito de indulto; podemos perdoar um ofensor e ao mesmo tempo exigir dele reparação.

Compreender os outros se torna mais fácil se nos lembramos que os seres humanos têm temperamentos diferentes e, assim, diferentes abordagens do mundo, diferentes pontos de vista e preferências. Vale a pena considerar várias maneiras de descrever as pessoas, como o Eneagrama ou a tipologia de Myers-Briggs[117]. Lembrar que nenhum temperamento é melhor ou pior do que outro e que as pessoas veem o mundo de maneiras diferentes ajuda a desenvolver o perdão, suavizar as relações e atenuar a impaciência. Seja como for que cheguemos a isso, o perdão se torna em última análise um ato de entrega radical.

Uma nota de advertência acerca da jornada espiritual

A espiritualidade requer um compromisso vitalício sincero; não é uma busca fácil ou rápida[118]. Adotar uma vida espiritual requer nada menos do que uma reorientação da consciência. Uma atitude espiritual não pode ser entregue a nós; os mestres podem ajudar, mas em última instância a espiritualidade implica o cultivo da percepção, tanto da nossa própria mente quanto da mente dos outros com quem nos relacionamos.

A espiritualidade inclui a luta com as fragilidades humanas e o mistério do sofrimento. Esta jornada começa muitas vezes com um despertar ou abertura inicial, proporcionado por uma experiência numinosa, seguida por um período de claridade ou até de bem-aventurança. Ocasionalmente, a transformação inicial é permanente, mas muitas vezes segue-se um período de desilusão à medida que se reafirmam as tensões e problemas da vida, às vezes até de forma mais intensa do que antes.

É como se tivéssemos tido um vislumbre da Realidade e de certa forma recebêssemos uma promessa de que doravante tudo será diferente. Encontramo-nos então retomando gradualmente nossa rotina diária. De início, podemos ter a impressão de que nossa propensão ao sagrado foi um erro, ou podemos sentir-nos desestimulados porque parece que será necessário muito trabalho árduo para restabelecer nosso sentimento de conexão com ele.

---

117. Cf., p. ex., Palmer (1988) e Myers, I. e Myers, P. (1980).
118. Tomás de Kempis (2023), místico do século XV, escreveu que a vida espiritual "não é o trabalho de um dia nem uma brincadeira de crianças…"

Reconectar-se com o sagrado pode ser um processo longo e lento, e até doloroso, no qual temos apenas a experiência inicial a guiar-nos. Algumas pessoas perdem a fé, cedem ao desespero, e posteriormente proclamam que tentaram a espiritualidade e ela não funcionou. Com efeito, uma poderosa experiência numinosa que produz um despertar espiritual é muitas vezes apenas uma janela através da qual vemos uma meta.

Uma experiência numinosa nos leva a perceber exatamente como somos profundamente egocêntricos ou completamente desconectados de um sentimento estável do sagrado, e nos convida a fazer o trabalho necessário para reconectar-nos. No entanto, nossas instituições religiosas muitas vezes não nos preparam para essa sequência, prometendo ao invés que, se professarmos "nascer de novo" (no sentido cristão contemporâneo), ou "obedecer aos mandamentos", seremos imediata e permanentemente transformados. No entanto, estas fórmulas podem servir como uma barreira tanto para confrontar-nos com a sombra como para tornar-nos conscientes da transformação da personalidade que é necessária para o autêntico crescimento espiritual.

A questão dos estágios

A iluminação espiritual pode ser instantânea ou gradual. Os que acreditam que ela é gradual (a maioria) insistem que o desenvolvimento espiritual leva tempo e ocorre em estágios, porque a meta está distante. Diz-se que a iluminação instantânea incorpora em si todos os estágios do caminho gradual e parece realizá-los imediatamente. Existe então uma percepção permanente da verdade. Ambas as variedades da iluminação espiritual são válidas, e não está claro por que o processo ocorre de uma maneira ou da outra.

Os que acham que estão num caminho gradual se perguntam muitas vezes quão longe chegaram em sua jornada espiritual, mas o problema de avaliar isso é que os estágios implicam uma sequência fixa, como se as coisas acontecessem supostamente numa ordem prescrita. Com efeito, duas jornadas nunca são iguais. Embora seja verdade que existem alguns aspectos do desenvolvimento espiritual que podem ser identificados, é um erro pensar que ocorrem necessariamente numa progressão. Eles acontecem em tempos diferentes, em qualquer ordem. Às vezes parecem acontecer paralelamente e o mesmo processo pode tornar a reaparecer em diferentes níveis.

Na visão tradicional do caminho gradual, a jornada espiritual começa muitas vezes com uma experiência que pode ser uma erupção do *numinosum*. Ou uma grave crise da vida nos leva a perceber que na vida há algo mais do que aquilo de que tínhamos consciência, e só uma solução espiritual do problema será adequada. Segue-se o que costumava ser chamado de "purgação", ou seja, um confronto com a sombra, com os aspectos problemáticos de nossa personalidade, como narcisismo, grandiosidade, presunção, possessividade, ganância, medo e inveja. É importante explorar essas dificuldades delicadamente com compaixão para consigo mesmo.

Sentimentos dolorosos não são obstáculos, mas sinalizações que mostram onde precisamos trabalhar; são portas para os lugares mais profundos da alma. Durante esses períodos, reavaliamos nossos valores e crenças e podemos reiterar nosso compromisso com nossa tradição religiosa ou abandoná-la totalmente.

Gradualmente nossas respostas emocionais são menos governadas por ressentimentos e mágoas do passado, deixamos de responder automaticamente e existe menos necessidade de responder de uma maneira que defende um frágil sentimento do si-mesmo. Tornamo-nos mais sensíveis ao sofrimento dos outros e muitas vezes também ao ambiente. Esses desenvolvimentos levam à percepção de que a imagem que tínhamos de nós mesmos não é nossa identidade real. Havíamos desenvolvido um "falso si-mesmo" para satisfazer a família e a cultura – havíamos pretendido ser alguém que não éramos, a fim de sobreviver. Finalmente não nos empenhamos mais em manter essa imagem.

Tomamos uma decisão consciente de voltar-nos para o Si-mesmo quando percebemos que estamos procurando algo que está além do nosso empenho cotidiano, algo mais significativo do que as distrações proporcionadas por nossa cultura. Infelizmente, podemos não ser suficientemente inteligentes para fazer o melhor possível com as imagens do divino que carregamos conosco inconscientemente desde a infância. De vez em quando essas imagens são úteis, mas muitas vezes nosso desenvolvimento pessoal as deixou para trás. É aqui que precisamos depender de nossa própria experiência do numinoso e de nossa intuição acerca do sagrado.

No processo de "iluminação", que pode seguir-se à purgação, começamos a apreender a Realidade que estávamos buscando à medida que começamos a ver em tudo uma manifestação do divino e temos mais experiências do companheirismo e do amor divinos. Nesse momento de nossa jornada, as aparentes desarmonias da vida parecem resolver-se, e nós sentimos que estamos no limiar de outro plano de ser. Estamos num estado mais passivo, no qual nos tornamos sempre mais receptivos, e nosso desejo da presença do divino se torna uma preocupação.

A jornada culmina na unidade. Esse processo traz um sentimento estável de contato direto com o Absoluto, ou de absorção nele, como também a percepção da nossa unidade com os outros e com a terra. Não é possível dizer muito sobre essa experiência, porque ela implica uma perda do sentimento de um si-mesmo pessoal separado, embora os indivíduos que alcançaram esse estado funcionem normalmente na realidade consensual (Roberts, 1984).

Tendo chegado a essa experiência, o místico amadurecido se envolve na vida social ordinária com uma consciência renovada, muitas vezes ensinando movimentos socialmente úteis ou neles envolvido. Esse indivíduo pode ser altamente evoluído e, no entanto, viver em total obscuridade, simplesmente porque não há nenhuma necessidade de fazer qualquer outra coisa.

Seja como for que alguém veja a jornada espiritual, existem fundamentalmente apenas dois resultados. Um leva à experiência de união com o divino a tal ponto que não resta nenhuma preocupação com a singularidade individual, assim como uma gota de água se perde num copo de vinho. A personalidade cotidiana persiste, mas não é particularmente importante.

No outro resultado, a meta pode ser uma meta de relação com o divino, que requer um desenvolvimento pleno da personalidade autêntica numa relação consciente com o sagrado. Pode ocorrer então a entrega total. A respeito dessa entrega se diz muitas vezes que alguém só pode dar o que possui: se a personalidade ou o ego não estiverem desenvolvidos, nunca podem entregar-se realmente. No entanto, em minha opinião isso não é verdade; uma pessoa pode dar qualquer coisa que tem a oferecer de si mesma. Muitas pessoas emocionalmente perturbadas têm uma espiritualidade profunda e uma grande fé.

Uma vida orientada para a espiritualidade não deve ser confundida com uma vida fácil. O que a torna espiritual é nossa atitude em relação às situações que surgem, não a ausência de dificuldades. Se sabemos que as coisas dolorosas que acontecem são o funcionamento da Inteligência do universo, podemos aceitar o que acontece ao mesmo tempo que lidamos com ele. Na estrutura da mente, que é confessadamente difícil de alcançar no meio de uma tempestade, as coisas são simplesmente da maneira como são. Em vez de amaldiçoar o destino, damo-nos conta de que situações difíceis nos são apresentadas porque existem certas coisas que precisam de nossa atenção. A parte difícil é *assegurar-nos* de que existe realmente um padrão mais amplo para nossa vida e que as coisas dolorosas que acontecem não são acidentes aleatórios.

Um dos benefícios das experiências numinosas é que nos ajudam a perceber que não somos partículas solitárias de matéria sem sentido flutuando num cosmos indiferente. Uma vez que uma pessoa está convencida de que existe uma Inteligência maior funcionando, é mais fácil relaxar e confiar. É também mais fácil abrir o coração e dar aos outros sem ser autoprotetores.

Não podemos simplesmente *decidir* que seremos dessa maneira, mas podemos considerar os obstáculos psicológicos que impedem de sermos mais amorosos e tolerantes com os outros e com a vida em geral. Essa autocrítica pode ser executada como uma tarefa solitária e introspectiva ou, se necessário, com a ajuda de outra pessoa. Sugiro aqui alguns exercícios úteis para estimular o processo.

Exercícios de discernimento

Além da auto-observação acima analisada, existem exercícios interessantes que nos ajudam a descobrir alguns dos princípios organizativos existentes na personalidade que podem determinar nosso comportamento sem dar-nos conta disso.

Imagine que você está livre de todas as restrições culturais, financeiras e familiares impostas ao seu comportamento. Em seguida, no olho de sua mente, entregue-se a uma livre-fantasia de quem você poderia ser e do que você poderia fazer, baseando-se no que você realmente quer da vida ou em sua mais selvagem fantasia escapista.

Você pode descobrir que deseja ter poder sobre os outros ou que implora segurança acima de tudo. Você pode imaginar grande riqueza, beleza, luxúria, fama e glória, progresso artístico ou profissional. Seja qual for a nossa fantasia, ela nos ajuda a reconhecer algumas das forças propulsoras em nossa vida.

Podemos também perguntar-nos: Qual é o meu maior medo? O que seria tão terrível que eu dificilmente suportaria imaginar? Muitas vezes esse medo representa uma situação contra a qual o ego precisa defender-se a todo custo. Ela pode implicar desonra pública, perda de segurança, perda de entes queridos, um golpe massivo em sua autoestima, ou a perda de poder e prestígio. Considerando honestamente essa fantasia, podemos ver quanto do nosso comportamento se dirigia à autodefesa. Geralmente, o indivíduo impelido a controlar os outros vê o medo e a vulnerabilidade subjacentes que o levam a buscar o poder. O indivíduo arrogante vê a criança desamparada e envergonhada que precisa ser protegida. Os que são atraentes veem sua preocupação com sua própria inteligência; os que são inteligentes veem sua preocupação com sua atratividade.

Esses não são exercícios de moralidade. São maneiras de examinar cuidadosamente o condicionamento do ego, de modo que possa ser trazido à luz e murchar em intensidade. Quando é identificada determinada peculiaridade, é importante não tentar deliberadamente fazer desaparecer o problema. Essas tentativas reforçam muitas vezes o problema lembrando-nos constantemente que o temos. Em geral é mais útil apenas estar constantemente consciente da peculiaridade, vê-la constantemente em operação. Compreensão e observação ajudam a dissolvê-la.

Aqui recomendo a sugestão de Krishnamurti de que apenas nos vejamos como somos, sem tentar transformar-nos naquilo que queremos tornar-nos. Seja qual for essa realidade, enxergue-a claramente, sem julgamento ou condenação. Quando vemos a realidade dessa maneira, seguir-se-á a ação correta.

Acima de tudo, aceite-se a si mesmo; permita que aflore quem você é, em vez de adotar alguma imagem sua que foi enxertada em você pela família e pela sociedade. Se aceitamos aquilo-que-é, em vez de estar num ímpeto compulsivo movido pelo ego de mudar as coisas, surge muitas vezes espontaneamente uma nova atitude.

Como será o futuro?

A religião antiga com seu fogo do inferno e condenação perdeu seu domínio sobre nós, mas a psique não tolera um vácuo espiritual. As tradições religiosas estão se tornando cada vez mais receptivas à psicologia profunda e a linguagem psicológica está se mostrando útil como instrumento para falar acerca do sagrado.

Já que o mistério divino opta por revelar-se através da psique, é inteiramente apropriado enfocarmos as manifestações da psique em nossa vida espiritual. O *numinosum* constitui uma parte tão íntima de nossa psique que, no fim, nossa espiritualidade e nossa psicologia são sinônimos[119].

---

119. Para uma explicação dessa ideia em sua aplicação à psicologia, cf. Corbett e Stein (2002).

Referências

Abraham, K. (1948). A complicated ceremony found in neurotic women. In: *Selected papers of Karl Abraham* (p. 157-163). Hogarth. (Obra original publicada em 1912.)

Agus, J. B. (1972). Good and evil. In C. Roth (Ed.), *Encyclopaedia Judaica*. Keter.

Allegro, R., & Allegro, R. *Fatima: The story behind the miracle*. St. Anthony Messenger, 2002.

Allen, D. (1988, out.). Eliade and history. *The Journal of Religion, 68*(4), 545-565.

Almond, P. C. (1984). *Rudolf Otto: An introduction to his philosophical theology*. University of North Caroline Press, 1984.

Arendt, H. (1963). *Eichmann in Jerusalem: A report on the banality of evil*. Viking.

Atwood, G., & Stolorow, R. (1999). *Faces in a cloud: Intersubjectivity in personality*. Jason Aronson.

Baring, A. (1991). Cinderella: an interpretation. In M. Stein & L. Corbett (Eds.), *Psyche's stories: Modern jungian interpretation of fairy tales* (Vol. I). Chiron.

Baudrillard, J. (1992). *The transparency of evil*. Verso Books.

Berk, L. E. (2004). *Development through the lifespan*. Allyn & Bacon.

Bishop, P. (2002). *Jung's answer to Job*. Brunner-Routledge.

Blake, W. (1988). Auguries of innocence. In W. H. Stevenson (Ed.), *Wiliam Blake: Selected poetry*. Penguin Books.

Blake, W. (1988). David V. Erdman (Ed.). *The complete poetry and prose of William Blake*. Doubledayg.

Brinton, H. H. (1977). *Mystic will: Based upon a study of the philosophy of Jacob Boehme*. Kessinger.

Buber, M. (s/d.). *Eclipse de Deus*. Verus.

Bucke, R. M. (1961). *Cosmic consciousness*. University Books.

Burchard, E. (1960, abr.). Mystical and scientific aspect of the psychoanalytic Theories of Freud, Adler, and Jung. *American Journal of Psychotherapy, 14*, 306.

Cameron, A. (1981). *Daughters of Copper Woman*. Press Gang Publishers, pp. 101-103.

Christou, E. (1976). *The logos of the soul*. Spring Publications.

Clair, M. S. (1994). *Human relationships and the experience of God*. Integration Books, 1994.

Coleman, J. A. (2004, 27 fev.). Mel Gibson meets Marc Chagall: How christians and jews approach the cross. *Commonweal, 131*.

Corbett, L. (1996). *The religious function of the psyche*. Routledge.

Corbett, L. (2006). Varieties of numinous experience. In L. Corbett, *The idea of the numinous: Jungian and psychoanalytic perspectives*. Brunner-Routledge.

Corbett, L., & Stein, M. (2002). Contemporary jungian approaches to spirituality oriented psychotherapy. In L. Sperry & E. P. Shafranske (Eds.), *Spirituality Oriented Psychotherapy*. American Psychological Association.

Davidson, R. E. (1947). *Rudolf Otto's interpretation of religion*. Princeton University Press.

Davies, B. (2004). *An introduction to the philosophy of religion*. Oxford University Press.

Dourley, J. (1992). *Strategy for a loss of faith: Jung's proposal*. Inner City Books.

Edinger, E. (1984). *The creation of consciousness*. Inner City Books.

Eliade, M. (1980). *Rites and symbols of initiation: The mysteries of birth and rebirth*. HarperCollins.

Eliade, M. (1992). *O sagrado e o profano: A essência das religiões*. Martins Fontes.

Fairbairn, R. (1952). *An object relations theory of the personality*. Basic Books.

Feuerstein, G. (1992). *Sacred sexuality*. Jeremy Tarcher.

Fifedman, P., & Goldstein, J. (1964, abr.). Some comments on the psychology of C. G. Jung. *Psychoanalytic Quarterly, 33*, 196.

Fodor, N. (1971). *Freud, Jung and occultism*. University Books.

Fox, M. (1981). Meister Eckhart on the fourfold path of a creation centered spiritual journey. In: M. Fox (Ed.), *Western spirituality: Historical roots, ecumenical* Bear and Company.

Fox, R. (1994, 17 set.). Mother Teresa's care for the dying. *The Lancet, 344*(8.925), 807.

Freud, S. (1959a). Obsessive actions and religious practices. In: The Standard Edition (Vol. IX). Hogarth.

Freud, S. (1959b). Obsessive actions and religious practices. In: The Standard Edition (Vol. IX). Hogarth.

Fromm, E. (1973). *The anatomy of human destructiveness*. Holt, Rinehart and Winston.

Gabel, J. B. et al. (1996). *The Bible as literature*. Oxford University Press.

Gallup Jr., G. H. (1996). *Religion in America: 1996 Report*. Princeton Religious Research Center.

Garrison, J. (1982). *The darkness of God.* SCM-Canterbury Press.

Goldbrunner, J. (1964). *Individuation: A study of the depth psychology of Carl Gustav Jung.* University of Notre Dame Press.

Greeley, A. (1975). *The sociology of the paranormal.* Sage.

Greely, A. M. (1977). *Ecstasy: A way of knowing.* Prentice-Hall.

Greenwell, B. (1995). *Energies of transformation: A guide to the Kundalini process.* Shakit River, p. 2.

Gribbin, J. (1995). *Schrödinger's Kittens and the search of reality.* Back Bay Books.

Haney, C., Banks, C., & Zimbardo, P. (1973). A study of prisoners and guards in a simulated prison. *Naval Research Review, 30,* 4-17.

Harding, D. (2002a). *Look for yourself.* InnerDirections.

Harding, D. (2002b). *Face to no-face.* InnerDirections.

Hardy, A. (1979). *The spiritual nature of man.* Oxford University Press.

Harris, C. K., Larson, D., & Larson, S. S. *The forgotten factor in physical and mental health: What does the research show?* National Institute for Healthcare Research, 1994.

Hick, J. (1978). *Evil and the god of love.* Harper & Row.

Hillman, J. (1970). Why "archetypal psychology?" *Spring,* p. 216.

Hillman, J. (1996). *The soul's code.* Random House.

Hitchens, C. (1995). *The missionary position: Mother Teresa in theory and practice.* Verso.

Holah Psychology website. http://www.holah.karoo.net/zimbardostudy.htm

Hood, R. W. (Ed.). (1995). *Handbook of religious experience.* Religious Education Press.

Horton, P. C. (1973). The mystical experience as a suicide preventive. *American Journal of Psychiatry, 130*(3), pp. 294-296.

James, W. (1985). *The varieties of religious experience.* Harvard University Press, pp. 340-341.

Jefferies, R. (2003). *The story of my heart.* Green Books.

Jewett, S. (2005). *God's troubadour: The story of St. Francis of Assisi.* Yesterday's Classics.

Jung, C. G. (1978). *Psychological reflections.* J. Jacobi, & R. F. C. Hull (Eds.). Princeton University Press.

Jung, C. G. (1980). *The undiscovered self.* Princeton University Press.

Jung, C. G. (1987). *Jung speaking.* Princeton University Press.

Jung, C. G. (2016). *O homem e seus símbolos.* HarperCollins Brasil.

Jung, C. G. (2018). *Cartas* (Vol. 1). Vozes.

Jung, C. G. (2018). *Cartas* (Vol. 2). Vozes.

Jung, C.G. (2018). *Cartas* (Vol. 3). Vozes.

Jung. C. G. (2022). *O indivíduo moderno em busca de uma alma*. Vozes.

Kempis, Tomás de. (2023). *Imitação de Cristo*. Vozes.

Kierkegaard, S. (1998). *Works of love: Kierkegaard's writings* (Vol. 16). Harper and Row.

Kohberg, L., Levine, C., & Hewer, A. (1983). *Moral stages: A current formulation and a response to critics*. Karger Publishers.

Kohut, H. (1985). Forms and transformations of narcissism. In H. Kohut, *Self psychology and the humanities: Reflections on a new psychoanalytic approach*. W.W. Norton.

Krishnamurti, J. (1971). *First and last freedom*. Theosophical.

Krishnamurti, J. (1972). *The impossible question*. Harper and Row.

Krishnamurti, J. (1984). *The flame of attention*. Harper and Row.

Krishnamurti, J. (1993). *On love and loneliness*. HarperSanFrancisco.

Kugel, J. L. (1998). *Traditions of the Bible*. Harvard University Press.

Kugler, P. (1997). Psychic imaging: A bridge between subject and object. In P. Young-Eisendrath & T. Dawson (Eds.), *The Cambridge companion to Jung*. Cambridge University Press.

Kushner, H. S. (2004). *When bad things happen to good people*. Bantam Doubleday Dell.

Lammers, A. C. (1994). *In God's shadow: The collaboration of Victor White and C.G. Jung*. Paulist Press.

Lang, B. (2003). *Act and Idea in the Nazi Genocide*. Syracuse University Press.

Larson, D. B., Larson, S. S., & Koenig, H. G. (2000, agosto). Longevity and mortality. *Psychiatric Times*, XVII (n. 8).

Leeming, D. A. (1981). *Mythology: The voyage of the hero*. Harper and Row.

Leloup, J.-Y. (1997). *O Evangelho de Tomé*. Vozes.

Lewis, C. A. (1994, mar.). Religiosity and obsessionality: The relationship between Freud's "religious practices". *The Journal of Psychology, 128*(2), p. 189.

Lewis, C. S. (2001). *A grief observed*. HarperSanFrancisco.

Lincoln, B. (1991). *Emerging from the Chrysalis: Rituals of women's initiation*. Oxford University Press.

Mahdi, L. C., Foster, S., & Little, M. (Eds.). (1987). *Betwixt and between: Patterns of masculine and feminine initiation*. Open Court.

Marcel, G. (1962). *Homo Viator*. Harper Torchbooks.

Maslow, A. (1970). Religious aspects of peak-experiences. In W. A. Sadler (Ed.), *Personality and religion*. Harper & Row.

McDargh, J. (1992). The deep structure of religious representations. In M. Finn & J. Gartner (Eds.), *Object relations theory and religion: Clinical applications*. Praeger Publications, p. 3.

McDowell, M. J. (2001). The three gorillas: An archetype orders a dynamic system. *Journal of Analytical Psychology, 46*(4).

Meissner, W. W. (1984). *Psychoanalysis and religious experience.* Yale University Press.

Mestre Eckhart (1983). *Treatises and sermons of Meister Eckhart.* Octagon Books.

Miles, J. (1995). *God: A biography.* Knopf.

Milgram, S. (1974). *Obedience to authority: An experimental view.* Harper Collins.

Miller, A. (1990). *For your own good.* Farrar Straus Giroux.

Moore, R. L. (2001). *The archetype of initiation: Sacred space, ritual process and personal transformation.* Xlibris.

Myers, I. B. (1995). *Gifts differing: Understanding personality type.* Davies-Black.

Myers, I., & Myers, P. B. (1980). *Gifts differing.* Consulting Psychologists Press.

Neumann, E. (1976). On the psychological meaning of ritual. *Quadrant, 9*(2), 5-34.

Otto, R. (2007). *O sagrado.* Vozes.

Palmer, H. (1988). *The enneagram: Understanding yourself and the others in your life.* Harper Collins.

Pechansky, D. (1990). *The betrayal of God.* Westminster John Knox Press.

Philp, H. L. (1993). *Jung and the problem of evil.* Sigo Press.

Piaget, J. (1994). *O juízo moral na criança.* Summus.

Plaskow, J., & Christ, C. P. (1989). *Weaving the visions: New patterns in feminist spirituality.* HarperCollins.

Rehm, R. (1994). *Marriage to Death: The conflation of wedding and funeral rituals in greek tragedy.* Princeton University Press.

Richardson, Peter. (1966). *Four spiritualities: Expressions of self, expressions of spirit.* Davies-Black.

Rieff, P. (1964, maio). C. G. Jung's confession: Psychology as a language of faith. *Encounter, 22*, p. 47.

Rieff, P. (1966). *The triumph of the therapeutic: Uses of faith after Freud.* Harper and Row.

Rizzuto, A. M. (1979). *The birth of the living God: A psychoanalytic study.* University of Chicago Press.

Rizzuto, A. M. (1982). The father and the child's representation of God: A developmental approach. In S. Cath, A. Gurwitt, & J. Ross (Eds.). *Father and child: Developmental and clinical perspectives.* Little, Brown and Co.

Roberts, B. (1984). *The experience of no self.* Shambhala.

Roth, C. (Ed.) (1972). *Encyclopaedia judaica.* (Vol. 10). Keter.

Sanford, J. A. (1989). *Dreams: God's forgotten language.* HarperSanFrancisco, 1989.

Santo Agostinho (2022). *Confissões.* Vozes.

Santo Agostinho (2023). *A cidade de Deus*. Partes I e II. Vozes.

Schenk, E. (1959). *Mozart and his times*. Alfred A. Knopf.

Schlamm, L. (1994). The holy: A meeting-point between analytical psychology and religion. In J. Ryce-Menuhin (Ed.), *Jung and the Monotheisms*. Routledge.

Segal, H. (1974). *An introduction to the work of Melanie Klein*. Basic Books.

Sharp, D. (1987). *Personality types: Jung's model of typology*. Inner City Books.

Shelburne, W. A. (1988). *Mythos and logos in the trought of Carl Jung*. State University of New York Press.

Singer, M. T. (1995). *Cults in our midst: The continuing fight against their hidden menace*. Jossey-Bass.

Smith, C. (2003, mar.). Theorizing religious effects among american adolescents. *Journal for the Scientific Study of Religion, 42*(1), p. 17-30.

Svoboda, R. *The Greatness of Saturn*. Sadhana. (1997).

Traherne, T. (1992). Vision of childhood. In T. Traherne, *Traherne: Selected poems and prose*. Penguin Classics.

Trau, J. M. (1991). *The co-existence of God and evil*. Peter Lang.

Trochu, F. (1985). *St. Bernadette Soubirous*. Tan Books.

Turner, V. (1969). *The ritual process*. Aldine.

Van Gennep, A. (2011). *Os ritos de passagem*. Vozes.

Weil, S. (1986). In S. Miles (Ed.). *Simone Weil, An Anthology*. Weidenfeld and Nicolson.

White, V. (1955, mar.). Jung on job. *Blackfriars, 36*, p. 54-60.

White, V. (1959, jan.). Review of psychology of religion (CW 11). *Journal of Analytical Psychology, 4*(1).

Whitman, W. (1983). Song of the redwood tree. In W. Whitman, *Leaves of grass*. Bantam Classics.

Whitman, W. (1983). Starting from Paumanok. In W. Whitman, *Leaves of grass*. Bantam Classics.

Wilson, E. O. (1998, abr.). The biological basis of morality. *The Atlantic Monthly, 281*(4), p. 53-70.

Windeart, M. F. (1951). *The children of La Salette*. Grail.

Wordsworth, W. (2005). Tintern Abbey. In: Wordsworth, W. *The pedlar, Tintern Abbey, the two-part prelude*. Cambridge University Press.

Zimbardo, P. G. (1999-2007). A simulation study of the study of the psychology of imprisonment conducted at Stanford University. Stanford Prison Experiment website. http://www.prisonexp.org/

Índice

A

Abandono 147, 148, 186, 201, 215, 283
  angústia 186
  depressão 186
Abnegação 87, 115, 116
Abraão 28, 51, 72, 76, 120, 121, 122, 265
Abraham Ibn Daud 171
Abraham, Karl 90, 91
Abraham Maslow 50
Act and idea in the nazi genocide 201
Aflição 18, 85, 164, 174, 182, 192, 205, 212, 222, 227, 234
Agamemnon, rei 73
Agostinho, Santo 118, 119, 120, 172
A grief observed 212
Amor-próprio 292
Angústia 37, 42, 48, 56, 83, 90, 117, 142, 153, 167, 172, 175, 179, 180, 186, 193, 200, 201, 205, 223, 224, 234, 237, 240, 267, 279, 283
  acerca da morte 149
  acerca da separação 186
  acerca da sobrevivência 279
  acerca do comportamento de Deus 234
Anima 74
Anima mundi 157
Animus 74
An introduction to the philosophy of religion 177
Anselmo de Cantuária, Santo 132
Anticristo 213, 247
Antissemitismo 178, 180
Antropomorfismo 63
Arendt, Hannah 197
Aristóteles 154

Arquétipo(s) 21, 31, 58, 64, 65, 66, 67, 68, 69, 70, 71, 73, 75, 80, 83, 89, 95, 96, 99, 101, 102, 103, 105, 106, 111, 112, 113, 122, 124, 125, 127, 137, 142, 152, 153, 155, 213, 239
  com carga emocional numinosa 107
  como princípios espirituais 68
  Criança Divina 142
  da Grande Mãe 69
  da iniciação 75
  definição 64
  e complexos 104
  e cultura 69
  e espiritualidade 111
  e genes 101
  espírito como 152
  materno 67, 68, 74, 152
  materno no catolicismo 68
  paterno 74, 152
  Servo Sofredor 122
  sombra 213
Ártemis, deusa grega 70, 73, 125
Assunção de Maria 70
Atwood, George 30
Auschwitz 170, 174, 181, 208, 251
Autoaprovação 293
Autoaversão 104, 149, 291
Autoconfiança 188
Autoconhecimento 204, 252
Autoconsciência 244
Autoconservação 237
Autocontrolo 185, 189, 199
Autocrítica 206, 289, 294, 299
Autocura 30
Autodefesa 300
Autodepreciação 236

Autoengrandecimento 263
Autoestima 54, 74, 115, 137, 143, 187, 196, 199, 202, 232, 240, 272, 276, 277, 279, 289, 293, 299
  baixa 48, 104, 204
  sadia 205
Autoilusão 55, 59, 289
Autoimagem
  cristã 247
Auto-observação 272, 299
Autopercepção 41
Autoperdão 289
Autopromoção 263
Autoproteção 202
Autorreflexão 41, 244, 269
Autossacrifício 173, 206
  de Cristo 149
Autotransformação 240

B

Baring, Ann 72
Baudrillard, Jean 161
Bernardete, santa 112
Bhakti yoga 133
Bíblia 12, 26, 28, 29, 33, 35, 52, 71, 72, 76, 82, 120, 128, 134, 150, 168, 169, 171, 176, 181, 188, 209, 210, 213, 218, 219, 220, 242, 248, 256, 270, 288
Blake, William 35, 217, 246
Bode expiatório 175, 184
Boehme, Jakob 36
Brahman 51, 63
Buber, Martin 249
Buda 80, 110, 133, 143
Budismo 72, 276

C

Cabala 70
Castigo 45, 107, 118, 159, 165, 169, 170, 171, 172, 182, 224, 238, 254, 286
  coletivo 165
  de Adão 118, 165
  divino 107, 109, 165, 169, 170, 171
Catolicismo 68, 69, 79, 84

Chagall, Marc 44
Christou, Evangelos 154
Communitas 86, 93
Complexo(s) 48, 92, 118, 124, 137, 152, 178, 185, 238, 266, 273
  ativação dos 152, 155, 186, 275
  como moldes na mente 108
  de Édipo 104
  definição 104
  de inferioridade 104
  de Santo Agostinho 119
  de vítima 120
  dimensão espiritual dos 107
  do povo judeu 120
  do Rei Saul 188
  e a imagem de Deus 109
  e angústia 237
  e arquétipos 104, 111
  e depressão 238
  e doutrina religiosa 118
  e encarnação do espírito 155
  e espiritualidade 111
  e experiências da infância 112
  e Jó 233
  e o mal 178
  e o numinosum 113, 125
  e ritual obsessivo 90
  e sonhos 124
  familiar 215
  integração dos 188
  materno 104, 112, 127
  nas relações 107
  negativos 104, 107, 109, 152, 178, 186, 203, 207, 213, 214
  núcleo arquetípico 122, 137, 187, 213, 275
  núcleo transpessoal dos 48, 105, 188, 213
  paterno 104, 108, 109, 127, 235, 239
  positivo 105, 106, 207
  Satanás como um aspecto do 238
Confissões (de Santo Agostinho) 119
Consciência 19, 21, 29, 33, 36, 43, 46, 47, 58, 75, 89, 102, 103, 125, 136, 153, 154, 165, 181, 184, 205, 206, 244, 245, 260, 283, 295, 298

como indivisível 60, 136
como sinônimo de psique 58
cotidiana 33, 151, 238
de Jó 233
esfera transpessoal da 41, 62
estado alterado de 97, 150, 186
expansão da 38, 57, 80, 215, 217
Fundamento da 61
humana 63, 93, 99, 214, 228, 244, 245, 249, 251
mudança de 99
níveis transpessoais da 29, 99, 126, 156, 249
nova 206, 214, 216, 217, 243
novo nível da 98
pessoal 63, 267, 269
quatro funções da 130
reflexiva 244
Consciência 39, 41, 43, 46, 51, 63, 99, 123, 133, 153, 157, 240, 244, 253, 269
Consciência-Testemunha 272
totalidade da consciência 177, 245
Consciência (faculdade) 181, 188, 195, 201, 228, 257
Criança Divina 142, 143
Criatividade 44, 89, 103, 261, 274, 282, 283
Csikszentmihalyi, Mihaly 47
Culpa 16, 45, 90, 117, 137, 148, 175, 180, 184, 186, 196, 201, 228, 235, 275, 292, 294
administrar com rituais obsessivo-compulsivos 235
de Deus 231, 239
de Jó 170, 224
do pecado original 78
e bodes expiatórios 175
e o superego 196
graus de 198
herdada 118
imagem de Deus baseada na 229
legal, de Adão e Eva 118
na criação dos filhos 149
psicológica 148

D

Darwin, Charles 161
Darwinismo 161
Davies, Brian 177
Deméter, deusa grega 67, 70
Depressão 48, 49, 98, 104, 142, 148, 153, 157, 186, 193, 199, 201, 215, 234, 238, 240, 275
como crise espiritual 49
de São Francisco de Assis 114
nos adolescentes 98
Deusa 28, 29, 40, 54, 68, 71, 125, 127, 209
Diana, deusa grega 125
Dickens, Charles 204
Dimensão transpessoal 20, 30, 33, 63, 153
Dor 18, 38, 42, 88, 98, 159, 164, 165, 166, 173, 174, 175, 182, 187, 191, 205, 211, 214, 215, 225, 258, 262, 266, 268, 290, 292, 293, 294
aceitação 275
como energia espiritual 274
como experiência do numinosum 275
como uma sinalização 297
infligida a si mesmo 258
Dourley, John 56
Dualismo 151, 265
Durga, deusa hindu 70

E

Edinger, Edward 99, 214
Édipo 104, 189
Ego 29, 47, 60, 61, 62, 63, 64, 89, 100, 103, 127, 130, 135, 150, 151, 152, 153, 155, 156, 160, 173, 178, 214, 239, 241, 244, 245, 246, 251, 253, 257, 258, 259, 263, 264, 265, 266, 267, 268, 269, 270, 272, 273, 277, 278, 279, 280, 281, 282, 283, 284, 286, 287, 290, 291, 293, 298, 299, 300
eixo ego-Si-mesmo 156
Egoísmo 160, 212
Einstein, Albert 58
Eliade, Mircea 72, 80, 86

Eliot, T.S. 132
Emerson, Ralph Waldo 132
Empatia 193, 200, 205, 220, 222, 224, 289, 290, 294
  de Jó 227, 232, 252
  e mau comportamento 190
  falta de, no narcisismo 160
  no tipo intuição-sentimento 134
Eneagrama 129, 295
Energies of transformation 39
Espaço sagrado 80, 81, 82
Espiritualidade 17, 19, 29, 45, 55, 97, 109, 254, 255, 274, 295
  abordagem baseada na psicologia profunda 185
  abordagem psicológica da 58
  abordagem unitária (não dual) da 265
  aprofundamento da 252
  arquétipo paterno e 127
  aspecto sombrio da e. tradicional 270
  autêntica 29, 32, 36, 257, 261
  baseada na experiência direta 46, 47
  baseada na terra 70
  centrada na psique 206
  coletiva 52
  comprometimento vitalício com 295
  cotidiana 54
  criatividade e 47, 283
  da Nova Era 82
  definição 254
  de Hitler 181
  de pessoas emocionalmente perturbadas 298
  de São Francisco de Assis 115
  de São Paulo 116
  do coração 257
  dos dóceis 137
  dos intuitivos introvertidos 132
  dos tipos intuição-sentimento 134
  dos tipos sentimento extrovertidos 133
  dos tipos sentimento-sensação 133
  entre extrovertidos 129
  fácil de utilizar 255
  feminino divino na 70
  instintiva 254, 262
  institucionalização e 79
  materialista 137
  mestres espirituais e 260
  natureza individual da 101
  no Ocidente 130
  no Oriente 130
  nova forma de 168
  personalidade e 118
  pessoal 19, 285
  privada 35
  problema do mal e 158
  psicologia e 111, 122, 147, 300
  psicológica 211
  psicoterapia versus 49
  religião institucional e 79
  religiões como recipientes da 254
  ritual e 79, 94
  sexualidade e 40, 120
  sofrimento e 174
  vida cotidiana e 284
Evil and the God of love 172
Experiência de pico 50
Experiência numinosa 26, 27, 28, 29, 30, 31, 32, 33, 34, 35, 36, 37, 40, 43, 44, 45, 46, 47, 50, 51, 53, 54, 55, 57, 63, 98, 99, 113, 135, 249, 287, 295, 296
Experiência(s) mística(s) 49, 57, 79
Extroversão 130

F

Fairbairn, Ronald 192, 193
Feminino 67, 74, 125, 127, 247
  corpo 70
  divino 29, 68, 70, 71, 127
Feminino arquetípico 70, 126
Figuras oníricas 197
  do mesmo sexo 156
  do sexo oposto 74, 156
Fodor, Nandor 30
Francisco de Assis, santo 36, 113, 115, 132, 145
Frankl, Viktor 253
Freud, Sigmund 12, 13, 64, 90, 91, 104, 128, 175, 196, 212, 235, 267
Função
  auxiliar 130
  dominante 130
  inferior 131

intuição 130
pensamento 130
sensação 130
sentimento 130
terciária 130

G

Ganância 42, 160, 177, 200, 226, 285, 297
  coletiva 177
Garrison, Jim 208
God: A biography 221
God's troubadour 115
Goldbrunner, Josef 31
Grande Mãe 54, 68, 70, 112, 123
Greely, Andrew 28
Greenwell, Bonnie 39
Gribbin, John 43
Guerra de Troia 73

H

Habacuc, profeta 169, 170
Hallowe'en 78
Harding, Douglas 271
Hardy, Alister 28, 34
Henrique Suso, beato 49
Hick, John 172
Hillman, James 105
Hinduísmo 134, 258
Hipócrates 128
Hipocrisia 27, 246
Hiroshima 207, 208, 241, 251
Hitler, Adolf 158, 175, 178, 179, 181, 191, 192, 193, 197, 213
Hoess, Rudolf 181
Holocausto 120, 163, 170, 172, 178, 181, 193, 207, 241, 286
Homero 73, 154
Homofobia 176
Homossexualidade 107
Horton, Paul C. 47
Humanismo 94
Humor 205, 291
Humores 128

I

Idealização 179, 181, 211, 260, 289
Imaculada Conceição 119
Imagem(ns) de Deus 16, 45, 107, 169, 172, 207, 209, 218, 242, 243, 244, 245, 247
  Antigo Testamento *versus* Novo Testamento 209
  baseada no medo 291
  bíblicas 29, 209, 246
  coletiva 240, 241
  complexos e 109
  cristãs 172, 207, 243, 247
  de Cristo 243
  de Elifaz 223
  de Jó 228, 229, 232
  Holocausto e 172
  impessoal 133
  inconsciência 244
  judeu-cristã 217, 220
  lado sombrio da 176, 209, 219, 240, 247
  masculina e feminina 67
  no Livro de Jó 218
  novas 241
  ocidentais 118
  pessoal 116, 168, 234, 241
  projeção e 240, 248
  remodelar nossa 168, 248, 251
  Si-mesmo como 249
  sofrimento e 252
  totalmente bom 242
  tradicionais 167, 172, 207, 238, 247
  versus o próprio divino 219, 248
Imagens 30, 46, 53, 64, 66, 127, 155, 233
  arquetípicas 65
  desmembramento das 65
  numinosas 53, 122
  oníricas 39, 54, 94, 122
  religiosas 123
  uso por Hitler 181
Imanência 70, 151
Inconsciente coletivo 29, 63
Inconsciente pessoal 29, 61
Inconsciente transpessoal 31
Individualidade 42, 83, 265, 266, 284

Individualismo 42, 263, 264
Iniciação 75, 85, 86, 87, 88, 89, 93, 95, 96, 97, 98, 99
  espontânea, nos adolescentes 95
Insegurança
  de Jó 232
  de São Francisco de Assis 115
Introversão 130
Intuição 13, 130, 133, 134, 262, 297
Ioga 39, 258, 280
Islã 76, 86

J

James, William 33, 34
Jardim do Éden 54, 71, 118, 162
Javé 51, 71, 177, 208, 224, 229, 233
Jefferies, Richard 37
Jeremias, profeta 169, 209, 233
Jesus Cristo 26, 28, 30, 33, 51, 52, 53, 54, 70, 72, 77, 80, 81, 82, 86, 114, 115, 116, 117, 119, 121, 122, 124, 134, 135, 143, 144, 145, 149, 151, 153, 159, 162, 164, 165, 173, 174, 175, 176, 187, 188, 200, 206, 210, 213, 216, 217, 242, 243, 244, 247, 250, 255, 263, 264, 265, 271, 288, 292
Jewett, Sophie 115
Jnana yoga 133
Jó 22, 170, 209, 211, 214, 217, 218, 219, 220, 221, 222, 223, 224, 225, 226, 227, 228, 229, 230, 231, 232, 233, 234, 235, 236, 237, 238, 239, 240, 241, 242, 243, 244, 246, 247, 248, 249, 251, 252, 253
João da Cruz, santo 132
Judaísmo 70, 79, 80, 84, 117, 162, 171, 172, 282
Jung, C.G. 11, 12, 13, 16, 20, 21, 27, 29, 30, 31, 32, 38, 40, 41, 48, 56, 57, 59, 60, 62, 63, 64, 65, 66, 74, 89, 104, 105, 109, 113, 123, 127, 128, 129, 130, 141, 156, 177, 196, 197, 207, 208, 210, 213, 214, 215, 216, 219, 220, 240, 241, 242, 243, 244, 245, 246, 247, 248, 249, 250, 251, 253, 264

K

Kali, deusa hindu 51, 67, 70, 127, 208
Karma yoga 134
Kierkegaard, Søren 291
King Jr., Martin Luther 134
Klein, Melanie 194
  escola kleiniana 30
Koan 161
Kohlberg, Lawrence 197
Kohut, Heinz 142, 190
Kook, Abraham Isaac 36
Krishnamurti, Jiddu 42, 159, 261, 273, 278, 290, 300
Kugler, Paul 60
Kushner, Harold 168

L

Lammers, Ann C. 246, 251
Lang, Berel 201
Leeming, David A. 143
Lewis, C.S. 90, 132, 212
Liminar
  estado 86
  fase 87
  período no ritual 86
Livro de Jó 170, 218, 219, 220, 233, 242, 246
Logos of the soul 154
Lúcifer 206, 217
Lutero, Martinho 79, 133, 213

M

Madre Teresa 134, 158, 174
Mãe Divina 125, 127
Magnificat 69
Mahatma Gandhi 132
Mal 15, 21, 22, 68, 157, 158, 159, 160, 161, 162, 163, 164, 165, 166, 167, 169, 171, 172, 173, 174, 177, 178, 183, 184, 187, 196, 197, 198, 201, 205, 206, 207, 209, 210, 211, 213, 214, 215, 217, 221, 227, 257, 283
  abordagem baseada na psicologia profunda 161, 185, 189, 195, 206, 216

abordagem behaviorista do 162
abordagem da ciência social 162
abordagem de aplicação da lei 162
abordagem médica 161
abordagem religiosa do 162
abordagem sociobiológica do 161
ameaça do 149
a partir da perspectiva unitária 160
bem e 56, 158, 159, 168, 171, 198,
    206, 208, 209, 245, 248, 249
Berel Lang sobre o 201
como ausência do bem 171
como necessário para o crescimento
    espiritual 173
confronto com 78
definido em termos de pecado 165
definido psicologicamente 215
deuses maus 209
e a psique objetiva 213
e bode expiatório 175
e cura 189
e desenvolvimento na infância 190,
    191, 200
e destino 189
e imagem de Deus 247, 248
e imagem pessoal de Deus 168
e intenção 200
empatia para com o 190, 201
e o Holocausto 172
e o inconsciente 185
e o Si-mesmo 213
e o sofrimento de Jesus Cristo 173
espíritos 150, 188
Fairbairn sobre o 192
fascínio com 158
feitiço 105
forças do 78
fusão do m. humano com o m.
    arquetípico 213
genético na origem 192
graus de 198
Hannah Arendt sobre o 197
Harold Kushner sobre 168
humano 168, 186
implicações sociais 195
Jane Mary Trau sobre o 173

Jean Baudrillard sobre o 161
John Hick sobre 173
Kali e o 127
Krishnamurti sobre o 159
liberdade de escolha 201
liberdade *versus* 166
mau-olhado 204
na Bíblia 169, 210
na história de Édipo 189
na psicologia 160, 189
nas tradições monoteístas 159, 163, 210
na teologia do processo 168
natural 221
natural *versus* humano 168
natureza secundária do 160
natureza transpessoal do 187
no cristianismo 206
no judaísmo 172
no Livro de Jó 170, 209, 222, 224, 242
no Livro do Eclesiastes 171
origem transpessoal do 209
poder numinoso do 178
problema do 18, 158, 161, 168, 217
radical 163, 212, 213, 251
redenção do 147, 189, 206
refrear o m. pessoal 205
relação com o sofrimento 205
relação de Deus com 164
resistir ao 159
Santo Agostinho sobre 172
Simone Weil sobre o 173
Sócrates sobre o 192
soluções tradicionais do 216
sombra *versus* 187, 206
superar o 215
Maniqueísmo 209
Manual diagnóstico e estatístico de
    transtornos mentais 135
Marcel, Gabriel 288
Masculino 71, 74, 87, 109, 127
Maslow, Abraham 50
McClelland, Robert 212
McDargh, John 109, 111
Meditação 43, 46, 80, 128, 129, 258,
    259, 270
    budista 258

Medo 32, 42, 88, 137, 159, 166, 177, 193, 223, 225, 235, 258, 262, 268, 272, 274, 277, 282, 290, 297, 299
  da morte 283
  da perda 283, 290
  de agressão 123
  de aniquilação 269
  de Deus 240, 291
  de hostilidade 285
  de Jó 229, 235, 240
  de ser mau 148
  de ser prejudicado pela inveja dos outros 204
  de ser prejudicado por estranhos 42
  do ataque dos outros 204
  do fracasso 285
  do mal 175
  do pai pessoal 235
  do ridículo 33
  dos pais 109
Melquisedec 28
Mestre Eckhart 20, 36, 281
Miles, Jack 221
Milgram, Stanley 181, 182, 183
Miller, Alice 136, 191
Misticismo 43, 265
  como a fonte das ideias de Jung 245
  da natureza 35
  judaico 70
  Jung acusado de 57
Místico(s) 20, 36, 132, 245, 264, 281, 295, 298
  da natureza 36
  sufis 76
Modificação corporal 97, 98
Moisés 28, 29, 33, 51, 80, 121, 169, 171, 255, 265
Moisés Maimônides 171
Monismo 265
Monoteísmo 163, 171, 250
Moore, Robert L. 92
Moralidade 132, 159, 166, 169, 195, 203, 211, 217, 231, 248, 300
  arquetípica 196
  como potencial inato 197
  de Jó 248

judeu-cristã 184, 189, 197
  tradicional 184
Morte 59, 68, 71, 83, 85, 91, 96, 149, 154, 171, 223, 231
  de Cristo 122, 175
  e espiritualidade 283
  e o feminino divino 71
  equiparada a um casamento 91
  e renascimento 65, 68, 86
  medo da 269
  na mitologia grega 154
  simbólica, nos ritos de passagem 96
Muhammad 51, 255
Mysterium tremendum et fascinans 27

N

Nacionalismo 179, 181, 263, 264
Narcisismo 60, 145, 160, 232, 240, 293, 297
  primário residual 47
Nazismo 56, 180
Nazistas 94, 178, 179, 180, 181, 183
Neumann, Eric 89
Neurose 89, 90
Noiva da morte, cerimonial 91
Nova Aliança 77, 122
Numinosum 25, 27, 28, 29, 32, 33, 34, 36, 39, 40, 43, 44, 47, 48, 49, 50, 51, 52, 87, 89, 98, 100, 112, 113, 124, 229, 231, 235, 239, 241, 246, 253, 256, 275, 297, 300

O

Olson, Sigurd 37
O sagrado e o profano 80
Oseias 233
Otto, Rudolf 26, 27, 31

P

Páscoa 15, 78, 82
Paulo, São 28, 51, 77, 113, 116, 117, 120, 134, 150, 151, 165, 174, 176, 288
Pecado original (o pecado de Adão) 165
  Santo Agostinho sobre o 118, 119
Perdão 134, 190, 199, 205, 277, 284, 292
  do pecado 149

Piaget, Jean 197
Plaskow, Judith 212
Poder transpessoal na natureza 37
Presunção 232, 291, 297
Princípios ordenadores transpessoais 64, 152
Projeção 56, 175, 180, 183, 184, 187, 194, 209, 220, 235, 240, 241, 260
  coletiva 248
  de Jó 229, 232
  de nossa sombra sobre os que nos ofendem 294
  no Livro de Jó 235, 239
  parental 111
  sobre o divino 35, 45, 107, 248
Prometeu 217
Propaganda 180
  nazista 180, 181
Psicologia 54, 63, 160, 164, 188, 249, 255, 285
  da identidade coletiva 165
  de Jó 229, 235
  de orientação espiritual 153
  de São Paulo 116
  do indivíduo 21, 30, 52, 125, 127, 147, 149, 176
  do perdão 292
  espiritualidade e 20, 111, 122, 147, 300
  junguiana 48, 63, 74
  predominante 49, 101, 102
  profunda 15, 20, 21, 54, 61, 152, 154, 158, 160, 177, 185, 189, 195, 206, 214, 216, 217, 300
  redução da religião à 31
  transpessoal 135
Psicologismo 31
Psicopata(s) 198, 201
  espirituais 286
Psicopatologia 101, 128
Psicose 43, 267
  contrastada com a experiência numinosa 43
  e crime 200

Psicoterapia 49, 64, 110, 146, 157, 260
  e ritual 92
Psique 11, 21, 27, 29, 30, 31, 43, 54, 56, 58, 60, 61, 62, 63, 64, 66, 67, 68, 71, 72, 96, 99, 100, 101, 105, 113, 120, 123, 124, 125, 126, 127, 139, 152, 156, 157, 167, 178, 197, 206, 207, 208, 216, 218, 229, 233, 249, 250, 300
  abordagem espiritual da 135, 206
  alma e 154
  arquétipos e 64, 71, 95, 103, 111, 141, 213
  aspectos transpessoais da 62
  autônoma 29, 63, 99
  complexos e 90
  componentes da 60
  de Jó 234
  Deus e 99
  em Homero 154
  linguagem da 123
  matéria e 59
  nacional alemã 181
  objetiva 61, 213
  ocidental 166
  pessoal 63, 123
  transpessoal 63, 100, 123, 153
Psique autônoma 30

Q

Qualidade transpessoal da maternidade 67

R

Rainha do céu 68
Raja yoga 128
Ramakrishna (santo indiano) 133
Realidade 15, 16, 35, 55, 137, 180, 208, 248, 256, 258, 259, 295, 297
  transpessoal 55
  Última 35, 101, 254
Recompensa 96, 169, 171, 240, 261, 286, 292
  de Jó 252
Redenção 22, 126, 141, 147, 187, 206
Redentor 68, 99, 149, 225

Reforma Protestante 85
Resposta a Jó 220, 241, 242, 245, 247, 250
Revelação (divina) 57, 218, 234, 249, 256, 282
Richardson, Peter 128
Rieff, Philip 57
Ritos de passagem 85, 95
Ritual(is) 46, 50, 86, 95, 133, 206, 257, 280
  arquétipos e 83
  cerimônia *versus* 84
  circuncisão 76
  como sistema de irrigação 89
  como transição da espiritualidade para a religião 79
  como válvula 89
  cura e 92
  definição 75
  Dia da Expiação 175
  do cerimonial da noiva da morte 91
  do feudalismo 94
  efeito da repetição sobre 79
  efeito narcótico dos 79
  efeitos negativos do 79, 94
  efeitos positivos 78
  espaço sagrado, tempo sagrado 80
  e transições da vida 75
  importância da fase liminar no 86
  mitos e 77, 88
  mudança no sentido do 78
  na Alemanha nazista 94, 181
  na experiência de Jó 238
  natureza simbólica do 77
  papel do corpo no 75
  pessoal 282
  psicoterapia e 92
  sacerdócio e 85
  social 82
  tipos e 85
  transtorno obsessivo-compulsivo e 90
  uso equivocado do 89
  uso idólatra do 97
  visão freudiana dos 90, 235
  visão junguiana do 90
  visão racionalista do 85
Roberts, Bernadette 298
Rumi 76

S

Sacrifício 40, 48, 65, 76, 238
  da individualidade 83
  de crianças 72
  de Cristo 119
  humano 73, 94, 175
  morte de Cristo como 122, 173, 175
  ritual de animais 121, 127, 162, 228, 229, 231, 234, 237
  vicário 189
Salomão, rei 81, 120, 134
Salvação 22, 51, 133, 141, 142, 144, 146, 174, 261, 286
Sanford, John A. 30
Santos, Lúcia 81, 112
Satanás 33, 170, 177, 187, 208, 211, 217, 221, 222, 227, 230, 231, 232, 233, 234, 238, 240, 244, 247
Saul, rei 150, 188, 213
Servo Sofredor 121, 122
Sexualidade 13, 40, 70, 88, 90, 91, 119, 120, 163
Shekinah 70
Shelburne, Walter A. 57
Si-mesmo 13, 20, 31, 41, 43, 85, 94, 98, 99, 135, 136, 142, 143, 145, 146, 156, 177, 181, 188, 197, 198, 206, 207, 208, 210, 211, 213, 214, 215, 216, 229, 231, 239, 240, 241, 243, 244, 245, 247, 248, 249, 250, 251, 253, 259, 260, 269, 271, 273, 275, 277, 282, 286, 297
  encarnação do 243
  Jó como consciência reflexiva do 243
  lado sombrio do 177, 207, 243, 247, 251
  relação entre ego e 244
  transformação do 215
  transpessoal 142, 214
Sincronicidade 121, 135
Sofrimento 15, 17, 18, 21, 22, 42, 48, 77, 99, 105, 111, 114, 121, 122, 144, 147, 159, 162, 163, 164, 165, 166, 167, 168, 169, 170, 171, 173, 174, 175, 176, 187, 205, 209, 210, 212, 213, 214, 220, 221, 222, 224,

225, 226, 228, 231, 232, 233, 236,
    238, 239, 240, 241, 243, 251, 252,
    253, 255, 283, 288, 291, 293, 294,
    295, 297
Sombra 56, 85, 108, 175, 178, 184, 185,
    187, 203, 211, 213, 214, 247, 289
  arquetípica 213
  confrontar-se com sua 289, 296, 297
  da fé 287
  da prática espiritual 258, 270
  definição 203
  de Jó 240, 246
  diferenciação da 216
  do dar 288
  do Si-mesmo 211
  e consciência 215
  e Cristo 247
  e o mal 215
  integração da 205
  narcisista 240, 246
  negação da 184
  pessoal 185, 213, 248
  positiva 117, 204
  projeção da 184, 198, 204, 206, 240,
     247, 294
  transpessoal 213, 240, 248
  versus persona 184, 204
Sonho(s) 39, 53, 56, 59, 64, 65, 98,
    109, 110, 122, 127, 135, 152, 156,
    205, 245
  a sombra nos 203
  de Elifaz 223, 225
  de Jacó, na Bíblia 71, 82
  de Jó 228
  elemento espiritual nos 30
  e o numinoso 28
  feminino arquetípico nos 70
  interpretação dos 54
  numinosos 28, 29, 30, 56, 114,
     124, 143
  proféticos (prospectivos) 59
Stein, Murray 14, 300
Stevenson, Robert Louis 204
Stolorow, Robert 30
Superego 196, 198

T

Temperamento 87, 135, 295
  assertivo 137
  definição 102
  de São Francisco de Assis 115
  de São Paulo 117
  devocional 20
  e espiritualidade 128
  ponderado e útil 133
  quatro tipos de 128
Tempo sagrado 47, 80, 82
Teodiceia 164, 214
  psicológica de Jung 214
Teresa de Ávila, santa 50, 132
Terrível Mãe 127
The greatness of Saturn 253
The singing wilderness 37
Thoreau, Henry David 132
Tipo intuição
  extrovertido 132
  introvertido 132
Tipologia 134
  perigo envolvido na 134
Tipologia
  de Myers-Briggs 295
Tipo pensamento
  extrovertido 131
  introvertido 132
Tipo sensação
  extrovertido 131
  introvertido 131
Tipo sentimento
  extrovertido 132
  introvertido 133
Tomás de Aquino, santo 132
Tomás de Kempis 295
Torá 79, 121, 144
Tradição judeu-cristã 15, 20, 30, 127,
    162, 168, 217, 265
Traherne, Thomas 36
Transcendência 153, 210
Transtorno obsessivo-compulsivo 90
Trau, Jane Mary 173
Turner, Victor 86

U

Um conto de Natal 204

V

Van Gennep, Arnold 86
Vênus de Willendorf 28, 55
Vergonha 45, 148, 149, 199, 201, 275, 277, 283, 289, 292, 293, 294
Vikramaditya, rei 220, 253
Violência 74, 163, 205, 207, 225, 269
Virgem Maria 68, 69, 70, 112, 113, 126, 127
  aparições em Fátima 112, 113
  aparições em La Salette 112, 113
  aparições em Lourdes 112, 113
Vision of the last judgment 217

W

Weil, Simone 173
When bad things happen to good people 168
White, Victor 246, 251
Whitman, Walt 35, 36
Wilson, Edward O. 67
Wordsworth, William 36

X

Xamanismo 65
Xamãs 85, 92

Z

Zimbardo, Philip G. 182, 183
Zohar 70
Zoroastrismo 209

Conecte-se conosco:

f facebook.com/editoravozes

⊙ @editoravozes

𝕏 @editora_vozes

▶ youtube.com/editoravozes

☎ +55 24 2233-9033

www.vozes.com.br

Conheça nossas lojas:

www.livrariavozes.com.br

Belo Horizonte – Brasília – Campinas – Cuiabá – Curitiba
Fortaleza – Juiz de Fora – Petrópolis – Recife – São Paulo

EDITORA VOZES LTDA.
Rua Frei Luís, 100 – Centro – Cep 25689-900 – Petrópolis, RJ
Tel.: (24) 2233-9000 – E-mail: vendas@vozes.com.br